当代中国知名学者文集

# 马大正边疆文存

## 第五卷
### 序跋与评议汇选

马大正 著

中国社会科学出版社

# 写在"马大正边疆文存"出版之际

时光流逝，我已是名副其实的"80后"——耄耋之老翁。此时此刻对自己学术人生做些回顾，当也在情理之中。

回首作为学人的我半个多世纪在史学研究领域里，还是做了些许工作，简言之，是做了两件事，一是习史，二是研史，当然习史和研史很难截然分开，但从一个时段的工作重心看，还是可以分为入门、始步、拓展三个阶段。

### 1960 年至 1964 年，为研究的入门阶段

时我在山东大学历史系攻读中国近代史专业研究生，师从徐绪典教授，致力于太平天国对外关系史的学习和研究，我的研究生毕业论文题为《太平天国革命与英美传教士》，在此期间系统学习了马克思史学理论和中国通史的基础知识。山东大学历史系当时名师荟萃，学习气氛浓郁，更难忘的是，业师徐绪典教授不仅传授了中国近代史的丰厚知识，还教会了我从事历史研究的基本方法，实现了对历史学由无知到稍知的过渡，所有这一切成了我终身受益的最宝贵的精神财富。20 世纪 80 年代初我发表了两篇关于太平天国史的论文：一篇《太平天国革命与英美传教士》即是我的研究生毕业论文，另一篇《论洪仁玕革新思想的形成及其历史地位》资料积累和内容构思也都是在研究生学习时完成的。

### 1964 年至 1987 年，为研究的始步阶段

1963 年 7 月研究生毕业，由于论文答辩，等待分配工作，至 1964 年

仲夏到中国科学院民族研究所（中国社会科学院民族研究所前身）工作，一晃十余年（1964—1975 年），与大多数同龄人一样，身在研究机构，却长期与科研工作无缘，先是前后两次四清运动工作队，下乡劳动锻炼，第二次四清运动工作队集训刚结束，"文化大革命"开始了，于是在政治运动的波涛中又经历几乎 10 年时间，身不由己地翻滚在革命与反革命的旋涡之中。但平心而论，这些年也确是经风雨、见世面、长知识，对社会认识的加深本身也是哲学社会科学工作者不可缺少的必修课，无疑大大有利于日后研究工作中对资料鉴别、历史现象分析能力的提高。唯一能做而我未能做到的是，我不及当时我的有些同龄先知者，抓紧外文水平的巩固和再学习，从这一意义上说，我是大大地浪费了宝贵的青春岁月。1975 年秋冬，我终于得到了参加工作以来第一个研究课题的机会——参加《准噶尔史略》一书的撰写。我的卫拉特蒙古史研究即始于此时，此项研究真正有序展开已是科学春天降临人间的 1978 年了。卫拉特蒙古史研究工作起步是顺利的，因为从大环境言，我赶上了社会科学研究蓬勃发展的大好时光；从小环境言，我有幸置身于一个团结、进取的研究集体之中。而且在我研究工作始步之初，即得到享誉海内外的著名前辈学者翁独健教授的指导与启迪，他是我始步研究卫拉特蒙古史和隋唐民族关系史的引路人和最直接的老师。至今我仍清晰记得《准噶尔史略》编写工作之初，独健老师的谆谆告诫："一定要详尽地掌握原始资料和国内外研究动态，首先把前人的研究成果收齐，编好目录，仔细阅读，在前人的基础上，把这本书写成有较高科学性的民族史学专著，不要成为应时之作。"这种治学精神，成了指导我走学术探索之路的准则而永存心间。1982 年在完成《准噶尔史略》一书后，又开始了 17—18 世纪土尔扈特蒙古政治史的研究。1984 年，我有幸参加由翁独健教授主持的《中国民族关系史纲要》一书的撰写，分工隋唐民族关系史部分，并于 1986 年完成了书稿。通过对卫拉特蒙古史和隋唐民族关系史的研究，我对中国历史上两个最富有特色的唐王朝和清王朝的疆域和民族有了比较清晰的了解。在此期间，我还担任了《民族研究》的编辑和参加《中国历史大辞典》民族史卷的组织和撰写工作，由此不仅锻炼了我的编辑能力，也大大扩展了个人与学界同人的交往，所有这一切均为我日后研究领域的拓展，打下了良好基础。

### 1987 年加盟中国边疆史地研究中心以来为研究的拓展阶段

1987 年由于工作需要，我离开了已工作、生活 20 余年的民族研究所，以及与我有共同志趣、和谐合作的学术伙伴们，到了创建不久的中国社会科学院中国边疆史地研究中心。为适应新工作岗位的急迫需要，致力于思考并探索推动中国边疆史地研究的学科建设之正确之途，个人的研究领域也从民族史扩大到中国疆域史。具体而言有如下三个方面：

首先，为改变 20 世纪 80 年代中期中国边疆史地研究冷寂的局面，提出了开展中国疆域史、中国近代边界沿革史、中国边疆研究史三大研究系列的构想，并采取了一系列有利于研究深化并行之有效的举措。90 年代以后又主持并参加了当代中国边疆系列调研。在学界同人的共同努力下，具有优良传统的中国边疆史地研究，实现了两个突破：一是突破了以往仅研究近代边界问题的研究范围，开始形成以中国古代疆域史、中国近代边界沿革史和中国边疆研究史三大研究系列为研究重点的研究格局，促成了中国边疆史地研究的大发展；二是突破了史地研究的范围，将中国边疆历史与现状相结合，成果众多，选题深化、贴近现实，由此具有中国特色的中国边疆学的构筑也提上了议事日程。在中国边疆研究勃兴的大背景下，中国边疆史地研究中心也得到了长足的发展。

其次，为适应工作的需要，个人的研究领域也从民族史扩大到中国疆域史，在以下六个研究点上做了些许探索：

一是，中国历代边疆政策和中国疆域发展的综合研究。

二是，清代新疆地方史和新疆探察史研究。

三是，中亚史和新疆周边地区史研究。

四是，东北边疆史，特别是古代中国高句丽历史研究。

五是，当代中国边疆稳定，特别是新疆稳定与发展战略研究。

六是，着力于中国边疆研究的档案文献整理和边疆研究成果大众化、普及化工作。

当然，卫拉特蒙古史的研究始终没有中止。

最后，抓住研究工作面临新的机遇，迎接挑战。2002 年年末，我受邀参加 21 世纪初重大学术文化工程国家清史纂修工程，协助著名清史专家戴逸教授做一些清史纂修工程的组织协调工作，我将此视为一次难得的重新学习清史的机会。

回顾这些年治学的实践，经验谈不上，心得则有五点：

一是，史学工作者必须牢记自身的社会责任，自己的研究成果要力争达到三有利，即有利于学科建设的总体发展目标，有利于自己研究成果生命力的延伸，有利于发挥以史为鉴的社会功能。

二是，求真求实是中国边疆研究的优良传统。所谓求真，即是要追求历史的真实，实事求是永远是研究遵循的准则；所谓求实，我理解是研究者要脚踏实地，面对现实。中国边疆这个研究对象现实感特强，研究者应具有强烈的使命感、责任感。

三是，资料收集是研究的基础，要千方百计掌握第一手资料，包括相关的文献、档案，当事人的记述，同时代的记载，民族文字的记载对边疆研究具有特别重要的意义，而资料的鉴别则是研究的开始，对任何史实，不可不信，又不可全信，而比较是鉴别真伪的可靠方法。

四是，读万卷书，行万里路，对于边疆研究工作者来说实地调查尤为重要，所谓百闻不如一见，到边疆地区走一走、看一看、听一听，大有利于研究的深化。

五是，研究视点选择的正确是研究成功的重要保证。研究中要微观研究和宏观研究兼顾，微观研究是研究的入门，而宏观研究则是研究升华的开始，宁可小题大做，而不可大题小做。研究时要心有全局，尽量使自己的研究成果能做到分则成文，合则成书。

2001 年 8 月，我从中国边疆史地研究中心主任岗位卸任，2010 年退休。但出书、著文、访谈、讲座哪一件也未停下脚步，加之还在国家清史编纂委员会上班，退休前后工作、生活似乎并未发生很大变化，还是做我爱做的事，过着过一天高兴两个半天的日子！

2010 年后近十余年时间里做了值得一记的几件事：

一是，清史纂修历时 20 年，2018 年 10 月完成送审稿的印制，正在全力进行全书整合、修订，争取早日出版面世；

二是，在中国边疆治理研究方面，主编完成了"中国边疆治理丛书"的出版，自己撰写了《中国边疆治理通论》，在当代新疆治理研究方面，

坚持撰写"新疆维稳形势年度点评"系列调研报告;

三是,中国边疆学构筑方面,出版了《当代中国边疆研究(1949—2019)》和《中国边疆学构筑札记》;

四是,在边疆知识普及方面,重点是接受媒体访谈和学术讲演,还主编了《塔克拉玛干考察纪实》。

2016 年开始筹划并启动"马大正边疆文存"的选编工作。在学术生涯中我是幸运的。自 1984 年以来我先后出版论文集、专题性学术论集有 9 种,书名如次(依出版年为序):

1.《厄鲁特蒙古史论集》(合著),青海人民出版社 1984 年版。

2.《边疆与民族——历史断面研考》,黑龙江教育出版社 1993 年版。

3.《中国边疆研究论稿》,黑龙江教育出版社 2002 年版。

4.《国家利益高于一切——新疆稳定问题的观察与思考》,新疆人民出版社 2002 年版、2003 年修订版。

5.《跬步集——新疆史探微》,兰州大学出版社 2003 年版。

6.《马大正文集》,上海辞书出版社 2005 年版。

7.《热点问题冷思考——中国边疆研究十讲》,上海辞书出版社 2013 年版。

8.《西出阳关觅知音——新疆研究十四讲》,上海辞书出版社 2013 年版。

9.《中国边疆学构筑札记》,中央广播电视大学出版社 2016 年版。

10.《卫拉特蒙古历史论考》,西北大学出版社 2020 年版。

此次构思"马大正边疆文存"依如下两原则:

一是,基本反映自己有关边疆研究成果的主要方面;

二是,从选题到选文力图减少与已出版过的论文集、专题性学术论集的重复率。

"马大正边疆文存"共五卷,各卷为:

第一卷 《中国边疆学构筑论衡》

第二卷 《中国边疆治理与历史上民族关系研究》

第三卷 《新疆大历史的观察与思考》

第四卷 《新疆探察史研究》

第五卷 《序跋与评议汇选》

　　中国边疆研究涉及内容丰富多彩。"上下五千年，东西南北中"，似苍穹，似大海。而自己40余年研究所涉猎内容虽大都当在其中，但似星辰，似浪花。研究工作优劣成败，应由社会评说，我只是做了自己乐意做的工作，在自己的岗位上尽了责、出了力。

　　文存付梓在即，我有太多的感激要表达：

　　要感激育我成长的老师、助我前行的同辈学友，还有激我奋进的年轻才俊；

　　要感激促我"文存"编选的新疆人民出版社和老友罗沛同志；

　　要感激保我"文存"得以面世的中国社会科学出版社和赵剑英、王茵两位，还有辛苦认真的"文存"责任编辑吴丽平博士！

　　如果收入本"文存"的拙作于读者尚有些许参阅价值，乃人生之大幸矣！

2022 年 8 月

于北京自乐斋

# 前　　言

在我 40 余年研究生涯里，曾撰写了百余篇序、跋、前言以及书评和研究评述，实际上是我专业领域中不同形式的读书札记。现从中选取 104 篇汇选成集，取题《序跋与评议汇选》，作为"马大正边疆文存"第五卷。

依内容分设序跋篇和评议篇。

为方便阅读序跋篇分：一、中国边疆文献、档案整理；二、中国边疆历史与现状研究；三、新疆研究；四、东北、内蒙古、云南边疆研究；评议篇分：一、书评；二、研究评述。

需要说明，本集汇选诸文均为已刊文章，此次汇选均保持原貌，仅对明显的文字错误之处做了修正。

值此付梓之际，我想对所涉著作、论文的师友表示由衷的敬意和谢忱！

2022 年 7 月

于北京自乐斋

# 目　录

## 序跋篇

# 评议篇

# 序跋篇

# 一 中国边疆文献、档案整理

## 《清代边疆满文档案目录》[①] ·序

### (一)

中国的边疆是一个历史概念，它是随着统一多民族国家的形成和发展逐渐形成并固定下来的。当我们论说历史上边疆问题时，应考虑如下两个相互关联的因素，首先是指与当代中国边界相连接的省区，其次则是以此为基础上溯古代，参照历代封建王朝边疆的实际状况予以综合考察。这就是说，当代中国边疆不能与古代中国边疆简单地画上等号，中国古代疆域呈现稳定性与波动性相结合的特点。但是，中国历史疆域是在清朝得以正式奠定，这是确定无误的。

清代前期，特别是康熙、雍正、乾隆三代文治武功，在秦、汉、隋、唐、元、明诸朝疆域基础上，形成了清代的辽阔疆域：西起巴尔喀什湖以东以南和帕米尔高原，接中亚细亚；东濒日本海、渤海、黄海、东海，库页岛、台湾及附属岛屿都属中国固有领土；北抵戈尔诺阿尔泰、萨彦岭、外兴安岭至鄂霍次克海；南至南沙群岛的曾母暗沙；西南达喜马拉雅山脉，包括拉达克。

在此范围内，陆地总面积 1300 多万平方公里。至鸦片战争发生时，全国各民族人口已达 4.1 亿。中华各族人民在如此辽阔的国土上，世代开疆拓土，建功立业，生息繁衍，勤奋劳动，创造了举世瞩目的中华文明。

---

① 本文系与时任中国第一历史档案馆馆长邢永福同志合著，本书 1999 年由广西师范大学出版社出版。

进入 19 世纪，世界上大大小小资本帝国主义列强蜂拥而入，在百年时间内竟掠夺和宰割了 340 多万平方公里（包括被印度占领的 9 万多平方公里）的中国神圣领土。340 多万平方公里！中华民族经过数千年奋斗创造的中国历史疆域，仅仅一个世纪，就丢掉了 1/4。

近代的中国，是充满灾难、仇恨和屈辱的黑暗时代，同时又是反抗、奋斗、英雄辈出的时代。

清代边疆史研究的主要任务之一，即是不仅要把这开拓与丢失疆土的历史，同时还要把生活在边疆地区各族人民劳动、奋斗的历史昭示于世人。

清代边疆史是中国边疆史的有机组成部分，关于中国边疆史的丰富内涵，以下十二个方面当是其重要的方面：（1）中国古代疆域概念的形成与发展；（2）中国近代边疆和边界的理论认识；（3）中国疆域发展规律的理论探讨，包括中国历史上独特的统一与分裂现象的理论分析；（4）中国疆域发展的历程、阶段和特点；（5）中国历史疆域的行政建制；（6）中国历代王朝的治边政策；（7）中国历代王朝的边防政策；（8）中国历代王朝对陆疆和海疆的经营和开发；（9）历史上边疆民族和他们所建立政权的治边业绩；（10）帝国主义侵华与中国近代疆域的变迁；（11）世界历史上文明古国疆域变迁的比较研究；（12）中国疆域史研究的历史与现状。这十二个方面虽然是从中国边疆史全局出发，但对清代边疆史研究的选题也应该是有参咨价值的。

当然，诸如清代的边疆移民研究、清代的边疆探察研究、清代的藩属研究、清代的边吏研究、清代的边疆社区研究、清代边疆的相关周邻地区研究等，都是研究中应予以特别关注的。

清代边疆史地研究要实现新的突破，有许多工作要做。要下大力气发掘新资料当是首善之举。

资料是研究工作赖以开展和深入的基础，史学研究离开资料的积累，将成为无源之水，寸步难行。清代边疆史的基本资料依类别分至少有以下六大类：政书体资料，实录与方略，档案资料，奏议和文集，地方志资料，清人著述。上述六类基本资料的概况，在马汝珩和马大正教授主编《清代的边疆政策》一书的导论中已有评述，在此不再赘述。其中中国第一历史档案馆所藏的清代档案，则是清史研究，当然也包括清代边疆史研究众多资料中的重中之重。20 世纪以来，几代学人为发掘、整理清代档案做了艰辛努力，取得了世界性声誉！但是中国第一历史档案馆所藏的清代档案仍然是一项亟待开发的宝藏。近 20 年来，《康熙朝汉文朱批奏折汇编》《康熙朝满文朱批奏折全译》《雍正朝汉文朱批奏折汇编》《雍正朝满文朱批奏折全译》《光绪朝朱批奏折汇编》《乾隆朝上谕档》《光绪宣统两朝上谕档》《咸丰同治两朝上谕档》和《英使马戛尔尼访华档案史料汇编》等大型档案文献汇编相继出版，使清史研究者欣喜之余又一时大有难以利用消化之感慨！同时，一本又一本涉及边疆地区民族、政治、军事、经济的专题的档案选编也不断呈献于读者面前，仅以《满文土尔扈特档案译编》《清代西迁新疆察哈尔蒙古满文档案译编》而言，档案文献所提供的丰富史实，对于研究的细化和深入大有裨益。发生在 18 世纪 60 年代的察哈尔蒙古西迁新疆屯垦戍边和 18 世纪 70 年代的土尔扈特自伏尔加河东返故土定居新疆，都是当时的大事，也是当代史学家关注的研究热点问题。但如果离开了档案文献，特别是满文档案，上述两次历史事件研究就显得单薄和苍白。同样我们从《康熙朝满文朱批奏折全译》中可找到更多康熙三十四年至三十六年清朝对准噶尔部噶尔丹战争过程的细节记载。该书收录的诸如《在乌兰布通地方大败噶尔丹之歌》（第 4296 件）、《在克鲁伦地方清扫噶尔丹之歌》（第 4297 件）、《喀尔喀归附天朝之歌》（第 4294 件）等更是其他史籍中所从未记载的。

基于此，近年来中国社会科学院中国边疆史地研究中心与中国第一历史档案馆满文部和中国人民大学清史研究所密切合作，着手进行《清代边疆满文档案目录》编选和汉译的浩大工程。我们将编译的重点放在中国第一历史档案馆藏满文月折包上。满文月折包是清代军机处按一定秩序打包保存的满文公文档案的总称。满文月折包内文件批量之巨大，内容之丰富，均居军机处其他满文档案之首，具有重要的利用研究价值。

（二）

军机处是清代办理军机事务处之简称，雍正八年（1730）设立，宣统三年（1911）撤销。它是承旨出政、综理全国军政要务的中枢机关。军机处设军机大臣和军机章京，负责"缮写谕旨，记载档案，查复奏议"。

清代定满语为国语，称满文为清字。中央到地方和各级满蒙官员，特别是承办八旗事务及边疆事务的满蒙官员，一般都用满文缮写公文，不准擅自使用汉文。与此相适应，有关谕旨、寄信及各部院的行文，也都用满文书写。因此，有清一代形成了大量的满文公文档案。

军机处作为中枢机关，每天都承接办理各种公文，其中多为奏折。奏折是清代官员向皇帝请示汇报的重要文书之一。经皇帝朱笔批阅的奏折，称朱批奏折。军机处在承办朱批奏折时，照朱批奏折抄录一份（唯请安折例外），称为录副奏折。由于将录副奏折每一月或半月为一包归档存查、故名"月折包"。另外，军机处每日还接办在京各部院和外省驻防将军、大臣等官员的咨文、呈文等并奉旨缮拟谕旨、查复议奏。这些文件也按月归入各该月的月折包内存查。但其中录副奏折仍占绝大多数。

乾隆中期以前的满文月折包分"军务包"和"寻常包"。当时，西北战事频繁，来往文件较多。为了便于日后查考，军机处将有关西北军务的文件集中起来，按月打包，称为"军务包"。与此同时，将其余的一般公务的文件也集中起来，按月打包，称为"寻常包"。乾隆中期西北战事结束后，不再分"军务包"和"寻常包"。但遇有重大事件时，还将有关文件集中起来，视其数量之多寡，一月或若干月为一包，用汉文注明某某档。如有关土尔扈特回归祖国的文件，注明"土尔扈特档"，等等。所有因重大事件而形成的月折包，统称为"专档包"，并按月为顺序排列，置于各该年份"寻常包"之后。

## （三）

清朝的公文，主要有皇帝颁布的制、诏、诰、敕、谕、旨、寄信，臣工呈进的题本、奏折、揭帖、表、笺、启，各级官府衙门和官员之间平行来往的咨文、移会、照会，上级官员致下级官员的札付、交片、牌片，下级官员致上级官员的咨呈、呈文、申文、关文、详文，以及作为公文附件的各种册、单、图等。清代各级机构对处理政务过程中形成的公文十分重视，不仅将原件妥善保存，而且将重要的公文抄存副本，或按编年体、纪事本末体逐件抄录成册，以备案查和修史之用，并设有专门的机构、官员进行保管。

军机处满文月折包内共有文件 4594 卷（盒），181074 件，起自雍正八年，止于宣统三年。军机处满文月折包内文件的内容极其丰富，涉及面极广，包括清雍正八年至宣统三年间的政治、经济、军事、文化、天文地理、中外关系等，无所不及。现将其主要内容概述如下。

1. 有关内政方面的文件。其主要内容有：雍正以后各皇帝的登基、大婚、巡幸、行围、丧葬和诸后妃嫔的挑选、册封、丧葬，在京中央部院和外省将军、都统、副都统、参赞大臣、办事大臣、总管等衙门的设置、变更、裁汰，外省将军、都统、副都统、参赞大臣、办事大臣、领队大臣、总管、城守尉、参领、协领、佐领、防御、骁骑校等员的升遣调补，朝觐引见，军政考核，奖赏抚恤，纠参处分，请假销假，休致病故，以及铸颁印信，收发公文等情况。

2. 有关政法方面的文件。其主要内容有：盛京、吉林、黑龙江、乌里雅苏台、内蒙古、青海、西藏和新疆等地区的流民管理，移民安置，治灾消防，受灾赈济，风俗人情，修定律例，审理拐卖人口、打架斗殴、偷盗抢劫及土地、房屋、债务、婚姻纠纷等案件，徙流人犯的管理，查禁赌博、娼妓、私铸钱币、私酿酒曲、偷挖人参、偷挖矿产、私熬盐硝、偷伐林木和偷入围场狩猎等违禁事宜。

3. 有关财政方面的文件。其主要内容有：盛京、吉林、黑龙江、乌里雅苏台、内蒙古、青海、西藏、新疆等地区的年征关税、杂税、地租和房租情形，库存银两、钱文、绸缎、布棉、茶叶和仓存粮石等物品的旧管、新收、开支、实在四项数目的报销，给各地驻防官兵支放俸禄钱粮，货币铸造，货币流通，呈进东珠、人参、玉石、貂皮等贡品，以及报销各项工程费用和办公费用等情况。

4. 有关军务方面的文件。其主要内容有：盛京、熊岳、锦州、山海关、吉林乌拉、伯都讷、宁古塔、三姓、阿拉楚喀、齐齐哈尔、墨尔根、呼伦贝尔、乌里雅苏台、科布多、库伦、绥远城、察哈尔、热河、宁夏、西安、凉州、伊犁、塔尔巴哈台、乌鲁木齐、巴里坤、哈密、喀什噶尔、阿克苏、叶尔羌、喀喇沙尔、西宁、成都、江宁、京口、杭州、乍浦、荆州、青州、广州、福州等重镇要塞驻防八旗兵丁的挑选补充、裁汰解退、奖赏惩处、操演技艺、坐卡巡防、调遣出征，被服装具、马匹车辆、兵器弹药的供给补充，以及建造修理黑龙江、吉林乌拉、天津、乍浦等地战船等情况。

5. 有关农业方面的文件。其内容主要有：盛京、吉林、黑龙江、内蒙古、宁夏、青海、西藏、新疆及热河、宣化等地的禾苗长势，收成分数，粮食时价，兴修水利；哈密、辟展、喀喇沙尔、乌鲁木齐、巴里坤、昌吉、玛纳斯、精河、伊犁、科布彰、拉林、呼兰等地屯田的设置经营等情况。

6. 有关畜牧业方面的文件。其内容主要有：张家口外商都达布逊诺尔牧场、达里冈爱牧场、太仆寺牧场、礼部牧场、盛京养息牧牧场、大凌河牧场和乌里雅苏合、乌鲁木齐、伊犁、塔尔巴哈台等地孳生牧场牲畜的孳生繁殖、调拨使用、变价出售等情况。

7. 有关矿产方向的文件，其内容主要有：盛京、吉林、黑龙江、乌里雅苏台、内蒙古和新疆等地煤、铁、铜、金、锡、铅和玉石等矿的勘探采掘、冶炼加工及熬制盐硝等情况。

8. 有关交通运输方面的文件。其内容主要有：盛京、吉林、黑龙江、乌里雅苏台、内蒙古、西藏和新疆等地区军台驿站的设置变更，转运物品，接送公差人员；漕运船只在山东、直隶二省境内运行护航，以及盛京盖平、牛庄、锦州等处至天津间通过海路运输物品等情况。

9. 有关工程方面的文件。其内容主要有：皇家宫殿、陵寝、园囿的建造修缮和盛京、吉林、黑龙江、内蒙古、乌里雅苏台、新疆等地驻防官兵所驻城池、衙署、兵房的建造修缮等情况。

10. 有关文化教育方面的文件。其内容主要有：京师、盛京、吉林、黑龙江、内蒙古、新疆等地旗学、官学的设置变更，文武科举，实录、本纪、方略、通志、辞书等官修书籍的编纂刊印以及满文新词汇的创制使用等情况。

11. 有关天文地理方面的文件。其主要内容有：盛京、吉林、黑龙江、乌里雅苏台、内蒙古、青海、西藏、新疆及东陵、西陵、宣化、热河、天津等地的雨雪风霜、地震、河道水文，地图测绘，以及日月食等情况。

12. 有关宗教方面的文件。其内容主要有达赖喇嘛、班禅额尔德尼、章嘉呼图克图、哲布尊丹巴呼图克图等大活佛的圆寂及挑选灵童、赏师学经、坐床传经，乌里雅苏台、内蒙古、青海、新疆等地僧俗人员前往西藏、五台山等佛教圣地朝拜熬茶，以及京师、西藏、青海、内蒙古、乌里雅苏台、新疆和热河等地寺庙的建造修缮等情况。

13. 有关少数民族事务方面的文件。其内容主要有：蒙古族、满族、藏族、维吾尔族、回族、苗族、哈萨克族、布鲁特（今柯尔克孜族）、怒族、索伦（今鄂温克族）、赫哲族、锡伯族、鄂伦春族等少数民族首领、官员的升选调补、奖赏抚恤、纠参处分、年班朝觐、进献贡品，以及各少数民族的农业生产、畜牧生产、渔猎采集、兴修水利、商业贸易、审理刑事案件等情况。此外，还有涉及少数民族重大事件的文件。如平定准噶尔，平定大小和卓，平定大小金川，珠尔墨特纳木扎勒事件，招抚乌梁海部，三车凌归附，达什达瓦部归附，土尔扈特归回祖国，青衮扎布之乱和乌什维吾尔族起义等。

14. 有关中外关系的文件。其内容主要有清政府与俄罗斯、朝鲜、安南、缅甸、廓尔喀、布鲁克巴、爱乌罕、浩罕、哈萨克、安集延等国家和地区的交聘往来，商业贸易，会勘边界，拿送逃犯等情况。

### （四）

军机处满文月折包与其他档案比较，具有保存完整、公文种类多、记载时间长、内容丰富等特点。特别是满文月折包内保存数量最多的录副奏折，更具有其特点。录副奏折虽然作为朱批奏折的抄件，但利用和研究价值高于朱批奏折。官员呈进给皇帝的奏折，由皇帝朱批后称为朱批奏折，经军机处抄录存案称为录副奏折。军机处抄录朱批奏折时，只抄录奏折，不抄录随折呈送的各种附件，而将这些附件直接随录副奏折归档存查。因此，在朱批奏折内往往查不到随进的附件。

这些附件，不仅仅是对文件内容的补充，而且有些附件内容不在正文里全面反映。如地方官奏报财政管理和官员补放等情况时，所进奏折的内容极为简略，其有关的数据和履历，均在附中内缮写。另外，录副奏折与朱批奏折比较，还有一个特点，朱批奏折只有具折时间，而录副奏折除具折时间外，还有朱批时间。对研究某一历史事件来说，准确地掌握具折和朱批时间具有重要的意义。

军机处满文月折包原有整理编目基础较差，对档案文件的保管利用工作极为不便。1964 年，中央民族学院民语系满文班学生到档案馆毕业实习，将雍正八年至乾隆二十年的军机处满文月折包内文件、逐件摘由、按内政、军务、财政、农业、民族事务等十八大类进行分类，类下分项，按问题组卷装盒，编有案卷级目录。此后，直至1986年年底，中国第一历史档案馆满文部投入一定人力，对这部分档案进行整理。至1987年年底，完成了档案实体的整理编目工作，并开始拍摄缩微胶片。从1988年年初起，进行档案的著录工作。这次军机处满文月折包的整理工作，以尽量维护档案文件的历史特点为宗旨，对乾隆二十年以后的档案文件，改用以月为单位，按文种—时间原则排列，逐件著录制卡的方法。其具体方法是：

1. 将每月档案文件依次分为奏折、谕旨、来文和杂件四种，每种档案文件内，有朱批时间和收文时间者，按其先后排列于前；无上两项而有具文时间者，按其具文时间之先后排列于中；无时间者，排列于后。附片、清单、履历、口供及图纸等附件均排在各该主件之后。各项专档，按以上方法排列后，仍分别置于各该年份寻常档案文件之末。

2. 排列好的档案文件逐一装入纸袋。附片因其内容一般异于主件，另装一袋，其余附件均与主件合装一袋。原有包装纸、袋、夹条上有说明文字的，也与有关文件合装，以供将来查考研究之用。

3. 袋装档案文件，按顺序装入纸盒，盒上注明全宗、目录、案卷（即盒）号及盒内文件的数目、起止年月。所有档案文件从头到尾统一编写案卷号；以案卷为单位编写文件号，一袋为一号。

4. 根据案卷号和文件号顺序，逐卷逐件登记编目。这种目录不反映档案文件的具体内容，只反映档案文件的固定顺序、数量和时间，主要供档案文件的保管之用，也可以按时间线索进行查找。

5. 对档案文件进行著录工作。档案著录是"在编制档案目录时，对档案的内容和形式特征进行分析、选择和记录的过程"（《档案著录规则》第1页）。对军机处满文月折包内档案文件进行著录，采用了文件级卡片式著录格式。其著录项目有分类号、档号（即由档案全宗、目录、案卷和文件诸号组成，各号之间，以"_"号相隔）、缩微号、题名（即文件摘由）、责任者（即文件作者）、文种、文件形成时间、附注（包括语种、件数、附件、档案实体状况等）和主题词。

现存满文月折包内上谕、寄信、奏折、咨、呈等公文共有18万余件，始于雍正八年，迄至宣统三年。有清一代，边疆地区的军政大员均由满蒙官员担任，如西藏办事大臣、西宁办事大臣、伊犁将军、塔尔巴哈台参赞大臣、喀什噶尔参赞大臣、叶尔羌参赞大臣、乌鲁木齐都统、归化城都统、黑龙江将军、齐齐哈尔副都统、墨尔根城副都统、吉林将军、三姓副都统、盛京将军等，这些官员汇报各地军政事务奏折或咨呈多用满文撰写，皇帝的"朱批""上谕"也用满文书写。因此，军机处满文月折包内文件涉及边疆问题的数量众多，估计有 12 万件左右。这些档案涉及内容十分丰富，有关边疆地区政治、经济、军事、文化、天文、地理、民族、宗教以及外交方面的问题都有所反映。然而，这一部分珍贵的档案史料，因诸多原因，长期以来，鲜为人知，未能充分加以利用和研究。

为了挖掘和利用这一部分珍贵的清代中国边疆史满文档案资料，满足内外学者的需求，促进档案馆基础建设，推动中国边疆史研究、当 1994 年年底完成了满文月折包的整理和著录工作后，中国第一历史档案馆与中国边疆史地研究中心、中国人民大学清史研究所合作，组织人力和物力，开始进行满文月折包内有关边疆史料目录的编译工作。经 5 年时间的努力，现已编译成《清代边疆满文档案目录》12 册，收录 12 万余条目，共计 900 万字。

本目录作为一部大型专题档案史料的检索工具书，它的编译、出版，必将为国内外学者查阅利用有关档案提供极大方便和更多更新的信息，不仅能够推动清代中国边疆史研究更加广泛深入地开展，而且也有利于清史、民族史和科学研究的发展。

1999 年 1 月 30 日

# 《雍正朝满文朱批奏折全译》① ·序

清代是中国历史上最后一个封建王朝，也是由古代社会向近代半封建半殖民地社会转变的开端和起点。其前期，既出现过延续达 138 年之久的"康雍乾盛世"，更有着社会安定、经济发展、文化繁荣、民族和睦的封建

---

① 本书 1998 年由黄山书社出版。

统一大帝国时代的夕阳余晖。其雍正一朝（1723—1735），虽然仅有 13 年的历史，可谓短促的弹指一挥间，然而它的承上启下作用和雍正帝的诸多影响所及，却是其他时代所无法替代的。

作雍正朝"盛世"开创者的清世宗雍正帝，是一位政治上有远见卓识、统治手段干练坚决、施政作风雷厉风行的统治者。同时，他又是一位推行社会政治、经济改革的改革家和实践者，其推陈出新意识和举措，远在诸多帝王之上。然而因其"夺嫡"一说的存在，却颇遭后世责难，致使"瑕"掩其"玉"，"过"盖其"功"，加之重要史料的阙如，研究者各行己见，众说纷纭，使诸多问题至今或涉足者寡，或莫衷一是，难成定论。

新近由中国第一历史档案馆满文部编译、黄山书社出版的《雍正朝满文朱批奏折全译》一书，不仅为研究雍正朝提供了新的契机和条件，而且在历史资料运用方面开拓了新的途径和天地。从而使海内外众多研究者得以开启历史沉寂多年的"门户"，步入其"殿堂"，探察其本来面目。由此可知本书编译者、出版者的辛勤劳作，真可谓功德无量。

《雍正朝满文朱批奏折全译》一书，对雍正朝的社会政治、经济、军事、文化、宫中活动等均有较详细的记载。尤其是对雍正帝的治国思想、安邦之道、用人之术、军事谋略、文化政策、谕民教化、社会风尚、家庭教育、宫中生活情趣旨向的形成、发展、演变的轨迹有更为翔实的载录，为其他史料所不能替代。

通观全书，并与该期同类的汉文载录比较，该书在内容、史料价值诸方面，六大特点，值得世人注目：

特点之一是真实性。《雍正朝满文朱批奏折全译》一书，所收录、编译的朱批奏折，是清代最珍贵、最具特色、最有政治权威性和机密性的历史档案遗存之一。其中，既有中国第一历史档案馆所珍藏的满文原件，也有台北故宫博物院所藏雍正朝满文朱批奏折原件的复印件，两者合而为一，成为完整的系列。其内容的原始性、真实性、可靠性不容置疑。通过这些高度机密的满文折奏和雍正帝的满文朱批谕旨，既可明了诸多历史事件发生发展的过程，解开某些历史谜团，又有助于窥知雍正帝的政治心态及其治术的真面目。

特点之二是实证性。在《雍正朝满文朱批奏折全译》一书中，编译的满文朱批奏折，均是雍正朝文武大臣及其亲信对有关军国大事发生发展的"实"具、"实"折、"实"奏与雍正帝朱批的"实"意、"实"图、"实"谕、"实"策。同时，它也是特定历史时代、特定事件、特定人物、特定权力集团演变和荣辱沉浮过程的"实录"。海内外读者和研究者，通过查阅利用这些具有历史"实证性"的满文档案资料，参照其他汉文档案、文献史料，相互比勘，将会对诸多历史事件的过程及内幕，有更加清楚翔实的了解，进而使认识与研究迈向一个新的高度。

特点之三是广博性。《雍正朝满文朱批奏折全译》一书，从内容而言，所包容、涉及的方面极其广博。雍正帝实施的一些重大政治、军事、边疆、外交举措，改革行动、诸如打击政敌集团势力，清理财政，设立军机处，加强中央集权，改革八旗事务；实行改土归流、平定边疆军事叛乱；禁天主教，驱逐西洋传教士；划定中俄边界等，在满文朱批中，均有较详细的载述。该书的出版问世，将对雍正朝政治史、经济史、军事史、文化史、民族史、边疆史、社会史、宫廷史、宗教史、思想史、中外关系史的深入研究，提供无与伦比的宝贵依据。

特点之四是宏富性。从特定意义上而言，《雍正朝满文朱批奏折全译》一书，公之于世的珍稀满文朱批奏折，本身就是一个档案史料宏富的资料库。这些不仅表现在朱批奏折内容丰富，涉及朝政的各个领域，而且就朱批谕旨本身来看，雍正帝的朱批既是对军政大臣呈奏事项及处理办法的直接谕示，又是对执行政策与改革意图的阐释。因此，其"宏富"的特色，在档案内容的广度与深度上，可使雍正一朝的历史，得以准确、科学、立体、多元的生动再现。

特点之五是独具性。《雍正朝满文朱批奏折全译》一书收录的奏折、朱批，在文字上均使用与汉文有别的满文，以增强机密性，使用臣下折奏这种特定的官方文书形式，以与题本、奏章相区别；奏折均由雍正皇帝亲自审阅并加朱批，以显示其权威性；满文朱批、经编译者的考订、编译成汉文后，使海内外的研究者，在检索、阅读、使用时，更为快捷方便。

特点之六是特定性。有清一代，高级官员普遍实行奏折制，始自雍正朝。它的实施、既是雍正皇帝在政治上加强中央集权的重要举措，同时与朝廷中实施军政大权的核心机构"军机处"的建立有关。清政府规定，中央各部院堂官、科道官及地方两司以上、武职副都统、总兵以上大员，才有权具折奏事。具折官员须派员或通过驿递，直接呈送，由皇帝拆阅并用朱笔批谕。凡经朱批者，即称朱批奏折。雍正元年（1723）明令，几经朱批者，在发还具奏人遵照执行后，必须定期缴还皇宫保存，这使大批珍贵的历史档案资料，得以传承至今。但雍正朝的满文朱批奏折，却有其特定的历史价值，故尤为世人所珍视。然因其语言文字上的缘故、迟迟未能编译出版，公布面世。现在，这项工作终得圆满完成，实为史学界，特别是清史学界的一件幸事。

雍正一朝、时间虽短，但却风云变幻，新政迭出；平定边乱，用兵频繁；驱逐教士，与俄订约；推行保甲，强化宗教；立军机处，行奏折制；耗羡归公，官吏养廉；惩治贪官，清理财政；摊丁入粮，豁除贱籍；改革八旗，削弱王公；减少政争，秘密立储；文化专制，兴文字狱；西南边疆，改土归流等历史事件，在该书中均有涉及和反映。因此，海内外学者研究分析这些公之于世的珍贵史料，肯定会对过去已研究的许多重要课题，有新的理解和认识，从而推动清史研究的深入。

有感于此，是为序。

1998 年 7 月 1 日

于中国社会科学院中国边疆史地研究中心

# 郭美兰《明清档案与史地探微》[①]·序言

美兰女士的论集《明清档案与史地探微》即将面世，嘱我写几句以充序。思之再三，与作者相识近三十年，我们同是清代边疆历史的研究者，且她编译的清代边疆满文档案大有助于我的研究深化，实无拒绝的理由，于是挤时间、静下心拜读论集中大半论文，以《清代边疆满文档案的整理者和研究者》为题作文，权充序言以应命。

## （一）清代满文档案的整理者、译编者

美兰女士就职中国第一历史档案馆及其前身北京故宫博物院明清档案

---

① 本书 2012 年由辽宁民族出版社出版。

部已 30 余年，她的本职工作是从事清代满汉文档案的整理、编目、翻译工作。参加整理过归化城副都统衙门满文档案、内阁满文题本、内务府满文档案等，参加或主持过《满文老档》等满文档案的编译，《清代皇帝御批彝事珍档》等汉文档案史料的编辑。自 1986 年 8 月始，至 2010 年 10 月，共出版了她或合译、合编，或独自翻译主编的满、汉文档案集 23 种，计 122 册。在其参加或主持译编的满文档案集中，又以西藏和藏族，新疆和卫拉特蒙古的满文档案译编为工作重点，并取得了可喜的成绩。成果中涉西藏和藏族历史的档案汇集有：

《元以来西藏地方与中央政府关系档案史料汇编》7 册，合译；

《六世班禅朝觐档案选编》1 册，独译；

《中国第一历史档案馆藏西藏与藏族档案目录》（满文、藏文部分），1 册，合译；

《清初五世达赖喇嘛档案史料选编》1 册，独译；

《清宫珍藏历世达赖喇嘛档案荟萃》1 册，独译；

《清宫珍藏历世班禅额尔德尼档案荟萃》1 册，合编；

《清末十三世达赖喇嘛档案史料选编》1 册，合编；

研究者深知，上述这些档案汇集的利用对于西藏地区和藏民族研究的深化所具有的价值。其他如收入国家清史编纂委员会主编·档案丛刊的《清宫热河档案》18 册；《清宫普宁寺档案》2 册也有藏族僧侣上层在承德活动的珍贵记载。

成果中涉新疆和卫拉特蒙古历史的档案汇集则有：

《军机处满文准噶尔使者档译编》3 册，合译；

《清代军机处满文熬茶档》2 册，独译。

上述两种大型满文档案汉译后的汇集对于研究清代卫拉特蒙古历史和蒙藏关系史具有极为重要的学术价值，值得在此做些简介。

《军机处满文准噶尔使者档译编》所收辑档案，均选自中国第一历史档案馆所存军机处满文《夷使档》，现存《夷使档》共十八册，其中有四册因内容重复剔除外，本汇集收辑的档案共十四册、608 件，所有档案逐件撰拟汉文标题，编制目录，均为首次影印翻译出版。

《夷使档》起止时间为雍正十二年（1734）至乾隆十九年（1754），

是专门记载清政府与准噶尔部交往历史的原始档案，反映准噶尔部 17 次遣使赴京师朝觐、纳贡、和议、到肃州等地贸易，赴西宁、拉萨等地熬茶等一系列活动。治卫拉特蒙古史者深知，"雍正十二年至乾隆十九年，是清政府与噶尔丹策零大战额尔德尼召之后，举歼达瓦齐前与准噶尔和平交往时期，目前对这二十余年历史的研究，因资料有限，尚较模糊，论著对此段历史涉猎不多。满文《夷使档》详细记录了这段历史，所记录的清政府与准噶尔贸易来往及和平交往等方面的内容，映现出清政府针对准噶尔部所采取的各项政策措施，及准噶尔部对清王朝在宗教、经济等方面的依赖关系"①。2006 年由人民出版社出版的蔡家艺《清代新疆社会经济史纲》第一编清代前期新疆的社会经济，论及准噶尔政权时期新疆的社会经济结构，如能系统利用本汇集的满文档案，一定会更充实、出彩。

《清代军机处满文熬茶档》所收辑档案，均选自中国第一历史档案馆所存军机处满文《熬茶档》，现存《熬茶档》共七册，其中三册因内容重复剔除外，本汇集收辑的档案共 4 册，正附件共 232 件，所有档案逐件撰拟汉文标题，编制目录，均为首次影印翻译出版。原件如有残缺，译者根据上下文意补充完整，并加标括号，可见译者的学术动力和严谨学风。

熬茶，是指在藏传佛教寺庙发放布施。清代熬茶，通常由熬茶者向众喇嘛发放银两等，众喇嘛则为之唪经祈福。中国第一历史档案馆所存清代军机处满文《熬茶档》，是汇抄乾隆五年（1740）至乾隆十三年（1748）间，准噶尔部首领噶尔丹策零及策妄多尔济那木扎勒经奏请乾隆帝，获准派使赴藏熬茶过程中形成的各类往来文书而成的专档。这一期间，准噶尔部三次派使熬茶，第一次是乾隆五年（1740）至乾隆六年（1741），第二次是乾隆八年（1743）到乾隆九年（1744），第三次是乾隆十二年（1747）到乾隆十三年（1748）。准噶尔熬茶使在三次熬茶过程中，第一次是至西宁半道返回，只有后两次深入西藏腹地，完成了所担负的熬茶使命。《熬茶档》所反映的内容大致可分为六个方面：

一是，三次获准熬茶的始末；

二是，拓展边卡，加强防务；

① 赵令志、郭美兰主编：《军机处满文准噶尔使者档译编》（上册），中央民族大学出版社2009 年版，"前言"第 2 页。

三是，委派官员，分工负责；

四是，筹措牲畜，接济粮草；

五是，招商贸易，伴送熬茶；

六是，结放经费，嘉奖抚恤。

《熬茶档》因藏置深阁，加之能使满文档案原件的研究者鲜，以往尚未被学界利用，因此，开发利用《熬茶档》，我们几乎可以拿档案内容还原在清廷视角中折射的历史原貌，无疑对推进准噶尔蒙古及西北、西藏政治、军事、经济、文化等方面的历史研究实大有帮助。[①]

### （二）清代满文档案的研究者

如美兰女士自述，"档案馆不同于专门的研究机构，档案馆有特定的日常工作，研究只能作为档案工作者的一种业余爱好"。[②] 让人们惊喜和钦佩的是作者这种"业余爱好"自 1985 年以来持续了近 30 年，为学界和读者奉献了近 50 篇论文和学术评述。

综观作者的研究工作，大体可归纳为如下特色：

一是，从内容看，主要围绕档案、边疆、民族及社会热点问题，而尤以卫拉特蒙古和新疆、北疆地区历史，西藏和藏族历史为主，也兼及清代宫廷史；

二是，从形式看，可分为史地探微、档案评述、随笔杂谈；

三是，从所利用史料看，大多以学界鲜有利用的满文档案为主，又兼及相关汉文档案和诸多文献。

上述特色读者从收入《明清档案与史地探微》一书 42 篇论文中可细味体察。在本文中，我只想从两篇研究评述卫拉特蒙古档案和历史的论文：《清宫珍藏土尔扈特历史档案及其重要价值》和《土尔扈特汗渥巴锡部众东归后拨地安置始末》谈点读后的体会。

自 20 世纪 70 年代以来，我即涉足卫拉特蒙古史研究，而土尔扈特历史是我研究重点。研究之始，我们即关注中国第一历史档案馆所藏的汉满文档案，并邀集北京和新疆的满文专家着手整理和汉译有关卫拉特蒙古满

---

① 参阅中国第一历史档案馆编《清代军机处满文熬茶档》，上海古籍出版社 2010 年版，"前言"第 1—8 页。

② 郭美兰：《明清档案与史地探微》，辽宁民族出版社 2011 年版，"前言"第 3 页。

文档案，其中有关土尔扈特蒙古的满文档案资料，是研究土尔扈特蒙古历史的重要原始资料之一。我们从已汉译的 409 件满文土尔扈特档和 70 件满文月折档中选出 145 件，按时间先后为序，编成《满文土尔扈特档案译编》，1986 年由民族出版社出版。我参与了对已汉译的满文档案的选编、拟题、编注和通稿工作，并与汪玉明先生合撰了《土尔扈特蒙古历史述略》以代序言。正是由于参加了上述学术工作，使我有机会细读了土尔扈特蒙古回归祖邦前后的满文档案，记述之详尽，大大补充了有关汉文档案记载的缺失。由此，我在 20 世纪 80 年代先后撰写了《清政府对蒙古族土尔扈特部的安置》《土尔扈特蒙古东返人户数考析》《渥巴锡承德之行与清政府的民族统治政策》《土尔扈特蒙古东返始于何时》《再论渥巴锡》《渥巴锡论——兼论清朝政府的民族统治政策》，以及《罗卜藏扎尔桑史事述叙》诸文。由于史实翔实，为深入分析土尔扈特蒙古东归这一伟大历史事件有了可能，上述研究成果也收入我和马汝珩合著《漂落异域的民族——17 至 18 世纪的土尔扈特蒙古》以及我和成崇德共同主编《卫拉特蒙古史纲》两书之中。但是作为细读过已译成汉文有关土尔扈特满文档案的研究者，深知土尔扈特满文档案中还蕴藏着更多尚不为今人所知的史实和历史细节，对已出版的《满文土尔扈特档案译编》也有待大大补实内容。故读了作者所撰两篇论文，深感亲切。

《清宫珍藏土尔扈特档案及其重要价值》一文中指出："现今中国第一历史档案馆所藏清代档案中，有关土尔扈特历史档案约有 3800 余件，绝大部分以满文书写，其时间起自康熙五十一年（1712 年），止于光绪三十二年（1906 年）。"上述档案的史料价值，作者用如下三句话做了概括："回归前的档案弥足珍贵"，"回归安置档案全面系统"，"回归后的档案数量颇巨"。同时，作者还坦言《满文土尔扈特档案译编》一书的三点不足："一是，辑录的档案数量少，仅为 145 件，与 3800 件的总量比较，触动的只是冰山的一角；二是，时间段短，仅收录乾隆三十六年至四十年的档案；三是，收录档案种类单调，同一时期的起居注、朱批奏折、录副奏折均未收录。"所言极是，可谓切中要害。当然，这些不足的出现，并非我们之所愿，而是当时条件所限而不可为也，因此如作者所言："要想深入研究土尔扈特历史，当务之急应加强档案的开发利用。"值得庆幸的是，当前有关土尔扈特满文档案的整理、汉译也有长足前进，而此项工作的实践者正是美兰女士和她的夫君吴元丰先生！

美兰女士不仅辛勤劳作埋首土尔扈特满文档案的译编，还利用这些档案进行研究，《土尔扈特汗渥巴锡部众东归后拨地安置始末》即是一篇值得重视的力作。这篇文章对安置渥巴锡部众于巴音布鲁克草原的起因、经过及其意义做了详尽的叙述和分析，而这一内容正是我当年论及同一论题时因资料不足而一笔带过之处。

关于土尔扈特人东归的历史，美兰女士还根据她长期的学术积累，撰写了多篇知识普及性文章，诸如：《迎着太阳回归的部族》《土尔扈特回归记》《东归英雄后人的述说》等。另外，我有幸与美兰女士一起参与承德避暑山庄策划的"土尔扈特东归展"的学术策划工作，以及作为访谈专家参与大型电视纪录片《清宫秘档》"土尔扈特回归"一集的制作。

### （三）学术生涯于人们的启迪

美兰女士学术生涯正值壮年，加之又有三十余年档案史料的积累，学术前程无可限量。综观其三十余年研究实践的经验，于有志于研究者的启迪，试做分析。

一曰勤奋。

美兰女士任职于国家机关，不同于工作于研究机构或高等院校自由支配时间相对充裕，对一位天天上班，又为人妻为人母的女同胞，在三十余年时间里或参与或主持完成23种122册档案文献的汉译和编选，又完全是利用业余时间撰写了45篇论文（其中4篇尚未发表），是一个怎样的工作量！

勤奋出成绩，此为启迪之一。

二曰实事求是。

这里所讲的实事求是，是指研究切入点的选择要符合自己实际，方法上要符合学术规律。

所谓研究切入点的选择要符合自己实际，是指美兰女士熟练掌握满语文，又工作在中国第一历史档案馆，得便捷充分利用满文档案天时地利之便，她又抓住生在新疆、长在新疆，对西北边疆具有不同于他人的感性认识之利，所以将研究的切入点选择在充分利用未曾为研究者利用过的满文档案，研究新疆、西北和北部边疆，以及西藏和藏族历史。

所谓方法上要符合学术规律，是指无论在档案整理上还是研究展开上，既然都是一项学术工作，那就严格遵循学术规律办事。如美兰女士自己总结的她在从事档案整理编译工作大体经历了三个阶段的演进轨迹，即：参加初译或审校；独立完成选材、翻译、定稿；主持编译项目，负责选题、选材、翻译、定稿、排版。而她的研究选题的选择大都也是在掌握了档案内部的规律，了解档案反映的内容后，厚积薄发，才撰文加以介绍和评议。如《清宫珍藏土尔扈特历史档案及其重要价值》，就是在查阅诸多满汉文档案的基础上撰写而成，《五世达赖喇嘛入觐述论》等篇论文，均获益于编译有关西藏及藏族之档案。还有是在学术考察中注重当地古迹，以及相关历史事件和历史人物，而后在档案中寻找相关的原始记录，尤其是发挥自己通晓满文的特长，在满文档案中发现线索，着力解决历史之谜，诸如《康熙帝与多伦诺尔汇宗寺》《二世哲布尊丹与多伦诺尔善因寺》等。

实事求是出成绩，此为启迪之二。

总之，勤奋与实事求是应是一切成功人士所以能成功的两大法宝，美兰女士以她自身的学术实践证明了这一朴素的真理，并为人们提供了可资借鉴的活例。

我虽虚长美兰女士二十来岁，但同在边疆历史研究这块沃土上耕耘了几十年，彼此不仅相识，而是相知的。故在本文结束之时，还想提寄望两端：

其一，希望能译编更多的专题满文档案汇集。满文档案是边疆史、清史研究的资料宝库，但在可以预见的未来，真正能熟练利用满文档案的中国学者毕竟还是少数。因此，这是一项有利深化边疆史、清史研究的工作，是一项利在当代，功在千秋的工作。

其二，希望能有更多的研究力作问世。如前所述，正处研究者壮年的美兰女士，在研究既要发挥依托满汉文档案一事一释，一事一论，以小见大的特色；也应有鸿篇大论的研究构思，我们有理由期待着！

2011 年 11 月 11 日<br>于北京自乐斋

# 清代满文档案的整理与新疆研究的深化

## ——《清代东归和布克赛尔土尔扈特蒙古满文档案全译》①·代前言

中国第一历史档案馆满文处与新疆和布克赛尔蒙古自治县史志办合作，由吴元丰、乌·叶尔达、巴·巴图巴雅尔主编的《清代东归和布克赛尔土尔扈特蒙古满文档案全译》即将由新疆人民出版社正式出版，这是继2004年《清代西迁新疆察哈尔蒙古满文档案全译》出版以来又一册以地区为主题的有关清代新疆满文档案译编。本书从中国第一历史档案馆所藏18万余件军机处满文录副奏折中挑选有关和布克赛尔土尔扈特奏折及其附件共计764件，其中正件714件，附件50件，起止时间为乾隆三十六年（1771）三月至光绪三十二年（1906）十月。译编者经过近三年的编选和翻译，形成了一部近65万字专题档案汇集，可以预期本书的出版对卫拉特蒙古历史和文化、新疆地方史、中国边疆史研究的深化将起到重要的推动作用。

我在此谨向本书的译编者、出版者表示由衷敬意之余，还想就清代满文档案对清代新疆历史研究深化的作用，以及有关新疆清代满文档案的进一步整理和汉译表述些许陋见，愿与同人共思。

（一）

清代满文档案的重要史料价值，以及用于研究将大大深化历史的研究，愈来愈成为研究者的共识。

对此，我想讲一下自己研究生涯的亲身感受。20世纪70年代中期，我作为中国科学院民族研究所的一个普通研究人员有幸参加外交部交办的一个研究项目《准噶尔问题研究》，这项研究工作在当时著名史学家翁独健教授的指导下，很快确定要写一部经得起时间检验的学术著作——《准噶尔史略》。基于此，独健先生要求我们从积累资料和掌握前人研究成果入手。在资料收集方面，组织了专门力量对当时尚无人顾及的，收藏于中

---

① 本书2013年由新疆人民出版社出版。

国第一历史档案馆的清代满文档案进行挑选和汉译。由于指导思想明确，组织得力，在1976—1982年汉译了一批军机处满文档案，其中包括了一批满文土尔扈特专档。我在完成了《准噶尔史略》噶尔丹时期一章的撰写工作后，自己的研究重点转移到了土尔扈特史研究。土尔扈特蒙古历史中最震撼人心的是1771年渥巴锡率部东归，但从汉文档案、文献以及当事当时人记述中对土尔扈特东归的原因、进程和清政府决策接纳东归土尔扈特人全过程的记载却语焉不详，难以探察复杂历史的全貌。但一旦利用俄文档案和相关俄文资料就为上述提及的东归原因、进程的深入研究提供了可能；而清政府对土尔扈特回归的一系列决策的形成，我所读到的满文土尔扈特档提供了十分翔实的记载，也正在这样的资料基础上，1984年我执笔撰写了《渥巴锡承德之行与清政府的民族统治政策》，此文日后也成为我和马汝珩教授合著的《漂落异域的民族——17至18世纪的土尔扈特蒙古》①重要章节内容。坦率说，没有满文档案的史料基础，上述问题研究上的突破是不可能的，1987年我和《准噶尔史略》研究群体的另二位同行白翠琴和蔡家艺，将由郭基南、肖夫、汪玉明三位先生汉译军机处土尔扈特档和月折档中选了145件，编成《满文土尔扈特档案译编》，以中国社会科学院民族研究所民族史研究室和中国第一历史档案馆合编的形式，由民族出版社正式出版，所收档案起止时间是乾隆三十六年至四十年（1771—1775），主要反映土尔扈特部众东归到达伊犁地界，伊犁将军委派官兵迎接、查看人口户数、调拨接济物品、分编旗佐，指地安置，以及土尔扈特渥巴锡汗等东归领袖人物赴热河觐见乾隆帝和接受赏赐等情况。这是国内第一本土尔扈特历史汉译满文档案的专题性资料集，其史料价值至今仍为研究者所重视。

（二）

20世纪80年代以来，清代满文档案的整理和汉译工作成绩世人瞩目，学人击掌。

什么是清代满文档案？知名满文专家、本书的译编者吴元丰先生曾说："满文档案是清朝各级官署及官员在处理公务过程中以满文书写的公

---

① 马汝珩、马大正：《漂落异域的民族——17至18世纪的土尔扈特蒙古》，中国社会科学出版社1991年版，2003年修订再版。

文或记录的总称。这些满文档案遭逢诸多人为或自然灾害，历经沧桑，虽然没有全部保存下来，但其存世数量仍很巨大。迄今保存下来的主要有内阁、军机处、宫中、内务府、宗人府、理藩院、八旗都统衙门、盛京内务府等中央国家机构，以及黑龙江将军、吉林将军、盛京将军、宁古塔副都统、阿拉楚喀副都统、珲春副都统、归化城副都统、呼伦贝尔总管、布特哈总管等地方衙门的满文档案，数量巨大，种类繁多，形制各异，内容丰富，是研究清代通史、民族史、地方史、八旗制度、满语文等方面的第一手资料，具有珍贵的学术研究价值。"①

据元丰先生统计，自 1981 年中华书局出版《清代中俄关系档案史料选编》第一编以来，迄止 2011 年年底广西师范大学出版社出版《清代新疆满文档案汇编》共出版了专题满文档案汇编 44 部，700 册。②

众所周知，近代以来国内通晓满文者极其有限，能够直接利用满文档案开展学术研究者近些年来虽有增加，但总体上观仍是寥寥。上述满文档案的汉译和出版，对于深化清代历史研究不啻是极大好事。

由于对清代满文档案重要价值和满文档案汉译工作的艰难与紧迫有了深切体验，1987 年当我从中国社会科学院民族研究所调至中国边疆史地研究中心主持工作以后，由于有了更广阔的研究空间和学术活动舞台，对于推动清代满文档案的整理和汉译工作，在我力所能及的条件下，做了如下五项工作，简言之是：

一是，我作为中国边疆史地研究中心主任，策划、组织了《清代西迁新疆察哈尔蒙古满文档案全译》，该书收录的档案选自军机处满文录副奏折、月折档、上谕档、议复档，共计 1483 件（包括附件 558 件），起止时间为乾隆二十五年至宣统三年（1760—1911），90 万字，精装，16 开本，1 册，2004 年 5 月新疆人民出版社出版。

二是，我作为中国边疆史地研究中心主任，会同中国第一历史档案馆满文部和中国人民大学清史研究所，组织编选和汉译《清代边疆满文档案

① 吴元丰：《近百年来满文档案编译出版综述——以中国大陆为中心》，《满语研究》2011 年第 2 期。
② 吴元丰：《近百年来满文档案编译出版综述——以中国大陆为中心》，《满语研究》2011 年第 2 期。

目录》，经过 5 年时间努力，编译了军机处满文月折包有关边疆史料目录 12 万余条，计 900 余万字，精装，16 开本，12 册，1999 年 4 月由广西师范大学出版社出版。本目录作为一部大型专题档案史料工具书，为国内外学者查阅利用有关档案提供了极大便利。

三是，我作为"东北边疆历史与现状系列研究工程"专家委员会主任，决策作为"东北边疆历史与现状系列研究工程"的档案文献整理项目，整理出版了《珲春副都统衙门档》，由中国第一历史档案馆、中国边疆史地研究中心、吉林省延吉档案馆合编。珲春地处中国吉林省东部，东南与俄罗斯接壤，西南与朝鲜交界，地理位置十分重要。有清一代先后设立协领和副都统管理当地军政事务。该书收录中国第一历史档案馆和吉林省延吉档案馆保存的珲春协领及副都统衙门档案，共计 37488 件，其中三分之一是满文，其余是汉文，起止时间为乾隆二年至宣统三年（1737—1911）。2006 年 12 月由广西师范大学出版社出版，精装，16 开本，238 册。

四是，我作为"新疆历史与现状系列研究项目"专家委员会成员参与决策，作为"新疆历史与现状系列研究项目"档案文献整理项目，整理出版了《清代新疆满文档案汇编》，由中国第一历史档案馆、中国边疆史地研究中心合编，精装，16 开本，283 册，2011 年年底由广西师范大学出版社出版。

五是，在可能的条件下，为汉译满文档案汇集撰写序文，以资鼓励和推动，近 30 年间撰写了如下序文、代前言：

1. 1988 年为《满文土尔扈特档案译编》撰写《土尔扈特蒙古历史述略》（合著）；

2. 1998 年为《雍正朝满文朱批奏折全译》撰写序文；

3. 1999 年为《清代边疆满文档案目录》撰写序文（合著）；

4. 2004 年为《清代西迁新疆察哈尔蒙古满文档案全译》撰写代前言；

5. 2011 年为郭美兰《明清档案与史地探微》撰写序言，此文后以《郭美兰：清代边疆满文档案的整理者和研究者》为题在 2012 年第 1 期《西部蒙古论坛》上刊出；

6. 2013 年为《清代东归和布克赛尔土尔扈特满文档案全译》撰写代前言：《清代满文档案的整理与新疆研究的深化》。

上述拙文表述了如下二个主题：阐述满文档案不可替代的史料价值，呼吁满文档案影印出版和有选择汉译的必要。

（三）

为了使清代新疆满文档案的影印和汉译工作更加系统、规范地展开，需要有切实的计划，必要的人力和财力保障。

满文档案影印工作量极大，将满文档案进行汉译并形成规模更是需要几代学人的努力。千里之行，始于足下，这里我仅就清代有关新疆满文档案的整理和汉译提建议如次：

一是，工作底本。可将已正式出版的《清代新疆满文档案汇编》作为工作底本进行分类整理、汉译。清朝对新疆的治理前期采用军府制，设伊犁将军，统辖天山南北地区军政事务。在各重镇要地分设都统、参赞大臣、办事大臣等员，分管各该地区军政事务。这些官员一般都由中央各部院及京城八旗官员内选派，而且多为满洲或蒙古官员，按规定多用满文缮折具奏，主要反映新疆设行省前的职官、军务、民政、司法、财政、农业、牧业、矿产、贸易、文化、宗教、地理、交通、民俗、藩属国及部藩关系、外交等诸多方面，有学者曾预言，一旦这些满文档案得到开发和利用，清代新疆史有重写的可能。

二是，整理方式。近30年来满文档案整理和汉译，已探索了如下三种整理方式，即单纯汉译文的编辑出版，满文原件与汉译文的合集出版，单纯满文原件的编辑出版，实践中上述三种方式中以满文档案原件与汉译文合集出版的形式，最受研究者的欢迎与认同。当然单纯汉译文的编辑形式也应是一种重要的方式。

三是，整理汉译切入点的选择。可考虑以事件为主题汉译编辑专题性汇编，巴音郭楞蒙古自治州东归土尔扈特满文档案译编这一设想，酝酿多年，可作为首批选题组织力量早日启动，争取三年时间完成，与已出版的《满文土尔扈特档案译编》《清代东归和布克赛尔土尔扈特满文档案全译》《清代西迁新疆察哈尔蒙古满文档案全译》形成新疆蒙古族历史档案集系列，我们还应创造条件细心筹划对已确定为工作底本《清代新疆满文档案汇编》分类别、分年代、设立专题开展汉译工作。

四是，协调各方力量，有序推进。满文档案整理与汉译是一项费时、费力的工作，即从组织的角度言应包括学术的指导、行政的保障和财力的支持，而且要有深化学术研究和惠及下一代的战略眼光、勇气和耐力。我们期待着决策部门的支持。果能如此，学者之幸、学术之福矣！

2013 年 1 月 8 日

草成于美国圣路易斯市

## 吕萍等编著《中国正史中的边疆思想资料选辑》<sup>①</sup>·序言

中国边疆是中国统一多民族国家十分重要而且不可分割的组成部分，研究与认识边疆不但具有十分重要的学术价值，同时还有不容忽视的社会价值。早在 1997 年出版的《20 世纪的中国边疆研究——一门发展中的边缘学科的演进历程》一书中，我就曾呼吁建立以中国边疆为研究对象的综合性学科——中国边疆学，并特别指出基础资料的建设应成为边疆研究赖以进行的基础："有关中国边疆研究的资料浩如烟海，一部二十四史和众多地方志即保存了大量前人边疆研究的宝贵成果。这一切都是今天我们研究工作的基本资料。"<sup>②</sup>

值得欣慰的是，近年来中国边疆研究已经取得了长足的发展，相关研究成果也是琳琅满目，蔚为可观，并成为日益受到学界与社会各界广泛关注的一个热门研究领域。长春师范学院吕萍、齐畅、薛海波、梁启政四位年轻同志有志于这门新兴边缘学科的基础资料建设，经过多年努力，从《史记》到《清史稿》计 20 部中国正史的本纪、列传中集中摘录了中国古代边疆思想资料，编出一部四十多万字的《中国正史中的边疆思想资料选辑》，时间跨度上涉及由古代至近代的数千年，资料内容包括中国历代君臣有关边疆的言论、历代边疆少数民族的言行以及历代中央政权对周边民族政权的关系资料，对于方兴未艾的中国边疆学研究无疑提供了一套十分有益的基础资料。

作为中国边疆学研究的一名"老兵"，我十分欣慰。这些年轻的研究者能够不惧劳苦而"采铜于山"，从基础资料入手开展边疆研究。尽管与

---

① 本书 2008 年由吉林文史出版社出版。

② 马大正、刘逖：《二十世纪的中国边疆研究——一门发展中的边缘学科的演进历程》，黑龙江教育出版社 1997 年版，第 284 页。

这些年轻的研究者素未谋面，我还是欣然为之撰写序言，为他们呐喊鼓劲，不仅是出于赞赏他们已有的研究成就与辛勤努力，更是希望这些年轻同志能够再接再厉，将这部资料暂未辑录的《后汉书》《梁书》《陈书》《周书》《新五代史》《新元史》六部正史中的边疆资料尽早补齐，从而形成一部完整的二十六史有关边疆思想资料，则无论对于他们个人的边疆研究还是对于学界的贡献，都将更有裨益。是以为序。

2007 年 4 月于北京

# 王世威编《〈资治通鉴〉边少民族史料汇编》① ·序

中国是一个统一的多民族国家，地域辽阔，历史悠久，文化灿烂，在世界历史中占有重要地位。自秦始皇统一七国，建立封建中央集权国家以来，悠悠两千余载，出现过多次全国大一统的局面。秦汉时期开创了全国统一局面的先河。隋唐王朝疆域的开拓，扩大了中原传统政治、经济、文化与边疆地区的联系，实现了"华戎同轨"。宋、辽、金时期，汉族与边疆各少数民族克服了战争造成的种种困难，进一步增强了中华意识。蒙古族建立的元朝，开创了我国少数民族一统全国的先例，中原和边疆地区的政治、经济、文化乃至民族构成，发生了长达百年的富有特色的大融合，改变了统一多民族国家的传统结构和狭隘观念。及至明、清，特别是清代前期，清王朝在元、明两朝的基础上实现了新的全国大一统，确立了中国历史疆域范围。总之，中国最终形成统一的多民族国家，是各民族在漫长历史进程中共同努力的结果。中国历史发展的这一特有规律，已为更多的研究者所认识，并从不同的角度进行深入的探索，并日益成为边疆史、民族史研究的重点和热点。

研究的深化，有赖于资料的发掘、积累和整理。中国古籍有关历史上边疆民族的记载永远是一座研究者汲取营养的宝库。司马迁的《史记》不仅详细记载了华夏族或称为汉族的发展脉络，而且为周边的民族，诸如匈奴、西南各民族立传，较为详尽地记载了这些民族的起源、

① 本书 2007 年由北京图书馆出版社出版。

社会制度、经济生活、风俗习惯以及历史发展等。司马迁的创举对后世产生了重大影响。自汉以来历朝各代所修的官方史书都有记载少数民族的"传"，并前后相继形成系统，为后人研究中国边疆的历史发展进程和中国各民族的发生、发展，以及丰富多彩的民族文化，提供了详细完备的资料。除了官修史书外，各民族的学者也撰写了众多的关于边疆、民族或包括有边疆民族内容的著作，如《禹贡》《水经注》《华阳国志》《蛮书》《蒙古秘史》《突厥语词典》《满洲源流考》等。在地方志、文集、游记、族谱、碑铭中也大量存在着不同时代的有识之士对当时边疆、民族的记载。在浩如烟海的文献资料中，司马光的《资治通鉴》占有一个突出的地位。《资治通鉴》是我国古代著名历史学家司马光编纂的一部编年体通史巨著。全书 294 卷，300 余万字。记事上起周威烈王二十三年（前 403），下讫后周显德六年（959），对包括周、秦、汉、魏、晋、宋、齐、梁、陈、隋、唐、后梁、后唐、后晋、后汉、后周在内的十六个朝代的一千三百六十二年的历史进行编年记述。成书后一直得到政界的推崇、学界的好评。宋末元初的胡三省曰："为人君而不知《通鉴》，则欲治而不知自治之源，恶乱而不知防乱之术。为人臣而不知《通鉴》，则上无以事君，下无以治民。为人子而不知《通鉴》，则谋身必至于辱先，做事不足以垂后。乃如用兵行师，创法立制，而不知迹古人之所以得，鉴古人之所以失，则求胜而败，图利而害，此必然者也。"[1] 民国年间史学大家梁启超认为司马光编纂《资治通鉴》"简繁得宜，很有分寸，文章技术，不在司马迁之下"。[2]《资治通鉴》是一部"网罗宏富，体大思精"的编年体巨著，实是从事中国历史研究，当然包括从事边疆史、民族史研究者所必备：必读的典籍。但由于《资治通鉴》卷帙浩大、字数聚多，检阅、使用，毕竟不是易事。

本书辑编者王世威先生在 20 世纪 90 年代末通读《资治通鉴》时，深感在这本编年体裁的巨著中，要了解其中某一历史情节十分困难，已是耄耋之年的王世威先生开始了《〈资治通鉴〉边少民族史料汇编》的编辑工作。他将《资治通鉴》中所包含的数十个少数民族的历史资料，在以民族

---

① （元）胡三省：《新注资治通鉴序》。
② 梁启超：《中国历史研究法（补编）》。

分类的前提下，重新以时间先后为序进行摘编。历时三年，全部手抄完成，全书达 150 万字。在刚刚完成了《〈资治通鉴〉边少民族史料汇编》初稿，尚未来得及最后润色，王世威先生于 2002 年 11 月 2 日与世长辞。所幸北京图书馆出版社鉴于弘扬中华文化、深化学术研究的理念，承接了本书的出版工作，实是可钦可佩。出版社殷梦霞女士嘱我、促我为书作序，为表达我对从未谋面的前辈王世威先生的敬意，也对北京图书馆出版社为推动学术文化发展所做的可贵努力的敬意，写下一点感想，权充序言以应命！

2007 年 6 月 24 日<br>于北京中国边疆史地研究中心

## 《中国边疆史地资料丛刊》[①] · 前言

我们祖国有漫长的边界线，广袤的边疆地区，包括了陆疆和海疆两大部分。我国的边疆地区在长期的历史发展进程中，从政治、经济、文化、历史、民族等方面，既与我国内地有着唇齿相依的关系，又有其自身发展的特点。因此，中国边疆史地研究的内容丰富多彩，它不仅是历史学、地理学的重要组成部分，同时也离不开考古学、社会学、民族学、民俗学、语言学的配合，从这一意义上说，中国边疆史地研究，实际上是一门众多学科交叉的边缘学科，完全可以称为边疆学。

研究必须详细地占有材料，分析它的不同的发展形态，并探寻出这各种形态的内部形态。只有在完成这种工作之后，实际的运动才能适当地叙述出来。因此，史实对于科学研究来说，犹如空气对于生命一样，没有空气，生命将不复存在，没有事实材料，科学大厦也不可能屹立。在中国史

---

① 该丛刊 1988 年始，由全国图书馆文献缩微复制中心出版，迄至 1995 年已出版了 6 卷 9 种 10 册。它们是综合卷两种，《清代理藩院资料辑录》（赵云田编），《蒙古律例·回疆则例》；蒙古卷两种，《清代蒙古高僧传译辑》（成崇德、申晓亭译编）、《清末蒙古史地资料荟萃》（吴丰培编）；新疆卷两种，《清代新疆稀见史料汇辑》（马大正编）、《新疆乡土志稿》（马大正、黄国政、苏凤兰编）；东北卷一种，《光绪朝黑龙江将军奏稿》上下册（杜春和编）；西藏卷两种，《达赖喇嘛三世、四世传》（陈庆英、马连龙译编）、《五世达赖喇嘛传》（陈庆英、马连龙、马林译）；滇桂卷一种，《苍梧总督军门志》（何林夏编）。

籍中有大量边疆史地的记述。一部二十四史为我们提供了研究边疆史地极为丰富的史料，浩如烟海的档案文献，方志典籍，以及众多的民族文字资料，更是研究边疆史地不可缺少的资料宝库。

为中国边疆史地研究的进一步开展积累系统资料，也应当前国内已蓬勃发展的地方史志编纂工作急需和海外学者对资料的渴求，中国社会科学院中国边疆史地研究中心决定主持编印《中国边疆史地资料丛刊》。

《中国边疆史地资料丛刊》依地区或专题拟分立下列各卷：综合卷、新疆卷、蒙古卷、东北卷、西藏卷、滇桂卷、海南卷、台湾卷、海事卷、邻国卷等。

《中国边疆史地资料丛刊》以选收历代史料价值较高的稿本、抄本、较为罕见的刻本为主，兼收罕见汉译的民族文字文献，以及有关边疆史地专题史料汇集。所选收史料，或据原书影印，或重加编辑、标点影印。

整理中国边疆史地的史料工作是一项规模宏大的工程，是一件促进学术发展，造福后人的事业。《中国边疆史地资料丛刊》的编印，即是我们努力于斯的一种尝试、一个起步。为此，恳望得到国内海外一切关心中国边疆史地研究的前辈、同人和新人的帮助和支持。

"涓流积至沧溟水，拳石崇成泰华岑。"我们期望这项工作能成为建立具有中国特色的边疆学科学大厦的一块小小基石。

1988 年 5 月，北京

## 《国家图书馆藏清代边疆史料抄稿本汇编》[①] · 序

边疆是一个含义广泛的概念，国内外文献一般把边疆解释为"靠近国界的地方"，或说是"边境之地"。

边疆是一个地理概念，中国的边疆包括陆疆和海疆。陆疆是指沿国界内侧有一定宽度的地区，它必须具备下述两个条件：一要有与邻国相接的国界线；二要具有自然、历史、文化诸多方面的自身特点。据此，当代中国的陆疆省区包括：黑龙江、吉林、辽宁三省，内蒙古自治区、甘肃、新

---

① 本书 2003 年由线装书局出版。

疆维吾尔自治区、西藏自治区、广西壮族自治区和云南省。顺便提及，将宁夏回族自治区、青海、贵州等省区称为"边疆地区"是不确切的，因为这些省区均不具备与邻国相接的国界线。综合现有的认识，海疆可以包含两大部分，一是大陆海岸线至领海基线之间的海域，这是国家的内海，其法律地位与领土完全相同，二是按当今公认的国际法，领海基线以外的国家管辖海域，包括领海，毗连区，专属经济区和大陆架等国家的管辖海域和岛屿。据上述标准，中国的海疆，从鸭绿江口到曾母暗沙有 4000 余千米，东西宽 700—1600 千米，面积约 470 万平方千米。其中属中国的岛屿有 7100 余个，中国大陆边缘除渤海为中国的内海外，还有黄海、东海和南海，所以按海区划分为黄海海疆、东海海疆和南海海疆。在上述海疆中最大的岛屿有台湾和海南（分别为中华人民共和国两个省）。

边疆又是一个历史概念，它是随着统一多民族国家的形成和发展逐渐形成和固定下来的。中国是一个多民族国家，历史悠久、文化灿烂。在中国历史发展的长河中，有战乱、有分裂，但每次战乱和分裂都为下一时期更大范围的统一和发展准备了条件。因此，在认识历史上的中国边疆时，应考虑如下两个相互关联的因素：首先是指与中华人民共和国边界相连接的省区；其次是以此为基础，上溯古代，参考历代的封建王朝边疆的实际情况予以综合考察。这就是说，当代的中国边疆与历史上的中国边疆不能简单地画等号，因为中国古代疆域呈现稳定性与波动性相结合的特点。而在论及历史上的海疆时，还必须考虑到拥有大陆海岸线的省区的客观存在，以及在推动海疆发展中的历史地位与作用。清朝在元、明两代基础上实现了新的全国大一统，形成了清代的辽阔疆域：西起巴尔喀什湖以东以南和帕米尔高原，接中亚细亚；东濒日本海、渤海、黄海、东海，库页岛、台湾及附属岛屿都属中国固有领土；北抵戈尔塔阿尔泰、萨彦岭、外兴安岭至鄂霍次克海；南至南沙群岛的曾母暗沙，西达喜马拉雅山脉，包括拉达克。陆地总面积 1300 余万平方公里，所以清代边疆包括：东北三省、内外蒙古、新疆、西藏、云南、广西、台湾、海南、南海诸岛及相关海域。

清代边疆史研究是一个大题目，是清史研究的重要组成部分。清代边疆史研究要实现新的突破，有许多工作要做，下大力气发掘新资料当是首善之举。资料是研究工作赖以开展和深化的基础，任何研究，包括史学研究离开资料的积累，将成为无源之水。清代边疆史的基本资料按类别分至少有以下六大类：档案文献、政书体资料、《实录》与《方略》、奏议和文集、地方志资料、清代著述。20世纪以来，对上述六大类资料的收集、整理、出版，取得了丰硕成果，成为清史研究深化的坚实基础之一。

国家图书馆图书收藏之丰，一直为学人所神往。30年前当我翻阅由北京图书馆统编部联合目录编辑组编《中俄关系图书联合目录》时，为北京图书馆收藏之有关清代边疆的抄本、稿本之众多与稀见所惊叹，20世纪80年代后期，在我主持《中国边疆史地资料丛刊》和与吴丰培师共同主编《清代新疆稀见奏牍汇编》时，目光曾再一次注视北京图书馆收藏的有关清代边疆抄、稿本，终因种种原因，未能予以利用。这批珍贵史料早日揭开"面纱"，走出"深闺"，为众多研究者所渴望，广大读者所企盼。

今天，国家图书馆的专家们，经过辛勤努力，编选完成了《国家图书馆藏清代边疆史料抄稿本汇编》，皇皇巨帙呈现于读者面前。综观其价值，我以为至少有如下三端：

一是史料的稀见性。边疆地处绝境，文献保存，较诸中原省区自然要少，而清代有关的边疆著述，由于主笔者或是某一时期的封疆大吏，或是某一地区的官员，或是亲历边疆的文人学士，其所记所述，多来自事发第一线，这些著述，或有刻本传世，更多的是以抄本、稿本存世，成为稀见之宝。

二是史料的重要性。收入《国家图书馆藏清代边疆史料抄稿本汇编》的史籍，是研究当时当地政治、经济、军事、地理、民族、社会、对外关系诸方面的重要史料，其内容所涵，包括：①沿革官制、机构设置、地理沿革等；②军事（防御、团练、兵营设置等）；③经济（地方财政、户口赋税、地方土物产等）；④文化（地方艺文、金石志、游记等）；⑤民族民俗（民族风情、地方志等）；⑥大事记（对外交涉、各类案件等）。

三是编选的合理性。全书按边疆地区分类，每一类又依"先总后分"的原则编排，并每篇作了题解，使读者阅读时一目了然，查阅便利。

《国家图书馆藏清代边疆史料抄稿本汇编》的编选、出版，必将推动中国边疆史、清史诸研究领域更加广泛深入地开展，实是学术界喜事，更是清史研究界的盛事！

承编选者抬爱嘱我为序，思之再三，恭敬不如从命，写下几点感言，权充序言，不知当否，尚待学界同人教正。

2003 年 1 月 25 日

于中国社会科学院中国边疆史地研究中心

# 《清代新疆稀见奏牍汇编》[①]·总序

奏议与文牍，是史学研究中最为原始的资料之一，汇编奏议在中国有悠久传统。宋人赵汝愚编成《诸臣奏议》一百五十卷。明永乐帝命编《历代名臣奏议》三百五十卷，作为治国借鉴。明末陈子龙编成《皇明经世文编》五百零四卷，将有明一代有关时政之文，大部分是奏议汇编一起，是一部极有价值的汇编之作。尤为可贵者，更在于此书收集了许多罕见的奏议，这些原本如今已少存于世，赖此保留而其功甚伟。唯明奏议，每多议论，而鲜实际。清人之作，则详于办事之始末，颇纠明人之失，保存了大量有用的资料。

新疆地处边远，文献保存，较诸中原省城自然要少。而清代新疆奏议，由于主笔者是某一时期的封疆大吏，或是某一地区的主政官员，其所记所述，多来自事发第一线，是研究当时当地政治、经济、军事、地理、民族、社会方面问题的第一手资料。新疆建省虽在光绪十年，但在此前后一百五十余年间，驻守新疆的将军、都统、副都统、参赞大臣、办事大臣、领队大臣等均可专折奏事，或会同上奏，奏议数量甚巨。唯当时没有管理档案制度，官员离任后，往往将经办之奏牍，视为私有，携带而行，至有流失，除有个别刊本传世外，余只有少数稿本或钞本存世，成为稀见之宝。

清代有关新疆奏议，既有收入本人全集、文集、遗集、政书中，也有散见于各种史籍；既有刻本流传，也有稿本、钞本存世。且多分散藏于各

---

① 本书 2014 年由新疆人民出版社出版。

图书馆或个人私室，借阅困难，使用尤为不易。我们从事新疆史地研究，深悟新疆奏议研究之重要，着意寻访、收集有年，积有一定成数。今汇辑成册，编成《清代新疆稀见奏牍汇编》影印问世，避免有心之士四处寻访之劳，又可收保存珍秘史料之效，若能有助于新疆史地研究之推动，斯愿足矣！

兹订《清代新疆稀见奏牍汇编》编例如次：

一是以年为序，分立雍正、乾隆、嘉庆朝卷（第一册），道光朝卷、咸丰朝卷（第二册），同治、光绪、宣统朝卷（第三、第四、第五册），补遗卷（第六、第七、第八册）。

二是所选奏议以稿本、钞本为主，兼收刻本，一律原样影印，不作加工，个别因技术原因不宜影印者，则按原稿本、钞本清缮后再予影印，或排印。

三是所收奏议由编者酌加标题，编制目录和序号，正文内不再另加标题，仅列序号以便检阅。

四是所收奏议均加撰跋文，介绍版本情况、奏议内容、撰纂人小传，以便于阅读。

《清代新疆稀见奏牍汇编》道光朝卷于 1996 年由新疆人民出版社出版，由吴丰培教授和我并列主编。同治、光绪、宣统朝卷也于 1997 年出版，但我的长辈、老师和忘年之友吴丰培教授于 1996 年 3 月 22 日在北京仙逝，我在写于 1996 年 8 月的该卷前言中表达了我对吴老的哀思。

1997 年后，因种种原因，《清代新疆稀见奏牍汇编》其他诸卷的编选工作处于停顿，一晃十年，至 2007 年冬，在《新疆通史》编撰委员会的支持下，《清代新疆稀见奏牍汇编》得以立项重新启动，一年以来，我们做了如下几项工作：

一、对已出版的道光朝卷，同治、光绪、宣统朝卷进行了校订修正；

二、对雍正、乾隆、嘉庆朝卷，咸丰朝卷的初稿进行校改；

三、我们从中国社会科学院中国边疆史地研究中心图书馆资料室入藏的吴丰培文库中发现了《饶应祺奏稿》影本，在征得中国社会科学院中国边疆史地研究中心同意后，将《饶应祺奏稿》编入补遗卷之中。

值此《清代新疆稀见奏牍汇编》五卷编定之际，我们对著名边疆史学工作者吴丰培教授寄托深深的怀念，同时还要感谢《新疆通史》编撰委员会、中国边疆史地研究中心、新疆人民出版社的领导和同人，没有他们的支援，本汇编是难以成书和出版的。

2009 年 7 月

于北京·中国边疆史地研究中心

# 《民国边政史料汇编》① ·序

以中国边疆为主要关注对象的边疆研究，在中国有着悠远的历史与优良的传统。19 世纪以来，中国边疆研究出现了两次研究高潮：第一次是19 世纪中叶至世纪末，西北史地学的兴起，是中国边疆研究高潮的标志；第二次是 20 世纪 20 年代至 40 年代，在民族危机激发下出现的中国边疆研究高潮，边政学的提出与展开，以现代学术研究新视角和新方法对中国边疆进行全方位研究是这次研究高潮的突出成就，两次研究高潮的实践与成果，为中国边疆研究从传统中国史学研究到现代多学科相结合综合研究的转变准备了条件，积累了经验。

中国边疆研究成为一门现代边缘学科即起步于 20 世纪前半叶之见解，今日已成为学人的共识，学界对此研究领域给予了更多的关注，相关研究成果也时有闻世，研究正在有序推进。随着中国边疆研究的不断深化，从中国边疆研究史的视角，对上述两次研究高潮的演进脉络及其成果进行梳理、总结，日益为学人重视，渐成研究的热点之一。

但是，学人深感 20 世纪前半叶中国边疆研究的相关资料数量庞大，收藏分散，加之由于边疆研究对象的特殊性，当时一些著名团体，一些活跃的领军人物，不少都带有旧时代深深的烙印。因此，当时轮进入社会大变革的 20 世纪下半叶，上述这些团体和人物很多被扫入历史后院，成为被人们遗忘的角落，由此给今日研究者资料收集上带来了极大的不便和困难。

有鉴于此，我们萌发了依托国家图书馆丰富的馆藏资源，旁及海内外各相关收藏机构，将晚近及民国时期的边政史料进行系统收集、整理，以

---

① 本书 2009 年由国家图书馆出版社出版。

《民国边政史料》为名陆续出版的想法，经过数年的努力，2009年4月，我们先期推出了《民国边政史料汇编》全三十册。这套"史料汇编"（准确地说应该称为"史料初编"）虽然仅是浩如烟海的民国时期边政史料的小小一部分，只是我们整个整理规划的一个先期成果，但对研究者来说，实是一批寻觅不易而十分重要的资料。

《民国边政史料汇编》所收文献，可分三类：期刊类、档案资料类、专著类。现依次略作介绍：

### （一）期刊类

《民国边政史料汇编》收录了两种当时颇有影响，且目前不易查得的期刊：《边政公论》《西陲宣化使公署月刊》。

《边政公论》是民国时期最具有影响力的边政类研究刊物之一。主办者是隶属于蒙藏委员会的中国边政学会，理事长是民国要员吴忠信。学会"以集合对于边事夙具热望，边政饶有兴趣之士，以研究边疆政治及其文化，介绍边疆实际情况，促进边疆建设，加强中华民族之团结为宗旨，上以襄赞政府之政治设施，下以建立国人之正确舆论，期于边政前途，有所裨益"。《边政公论》创刊于抗日战争艰苦的年代，至1948年12月终刊，历时8年有余。其办刊目标如其发刊词所言："我国对于边疆问题，向持漠视态度，虽然边疆与中原发生关系已肇自远古，但对于边疆问题作有系统研究，对于边疆建设作较积极的推动，还是近年来的事情。我们知道：任何问题的解决都应该以事实的研究为根据，而后才有正确的办法。病症未认清，当然无法下药。基于这种缘故，所以现在有关边疆的一切建设，都尚未能如我们理想中所预期的急速地进展。无论政府机关学术团体以及热心边事的人士，都已深切地感觉到这一点，而展开其研究工作。这种工作，也恰如韩信将兵似的：多多益善。不过一切的研究和学说，都应以切合时用为最终的目标，方可产生伟大的效果。故我们对于边疆问题的研究也必须根据着学理和事实，同时根据着国策，以求能与当前的边疆政治相配合。"这段文字反映了那个时代学人对中国边疆研究功能与任务的占主导地位的认识，时隔半个世纪后重温此见解，其基本主张亦无过时之感，只不过不同时代的学理和国策内容不尽相同而已。《边政公论》的办刊目标，代表了这一时期中国边疆研究的一个重要流派。

《西陲宣化使公署月刊》是国民政府九世班禅西陲宣化使公署宣传处主办的综合性月刊。1932 年 4 月，国民政府特派班禅九世为"西陲宣化使"，令其前往青海、西康等地抚慰喇嘛和信仰佛教之民众，次年，成立"西陲宣化使公署"。"西陲"指内蒙古、西藏、青海诸地，"宣化"即是指宣传中央德义，建设崭新中国。《西陲宣化使公署月刊》办刊宗旨：向蒙藏人民宣传政府政策，拥护中央政府，维护国家统一，报道中外要闻、民族风情、蒙藏建设等。本集收录第一卷第 1—9 期（1935—1937）。

### （二）档案资料类

《民国边政史料汇编》收录了两组文件资料，一是蒙藏院、蒙藏委员会的相关史料，二是有关四川、西康的资料。

蒙藏院、蒙藏委员会的相关资料。

包括《蒙藏委员会公报》（《蒙藏委员会公报》分"命令""法规""公牍""专载"等栏目，具有很高的文献价值，是民国时期官方意志的体现）以及蒙藏院、蒙藏委员会的职员录；蒙藏院所编的蒙古王公名录；行政概要、行政统计；法规汇编；会议汇编、决议案；调查报告，是第一次对蒙藏院、蒙藏委员会的相关史料进行集中整理和披露。

蒙藏委员会为民国政府掌管蒙古、西藏等地区少数民族事务的中央机关。辛亥革命后，废清理藩院，设蒙藏事务局，隶内务部，掌管蒙古、西藏等地少数民族事务。北洋政府任命姚锡光为副总裁兼署总裁。1914 年，袁世凯废止国务院官制设改政事堂后，将蒙藏事务局改为直属大总统府的蒙藏院，地位与各部相同，置总裁、副总裁，以贡桑诺尔布任总裁、熙彦任副总裁。南京国民政府成立后，于 1929 年正式成立了蒙藏委员会，先直属国民政府，后改隶行政院，为中央主管蒙藏政务之最高机关，特任阎锡山为委员长，指定赵戴文为副委员长。下设蒙事处、藏事处、蒙藏教育委员会、编译室、调查室等。其直属机关有驻北平办事处、蒙藏学校、蒙藏训练班、驻印通讯处、蒙藏招待所、蒙藏旬报社、张家口台站管理局、杀虎口台站管理局、古北口台站管理局、喜峰口台站管理局。

蒙藏委员会作为南京国民政府负责边疆民族事务的最高机构，尽力调查边情、服务决策，广泛联系地方上层，改善中央与蒙藏地方关系，促进蒙藏地区教育，致力于边疆的稳定与边疆各项事业的建设。在那个特殊的历史时期，在抵御帝国主义侵略，维护国家统一的事业中尽到了职责。本集收录的资料对于研究民国时期蒙藏委员会的活动具有重要的史料价值。

有关四川、西康的资料有《川康边政资料辑要》和《西康省临时参议会第二届第一次大会汇编》。

国民政府军事委员会为加强川康边区的统治和开发，在抗战时期，曾由"委员长成都行辕"组织力量收集有关文献资料，调查川康边区各方面的情况，于民国二十九年最后整理编辑成《川康边政资料辑要》，此资料包括川康边境地区 29 个县的基本情况，二百余万字，史料价值颇高。

### （三）专著类

收录了 20 世纪 20—40 年代出版的专著 15 种，涉及地区有西北、蒙藏地区，若依省区言，则有新疆、青海、宁夏、西藏、西康，由于特殊的历史原因，长期以来，上述诸书均深藏书阁，难得一见，借阅也殊为不易。

我们规划的整套《民国边政史料汇编》编选的原则是：

一是入选的各类诸篇，在当时是政府档、是期刊、是专著，但今天均已成为研究所据之史料。史料者，即为进行历史研究时可资利用之资料也；

二是所收诸篇的立场和观点均为彼时相关彼部门和学人的见解，既不代表编选者的立场和观点，更不能以彼时之见来非今时之事。

在阅读利用《民国边政史料汇编》时，如下两点是需要注意的：

一是从政治层面言，凡涉及民国政府对边疆民族、周边邻国的政策、方针，是时代的产物，大有可评议或批判之处，另外，由于大部分资料均形成于 20 世纪 20—40 年代，字里行间不可避免地存有对中共为代表的革命势力及其领导人的攻击、污蔑之词，读者应加以鉴别。

二是从学理层面言，所收选的专著和期刊中刊发的文章，大都出自学人之笔，同样存在大量政治性、知识性的错误和误差，尤其是一些边疆游记、边疆考察报告，对少数民族的民俗、民风存在不少歧视性表述，对此读者是应予批判的。

行文至此，我再就民国边政史料的收集、编选与出版赘言如次：

一是下大力气收集资料，将"民国边政史料"按编持续出版，形成规模、创出品牌，具体言：

首先，民国时期以边政为主题的期刊，少说也有百种以上，且大部分出版于抗战时期大后方，拟分轻重缓急、先易后难的原则，有序选择，诸如《新亚细亚》《康导月刊》等①可优先入选。

其次，民国时期的学人著作，林林总总，但今天都是中国边疆研究史的重要史料之一类，因此也是我们编选的重要收集方向，编选时，一般按研究地域，或者依有代表性的研究个人为专题。后者如活跃于20世纪20—40年边疆学坛的华企云，他在30年代初出版有《中国边疆》（1932年），《蒙古问题》（1930年），《新疆问题》（1932年），《西藏问题》（1931年），《云南问题》（1931年）等著作②，他发表于此时期各种刊物的文章更是待收集，都是值得重视的研究资料。

二是应吁请更多图书馆、档案馆等相关部门特别是边疆省区的图书馆、档案馆等关注并参与《民国边政史料汇编》的编选工作，集众人之力，成传世之业。

以上建言，若能以这套《民国边政史料汇编》的出版为起点逐步付诸实施，乃边疆研究者之大幸，中国边疆研究事业之大幸。我期待着，并愿为此竭尽绵薄之力。

是为序。

2009 年 4 月 4 日
于北京自乐斋

## 《民国边政史料续编》③·序

以中国边疆为主要内容的边疆研究，在中国有着悠远的历史，优良的

---

① 参阅马大正、刘逖《二十世纪的中国边疆研究——一门发展中的边缘学科的演进历程》，黑龙江教育出版社 1997 年版，第 78—79 页。

② 参阅马大正、刘逖《二十世纪的中国边疆研究——一门发展中的边缘学科的演进历程》，黑龙江教育出版社 1997 年版，第 70—74 页。

③ 本书 2010 年由国家图书馆出版社出版。

传统。19 世纪以来，中国边疆研究出现了两次研究高潮：第一次是 19 世纪中叶至 19 世纪末，西北史地学的兴起，是中国边疆研究高潮的标志；第二次是 20 世纪 20 年代至 40 年代，在民族危机激发下出现的中国边疆研究高潮，边政学的提出与展开，以现代学术研究新视角和新方法对中国边疆进行全方位研究是这次研究高潮的突出成就，两次研究高潮的实践与成果为中国边疆研究从传统中国史学研究到现代多学科相结合综合研究的转变准备了条件，积累了经验。中国边疆研究成为一门现代边缘学科即起步于 20 世纪前半叶之见解，今日已成为学人的共识，而对此研究领域给予更多的关注，相关研究成果也时有闻世，研究正在有序推进。随着中国边疆研究的不断深化，从中国边疆研究史的视角，对上述两次研究高潮进行梳理、总结，日益为学人重视，渐成研究的热点之一。

但是，学人深感 20 世纪前半叶中国边疆研究的相关资料数量庞大，收藏分散，加之由于边疆研究对象的特殊性，当时一些著名团体，一些活跃的领军人物，不少都带有民国政府深深的烙印。因此，当时轮进入社会大变革的 20 世纪下半叶，上述这些团体和人物很多被扫入历史后院，成为被人们遗忘的角落，由此给今日研究者资料收集上带来了极大的不便和困难。

国家图书馆出版社，利用了国家图书馆丰硕的馆藏资源，不辞辛劳，收集整理了一批民国时期的边疆史料，选取部分编成资料汇集《民国边政史料汇编》皇皇三十册。虽然仅是浩如烟海的民国时期边疆史料的小小一部分，但对研究者来说，实是一批寻觅不易，而又十分重要的研究民国边政不可或缺的第一手资料。

《民国边政史料汇编》自 2009 年出版后，颇得各界好评。国家图书馆出版社近期又编就《民国边政史料续编》，综观《民国边政史料续编》所收文献，可分为三类：期刊类、文件资料类、专著类。现依次略作介绍：

《民国边政史料续编》收录了 20 世纪前半叶具有一定影响的期刊六种：《边疆通讯》《中国边疆》《中国边疆建设集刊》《西南边疆》《康导月刊》和《蒙藏委员会工作报告》。

《边疆通讯》，月刊，蒙藏委员会边疆政教制度研究会编。1942—1948年间，共出版五卷。1945 年 4 月编辑者改为蒙藏委员会编译室，次月改为蒙藏委员会。1947 年 1 月起由四川巴县迁至南京出版，编辑者改为蒙藏委员会边疆通讯社，1948 年 1 月又改为蒙藏委员会编译室，直至 1948 年 11 月停刊。抗战开始后，边疆地位日益重要，对边疆的开发建设与调查研究工作渐次展开，但边疆建设机关、研究团体众多，缺乏彼此之间的联系、对边疆全局事态的了解以及理论指导，有鉴于此，蒙藏委员会边疆政教制度研究会创办此刊，"来担任这种津梁的任务，作相互间的一个传递工具"。（《发刊词》）常设栏目有"论著""通讯""边政人物介绍""边政资料""边务消息""边疆研究论文索引"等，对边政问题进行研究，并通报边政动态，每期所编的论文索引，也搜罗甚详，研究边政问题的知名学者如李安宅、黄奋生等，都在刊物上发表了论文。《边疆通讯》是民国时期有关边政问题的重要期刊，对研究边疆人物、政策、动态等，都有很高的资料价值。

《中国边疆》，月刊，中国边疆学会编。1942 年创刊，顾颉刚、黄奋生主编，1944 年 8 月出版第三卷第七—八期合刊后停刊，1947 年 3 月在南京复刊，出版"复刊号"四期，至 1948 年 6 月停刊。中国边疆学会为齐鲁、华西、金陵、金陵女子四大学共同发起，1941 年在成都成立，顾颉刚为理事长，洪谨载，王树民等为干事。1941 年，与重庆（赵守钰为发起人）、榆林（马鹤天为发起人）的中国边疆学会合并，总会设在重庆，另设陕西、四川分会，顾颉刚为总会副理事长。总会会员共六百余人，基本包括了有关边疆的政、学界知名人士。后又在云南、甘肃、西康等地开设分会。1947 年，由顾颉刚任理事长，此时总分会已拥有会员一千余人。该会自称"站在超然客观的学术立场上来研究边疆问题，没有派别之分，没有地域之见，更没有任何政治背景。我们所拥护的是建设三民主义的新边疆，我们所自励的是爱真理，明是非，倡正义，顺边情，以这个基本态度，来研究解决边疆问题，来评论边政的得失"。（顾颉刚：《复刊词》）《中国边疆》是中国边疆学会为因应抗战时期边疆研究的热潮而创办，致力于建立治边理论，为解决边疆问题提供健全的理论基础；研究建边方案，作为施政的参考；介绍边地知识。1947 复刊后，增设"边疆学会会务报道"栏目，出版《藏史专号》。《中国边疆》的内容包括：（一）边疆问题的研讨，（二）边疆学术性的研究，（三）边政得失的批评，（四）边疆同胞的意见，（五）边地情况和资料的发表，（六）边疆学会的会务报道。

《中国边疆建设集刊》，国立中央大学中国边疆建设学会主编，1948年3月出版，仅出版创刊号。中国边疆建设学会于1946年在重庆成立，张源、王成圣、贾尔昌，朱俊歧分别为一至四届常务理事，成员以中央大学中国边政系师生为主，以"蒐搜载籍，作文献之整理；实地考察，作科学之勘测；徵询专家，作问题之探讨"（吴幼东：《我们的认识与态度——代发刊词》）为宗旨，定期举行座谈，对边政问题进行专题讨论；迁至南京后，主编边疆政教丛书、搜集资料、参加边地调查。在《创刊号》上撰文的有戴季陶、芮逸夫等政学两界重要人物，内容多贴近时事，"立法委员"、知名学者刘家驹所作《西康各民族在行宪前之愿望》，尤为重要史料。刊末有"本会第四届全体理监事合影"，另有张源所作《两年来之本会》，对中国边疆建设学会的活动叙述甚详。

《西南边疆》，昆明西南边疆月刊社编，1938年10月创刊，创刊时为月刊，自第5期起改为双月刊，后改为不定期刊。1941年9月第13期起，迁至成都，编辑者改为中国民族学会西南边疆研究社，1944年6月出版第18期后停刊。《西南边疆》由凌纯声、方国瑜、徐益棠等知名学者创办，为中国民族学会的会刊，以"以学术研究的立场，把西南边疆的一切介绍于国人，期于抗战建国政策的推行上有所贡献"为宗旨。主要作者有方国瑜、江应梁、白寿彝、张凤岐、周光倬等知名学者，内容多反映西南边疆社会形态、宗教组织与艺术、民族状况等方面的论文、边讯、行记等，并设有"书评"栏目。对新近出版的著作进行介绍和评论。《西南边疆》是抗战时期影响颇大的边疆研究刊物。

《康导月刊》，康导月刊社编，1938年9月由康定西康县政工人员训练所同学会创办，1941年7月将康定总社迁至成都，并在康定、西昌、雅安三处分别设置分社。至1947年1月停刊，共出版六卷，每卷九至十二期不等。其中专号或特辑有：如何建设新西康专号（第一卷第五期）、乌拉差徭专号（第二卷第五期）、教育专号（第二卷第十期）、土司问题专号（第三卷第五、六、七期合刊）、西康影展特辑（第三卷第十、十一期合刊）、三周年纪念专号（第四卷第一期）。《康导月刊》以"深入边疆的良好向导，开发西康的唯一锁钥"为宣传语，编辑者痛感"内地变为边疆，边疆沦为异地"而民众却普遍缺乏对边疆的深刻认识，因此以研究和介绍康藏地区的政治、经济、文化、教育、宗教、法律、习俗、气候、地理、矿藏等方面的实际情况为宗旨，"以作政府施政的参考，引起国人开发的兴趣，纠正过去一般人对边疆的唯蛮论认识"。（《发刊词》）声称将直面现实，"暴露贪污，实乃分内之责"，并将重点探讨西康政治上的几个重要问题。所载内容广泛，从政策探讨到教育文化、民俗地理，无所不包。刘文辉等政治人物，以及任乃强、丁实存等重要学者，都经常在上面发表文章。《康导月刊》是大型综合性刊物，资料极为丰富，是研究、记述康藏的小百科全书，具有很高的史料价值。

《蒙藏委员会工作报告》，月刊，蒙藏委员会编，现存1937年1月至5月的工作报告，共五期。内容为：关于法令事项，下分到达日期、奉行方法；关于主管事务之进行事项，下分关于内政事项、关于经费上支事项、关于教育事项、关于宗教事项；关于主管事务之计划事项；关于与主管事务有关事项；附表（行政计划与工作进度对照表、蒙藏委员会收支表）。

本编所辑史料，除上述期刊外，还增补了上编收入的蒙藏委员会的部分史料和调查报告，收录了国家图书馆所藏的民国二、五、八年度《国家预算岁入岁出分表》中的边疆部分、《建设委员会开发计划汇编》的"西北专号"和"西南专号"、《前绥远垦务卷宗目录表》、《新疆建设计划大纲（草案）》等重要文献，以及学者对边疆政治、教育、经济、社会等问题的研究著作和调查、日记。此外，还附带收录了部分图书目录、论文索引，包括《西北问题图书目录》《研究康藏问题中外书目举要》《康藏论文索引》。在编排时，按总论、蒙藏委员会、内蒙古、西北、西南分类，每类中以出版时间先后排序。

《民国边政史料续编》编选的原则仍是：

一是入选的各类诸篇，在当时是政府档、是期刊、是学著，但今天均已成为研究所据之史料，史料者，即为进行历史研究时可资利用之数据也；

二是所收诸篇的立场和观点均为彼时相关彼部门和学人的见解，既不代表编选者的立场和观点，更不能以彼时之见来非今时之事。

在阅读利用《民国边政史料汇编》时，如下二点是需要注意的：

一是从政治层面言，凡涉及民国政府对边疆民族、周边邻国的政策、方针，是时代的产物，大有可评议或批判之处，另外，由于资料均形成于20世纪20—40年代，字里行间不可避免地存有对中共为代表的革命势力及其领导人的攻击、污蔑之词，读者应加以鉴别。

二是从学理层面言，所收选的专著和期刊中刊发的文章，大都出自学人之笔，同样存在大量政治性、知识性的错误和误差，尤其是一些边疆游记、边疆考察报告，对少数民族的民俗、民风存在不少歧视性表述，对此读者是应予批判的。

国家图书馆出版社再次推出《民国边政史料续编》，从资料积累的角度，为开展民国边政研究，进而为深化中国边疆研究史的研究实是做了一件大好事。

行文至此，我想就民国边政史料的收集、编选与出版建言如次：

一是，下大力气收集资料，将本主题资料按编持续出版，形成规模、创出品牌，具体言：

1. 民国时期以边政为主题的期刊，少说也有百种以上，且大部分出版于抗战时期大后方，可以分轻重缓急，先易后难的原则，有序选择，如《新亚细亚》等[①]可优先入选。

2. 民国时期的学人著作，林林总总，但今天都是中国边疆研究史的重要史料之一类，当也应成为编选的重要收集方向，编选时，可按研究地域，也可依有代表性的研究个人为专题。后者如活跃于20世纪20—40年代边疆学坛的华企云，他在30年代初出版有《中国边疆》（1932），《蒙古问题》（1930），《新疆问题》（1932），《西藏问题》（1931），《云南问题》（1931）等著作[②]，他发表于此时期各种刊物的文章更是待收集，都是值得重视的研究资料。

二是，应吁请更多图书馆、档案馆等相关部门特别是边疆省区的图书馆、档案馆等关注并参与民国边政史料的收集、整理工作，集众人之

---

① 参阅马大正、刘逖《二十世纪的中国边疆研究——一门发展中的边缘学科的演进历程》，黑龙江教育出版社1997年版，第78—79页。

② 参阅马大正、刘逖《二十世纪的中国边疆研究——一门发展中的边缘学科的演进历程》，黑龙江教育出版社1997年版，第70—74页。

力，成传世之业。我相信，国家图书馆出版社是能起到推动和组织的作用的。

以上建言，若能付诸实施，乃边疆研究者之大幸，中国边疆研究事业之大幸。我期待着，并愿为此竭尽绵薄之力。

是为序。

2010 年 6 月 15 日

于北京自乐斋

# 《俄蒙关系历史档案文献集（1607—1654）》[①] ·序

《俄蒙关系历史档案文献集（1607—1654）》终于与中国读者见面了，本书是分别出版于 1959 年和 1974 年的《俄蒙关系史料（1607—1636）》和《俄蒙关系史料（1636—1654）》俄文版档案文献汇集的合集，欣喜与欣慰之情难以言表。该书中文译者马曼丽教授嘱我为之书序，我也确有很多与本书有关的话想说，其间既有学人间真诚的友情，亦有卫拉特蒙古研究史中某些值得一记的有意义的片段，当然也有对本书史料价值不可或缺的理性研判和对卫拉特蒙古档案文献收集和中译的期盼。

## （一）

1975 年，中国科学院哲学社会科学部民族研究所，接受了一项外交部交办的研究任务：准噶尔问题。为此，民族所抽调民族史研究室研究西北边疆的部分研究人员组建了研究小组，我有幸在抽调之列。这是我 1964 年进入民族研究所后参加的第一个研究项目。在著名民族史学家翁独健教授指导下，研究小组确定撰写一部反映 17—18 世纪准噶尔历史的学术专著，定名为《准噶尔史略》[②]，研究小组严格按学术研究规律有序开展工作，收集相关档案文献资料和了解中外学者研究成果是工作首选，且贯穿研究工作始终。编制准噶尔历史研究书目是分给我的任务之一。1964 年出版的苏联学者兹拉特金《准噶尔汗国史》引起研究小组极大兴趣，调研中获悉该书已有中译稿，正在商务印书馆审阅之中，颇费周折得到了一册

---

① 本书 2014 年由兰州大学出版社出版。
② 该书 1985 年由人民出版社出版，2007 年广西师范大学出版社又出版了新一版。

《准噶尔汗国史》中译稿的油印本。① 当年办公条件简陋,办公经费更是拮据,为了让研究小组能人手一份,想了一个"笨"办法,人人动手分工复写五份,经过几个月"苦干",一册《准噶尔汗国史》中译稿油印本,又添了 5 册手抄复写本。也就在这一过程中,我们得知《准噶尔汗国史》中译本的译者是兰州大学的马曼丽。随着对中译稿的研读,对译者历史知识积累的丰厚和译文水平的精湛钦佩之情可说是与时俱增!

1979 年 9 月我赴兰州,参加由中国社会科学院近代史研究所和兰州大学历史系共同主办的中俄关系史学术讨论会,在会上,得以结识既是专家又忙于会务的马曼丽。由于是研究上的同行,又都是祖籍浙江宁波的小同乡,由此开始了延续至今四十载的学人情谊。其间,马曼丽的研究轨迹是:卫拉特蒙古史—西北边疆民族史—中国边疆史—中亚史—中国边疆安全与跨界民族研究;而我则是:卫拉特蒙古史—新疆史—中亚史—中国边疆史—中国边疆学。我有幸与马曼丽教授研究均是由卫拉特蒙古史起步,20 世纪 80 年代,我们都以各自研究成果为推动中国卫拉特蒙古史研究的开启与深化尽了心,出了力。"学术界把她(马曼丽)与马大正教授、马汝珩教授并称为国内开拓卫拉特研究领域的'三马'。"② 而且在之后研究领域延伸中,马曼丽教授和我都离不开中国边疆这个大主题。

在学术生涯中,能得如马曼丽教授这样学术知音,实乃人生之幸事。

(二)

资料是研究工作的基础,没有坚实的资料支撑,研究工作如无源之水,广集资料是研究的基础性工作。我们在着手准噶尔历史、进而研究卫拉特蒙古历史时,清朝的档案文献,尤其是满文档案文献的收集、整理和有选择地汉译始终是收集资料中重中之重的工作。我们又基于 17—18 世纪准噶尔历史演进的区位特点,当时准噶尔,乃至卫拉特蒙古的土尔扈特、和硕特诸部,与俄国交往频繁,俄文档案应是又一个关注的资料收集重点,这一认识随着对《准噶尔汗国史》中译稿的深入研读,更是不断得

① 〔苏〕伊·亚·兹拉特金:《准噶尔汗国史》,马曼丽译,商务印书馆 1980 年版,2013 年兰州大学出版社出版修订版。

② 徐黎丽:《封面学者:马曼丽教授》,《广西民族大学学报》(哲学社会科学版) 2013 年第 1 期。

以强化。兹拉特金利用了大量 17—18 世纪各类俄文原档，成了这部学术专著最大的亮点，尽管兹拉特金的学术观点我们并不都认同，但作者大量利用俄国档案为我们研究这一时期历史开启了一个新的窗口，确是一大贡献。我在编制准噶尔历史研究书目过程中先后又发现了《俄蒙关系史料（1607—1636）》和《俄蒙关系史料（1636—1654）》两本俄国档案汇编，我们又从 В. Л. 科特维奇《有关 17 至 18 世纪与卫拉特人交往的俄国档案文献》，М. И. 戈尔曼、Г. И. 斯列萨尔丘克《17 世纪 30 至 50 年代俄国与蒙古相互关系的俄国档案资料概述》，Г. И. 斯列萨尔丘克《17 世纪中期俄罗斯与准噶尔往来关系中的档案文书》，奇米特多尔济耶夫《17 世纪末俄罗斯和卫拉特关系的历史资料》等论文中获悉了更多俄国档案的信息，从而得出了上述提及的两册《俄蒙关系史料》档案汇编是最值得重视的，为此，我们将两册的绪论和档案文献目录进行了汉译。① 也即从此时开始，我萌生了组织力量选译或全译《俄蒙关系史料》的设想，时间在1985 年前后。

能承担此项重任的除了要有扎实的相关历史知识积累外，具备中译古俄文功力是必不可少的条件。在当时国内有此能力的专家可谓少之又少，马曼丽教授实在是难得的合适人选。为此，我们曾多次商议，终因诸多条件尚不成熟，搁置了下来，一晃 20 余年过去。

2007 年夏秋，国家清史纂修工程有意促成此事，在我诚邀下，马曼丽教授虽已年过古稀，仍壮心不已，慨然承担此项工作，项目名称确定为《俄国与清廷、俄国与卫拉特蒙古交往的俄文档案（1607—1654）译文汇编》，并于 2009 年结项，共选译了《俄蒙关系史料（1607—1636）》收录档案第 33 号至 135 号，《俄蒙关系史料（1636—1654）》收录档案第 1 号至第 136 号，中译文总字数约 34 万字。由于项目设计所限，仍未能将两书收录档案全部中译，留下了遗憾。

时光又过去了 3 年，2013 年收录了两册全部档案，以《17 世纪俄蒙关系档案文献（1607—1654）》为题名作为余太山先生主编，施援平博士具体操作的"欧亚丛书"选题正式出版，遂了我们 30 余年的心愿，中国

---

① 中译稿和上述提及的四篇论文的中文译稿均刊印在由国家清史编纂委员会编译组主持"清史译文新编"第三辑《卫拉特蒙古历史译文汇集》第一册。

学人得以一见珍贵档案之全貌，实是卫拉特蒙古历史研究史上值得记上一笔的美事。

（三）

《俄蒙关系历史档案文献集（1607—1654）》所收俄文档案的史料价值以其唯一性为中国学者所重视，深入利用这批档案定将填补 17 世纪前期和中期卫拉特蒙古历史的诸多空白，择其要者至少有以下四个方面：

一是，卫拉特蒙古诸部与明、清政府之间的政治、经济、文化各方面关系；

二是，卫拉特蒙古诸部与周边诸族的交往与纷争；

三是，卫拉特蒙古诸部，特别是准噶尔部、土尔扈特部与沙皇俄国，以及中亚诸部族的关系；

四是，卫拉特蒙古的社会结构、生产生活、风俗习惯。

上述内容在相关汉文档案和史籍中几乎近于空白，鲜有记述者，也多语焉不详。通过认真研读，我们恢复这一段历史全貌的努力，有了资料的保障。

马曼丽教授完成了一件有利研究深化，惠及后人的十分有意义的工作。

为了将卫拉特蒙古历史研究有可能可持续推进，我曾多次呼吁我辈学人应静下心来为更多发掘、整理、中译、出版相关档案文献多做些工作，主要者我认为有二：

一是，认真梳理各类文种的档案材料，以备中译工作启动之用，其中如：

1. 收藏于中国第一历史档案馆的满文、蒙古文相关档案，以及内蒙古自治区档案馆、阿拉善盟档案馆的蒙古文档案，2011 年广西师范大学出版社出版的《清代新疆满文档案汇编》可优先作为中译备用材料；

2. 收藏于西藏自治区档案馆的藏文档案；

3. 收藏于俄罗斯联邦，特别是卡尔梅克共和国档案馆，以及蒙古国档案馆的档案，苏联出版的《18 世纪俄中关系》（档案汇编），《俄蒙关系档案文献（1654—1685）》（1996 年出版），《俄蒙关系档案文献（1685—1691）》（2000 年出版）可优先作为中译备用材料。

二是，尽最大努力阐述此项工作在深化研究和推动学科建设中的重大、深远意义，争取有关管理部门的理解和支持，为中译工作的有序展开提供更有力的保障。

当然，我也十分认同马曼丽教授在本书译者序中所提："这些珍贵档案能够在中国出版，能为华人学术界利用应该是难得的幸事。由于其丰富的新史料，相信有机会钻研这些文献的学者们会得益匪浅，或会掀起有关研究领域研究的新高潮。我想，这还取决于我们能否超越 80 年代那个时期的研究视野，以新时代的新视野，结合新时代的要求发掘新的研究课题，那么，这类文献的作用就能够造成超越 80 年代那种效果。""能为学术界继 80 年代一度掀起的中俄关系史和卫拉特蒙古史研究的高潮之后，再次开辟出内陆欧亚研究领域的一片新天地。"

果能如此，小言之卫拉特蒙古历史研究的深化，大言之中国边疆学的兴旺，又增添了一砖一瓦！愿中国学者共同努力。

是为序！

2013 年 11 月 12 日

于北京自乐斋

# 二　中国边疆历史与现状研究

## "中国边疆通史丛书"①·总序

### （一）中国和中国的边疆

现在的中国，就是中华人民共和国的简称，是一个统一多民族国家。但中国的概念有一个历史的发展过程，由最初的京师②，华夏地区，到由汉族和其他民族建立的王朝所统辖的地区称为中国，近代始才专指整个中华民族（包括汉族和其他民族）共有的国家为中国，以区别于其他国家，具有了现代意义国家称谓。总之，中国概念的演变是中国统一多民族国家历史发展的产物。

边疆，是一个含义较广的概念，国内外文献作出的解释是很相近的。一般都解释为"靠近国界的那个地方"。有的说："边疆，边境之地。"③有的则说："边疆，靠近国界的领土。"④在外文辞书中，边疆是指"一个国家的边远地区"⑤。总之，中外文献中，把边疆解释为一个国家比较边远的靠近国境的地区或地带。

边疆是一个地理概念。中国的边疆包括陆疆和海疆。陆疆是指沿国界内侧有一定宽度的地区，必须具备下述条件的地区才可称之为陆疆地区，即一要有与邻国相接的国界线；二要具有自然、历史、文化诸多方面的自

---

① 由马大正任总主编"中国边疆通史丛书"，2000 年至 2002 年由中州古籍出版社出版。

② 《诗经·大雅·民劳》有"惠此中国，以绥四方"。按毛传，中国，京师也。

③ 《辞源》，商务印书馆 1989 年版，第 1683 页。

④ 《现代汉语词典》，商务印书馆 1997 年版，第 74 页。

⑤ 《苏联大百辞典》，1985 年版，第 1205 页。

身特点。据此，当代中国的陆疆省区包括黑龙江、吉林、辽宁三省，内蒙古自治区、甘肃省、新疆维吾尔自治区、西藏自治区、广西壮族自治区和云南省。严格地说，我们不能把整个内蒙古自治区、广西壮族自治区和黑龙江、吉林、辽宁、云南等省都视为陆疆地区。因为内蒙古自治区虽然从人文方面看是蒙古族普遍居住的地区，从历史方面看也有它发展的整体性和特殊性，但阴山山脉横贯其间，使山南与山北地区在自然条件、历史与人文特点和经济发展水平方面，实际上都存在着较大的差异。因此，将阴山山脉以北地区作为边疆地区并考虑到行政区域的完整性，应把横跨阴山山脉的锡林郭勒盟、乌兰察布盟、巴彦淖尔盟也都作为边疆地区，是较为适合的。广西壮族自治区东北部深入内地的桂林、梧州地区，亦不应作为边疆地区。黑龙江省南部哈尔滨市及其周缘地区，吉林省延边朝鲜族自治州、长白朝鲜自治县和集安市以外地区，辽宁省丹东地区以外地区和云南省沿国境线诸州和地区以外地区，亦不应视为边疆地区。简言之，凡是有国境线的边境县的总和是当代中国狭义的边疆地区。顺便提及，在当今人们习惯中，也有将宁夏回族自治区、青海、贵州等省区称为"边疆地区"，其实这是不确切的。我们可以称它们为"边远地区"，但不能称为边疆地区，因这些省区均不具备与邻国相接的国界线。

边疆又是一个历史概念，它是随着统一多民族国家的形成和发展而逐渐形成和固定下来的。中国是一个统一的多民族国家，历史悠久，文化灿烂。自秦始皇建立封建中央集权国家以来，出现过多次大一统局面。秦汉王朝开创了全国统一的先河，隋唐王朝疆域的开拓，扩大了中原传统政治、经济和文化与边疆地区的联系，实现了"华戎同轨"，"冠带百蛮，车书万里"。宋、辽、金时期，汉族与边疆各少数民族在新的历史条件下进一步增强了中华意识，各族人民克服了战争造成的种种困难，内地和边疆的开发与交流进一步发展。蒙古族建立的元朝，开创了我国少数民族一统全国的先例，中原和边疆地区的政治、经济、文化乃至民族本身，发生了长达百年富有特色的大融合，改变了统一多民族国家的传统结构和狭隘观念。及至明、清，特别是清朝前期，清王朝在元、明两代基础上实现了新的全国大一统。清初划分18省，即直隶、山西、山东、安徽、江苏、浙江、江西、河南、湖北、湖南、广东、广西、四川、贵州、云南、福

建、陕西、甘肃。其中云南、广西以及台湾、海南和南海诸岛虽划入 18
省，但地处边陲，与邻国接壤，清王朝对这些地区的政策与内地有区别；
除上述地区以外；一般都视为边疆地区。由此可见，清代边疆包括东北三
省、内外蒙古、新疆、西藏、云南、广西、台湾、海南岛及南海诸岛，基
本上形成了现今的疆域范围。

在历史发展长河中，有战乱、有分裂，但每次战乱和分裂，都为下一
时期更大范围的统一和发展准备了条件。因此，在讨论历史上的边疆问题
时，应考虑如下两个相互关联的因素：首先是指中华人民共和国边界相连
接的省区；其次是以此为基础，上溯古代，参考历代封建王朝边疆的实际
情况予以综合考察。这就是说，当代的中国边疆与历史上的中国边疆有历
史的继承性和延续性，但当代中国边疆又不能与古代的边疆简单地画等
号，因为中国古代疆域呈现着稳定性与波动性相结合的特点。

海疆又如何来界定，似乎比陆疆的界定要复杂得多。综合现有认识，
我以为海疆可以包含两大部分，一是大陆海岸线至领海基线之间的海疆，
这是国家的内海，其法律地位与领土完全相同；二是领海基线以外的国家
管辖海域与岛域。这样海疆的内涵是明确的。据上述标准，中国的海疆，
从鸭绿江口到曾母暗沙有 4000 余千米，东西宽 700—1600 千米，面积约
470 万平方千米，其中属中国的岛屿有 7100 余个，中国大陆边缘除渤海为
中国的内海外，还有黄海、东海和南海，所以按海区划分为黄海海疆、东
海海疆和南海海疆。在上述海疆中最大的岛屿有台湾和海南（已分别为中
华人民共和国两个省份）。须指出，将拥有大陆海岸线的省区称为海疆地
区似欠科学，但论及海疆，尤其是历史上的海疆，也难以将它们与这些省
区之间的政治、经济诸关系完全割裂。

因此，可以这样认为：

第一，边疆是一个政治概念。在中国历史上，国家政权在这一区域的
统治形式往往呈现两种极端局面，一种是高度的中央集权统治，甚至是军
事管制；另一种则是高度的地方自治。至于在某地实施哪种方式，则是因
地制宜或因时而异。所以，从某种意义上讲，历史上的中国边疆形式上是
由国家政权的统治中心区到域外的过渡区域，即由治向不治过渡的特定
区域。

　　第二，边疆有军事方面的含义。边疆地区是国家的国防前沿，即边防地区，因此在军事方面的战略地位自然十分重要，在国家面临外部军事威胁或武装侵略时就更为突出。

　　第三，边疆有经济方面的含义。由于自然环境和人文、社会条件等方面，边疆地区在经济区域类型和发展水平方面往往与内地有着较大的差别。

　　第四，边疆也有文化方面的含义。正是因为边疆地区在以上诸方面往往与内地有着不少差异，所以其区域文化类型的形成是边疆地区社会发展长时期、深层次演进的结果，与边疆地区的居民构成（主要是民族或种族情况）有着十分重要的关系，但即使是同一民族在与外部的文化交流中（主要是边疆与内地的交流），其社会文化特点也会发生变化。

　　显然，中国边疆是一个历史的、相对的概念，只有综合地考虑了政治、军事、经济、文化和地理位置等方面的因素后，才能得出一个相对明确的答案。从历史角度看，许多少数民族自治地方（在不同时代、不同地区民族自治的本质和形式有别，如在古代有羁縻府州、土司地方等）属于边疆地区，但也不能就此得出自治程度高的地区就是边疆地区的结论。

　　事实上人们在研究边疆问题时都有自己的着眼点，这其中既有综合性考虑问题的，也有就某个局部问题进行研究的。在进行历史上的边疆研究时，应历史地、多层次地、多角度地考察边疆问题，既要有重点地考察对不断发展的统一多民族中国边疆进行的研究，也要兼顾从边疆的某个单一视角或对某些局部问题进行的研究。

　　面对十分复杂的历史发展过程，我们之所以认为中国边疆可以作为一个独立完整客体供人们进行研究，而且中国边疆可以成为本丛书的研究对象，这首先取决于内涵十分丰富而复杂的中国统一多民族国家及其边疆的发展历程是有着基本线索的。

### （二）中国统一多民族国家及其边疆地区的发展大势与历史特点

　　有着广袤的疆土和众多国民的统一多民族的中国，是经过一个漫长而曲折的发展过程后大致定型于现代状态的。这一过程虽然十分漫长而曲折，但总的趋势是，自先秦时期起，在现代中国领土内开始形成一个核心区域，而这个核心位置并不固定于一地（大致在黄河中下游至长江中下游一带）。在这个中心区域建立政权的既有华夏，也有夷狄，既有汉族也有其他少数民族，当一个处于中心地位的政权因内部原因（如政权腐败、政治分裂、经济崩溃等）或因外部原因（如处理不好内外关系、外敌入侵等）或因内外交困而垮台时，就会有一个新生的较有生气的政权接替前者，这就是历史上常见的王朝兴衰交替现象。当然，单一的中心分成两个或更多的中心在历史上也是十分常见的现象，这就是人们经常提到的分裂时期。但是，即使是在多政权分立时期，每个有作为的统治者往往认为自己是更大范围中心的代表，而且努力将这种愿望付诸实施。在经过一番努力后（时间或长或短，过程或顺利或曲折），最终一个更大范围的、统一程度更高的国家就诞生了。到了清代，古代中国统一多民族国家发展到了最高水平。进入近代，外来侵略威胁日益严重，同时自身内部的社会经济问题也在日益恶化，中国开始沦为半封建半殖民地社会。在危机四起后，中国人开始了新的寻求富国强邦之路的历程。经过百余年的奋斗，一个统一多民族国家获得了新生——中华人民共和国诞生并发展起来。

边疆地区的发展是统一多民族的中国发展过程的有机组成部分，全国范围的发展状况决定了边疆地区发展的基础，边疆地区的发展状况也对全国范围的发展产生重要的影响。中国历史上的边疆大致有三种发展趋势或者是到当代为止的归宿：其一，原为边疆地区，经过长时期甚至是有反复的发展逐步变为内地的一部分；其二，曾是域外或边疆的地区，经过长时期甚至是有反复的发展，现在仍为中国边疆的组成部分；其三，由于外来势力的影响（直接的或间接的），曾是中国边疆有机组成部分的地区成为我国域外之地。在下面的论述中我们会涉及以上三种情况的中国边疆。如果从宏观角度观察中国边疆的发展大趋势，那么结论只能是在历史发展的长河中，随着统一多民族国家的发展、壮大，由局部的小统一，到全国的大一统，终使广大边疆地区日益成为统一多民族中国的有机组成部分。

中国边疆是中国统一多民族国家长期发展的产物，其不但有着较明显的自然特征，更有着源远流长的历史特点。辨析中国边疆的历史特点，对于加深理解中国统一多民族国家发展的全过程和研究中国边疆问题有着十分重要的意义。如作简要的概述，中国边疆至少包括以下特点：

首先，悠久的历史——曲折发展过程中的连续。中国是世界上著名的文明古国，而且是世界各早期文明国家中唯一没有中断自身文明发展过程的国家，在这一大前提条件下，中国边疆不但在人类文明史中具有最悠久的发展史，而且其发展史具有明显的连续性。中国边疆地区的发展史一般均可追溯到上古时期的石器时代，各个边疆地区社会发展速度或快或慢，但都或早或迟地纳入了中国统一多民族国家连续性发展的轨道。中国古代文明最早是在中原农业区发展起来的，在中原以北以南这两个大方向上（包括东北、西北和西南）存在着游牧民族和热带、亚热带丛林地带的农业民族，扩大了的中原地区构成了发展中统一多民族的中国之中心地区，其外则是广阔的边疆。在漫长的岁月里，中原与边疆地区交往不断（既有经济、文化交流，也有政治辖治或战争），中国边疆也就在这样复杂的环境中曲折发展，在面临近代中国边疆危机，即资本主义殖民者入侵以前，中国边疆形势发展的总趋势是朝着有利于统一多民族国家发展的方向演进的，即使是来势凶猛且入主中原的北方游牧民族也从未中断过中国历史发展的进程。到了 19 世纪中叶，资本主义殖民侵略者给中国带来了新的边疆危机，这是与以往中国边疆问题性质截然不同的社会危机，中国独立发展的历史面临着中断的危险。但是强烈的挑战也逐步唤起了中国人民，经过百余年艰难曲折的探索与奋斗，统一多民族的中国再次兴起，中国边疆也在继承数千年历史遗产的基础上进入了新的发展阶段。

其次，广阔的地域——分散发展演进后的统一。中国是一个有着辽阔领土的统一多民族国家，其边疆地区地域亦十分广袤。从东北到西南，陆地边疆地区面积即超过全国面积的一半以上，此外还有十分辽阔的海疆。中国各边疆地区在社会人文环境与自然地理条件方面往往存在着巨大的差异，中国边疆是在分散发展演进后统一为一体的。这里所讲的分散与统一均有两重含义，讲分散既有从全国角度看边疆分散为若干地区，也有在一个大的地区中又往往可分为若干相对自成体系的局部；讲统一既有各大边疆区域逐步统一于中国的进程，也有各个边疆区域内部趋于一体的演进。每个大的边疆地区都有相对自成体系的发展史，这既是本地区的社会发展史，也是统一多民族国家边疆史的重要组成部分。在东北边疆地区，该地处于东北亚一隅，东有海，西有大兴安岭山脉，北至东北西北部高寒地区，南则与华北地区相接。该地区有漫长的地区社会发展史，时常与蒙古高原和朝鲜半岛的社会发展有联系，但更主要的是与中原地区的发展密切相关。在东北地区自身社会发展的基础上，中原地区政权对该地区的辖治有着时进时退的变迁，当契丹、女真（及后来的满洲）在该地区发展起来并逐步进入中原地区后，该地区作为中国辽阔边疆一部分的地位得到了进一步的巩固。在北部边疆地区，主要是蒙古高原地区，这里地势开阔，适于牧业发展，但也时遇恶劣气候造成的天灾。该地区的经济以游牧为主，社会，发展波动性较强，居民流动性亦强。该地区自古就与中原地区联系密切，战争、和亲、经贸人员交往及移民潮都是连接纽带。当蒙古族在这一地区有了历史性的发展后，该地区作为中国北部边疆的地位也随之得到进一步的确认。当然，北部地区的社会发展与东北地区、西北地区的发展也有多方面的联系。在西北边疆地区，这里地域广袤，但间有高山、荒漠分隔；这里交通路线漫长而艰辛，但又是东亚至中亚及南亚、西亚、欧洲经济、文化交流和民族迁徙的重要通道。这就导致了该地区社会发展的曲折复杂局面，但各地区分散发展基础上的统一趋势却是十分明显的。在西部边疆地区，主要是青藏高原地区，高山大川的阻隔延迟了该地区统一发展的进程，但自吐蕃在此兴起以后，该地区与内地及其他边疆地区的联系日趋紧密，日益加深的多方面的双向交流最终导致这里成为中国边疆的重要组成部分。在西南边疆地区，热带、亚热带高原、平坝地形更加复杂，自然环境也更为小规模人群提供小范围的生存空间，这里的居民有着漫长的相对与世隔绝的发展进程，但是缓慢却坚实少有反复的统一发展历程则代表了该地区社会发展的主要方面，继实现地区性统一的南诏、大理兴起之后，统一于中国版图的西南边疆地区的发展已稳定地融于中国发展历程之中。在南部沿海及海岛（主要有台湾岛和海南岛等）地区，也有着边疆地区相对独立发展和逐步融于全国性发展进程的历史发展历程。

再次，多样的民族——自立发展基础上的融合。中国是一个统一多民族国家，现代被确认的民族有 56 个，而中国历史上的民族（部族）演进则是一个十分复杂的问题。中国边疆问题与中国民族问题有着十分密切的关系，这不仅因为中国边疆地区是各少数民族主要的聚居地，而且各民族在自立发展（各民族都有以自己为主线的发展史）基础上的融合发展是构成统一多民族中国边疆的基石。在这里，我们应该确立一个衡量民族发展的标准——任何形式的融合都是民族发展历史上的进步。汉族是中国人口最多的民族，也是居住分布最广的民族，汉族的发展对统一多民族的中国及其边疆形成和发展具有至关重要的意义。汉族有着十分漫长而从未间断的发展史，而汉族得以以现代如此强大的状态自立于世界民族之林的重要原因之一就是与其他民族的不断融合。华夏民族是汉民族的主源，但华夏民族在自身发展过程中也与蛮、夷、戎、狄诸族结下了长期的不解之缘。形成于先秦时期并在古代中国成为传统的"夷夏观"，并不是唯种族血缘论的，文化的标准在辨华夷时占有主导性地位。秦汉的统一，促进了汉民族的形成，也促进了汉民族与周边其他民族的融合。汉民族自形成后保持了不间断的自立发展史，并大量融合了其他民族人口，同时融于周边其他民族的汉族人口也有相当数量，正是因为存在这种双向融合现象，进而促进了更大范围的民族融合。一般地说，中国其他民族的自立发展和民族融合往往会曲折和复杂些。史料的缺乏妨碍了后人对少数民族发展史的研究，古代中国少数民族自身发展道路也是十分多样化的。一些民族流动性大，与其他民族的交流、融合程度和规模也大，不少曾显赫一时的民族其自立发展史未能长期延续；一些民族则很少迁徙，与外部社会的交流也少，社会发展缓慢而延续。许多北方游牧民族属于前一种类型，而众多热带、亚热带丛林农耕民族往往属于后一种类型。经过漫长的历史演进过程，最终形成了统一多民族中国的主人——中华民族。在中国边疆地区，还有一种民族现象也很普遍，这就是跨界民族的存在。形成一个民族跨界而居的原因是复杂的，但在我国，许多跨界民族是在资本主义殖民者入侵中国及其周边国家的过程中形成的，而这种跨界民族现象的存在又增加了中国边疆地区民族问题的复杂性。

最后，复杂的问题——多重矛盾发展的叠加。从历史发展的角度观察问题，中国边疆是中国统一多民族国家发展到一定历史阶段的必然产物，是社会多重矛盾发展叠加的结果。作为中国统一多民族国家的有机组成部分，全国性发展所遇到的矛盾在边疆地区也会发生，这是矛盾运动具有普遍性的一面。这类矛盾包括人类生存发展与自然环境制约的矛盾、生产力发展与生产关系制约的矛盾、社会不同阶级和阶层之间的矛盾、不同民族间的矛盾、不同文化传统和意识形态的矛盾、国家与国家之间的矛盾等，辨析这些矛盾运动是认识中国边疆问题的前提。与此同时，不可忽视的是中国边疆社会矛盾运动还有其特殊性；不同边疆地区的社会矛盾运动又有其特殊性。辨析这些边疆特殊矛盾运动是认识中国边疆发展现象的关键。边疆地区社会矛盾的特殊性往往体现为上述各类矛盾更集中地发生于一地，多重矛盾的叠加增加了边疆地区社会矛盾的复杂性，这对辨析矛盾线索脉络和寻求解决矛盾的方法都增加了难度。

### （三）中国边疆的发展阶段

中国边疆经历了以下的发展阶段，这种发展的阶段性也必然对中国边疆研究产生重大影响。

1. 古代中国统一多民族国家的形成和中国边疆（从上古至清代）

中国是著名的文明古国，在世界文明史中占有重要地位。古代中国数千年的发展道路是十分漫长而曲折的，但中国正是因为经历了这一漫长而又持续的发展历程，才有了近现代中国牢不可破的社会基础——包括国家政治格局基础、社会经济基础、民族分布与民族团结基础、历史文化传统基础等。

（1）先秦、秦汉时期的中国及其边疆

这是古代中国统一多民族国家及其边疆发展的第一个大的历史时期，是我国边疆的开拓时期。

先秦时期是我国早期统一多民族国家发生发展时期，传说中的夏与以后的商、周都是早期统一多民族国家，因为夏商周已经具备了一个中心（政治、经济、文化）的形成和多民族（部族）统一在一个建立在非血缘基础上的政治共同体中这样两个最基本的条件；当然，此时的统一多民族国家还是非常原始的，其统一程度和多民族内涵与秦以后的统一多民族国家相比还有很大的不同。但是，先秦时期毕竟是我国统一多民族国家发展历程中的奠基时期。

先秦时期也是我国边疆发展史的奠基时期，虽然有关先秦时期的边疆问题还是疑点丛生，人们对那个时代边疆的认识还是模糊而零碎的，但是，对我国古代统一多民族国家及其边疆发展有着重大而深远影响的三大发展趋势已经清晰地展示出来，这就是：

第一，国家的外延与内涵在不断扩大。最初的"中国"就是"国中"，邦国（有些学者称其为城邦国家）的国人住在城内（即国内），出城即是出国了（至于出行多远才入另一国界则是另一个问题）。以后，国家不但包括国人所住的国，也包括附庸国的"野人"住的"郊"，这时的国（即邦）已含有国野两部分。再以后，国家（作为共主或众邦之王的夏商周，有些学者称其为王国）不但包括共主本邦（或称王畿，即王的直辖地）之地，而且包括了从属于共主的其他政治共同体（如诸侯国、附属国等）的领地。对不同层次边疆的定义与考察是开展中国边疆研究的一个先决性、基础性的重大课题。

第二，国家的政区划分与边疆政治形态发展的统一趋势。先秦时期，夏商周虽然与诸侯国形成了共主与附庸的关系，但诸侯国是相对独立的政体，而在中国统一多民族国家发展史中占有重要地位的郡县制度发生于春秋战国时期，与周朝的分封制不同，"县"和"郡"原来都有直属于国君的意思。县与郡最初均设于边境地区，春秋时期秦、晋、楚已设县，春秋末晋又设郡，以后各国纷纷在边防重镇设郡。郡县制的出现不但是各国内部社会形态与制度变革的重要表现，也对以后边疆发展史带来了长期而深远的影响。边疆地区郡县发展史是中国边疆研究的一个长期的重大课题。

第三，中国日益成为多民族的共同体，而这一过程又往往是从边疆地区开始发展起来的。先秦时期，多民族（部族）混居中原，各族间通婚（包括商周王室和诸侯）是十分普遍的现象，各族间的战争与征服也时有发生。经过长时期的融合过程，到战国时期，中原地区居民和周边地区居民在民族构成方面的不同初步形成。中原地区民族是原地各族居民和由周边地区进入中原地区人口的共同体，也就是后来汉族的基础；而周边地区民族组成情况就要更复杂些，从总体上讲可分为原地居民、由中原迁出居民（包括"夷狄"和"华夏"）和由更边远地区居民迁入这三部分人组合而成，这就是历史上经常提到的边疆少数民族。边疆地区的民族构成和边疆各民族与中原地区民族的关系，构成了中国边疆研究的又一重要研究课题。

秦灭六国完成统一，中国统一多民族国家发展史就进入了一个新的发展阶段。秦与周一样兴起于西部，长期被认为是戎狄国家。经过长时期的发展，于公元前221年建立了我国历史上第一个皇朝帝国，但仅在15年之后，即于公元前 206 年在农民起义军和六国旧贵族的共同打击下灭亡了。

秦的疆域在东北达到了辽东半岛和朝鲜半岛西北部，北部达到蒙古高原，西部达到今甘肃东部、四川、云南一带，南部达到大陆南端。在这一广大的版图上，秦在全国普遍实行了郡县制（以郡统县，各郡直属中央），这既包括战国时期关东六国故地，也包括秦北击匈奴、南取南越后新置诸郡；但唯一的例外是秦曾在部分西南夷地区"置吏"① 管理而未设郡县。在秦的周边，还有东胡、匈奴、羌等部族。秦的疆域开拓与边疆治理、开发，是秦代边疆研究的重要课题。

汉高祖刘邦于公元前 206 年，建立统一多民族国家——汉帝国。汉朝历时 426 年，其间，又可分为前汉（西汉）和后汉（东汉）两个时期，两汉之际历经公元 9 年至 23 年王莽统治时期（国号为新）和公元 23 年至 25 年的刘玄统治时期（国号为汉）。公元 25 年，汉光武帝刘秀即位，至公元 37 年恢复汉的统一局面。地方势力的增长和农民起义的爆发是两汉灭亡的政治上的原因，220 年曹丕称魏帝，汉亡。

两汉时期，国家的政治、经济、文化中心仍在黄河中下游地区，前汉建都长安，后汉建都洛阳，但其疆域范围已有了较长期、较稳定的拓展。汉在秦版图基础上建国，但初期在南（南越、东越地区）北（河套地区）两面有所缩减，至汉武帝时开始大规模拓展，以后又数经疆域变迁。与秦疆域比较，极盛时的汉疆域拓展到东北的朝鲜半岛北部、西北的河西走廊和西域地区、西南的哀牢夷地区和中南半岛东（北）部沿海地区以及海南岛北部。

汉承秦制，但在行政区划与地方管理制度方面又有所变化。汉代实行郡、国并行制度（郡、国数量与范围在不同时期有所不同，以后又在郡、国之上设刺史部，后演变为州）。汉对边疆地区的辖治大约有三种方式：一是设郡县直接管理（又有直接设郡县和先设属国后改郡县之分）；二是设属国间接管理，即历史上常见的羁縻统治；三是设都护、中郎将、校尉、都尉等对西域各部、匈奴和羌、乌桓、鲜卑各部进行管理，即在更大

---

① 《史记》卷一一六《西南夷列传》。

的范围内实施羁縻统治。在汉的周边，还有沃沮、夫余、鲜卑、匈奴、唐
旄、发羌等。

汉是中国历史上第一个长时期存在的统一多民族帝国，是中国主体民
族——汉族的形成时期，也是中国疆域奠定过程中最重要的时期之一，汉
代边疆拓展，辖治开发及其对外交往的增加（突出的有开辟西北方、南方
的丝绸之路），极大丰富了中国边疆研究的内容。

（2）三国、两晋、南北朝、隋唐时期的中国及其边疆

经历了汉末黄巾起义和地方割据与争雄兼并战争后，历史进入了魏
（220—265）、蜀汉（221—263）、吴（222—280）各据一方的三国时代。
三国分享了汉帝国领土遗产，其中魏的力量最强，占据了北方广大的地
区，吴占据了东南和南部地区，蜀汉则领有西南地区。吴、蜀两国之所以
与魏对峙抗衡甚至是主动出击，主要是得益于南方社会经济的长足发展，
开始形成了可与中原地区抗衡的实力。而由于吴、蜀两国的大力开发治
理，西南和南部地区社会经济的发展又得到了加强。

三国时期，各国除了彼此间的争斗外，均对开发治理本国的边远地区
投入了相当的力量。魏在东北辽东及朝鲜半岛北部消灭了公孙氏割据势
力，再置四郡辖治；并对乌丸、鲜卑、西域的治理投入了相当的力量。蜀
在努力巩固后方时，下大力量平定了越巂、益州（今四川境内）、牂柯
（今贵州境内）、永昌（今云南境内）四郡之变乱。吴在努力镇抚各地山
越的同时，加强了对东南沿海地区的经营，并曾出兵夷洲（今台湾）和朱
崖（今海南岛）。三国的周边还有挹娄、夫余、鲜卑、乌孙、诸羌等部族
存在。自秦汉以来形成的民族分布布局此时又有了新的发展，汉族人口大
量南迁和北方游牧民族人口大量内迁（进入华北平原、黄河中下游平原）
的趋势更加明显。人口布局的变化对中国社会发展进程及其疆域格局演变
带来了重大而深远的影响。

魏臣司马炎于265年篡魏称帝，是为晋朝开端。继魏于263年灭蜀以
后，晋于280年灭吴，从而完成了自汉亡以后的统一大业。晋定都洛阳，
史称西晋。西晋疆域与东汉时大致相同，而曹魏时已被羌胡占有的整个河
套地区仍是旧貌。晋的统一和强盛，很快就诱发了两种事态的发展：一是
北方各少数民族又一次出现了内徙的高潮，主要是因塞外各族间相互争斗

和自然灾害频繁的状况与中原地区状况形成较鲜明的对比，此时内迁人口分属的部族种类多并且数量大；二是统治阶级迅速腐败并争权夺势。这两种事态发展的合力又很快导致了"八王之乱"和汉族、各少数民族的起义与反抗。316年，短命的西晋终于在内外交困中为内迁匈奴人刘渊所建的汉赵（前赵）所灭。西晋是中国历史上第一个被少数民族政权推翻的帝国，而且是被姓刘的匈奴人打着复"汉"的旗号推翻的。

317年，晋贵族司马睿以建康为都继续了晋在南方地区的统治，是为东晋的开端。东晋版图东南至沿海，北界则在与北方政权的对峙对抗中有所进退。东晋朝廷虽然偏安于南部地区（大体在淮河以南），但与北方的分裂割据、战乱频繁相比，其社会发展基础还算稳定。此时，北方的士族和流民大量南迁，并被安置于新设侨置的许多州中，南方的社会经济因而得到进一步的发展。与此同时，东晋政权也努力加强在江南地区的政治统治，特别是对南疆广、交二州的辖治。东晋的北伐屡不成功，至淝水之战后虽北进至黄河一带，但其统治阶级内部矛盾与社会矛盾却日益突出。420年，以士族豪门为支柱的东晋政权终于让位于由出身寒门的刘裕建立的宋（史称刘宋）。

自西晋末至刘宋初，也就是304年刘渊称王起到439年北魏统一北方，在中原和巴蜀地区先后建立了二十多个割据政权，这就是历史上的十六国时期。十六国指前后二赵、前后西三秦、前后南北四燕、前后南北西五凉、成汉和夏，其他割据政权还有冉魏、西燕、代等。如按创建人的族属分类，这些割据政权的基本情况是：

由匈奴人建立的政权有三个：一是刘渊建立的汉赵（前赵），初都左国城（今山西离石北），后迁都平阳（今山西临汾西北），再迁都长安（今陕西西安西北），有今陕西、山西、河南、甘肃的部分地区，从304年刘渊称王至329年亡于后赵。二是赫连勃勃于407年建立的夏，都统万（今陕西横山西北），有今陕西北部、内蒙古一部分，431年亡于吐谷浑。三是沮渠蒙逊于401年建立的北凉，都张掖，有今甘肃西部，439年亡于北魏。

由鲜卑人建立的政权有七个：一是慕容皝光于337年建立的前燕，初都龙城（今辽宁辽阳），后迁都蓟（今北京西南），再迁都邺（今河北临漳西南），有今辽宁、河北、山东、山西、河南、安徽、江苏的一部分，370 年亡于前秦。二是慕容垂于 384 年建立的后燕，都中山（今河北定县），有今河北、山东、山西和河南、辽宁的一部分，407 年亡于北燕。三是慕容泓于 384 年建立西燕，初都长安，后迁都长子（今山西长治），有今山西一带，394 年亡于后燕。四是乞伏国仁于 385 年建立的西秦，都苑川（今甘肃榆中北），有今甘肃西南部，431 年亡于夏。五是秃发乌孤于 397 年建立的南凉，初都西平（今青海西宁），后迁都乐都（今青海乐都），有今青海一部和甘肃西部，414 年亡于西秦。六是慕容德于 398 年建立的南燕，初都滑台（今河南滑县），后迁都广固（今山东益都西北），有今山东、河南的一部分，410 年亡于东晋。七是拓跋猗卢于 315 年建立的代，都盛乐（今内蒙古和林格尔），376 年亡于前秦。396 年，拓跋珪利用淝水之战后前秦瓦解之机复国，改称魏（即北魏）。

由羯人建立的政权：石勒于 319 年建立的后赵，初都襄国（今河北邢台），后迁都邺（今河北临漳西南），盛时有今河北、山西、河南、山东、陕西和江苏、安徽、甘肃、辽宁的一部分，351 年亡于冉魏。

由氐人建立的政权有三个：一是李雄于 304 年建立的成，338 年改国号为汉，都成都，有今四川东部和云南、贵州的一部分，347 年亡于东晋。二是苻洪于 350 年建立的前秦，都长安，曾于苻坚在位时一度统一北方，有今河北、山西、山东、陕西、甘肃、河南和四川、新疆、内蒙古、辽宁、江苏、安徽、湖北的一部分，383 年淝水之战失败后，原被灭各国及各国首领纷起立国，394 年终亡于后秦。三是吕光于 386 年建立的后凉，部姑臧（今甘肃武威），有今甘肃西部和宁夏、青海、新疆一部分，403 年亡于后秦。

由羌人建立的政权：姚苌于 384 年建立的后秦，都长安，有今陕西、甘肃、宁夏、山西的一部分，417 年亡于东晋。

由汉人建立的政权有三个：一是张寔于 317 年建立的前凉，都姑臧，有今甘肃西部、宁夏西部、新疆东部，367 年亡于前秦。二是冉闵于 350 年建立的冉魏，都邺，疆域同后赵，352 年亡于前燕。三是冯跋于 407 年建立的北燕，都龙城（今辽宁朝阳），有今辽宁西南部和河北东北部，436 年亡于北魏。

在十六国时期的 135 年间，北方地区政局动乱，政权交替与相互兼并不断，各个政权的政区疆域变化极为频繁，众多民族活跃在广大北方地区，这就为中国统一多民族国家及其边疆发展史增添了极为丰富的内容，也为本时期的边疆研究提出了众多且复杂的课题。十六国时期，各国多是由少数民族建立的政权，如下史实是十分值得注意研究的：少数民族第一次在中国历史上以黄河中下游地区为核心的北方地区占有了政治上的统治地位；而这些入主中原的少数民族大多不是在短时期内由周边攻入中原的，他们大多是已经成为该地区的居民后再逐步掌权的；刘渊、石勒、苻坚、拓跋什翼犍等著名少数民族政治家或是有较高的汉文化水平，或是重用汉族政治家；少数民族统治者第一次在本民族文化传统与汉文化传统交融的基础上制定了统治本民族和汉族等其他民族政策与实施体系；各国的疆域主要仍在秦汉疆域的北方地区范围之内，南方曾到江淮流域，北方则首次达到蒙古高原的漠北地区（这是该地区首次归属建都黄河流域的政权）；有作为的少数民族政治家在有条件时不但要统一北方，而且希望北南统一。

386 年北魏建立，至 439 年灭北凉完成北方统一，中国历史上再次出现南北政权对峙，西部北部周边大块地区仍为不断演变的周边部族居住区的大格局。这也就是历史上的南北朝时期，这一时期一直延续至 589 年隋完成统一大业。

南朝宋起于 420 年刘裕称帝，止于 479 年禅于齐。初，宋较强盛，南有东汉以来南疆，北与魏相交于黄河一带，但后渐失河南淮北。齐代宋以后，疆域同宋后期，但北界时有变动：502 年齐禅于梁，梁初疆域同齐后期，而自西汉元帝时弃守的海南岛于此时重置崖州。547 年侯景之乱起，从此南朝一蹶不振，长江以北沦于东魏、北齐，巴蜀、襄樊一带沦于西魏，且弃云贵高原于土著。557 年，梁让位于陈，陈疆略同于梁侯景乱后，是南朝版图最小的王朝，589 年亡于隋。

由鲜卑族拓跋部建立的北魏于 439 年统一北方，形成与南朝对峙的局面。北魏疆域北至蒙古高原，西至西域东部，东北至辽西，南境初以黄河为界，后逐渐拓展至淮河、秦岭，进一步至淮南。孝文帝时从平城（今山西太原）迁都洛阳，并实行了一系列有利于巩固北方统一，加强中央集权和民族融合的改革措施。改姓汉姓，易服，与中原士族通婚，在朝廷上禁讲鲜卑语及重视农耕的措施，从生活方式到生产方式再造了融入北方主体民族一部分的以拓跋鲜卑为代表的少数民族。534 年，北魏分裂为东西魏。东魏都邺（今河北临漳西南），550 年为高洋所建北齐所代。西魏都长安，557 年为宇文觉所建北周所代。577 年，北周灭北齐，统一北方。581 年，北周为隋所代。由鲜卑人建立的北周虽然存在时间很短，但其在中国统一多民族发展史上应占有比较重要的地位，北周不仅统一了北方，从而奠定了隋统一南北方的基础，而且由宇文泰及其任用汉族大臣苏绰、卢辩制定的政治、军事、法制、经济制度对隋、唐两代均有重要影响。

581 年，杨坚代北周称帝建隋。589 年隋灭陈统一。从 611 年各地起义不断发生，隋开始瓦解，618 年隋炀帝杨广在江都（今江苏扬州）被杀，隋亡。隋虽仅存 38 年，但其再创的统一局面很快即为唐所承袭。隋极盛时版图仍未能达到汉代的水平，与西晋盛时比较，虽再有河套及蒙古高原东南部，但失辽东、西域西部和云贵高原大部。

618 年，李渊称帝，国号唐，建都长安。唐很快镇压了各起义军，消灭了地方割据势力，进而将中国统一多民族国家发展进程推至一个新的发展阶段。唐时地方建制时有变化，前后盛衰情况的反差也很大，反映在疆土盈亏方面亦很明显。以极盛时计，唐不仅再有秦汉疆土之地（缺今云南西南部），进而东北至日本海西岸地区及库页岛和朝鲜半岛西南部（曾设熊津都督府），北至贝加尔湖和叶尼塞河上游（属安北都护府），南至海南岛南部（设振州）。从而使更多的民族共同生活于这一广阔的地域内，各民族间的交流、融合有了进一步的发展。至安史乱后，唐疆土丧失很多。隋唐以来在边疆地区先后兴起的有：在东北有靺鞨、渤海、契丹，在北方有突厥、回鹘，西部有吐蕃，西南有南诏。其中以吐蕃的兴起最为突出，吐蕃自身强大了，与中原地区的交往与联系也增加了，日益增加的交往包括经济、文化、人员方面的交流，也包括和亲联姻和战争，总之唐蕃之间的交往是双向的。907 年，已遭农民起义沉重打击的唐为后梁所灭。

历时 300 多年的隋唐时期是我国古代统一多民族国家及其边疆发展的一个极为重要的时期，这不仅表现为隋唐统一多民族国家疆域广阔和包括边疆开发与治理在内的社会政治、经济、文化内涵的丰富，而且表现为隋唐周边地区（特别是东北地区、吐蕃和南诏）社会经济发展水平的提高、政治上的日趋成熟和与中原交流的发展。而这一切又构成了中国统一多民族国家进一步发展的基础。

伴随着唐帝国的衰亡，地方势力再度兴起，周边各族进一步演进，历史又进入一个新时期。

（3）五代、辽、宋、金、元时期的中国及其边疆

907 年，朱温灭唐称帝建后梁，五代十国时期开始。后梁都汴（今河南开封），大体占有黄河中下游、淮北和今湖北的大部地区。933 年后梁亡于后唐（923 年至 936 年，都洛阳，亡于后晋）。此后在这一地区相继出现后晋（936 年至 946 年，都汴，亡于契丹）、后汉（947 年至 950 年，都汴，亡于后周）、后周（951 年至 960 年，都汴，亡于宋）。在南方和山西地区，则先后出现吴（902 年至 937 年，都扬州，亡于南唐）、南唐（937 年至 975 年，都金陵，亡于宋）、吴越（907 年至 978 年，都杭州，亡于宋）、楚（907 年至 951 年，都长沙，亡于南唐）、闽（909 年至 945 年，都长乐即今福建福州，亡于南唐）、南汉（917 年至 971 年，都广州，亡于宋）、前蜀（903 年至 925 年，都成都，亡于后唐）、后蜀（933 年至 965 年，都成都，亡于宋）、荆南（即南平，924 年至 963 年，都荆州即今湖北江陵，亡于宋）、北汉（951 年至 979 年，都太原，亡于宋）等十国。

持续半个多世纪的五代十国时期是唐末地方割据势力兴起的结果。从中国统一多民族国家发展史的角度观察，这一时期既是汉末地方豪强兴起现象在新的历史条件的再现，也标志着起于汉末的那种局面的尾声。当社会经济发展在更广大的地区（不仅仅是中原地区）得以实现后，在一个强大的中心（如汉、唐）因内外原因削弱后，就会出现多中心现象；但也正是随着各地社会经济的发展，各地间的交流也逐步深入，地方在政治上的独立性则遭到削弱，从后唐、南唐起，有实力的地方性中心都在为更大范围的统一作努力。黄河中下游地区、长江中下游地区、东南沿海地区在五代十国以后至清末的千余年中就再未出现大规模的地方性割据现象。当然这一态势的发展与汉民族的发展、分布及各民族的融合以及宋以后中央集权制度的进一步发展完善有关。另一个不可忽视的因素是北方边疆少数民族在政治上已经成熟，并能入主中原与汉民族轮流执

掌统一江山。宋、元、明、清四朝的统治民族恰好是汉、蒙、汉、满。从"割据对峙"到"轮流坐天下",不能不说是历史上中国民族关系的一个质的变化。

契丹族领袖耶律阿保机于 916 年创建了契丹国,后改国号为辽。初都皇都(今内蒙古巴林左旗南波罗城),后改皇都为上京。辽极盛时疆域东至今鄂霍次克海、日本海和渤海,北部包括今外兴安岭以北、叶尼塞河上游及其支流安加拉河流域和勒拿河上游地区,西抵阿尔泰山以西的沙漠地区,南接今河北、山西两省中部。北宋建立后,辽与北宋长期对峙,1125年辽亡于金。1124 年辽宗室耶律大元率部西迁,建西辽于今新疆及其以西广大地区,西辽 1218 年亡于蒙古。

契丹的兴起与辽的建立发展,对中国统一多民族国家及其边疆在北方地区的发展起到了重要的推动作用。与十六国、北朝少数民族建立的王朝不同,辽是在塞外地区发展起来后逐步向四周发展的,而前者多为内迁少数民族建立;辽的主要发展方向是中原地区,但其并未放弃在广大北部地区的发展,而前者多将北部广大地区放弃给社会发展阶段更为原始的部族。辽在继承发展了中原王朝历史传统的前提下,又考虑到它的大片辖境包括了北部边疆地区,其中又杂居着种类繁多的游牧(或渔猎)部族这一特定的地理、经济和民族等因素,从战略全局出发,制定和推行了涉及整个政治、经济和文化发展的制度——双轨制(即因地制宜实行以州县制和部族制为代表的两种制度)。辽对北部边疆地区因时、因人、因地制宜的开发与辖治促进了该地区与中原地区融于一体的进程。

960 年,赵匡胤代后周称帝,建立宋朝,定都开封,史称北宋。宋采用各个击破的战略,至 979 年灭北汉,大致完成了在五代十国范围内的统一。与唐朝晚期疆域比较,北宋南疆已不含越南北部;西北以陕西横山、甘肃东部、青海湟水流域与西夏、吐蕃接界;北部则在河北、山西中部一带与辽对峙。北宋的统一是在相对有限的范围内实现的。1126 年,北宋亡于金。1127 年,赵构在南京(今河南商丘)称帝,后建都临安(今浙江杭州),史称南宋。与东晋、南朝情况类似,南宋偏安东南一方,北边大致以淮河、秦岭与金接界。1279 年,南宋亡于元。

宋王朝建立后,自秦以来逐渐发展起来的中央集权制度得到了进一步的发展。从秦汉时期，地方豪强势力即时有兴起，继而酿成割据局面；自唐代镇兵拥立留后，积习相沿，直至五代，造成国擅于将、将擅于兵的局面。宋太祖由陈桥驿兵变，黄袍加身，这是五代士兵拥立皇帝的第四次。宋开国君主力图改变上述局面，推行了一整套重文轻武，削弱军队与地方权势以及优待官吏等抑制或收买兼行的制度。军队与各地方的势力受到了极大的削弱，而冗兵冗吏和积贫积弱的结果却日甚一日。宋较成功地统一了中原及南方，但在对北方实施的军事行动中却屡遭失败。宋初北向最明确的目标是从辽得到燕蓟地区，直接进军不成，宋即设想存专款于封桩库，或以此款向契丹赎燕蓟，或购其人首（意在借经济实力，以军事手段消灭契丹）。而自真宗以下，宋的大量钱财却用在岁币买和之上。以经济手段削弱边患和开发治理边疆自汉以来屡见不鲜，但有宋一代，此法用得尤为突出。宋在西南设茶马司管理茶马交易也是宋治边政策的重要组成部分。

1038 年，党项羌人元昊称帝，建大夏（即西夏），都兴庆府（今宁夏银川东南）。西夏盛时有今宁夏、陕北、甘肃西北部、青海东北部和内蒙古一部分。西夏与宋、辽、金多次发生战争，1227 年亡于蒙古。西夏立国190 年，在古代中国统一多民族国家及其西北边疆发展史中占有重要地位。西夏居民有党项、汉、藏、回鹘等族，以从事农牧业为主，与宋经济、文化交流联系极为密切，中原王朝的政治制度和汉文典籍在西夏也有应用和流传。

1115 年，女真族完颜部领袖阿骨打创建金，初都会宁（今黑龙江阿城南），后迁都中都（今北京）、开封等地。1125 年金灭辽，1126 年灭北宋，1234 年亡于蒙古和南宋的联合进攻。金与南宋对峙于淮河、秦岭一带百余年，有东北和中原广大地区。金与辽相比较，金在更北的地方兴起，发展到了更南的地方；金虽数次攻到长江流域，但终未能统一南方地区。而从 1140 年绍兴和议南宋向金称臣，每年贡纳银绢与 1164 年隆兴和议定宋金为侄叔之国的事实分析，南宋对金已处屈从地位。一个拥有大片领土由汉族统治者建立的王朝称臣于少数民族统治者建立的王朝，这在中国历史上是唯一典型的一例。金对古代中国统一多民族国家及其东北边疆的发展继辽之后再次做出重要贡献。

在辽、宋、金时期，西南地区青藏高原有吐蕃等部，在云南高原则有以大理为中心的大理政权。段氏大理政权以"白蛮"为主体，但其统治集团通用汉文，其王曾受宋封为云南王、大理王。937 年建立的大理政权1254 年亡于蒙古。

1206 年，蒙古族领袖铁木真统一蒙古诸部后被推为大汗：称成吉思汗，建立蒙古汗国。建国后，先攻金进占黄河流域，继而灭西辽、西夏、金、大理，并在吐蕃地区设行政机构进行直接统治。与此同时，蒙古军还西征亚欧广大地区。1271 年，忽必烈在内部争位斗争取胜后定国号为元。1279 年，元最终灭南宋，完成了古代中国史上空前的大一统。元建都大都（今北京）。1368 年，元在农民大起义的打击下，在朱元璋军攻入大都后被推翻。元顺帝北走塞外，仍称元（史称北元）。

元朝虽仅存98 年，但其在古代中国统一多民族国家及其边疆发展史中产生的影响不仅深远，而且更全面。元的版图东北至日本海；北至今俄罗斯西伯利亚北极圈内；西北接窝阔台（成吉思汗三子）汗国、察合台（成吉思汗二子）汗国、钦察汗国（成吉思汗孙拔都建）和伊儿汗国（成吉思汗孙旭烈兀建）；西南接尼波罗、印度、缅甸、越南；东南至海。钦察汗国和伊儿汗国名义上对大汗即元帝称藩，但实际已是独立国。初察合台汗国实为窝阔台汗国之附庸，两国连兵反元，不承认元帝的宗主地位；后察合台汗国与元通好称藩，并在窝阔台汗国破灭后并有其大部领地。元时还曾设征东行省于高丽，但其省丞相由高丽国王兼任，且其原有制度机构不变，故其实为藩属国。

元为巩固和发展其统一多民族国家，在继承中国历代治国方略成功经验的同时，推出更为适应历史发展的政策与制度。元首先大力加强中央集权制度，将金后期的行省制度推行于全国，辽阳、岭北、甘肃、云南、湖广等则是置于边疆地区的行省。史称"岭北、辽阳与甘肃、四川、云南、湖广之边，唐所谓羁縻之州，往往在是，今皆赋役之，比之于内地"[①]。还在距省治较远的地方分设宣慰司都元帅府，又有招讨、安抚、宣慰等使层层管理边疆地区。其次，在边疆地区因地制宜，因俗而治。吐蕃地区初

---

① 《元史》卷五八《地理志一》。

由设在中央的掌管全国佛教事务的总制院管辖，后改为政教合一的宣政院，从此该地区正式纳入中国版图。在畏兀儿地区设有北庭都护府等机构。在云南、湖广等一些边远地区实行土司制度。

元的建立标志着古代中国统一多民族国家及其边疆一个重要发展阶段的结束：结束了古代中国自然的、大规模的领土形成与拓展过程；结束了中原与广大南部（特别是西南）地区反复出现的地区割据现象；结束了全国性行政组织结构创新性演进过程；构成中国居民的各民族成员绝大多数已融入中华民族。元的建立也预示着一个新的发展阶段即将开始，古代中国统一多民族国家及其边疆发展将进入其成熟和鼎盛时期。

（4）明清（1840 年以前）时期的中国及其边疆

1368 年，朱元璋称帝，国号明，建都南京，后迁都北京。朱元璋是在元末农民起义四起，随后形成若干割据政权后于 1352 年起兵于濠州（今安徽凤阳）的，他在击破陈友谅和张士诚之后即帝位，并于建国的当年北伐中原，灭元后，又出兵征讨各地，至 1386 年，在元故有版图基础上，完成了除北元控制区外大部地区的统一。明前期强盛时疆土与元后期基本相同，在东北的鸭绿江一线为界接壤朝鲜；在北方与蒙古鞑靼、兀良哈、瓦剌各部有不同程度的藩属关系；在西北哈密以西一线与亦力把里（察哈台汗国演变而来）相接。至明后期，北方瓦剌、鞑靼、兀良哈诸部地域有所发展，与明相交于西起嘉峪关，东至山海关的长城一线；东北退至辽河流域；西北有由各部蒙古建立的亦力把里、叶尔羌、吐鲁番三国（三国国王皆察哈台后裔）以及在青海地区的鞑靼土默特部；西南部云南西界也有东移。1644 年，明在全国性农民起义浪潮中，被李自成率部攻破北京而被推翻。明亡后，其残余力量曾在南方建立南明诸政权，但均无建树，终为清所击破。

明是古代中国最后一个由汉族统治者建立的王朝，明承元制，对全国大部分地区进行了较为有效的辖治（包括开始在贵州地区实行改土归流和对其他一些少数民族地区实行羁縻统治），时间长达 277 年。但明对蒙古族各部还缺乏有效的对策和实力，北部边患一直在困扰着明王朝。明统治集团的腐败及社会经济状况恶化导致的农民起义推翻了明政权；而当明国力削弱、中央政权危机四伏时，地方势力仍无恶性膨胀，这也从一个侧面反映了古代中国统一多民族国家及其边疆体系的日趋成熟和稳定。

14 世纪至 16 世纪，东南沿海一带经常受到海盗集团的烧杀抢掠，即倭寇之患，东南沿海军民进行了多年英勇斗争，至 16 世纪 60 年代才逐渐解决倭寇之患。1553 年，葡萄牙人贿通地方官，在广东珠江口壕镜澳（今澳门）登岸建立居留地，1573 年变贿赂为地租。1624 年，荷兰人侵入台湾，在台湾实行殖民统治。上述边海防之患虽然还只是发生在局部地区，但这些来自海外的入侵已是一个明确的危险信号。

明后期，建州女真在东北崛起，1583 年，任明建州左卫指挥使的爱新觉罗·努尔哈赤起兵，1616 年即汗位，建国号金，史称后金。1626 年皇太极嗣立，1636 年即皇帝位，改国号为清。清（包括其早期发展阶段）统一全国的行动历时长达 176 年（从 1583 年起兵到 1759 年平定西域结束），最终完成了中国疆域奠定的历史使命。这一历史过程大致可分为四个组成部分：

第一，统一东北诸部族和收服漠南蒙古。太祖时统一了建州诸部和海西四部，征服招抚了生女真的主要部分；臣服了蒙古科尔沁、喀尔喀等部，并攻取明辽东地区。太宗时统一了乌苏里江、黑龙江流域和库页岛上诸部族，使包括察哈尔、土默特、鄂尔多斯等部在内的漠南蒙古全部入其版图。

第二，灭明统一中原及江南广大地区。1644 年清兵入关，击败李自成，顺治帝入主北京，清以北京为都。1645 年清兵下江南，灭南明弘光帝政权。1659 年清兵入滇，灭南明永历帝政权。至 1646 年夔东抗清义军被镇压，南明在大陆的残余势力基本被肃清。1662 年郑成功驱逐荷兰侵略军手未，占领台湾，仍奉南明永历正朔；1683 年清兵入台湾，郑克塽降。

第三，战胜漠西卫拉特蒙古及西域诸部，收西北、西南的广大地区。明末清初，漠西卫拉特蒙古占有从北方漠北至西北西域地区至青藏高原的广大地区，在卫拉特四部中，又以准噶尔部最为强盛，是清的主要对手。经康熙三次亲征，1697 年准噶尔汗噶尔丹兵败病死，清有阿尔泰山以东地区，已臣服于清的喀尔喀三部还牧漠北故地，青海和硕特部亦称藩臣服。1720 年清兵入藏，西藏结束和硕特和准噶尔等蒙古人先后统治时期开始入清版图。1724 年清平定青海和硕特部之叛。1757 年清平定准噶尔部，准部所属地区（包括乌梁海诸部）尽入版图。1759 年清平定天山以南的回部。

第四，通过雅克萨之战和外交谈判，确定中俄东段、中段边界。1689 年，中俄签订《尼布楚条约》。条约规定中俄以额尔古纳河、格尔必齐河为界，再由格尔必齐河源顺外兴安岭往东至海，岭南属中国，岭北属俄国；乌弟河和外兴安岭之间为待议地区。1727 年，中俄签订《布连斯奇条约》。条约规定中俄中段边界由唐努乌梁海沙宾达巴哈起至额尔古纳河西岸阿巴该图止，以南归中国，以北归俄国。1727 年签订的《中俄恰克图界约》再次重申了以上两个界约的规定。另外，1712 年定盛京与朝鲜之间的鸭绿江、图们江为界，于长白山天池南分水岭上立碑为界。在西南边疆，乾隆末年击退廓尔喀对西藏的侵扰后相继与廓尔喀（尼泊尔）、布咯克巴（不丹）、哲孟雄（锡金）等划定了边界。

最终完成古代中国大一统伟业的清王朝对全国实施了有效的管辖，以《嘉庆重修一统志》为据，1820 年（嘉庆二十五年）时全国分为 27 区，即内地 18 省、盛京三将军、蒙藏准回 6 区。18 设省地区既有汉族聚居区，也有周边少数民族聚居区（在直隶、山西、云南、广西等省），并继明以后展开了更大规模的改土归流。在东北地区设有奉天将军（盛京将军）、吉林将军（初为宁古塔将军）、黑龙江将军三将军辖区。在西北有总统伊犁等处将军和定边左副将军（驻乌里雅苏台）二将军辖区。在漠南蒙古和套西蒙古两地区设盟旗辖治。在青藏地区设西宁办事大臣和驻藏办事大臣两辖区。

总之，清在继承古代中国历代治国安边经验的基础上，在加强国家统一、克服割据势力、反对外来侵略、加强边疆治理与开发等方面留下了大量宝贵经验。同时也极大地丰富了古代中国边疆研究的内涵。当然，清在治国安边方面的历史局限性也是明显的。随着清社会发展步伐的放慢、停滞和其统治阶层的日趋腐朽，在西方资本主义列强入侵时，国家、民族危机和各种社会问题就暴露出来了，1840 年以后中国进入了一个新的历史阶段。

2. 近代中国统一多民族国家和中国边疆（1840—1949 年）

（1）1840—1911 年时期的中国及其边疆

进入 19 世纪中叶以后，在趋于腐朽的清王朝统治下的中国危机此起彼伏，国内社会矛盾尖锐，各族人民的反抗斗争不断；边疆危机四起，国家蒙难，百姓遭殃。两种民族矛盾——少数民族统治者与各族被压迫人民的矛盾和中华民族整体与外国殖民主义侵略者之间的矛盾交织在一起，清朝统治者此时既无法缓和国内民族矛盾，也无力抵抗外国侵略者的入侵，强盛一时的清帝国的衰亡已不可逆转。此时人民革命要担负起两项历史重任——推翻腐朽的清王朝和反抗外国侵略者并振兴中华民族。随着中国社会与边疆发展形势的巨大变化，中国边疆研究也面临着一系列新课题。

自 19 世纪中叶以后，资本主义列强入侵中国，割占中国领土，是本时期最重要的边疆大事。资本主义列强侵占中国领土大致可分为四种类型：

第一是与中国相邻的俄国。在东北，俄国通过强迫清王朝签订的 1858 年《中俄瑷珲条约》和 1860 年《中俄北京条约》，强占黑龙江以北和乌苏里江以东地区。在西北，通过 1864 年《中俄勘分西北界约记》、1869 年科布多界约和乌里雅苏台界约、1881 年伊犁改订条约等不平等条约，俄国强占了从唐努乌梁海、科布多到巴尔喀什湖、帕米尔地区的大片领土。

第二是英、法两国在中国周边邻国建立殖民地之后进而侵占中国领土。英国将北起帕米尔、经西藏至云南的不少中国领土并入其殖民地；法国则将滇南乌得、孟乌二土司划入法属交趾支那。

第三是逐渐强大起来的中国近邻日本，首先将海外殖民目标对准了中国的邻国朝鲜，继而在甲午之战（1894）中战败中国，次年迫使中国签订中日《马关条约》，中国的台湾省割让于日本。

第四是列强对中国沿海地区的强租强占，这包括葡萄牙在澳门，英国在香港、威海，德国在胶州湾，俄国（后为日本）在旅顺口大连湾，法国在广州湾等。

伴随着中国边疆危机的加深，清王朝对边疆地区的政区管理体制进行了一定的改革，这些改革有益于中国统一多民族国家及其疆域的进一步巩固，也是此时期中国边疆发展的大事，这包括：1884 年（光绪十年）设新疆行省，置巡抚驻迪化，同时仍设伊犁将军驻惠远城，辖伊塔道；1886 年（光绪十二年）设台湾行省，置巡抚驻台北；1907 年（光绪三十三年）设奉天、吉林、黑龙江行省，置巡抚分驻奉天府、吉林府、龙江府。

（2）中华民国时期的中国及其边疆（1912—1949 年）

1912 年中华民国成立，但不久孙中山为首的政府即让位给袁世凯为首的政府，1916 年袁世凯死后，各派军阀纷争割据，至 1928 年由国民党领导的南京国民政府完全取代北洋军阀政府。民国初年，中国边疆形势依然十分严峻。在外蒙古地方有沙俄导演的"独立""自治"事件。1914 年，唐努乌梁海地区被沙俄出兵霸占。1913 年至 1914 年，英国策划了旨在统治西藏的西姆拉会议，中国政府代表拒签并声明不承认所谓英藏《西姆拉条约》。在边疆地区内部，其社会经济生活与清末比较并无明显变化。

20 世纪 30 年代以后，民族危机达到了巅峰。1931 年，"九·一八"事件爆发，东北大好河山沦陷于日本。1937 年，抗日战争全面爆发，日本侵略军入侵东北、华北、华东、华南、西南等地区，不但有大片边疆领土沦陷于日本，中原内地亦有许多地区先后为日军占领。1945 年，中国人民抗日战争和世界人民反法西斯战争胜利结束。战后，中国不但收复在大陆的失地，还收回了被日本侵占 50 年的台湾省以及在二次世界大战中被日侵占的南海诸岛。1946 年 1 月，当时的国民政府承认外蒙古独立，唯详确疆界尚待勘定。在战后中国收复失地（包括众多租借地和通商口岸）的高潮中，早在 1921 年即宣告独立并于 1924 年成立蒙古人民共和国的外蒙古地方，此时终获中国中央政府的承认，这是 20 世纪以来中国疆域最大的一次变动。外蒙古独立与中国社会演变过程密切相关，但外来因素的影响是导致外蒙古独立的最重要原因，国际关系大格局的演变与远东（特别是东北亚）地缘政治情况的变化，相当典型地反映在自辛亥革命时期"外蒙古策划独立"至 20 世纪中期外蒙古独立得到中国中央政府承认这一历史发展过程之中。这一事件给国人留下了诸多可以反思之处。

自鸦片战争爆发以来，特别是进入 20 世纪以来，在国家、民族、边疆危机日益加深时，国人有识之士在指出中国"寇深矣"的同时还强调了"病革矣"。"寇深矣"即外患严重，这是一目了然的事实；"病革矣"即内忧严重，中国社会发展遇到了严重的障碍，中国向何处去这是摆在国人面前的最严峻问题，然而回答好这个问题就不那么简单了，中国为此付出了几代人的努力。从改良维新到民主主义革命，20 世纪前半叶中国社会开始发生巨变，资本主义民主革命思想和社会主义、共产主义革命思想相继传入中国，科学救国、教育救国、实业救国等亦有众人尝试。经过近40年的国内社会矛盾运动，1949年10月1日中华人民共和国的成立标志着中国统一多民族国家发展进入了一个新的历史阶段。

### （四）前人的研究和本丛书体例的选择

历史上的中国边疆，一直为中国史学家所关注和研究。《二十四史》四裔传、藩部对中国历史上边疆民族、社会的记述，为中国边疆的研究留下了珍贵和系统的纪录，开创了一个国家疆域变迁记载的世界之最。随着20世纪上半叶民族危机的加剧和现代科学方法的引进，中国边疆和疆域的研究日趋深入。20—40年代先后出版了一批有关中国疆域历史变迁的宏观综论的史作，其中有葛绥成《中国边疆沿革史》（商务印书馆1938年版），夏威《中国疆域拓展史》（文化供应社1941年版），蒋君章《中国边疆史》（1944年），童世业《中国疆域沿革略》（开明书店1946年版），顾颉刚、史念海《中国疆域沿革史》（1938）等。上述著作今天读来尽管存在这样那样的不足、欠缺，甚至错误，但称它们是中国边疆史宏观研究的开先河之作当不为过。中华人民共和国成立后，特别是1980年以来，从民族史、地方史、中外关系史的视角，分论边疆民族、边疆地区的著作可谓林林总总，将中国边疆史研究推向了一个全新的高度。在马大正、刘逊合著《20世纪的中国边疆研究——一门发展中的边缘学科的演进历程》一书的第二编分论中，对百年来几代中国学者的中国边疆历史研究从六个方面作了述评：

1. 对中国边疆研究的理性思考；

2. 历史上的中国疆域研究；

3. 中国古代王朝边疆政策研究；

4. 中国古代王朝民族统治政策研究；

5. 近代中国边患与边界问题研究；

6. 近代中国边疆研究的思潮、群体、学者和著作研究。[①]

但必须认识到，对中国边疆历史进行宏观研究时，除了出版了一大批

---

① 参阅马大正、刘逊《20世纪的中国边疆研究——一门发展中的边缘学科的演进历程》，黑龙江教育出版社1997年版，第152—270页。

民族通史、个案民族史和地区性边疆通史外，综论性的边疆通史目前见到仅有刘宏煊《中国疆域史》（武汉出版社 1995 年版）一种。当然，由中国边疆史地研究中心林荣贵研究员、吕一燃研究员分别主持的《中国古代疆域史》和《中国近代边界变迁史》集合了一批国内专家皓首穷经近十载，至今均已完成初稿，预计近年即可正式出版。

显然，要撰写中国边疆通史性专著，体例上大体可有两种选择：一是以朝代为序，论述各朝各代对边疆的经略和边疆地区历史发展的演进历程；二是以地区为例，分别论述不同边疆地区在统一多民族国家大发展的背景下的演进历程。前人的探索为我们提供了借鉴。我们"中国边疆通史丛书"的结构和体例作了如下选择：

第一，以边疆地区为列"中国边疆通史丛书"分设《东北通史》《北疆通史》《西域通史》《西藏通史》《西南通史》《海疆通史》，同时另设《中国边疆经略史》，共 7 册。

第二，《中国边疆经略史》以研究历史上汉、唐、元、清等大一统王朝对各边疆地区的治理为主，包括不同历史时期、不同边疆地区的边疆政策，边疆开发和治理，边疆行政机构的设置等，还包括对中央王朝与各边疆地区的政治、经济、文化关系及民族关系、藩属关系的发展和演进的研究。

第三，边疆地区各册突出区域性通史的特点，以边疆地区为板块，依照历史发展进程，对各地区的政区建置、辖区设治、军事戍防、民族变迁等方面进行论述，注重边疆历史研究中文化史研究的比重，将历史研究的三个层面，即地域、人类、文明有机地结合起来，全面反映中国边疆这一特殊区域在历史演进中的真实面貌。通过对不同边疆地区发展中各自特点的分析，充分展示统一多民族的中国形成和发展中丰富多彩的边疆历史特色。

总之，"中国边疆通史丛书"力图通过 7 册的布局和论述，既从边疆地区发展的视角，阐述特定地区的历史发展脉络，同时又兼及历代中央王朝对边疆地区的治理与管辖，由点及面揭示统一多民族的中国形成、发展的历史规律和边疆地区成为中国不可分割一部分的历史必然性。

需要说明的是，本丛书是众多学者集体成果，我们尊重学者的学术见解和行文风格。丛书总主编和编委会同人只是在丛书的体例和各卷内容取舍上提出要求，并进行把关。我们努力的目标是："中国边疆通史丛书"既是一部总汇前人研究成果之作，又能在创新上有所建树。果能如此？有待读者评判。

1999 年 4 月 25 日

于中国边疆史地研究中心

## "中国边疆治理丛书"[①] ·总序

### 一　中国和中国边疆

现在的中国，就是中华人民共和国的简称，是一个统一多民族国家。但中国的概念有一个历史的发展过程，由最初的京师[②]，华夏地区，到由汉族和其他民族建立的王朝所统辖的地区称为中国，近代始才专指整个中华民族（包括汉族和其他民族）共有的国家为中国，以区别于其他国家，具有了现代意义国家称谓。总之，中国概念的演变是中国统一多民族国家历史发展的产物。

边疆，是一个含义较广的概念，国内外文献作出的解释是很相近的。一般都解释为"靠近国界的那个地方"。有的说："边疆，边境之地。"[③]有的则说："边疆，靠近国界的领土。"[④] 在外文辞书中，边疆是指一个国家的边远地区。总之，中外文献中，把边疆解释为一个国家比较边远的靠近国境的地区或地带。

边疆是一个地理概念。中国的边疆包括陆疆和海疆。陆疆是指沿国界内侧有一定宽度的地区，必须具备下述条件的地区才可称为陆疆地区，即一要有与邻国相接的国界线，二要具有自然、历史、文化诸多方面的自身特点。据此，当代中国的陆疆省区包括：黑龙江省、吉林省、辽宁省、内蒙古自治区、甘肃省、新疆维吾尔自治区、西藏自治区、广西壮族自治区

① 由马大正总主编的"中国边疆治理丛书"，2015—2016 年由湖南人民出版社出版。
② 《诗经·大雅·民劳》有"惠此中国，以绥四方"。按毛传："中国，京师也。"
③ 《辞源》，商务印书馆修订版（合订本）1989 年版，第 1683 页。
④ 《现代汉语词典》，商务印书馆 1997 年版，第 74 页。

和云南省。严格地说，我们不能把整个内蒙古自治区、广西壮族自治区和黑龙江、吉林、辽宁、云南等省都视为陆疆地区。因为内蒙古自治区虽然从人文方面看是蒙古族普遍居住的地区，从历史方面看也有它发展的整体性和特殊性，但阴山山脉横贯其间，使山南与山北地区在自然条件、历史与人文特点和经济发展水平方面，实际上都存在着较大的差异。因此，将阴山山脉以北地区作为边疆地区并考虑到行政区域的完整性，应把横跨阴山山脉的锡林郭勒盟、乌兰察布盟、巴彦淖尔盟也都作为边疆地区，是较为适合的。广西壮族自治区东北部深入内地的桂林、梧州地区，亦不应作为边疆地区。黑龙江省南部哈尔滨市及其周缘地区，吉林省延边朝鲜族自治州、长白朝鲜自治县和集安市以外地区，辽宁省丹东地区以外地区和云南省沿国境线诸州和地区以外地区，亦不应视之为边疆地区。简言之，凡是有国境线的边境县的总和是当代中国狭义的边疆地区。顺便提及，在当今人们习惯中，也有将宁夏回族自治区、青海省、贵州省等称为"边疆地区"，其实这是不确切的。我们可以称它们为"边远地区"，但不能称为边疆地区，因这些省区均不具备与邻国相接的国界线。

边疆又是一个历史概念，它是随着统一多民族国家的形成和发展而逐渐形成和固定下来的。中国是一个统一的多民族国家，历史悠久，文化灿烂。自秦始皇建立封建中央集权国家以来，出现过多次大一统局面。秦汉王朝开创了全国统一的先河，隋唐王朝疆域的开拓，扩大了中原传统政治、经济和文化与边疆地区的联系，实现了"华戎同轨"，"冠带百蛮，车书万里"。宋、辽、金时期，汉族与边疆各少数民族在新的历史条件下进一步增强了中华意识，各族人民克服了战争造成的种种困难，内地和边疆的开发与交流进一步发展。蒙古族建立的元朝，开创了我国少数民族一统全国的先例，中原和边疆地区的政治、经济、文化乃至民族本身，发生了长达百年富有特色的大融合，改变了统一多民族国家的传统结构和狭隘观念。及至明、清，特别是清朝前期，清王朝在元、明两代基础上实现了新的全国大一统。清初划分18省，即直隶、山西、山东、安徽、江苏、浙江、江西、河南、湖北、湖南、广东、广西、四川、贵州、云南、福建、陕西、甘肃。其中云南、广西以及台湾、海南和南海诸岛虽划入18省，但地处边陲，与邻国接壤，清王朝对这些地区的政策与内地有区别；

除上述地区以外，一般都视为边疆地区。由此可见，清代边疆包括今黑龙江、吉林、辽宁、内蒙古自治区、蒙古人民共和国、新疆、西藏、云南、广西、台湾、海南及南海诸岛，基本上形成了现今的疆域范围。

在历史发展长河中，有战乱、有分裂，但每次战乱和分裂，都为下一时期更大范围的统一和发展准备了条件。因此，在讨论历史上的边疆问题时，应考虑如下两个相互关联的因素：首先是指与中华人民共和国边界相连接的省区；其次是以此为基础，上溯古代，参考历代封建王朝边疆的实际情况予以综合考察。这就是说，当代的中国边疆与历史上的中国边疆有历史的继承性和延续性，但当代中国边疆又不能与古代的边疆简单地画等号，因为中国古代疆域呈现着稳定性与波动性相结合的特点。

海疆的界定，似乎比陆疆的界定要复杂得多。综合现有认识，我以为海疆可以包含两大部分：一是大陆海岸线至领海基线之间的海疆，这是国家的内海，其法律地位与领土完全相同；二是领海基线以外的国家管辖海域，包括领海、专属经济区和大陆架等国家管辖的海域和岛屿，这两大部分，构成了中国的海疆。据上述标准，中国的海疆，从鸭绿江口到曾母暗沙有4000余千米，东西宽700—1600千米，除渤海属中国内海外，还有黄海、东海和南海，按海域划分，可以分为黄海海疆、东海海疆和南海海疆，属中国可管辖海域面积一般的统计数字是340万平方千米。在这个广阔的海疆国土范围内，岛屿的数量非常多，据不完全统计面积大于500平方米的岛屿有6961个，有人居住的有433个，其中最大的岛屿是台湾和海南，面积在500平方米以下的岛屿和岩礁近万个。根据联合国《海洋法公约》规定：每一个领海国家可以在他沿海的岛屿（可以是海水高潮时或是低潮时存在的）作为基点，将每一个岛屿也就是基点联系起来就会形成一条基线，可以以这条基线为界划出12海里（1海里等于1.84千米）的领海、12海里的比邻区，200海里的专属经济区，以及200海里的大陆架。如下概念在这里稍做解释，领海是国家领土的一部分，国家对其行使完全主权管辖。沿海国在毗连区行使的不是主权，而是一种管制。专属经济区是指领海以外，并连接领海的区域，其宽度从领海基线算起不超过200海里。专属经济区不是公海，也不是领海，只是国家管辖国内的特定海域，对该海域的资源享有开发、利用、管护的权利。大陆架是陆地在海水下的自然延伸，大陆架的权利专指自然资源，包括海床和底土的矿藏及生物资源的专属性权利。

还须指出就中国而言，海疆的含义经历了一个从历史到现代逐渐演变的过程，现代海疆的形成实际上是古代海疆的延续和发展，古代海疆与现代海疆概念内涵并不完全相同，它有一个由模糊到逐渐清晰的演变过程，中国海疆的形成是历代王朝的沿海地区长期不断开拓的结果，是一种被赋予了政治、地理、经济、人文、历史特征的多元化边疆。古代海疆是由沿海区域和近岸海岛构成，是传统国家领土不可分割的一部分，但不同的历史时期又有不同地理范畴，因此，从这个意义上看，中国古代的海疆泛指沿海的广大地区，具体到历史时期而言，则是指沿海的州县、府、道、路和郡国等行政建制所管辖的地区。

因此，可以这样认为：

第一，边疆是一个政治概念。在中国历史上，国家政权在这一区域的统治形式往往呈现两种极端局面：一种是高度的中央集权统治，甚至是军事管制；另一种则是高度的地方自治。至于在某地实施哪种方式，则是因地制宜或因时而异。所以，从某种意义上讲，历史上的中国边疆形式上是由国家政权的统治中心区到域外的过渡区域，即由治向不治过渡的特定区域。

第二，边疆有军事方面的含义。边疆地区是国家的国防前沿，即边防地区，因此在军事方面的战略地位自然十分重要，在国家面临外部军事威胁或武装侵略时就更为突出。

第三，边疆有经济方面的含义。由于自然环境和人文、社会条件等方面的原因，边疆地区在经济区域类型和发展水平方面往往与内地有着较大的差别。

第四，边疆也有文化方面的含义。正是因为边疆地区在以上诸方面往往与内地有着不少差异，所以其区域文化类型的形成是边疆地区社会发展长时期、深层次演进的结果，与边疆地区的居民构成（主要是民族或种族情况）有着十分重要的关系，但即使是同一民族在与外部的文化交流中（主要是边疆与内地的交流），其社会文化特点也会发生变化。

显然，中国边疆是一个历史的、相对的概念，只有综合地考虑了政治、军事、经济、文化和地理位置等方面的因素后，才能得出一个相对明确的答案。从历史角度看，许多少数民族自治地方（在不同时代、不同地区民族自治的本质和形式有别，如在古代有羁縻府州、土司地方等）属于边疆地区，但也不能就此得出自治程度高的地区就是边疆地区的结论。

事实上，人们在研究边疆问题时都有自己的着眼点，这其中既有综合性考虑问题的，也有就某个局部问题进行研究的。在进行历史上的边疆研究时，应历史地，多层次、多角度地考察边疆问题，既要有重点地考察对不断发展的统一多民族中国边疆进行的研究，也要兼顾从边疆的某个单一视角或对某些局部问题进行的研究。

面对十分复杂的历史发展过程，我们之所以认为中国边疆可以作为一个独立完整客体供人们进行研究，而且中国边疆可以成为本丛书的研究对象，这首先取决于内涵十分丰富而复杂的中国统一多民族国家及其边疆的发展历程是有着基本线索的。

### （二）中国特色的两大历史遗产

我们的先辈为今人留下了两项举世瞩目、无与伦比的历史遗产：幅员辽阔的统一多民族国家和人口众多、多元一体的中华民族。这是中国不同于世界上任何一个国家的特殊国情。

统一多民族的中国，是经过一个漫长而曲折的发展过程后大致定型的。自先秦时期起，在现代中国领土内开始形成一个核心区域，这个区域大致在黄河中下游至长江中下游一带。在这个中心区域建立政权的既有华夏，也有夷狄；既有汉族，也有少数民族。在国家的发展进程中，边疆地区的发展是其有机组成部分，全国范围的发展状况决定了边疆地区的发展水平，边疆地区的发展状况对全国范围的发展也产生重要影响。

多元一体的中华民族，既是一个民族共同体概念，又是一个国族概念。"多元"指统一多民族国家形成过程中各民族所具有的"个性"和"特质"，即各民族在语言、地域、经济、文化心理等方面所具有的多样性和表现形式上的特殊性；"一体"指各民族在共同发展过程中相互融合、相互同化所形成的民族共同体的共同特征和"一体化"趋势。这种由多元到一体的特点在中华民族形成过程中自始至终都存在着：首先是分布于黄河流域的多个部落互相融合形成华夏族；然后是北狄、东夷、西戎、南蛮等多种族群融入华夏族形成汉族；汉族出现后对周围众多的民族产生强大的吸引力，成为中华民族的凝聚核心，各民族在政治、经济、文化等多方面密切联系，不断融合，形成你中有我、我中有你、谁也离不开谁的一个整体，最终形成中华民族。中华民族有两个值得重视的特点：一是多元中的本土特点。中华民族尽管是由众多民族经过数千年的不断融合而形成，但这些民族无论是历史上已消失的民族，还是现实生活中存在的民族，都是在中国这块辽阔的土地上土生土长的民族，即使有些少数民族的祖先具有外人的血统，也是在中国境内与其他民族的融合中形成的。二是凝聚力强。历史上中华各民族之间虽然有冲突和战争，但交流和融合是主流，各民族在共同生活、共同斗争中形成一个整体，在抵御外侮尤其是近代帝国主义列强侵略和瓜分时，中华民族的凝聚力不断升华并空前释放出来。

两大历史遗产是中国与中华民族生生不息的强大原动力，是物质与精神的有机结合、互补互促。因此，我们应开展对两大历史遗产的宏观与微观相结合的研究，并将研究成果普及于国民教育之中。

### （三）本丛书论之重点和编撰追求的目标

中国是一个有着悠久历史的文明古国，不但拥有辽阔的中原腹地，而且拥有广袤的边疆地区，中国边疆是统一多民族中国十分重要且不可分割的组成部分。多元一体的中华民族就是在这片土地上逐步发展起来。勤劳勇敢的各族人民共同创造了灿烂的中国历史，其中也包括了边疆地区发展的历史。在历史演进中，统一多民族中国和多元一体中华民族是相互依存、相互促进、同步发展的，并成为世界发展史上一道独特的风景线。而促使这种同步发展成为可能、成为现实的一个重要原因，就是极富中国特色的边疆政策的实施。

边疆政策的基本任务是守住一条线（边界线），管好一片地（边疆地区），实际上包含着物与人两个要素。可以说通过边疆政策实现边疆经略和边疆治理是一项针对人和物综合治理的社会系统工程。边疆政策的内容十分丰富，主要者至少有：边疆行政体制、中央和地方的管理机构和运作机制、边境管理、边防（国防）、周边外交、民族政策、宗教政策、文化政策、经济开发、治边思想等。

中国历史上无论哪一朝哪一代，都面临着边疆问题，统治者也都为巩固统治而制定边疆政策，展开边疆经略和治理。边疆政策是实施边疆经略和治理的指导方针与具体措施，而治边思想则是制定边疆政策的重要前提之一。边疆政策的正确与否，边疆经略和边疆治理的成败得失，治边思想能否符合时代潮流，不仅直接影响一个朝代的兴衰存亡，而且对于作为整体的统一多民族中国的形成、发展也产生重大影响。

20 世纪 80 年代以来，随着中国边疆研究不断升温，中国边疆研究实现了两个突破：一是突破了仅仅研究近代边界问题的狭窄范围，开始以中国古代疆域史、中国近代边界沿革史和中国边疆研究史为研究重点，促成了中国边疆史地研究的大发展；二是突破了边疆史地的研究范围，将中国边疆的历史与现状相结合，直面当代中国边疆面临的新状况、新问题，将基础研究与应用研究有机地结合起来。从而将中国边疆学的构筑提上了议事日程。在此研究发展的大背景下，中国边疆政策研究，特别是中国古代边疆政策研究得到了长足的发展，取得了可喜的共识，择要者似可作如下归纳：①

一是，中国古代边疆政策自秦汉时期初具规模，经隋、唐、元、明诸一统王朝的充实、完善，到清朝形成了完整体系。清代边疆政策可谓集中国封建王朝边疆政策之大成，是中国特殊国情的特定产物，具有历史的继承性、地域的广阔性、内涵的多样性、影响的深远性四个特点。

二是，历史上的边疆政策具有鲜明的阶级属性，它的直接目的是为一朝一代的政治利益服务，但从统一多民族国家发展大趋势的背景观之，其历史的积极作用不言而喻。简言之，其一促进了多民族国家的巩固与统一，其二协调了民族关系，推动了多元一体中华民族的演进；其三有序展开了边疆地区的经济开发，推动了边疆内地政治经济一体化。

三是，研究中国的边疆政策，应重视治边思想的研究，要充分认识到中国古代"大一统"思想在中国古代边疆形成过程中的影响和作用。鸦片

---

① 可参阅马大正主编《中国边疆经略史》（中州古籍出版 2000 年版），以及如下拙文《中国古代边疆政策和当代边界问题研究刍议》（《思想战线》1991 年第 3 期）、《中国历代边疆政策研究》（载《部级领导干部历史文化讲座》，北京图书馆出版社 2003 年版）、《中国古代边疆政策与边疆治理》（载《从文明起源到现代化——中国历史二十五讲》，人民出版社 2002 年版）、《中国古代的边疆与边疆政策》（《光明日报》2001 年 2 月 13 日）、《论中国古代的边疆政策》（《光明日报》2003 年 7 月 29 日）等。

战争以前，古代中国曾四次出现大一统局面，其中有两次是由汉族统治者完成的，而另外两次则是边疆少数民族人主中原后完成的。汉唐两代致力于完成统一大业，把中国各地区各民族孕育的大一统要求变成现实。蒙古族建立的元朝，统一规模比汉唐更大，疆域也更加辽阔，元朝所创建的多民族国家的大一统，对中国历史的发展影响是十分深远的。满族建立的清王朝，对统一多民族国家做出的历史贡献尤为重要。历史上任何时期对疆域版图的有效控制，都比不上清朝。清政府对边疆经略首先实现了国家大一统，进而对边疆地区实行全面治理和地区性开发。

四是，清代的边疆政策未能正确应对由内边防务到外边防务为主的根本性转变。古代中国疆域之边有"内边""外边"之分。统一时期的边疆经略和治理，通常是指中央政权对控制薄弱的边疆地区所采取的防范和治理措施。割据时期的边疆治理，通常是指在政权与政权之间的对峙地区和对边疆地区所采取的防范措施。古代中国历史疆域内的大小政权的"边"，可称为"内边"。明代以前的治边主要是指边疆内部的纷争和割据，明代以后，情况发生了变化。明代的倭患持续了近 200 年，随着西方殖民主义崛起，1840 年的鸦片战争，西方殖民势力用大炮打开了中国的大门，使我国沿海地区和新疆、西藏、云南、广西等一些边疆省区的外患日益突出，出现了边疆全面危机的严重局面。殖民主义者的入侵，可称为"外边"之患。应该说，自明代以降，在中国内边防务问题依然严重存在的同时，现代意义上的边防，即外边防务问题开始提上议事日程。可清朝统治者面对边疆防务这种变化的形势，仍沉迷于治理"内边"的传统边疆政策而不思防备外患，致使前期边疆政策的辉煌很快成为明日黄花。清后期边疆政策的全面破产，是清朝丧权辱国、割地赔款的一个重要因素。认真研究清代边疆政策的成败得失，对于维护国家统一、边疆安定都具有重要的现实意义。

进入 21 世纪，边疆经略和边疆治理研究呈现两个值得重视的新动向：

一是，将边疆经略和边疆治理置于中国边疆学构筑的大背景之下进行探讨，虽不是专论但视野宽、起点高的特点显而易见，吴楚克《中国边疆政治学》（中央民族大学出版社 2005 年版），罗崇敏《中国边政学新论》（人民出版社 2006 年版），梁双陆《边疆经济学——国际区域经济一体化与中国边疆经济发展》（人民出版社 2009 年版），于沛等《全球化境遇中的西方边疆理论研究》（中国社会科学出版社 2008 年版）等专著尽管侧重点各有特色，但都涉及了相关中国特色的边疆经略和边疆治理；

二是，古今贯通，中国边疆政策研究不能仅止于 1911 年清朝崩溃，或 1949 年中华人民共和国成立。陈霖《中国边疆治理研究》（云南人民出版社 2011 年版），周平等《中国边疆治理研究》（经济科学出版社 2011 年版），郑汕《中国边疆学概论》（云南人民出版社 2012 年版），是三本值得重视的学术专著，其共同的特点是依托历史、面向当代，将当代中国的边疆治理置于研究的首要地位予以考察，并引入政治学、社会学、民族学、人类学等诸多学科的理论和方法于研究之中，唯此才能将研究推向新的广度与深度，实是中国边疆政策研究的一大飞跃。

鉴于中国边疆政策研究是一个研究难度大，且具有敏感性的研究课题，从推动研究的视角言，有两点需要重视。

一是，要理顺研究与决策的关系。研究与决策有着密切关系，但不应将两者等同。研究的结论虽是进行正确决策的重要因素，但不是唯一因素。研究的最高原则是科学的求实，而决策的基本出发点是维护国家的根本利益。在研究与决策中，决策者是矛盾的主要方面，在正确处理两者关系时，决策者需要有更多的政治家气度与远识，应该为研究者进行实事求是研究提供更有利的条件和保证。当然，研究者也应发扬中国边疆研究的爱国主义和求实精神的优良传统，为政治家、军事家的正确决策提供扎实、可靠的研究成果。

二是，"两个分开"①。中国疆域历史和现实中存在诸多难点和热点问题，对此，边疆理论研究必然要予以正视，并探索解决之途。这些难点与热点问题的出现，原因是多方面的，归纳起来主要有：其一是研究层面原因。由于历史情况复杂，史籍记载多有歧义，引起研究者们探求的兴趣，此类难点、热点问题，可以通过深化研究进而逐步解决。其二是政治层面原因。这一层面原因又可分为正常的和不正常的两类。所谓正常的，是指不同国家出于国家利益的考虑，要建立本国的历史体系，强调自己国家历

---

① "两个分开"是指在研究中应坚持学术与政治分开、历史与现实分开的原则。

史的悠远、维护独立传统之辉煌。对此，即便有悖历史的真实，可以求同存异，以宽容之态度待之；所谓不正常的，是指个别国家或个别团体、个人出于狭隘民族国家利益考虑，不惜故意歪曲历史事实，并将历史问题现实化、学术问题政治化，通过被歪曲的历史事实，煽动民族主义狂热，制造事端。对此，我们则应讲明历史真相，有利、有理、有节，据理力争，绝不姑息迁就。上述原因是相互交织、又是互相影响的，情况十分复杂。对此，我们应本着国家利益高于一切的原则，保持政治警觉，潜心深化研究，对一些有争议的问题，在坚持学术问题与政治分开、历史问题与现实分开的前提下，倡导和而不同，增信释疑，求同存异，在学术的轨道上心平气和地展开讨论。

以上愚意种种，愿与同行诸君、众位读者共享！

本丛书以"中国边疆治理"为主题，分设《中国边疆治理·东北篇》《中国边疆治理·北方篇》《中国边疆治理·新疆篇》《中国边疆治理·西藏篇》《中国边疆治理·西南篇》《中国边疆治理·海疆篇》，同时另设《中国边疆治理通论》，共七册。

本丛书既定的目标是：

一是，本着古今贯通原则，将中国边疆治理在各个历史时期的演进历程做一次史的概述，给读者提供一个认识历史全貌的可能；

二是，对古代中国边疆治理中一些重大问题尽可能论其值得以史为鉴的启示，不管是正面还是负面的；对当代中国边疆治理，本着述论结合的原则，叙其来龙去脉，论其是非曲直，解其应对之策。

为此，我们努力实践，能否如愿，尚待读者评判。

2013 年 3 月 20 日

于北京

# 刘宏煊《中国疆域史》<sup>①</sup> · 序二

近日接读刘宏煊教授来函，知悉他的大著《中国疆域史》付梓在，

---

① 本书 1995 年由武汉出版社出版。

即，嘱为书作序。作序，自愧不才。但想到近些年中国疆域史研究的良好形势，想到同人们对中国边疆史地研究中心工作的关心与厚望，借此谈点个人感想也在情理之中。基于此，我不揣浅陋，贸然提笔。

中国是一个历史悠久、文化灿烂的统一多民族国家。自秦始皇统一六国，建立中央封建集权国家以来，悠悠 2000 余载，在中国辽阔大地上曾出现过多次大的一统局面。秦汉王朝开创了全国统一的先河；隋唐王朝疆域的开拓，加强了中原传统政治经济和文化与边疆地区的联系，实现了"华戎同轨""冠带百蛮，车书万里"；宋、辽、金之际，汉族与边疆各少数民族在新的历史条件下进一步增强了中华意识，各族人民克服了战乱造成的种种困难，中原地区与边疆地区的开发与交流也进一步发展。蒙古族建立的元王朝开创了我国少数民族创建一统全国的大帝国先例，使中原与边疆地区的政治、经济、文化乃至民族发生了长达百年的富有特色的大融合。及至明、清，特别在清代前期，在元、明两代开疆拓土的基础上实现了新的全国一统，基本上形成了现今的疆域范围。在中国统一多民族国家历史发展进程中，有战乱、有分裂，但每次战乱与分裂，都为下一时期更大范围的统一和发展准备了条件。中国疆域史研究的主要任务：（1）研究中国疆域形成、发展、奠定、变迁的历程；（2）寻求中国作为统一多民族国家形成和发展的规律。

中国边疆史地研究中心将中国疆域史研究列为重点已近十载。为此我们吁请学者为之关注、并实践于研究之中，得到了同人们热情反响和不同形式、不同程度的支持。据我陋闻，以中国疆域史为题的个人和研究群体已有数个，他们都在为写作中国疆域史或中国边界变迁史艰苦探索、辛勤笔耕。除本书作者外，还有中国边疆史地研究中心林荣贵教授和吕一燃教授分别主持的《中国古代疆域史》和《中国近代边界变迁史》；陕西师范大学史念海教授主持的《中国历史地理》等。断代或地区的中国疆域史著述还不在此列。

刘宏煊教授笔耕六载，向读者奉献《中国疆域史》，成为新中国成立后首部中国疆域史专著，开创之功，当在中国疆域的研究史上留下不容忽视的印记。我深为著者对中国疆域形成、发展的独特规律的理论所吸引。相信本书将以其理论起点高，分析视野宽，以及融丰富学术内涵于可读体裁之中，必将得到学术界，乃至整个社会的关注。读者将随着著者的思绪和笔触，一同"来领略一下中华民族开疆拓土的伟大风采"（绪论语），从而激发人们热爱祖国的爱国主义精神。

本书的写作与出版，不是研究的总结，而是研究深入的开始。中国疆域史研究丰富的内涵，为研究者提供了众多研究层面；其重要方面我以为至少有：

1. 中国古代疆域概念的形成与发展；

2. 中国近代边疆和边界的理论认识；

3. 中国疆域发展规律的理论探讨，包括中国历史上独特的统一与割据现象的理论分析；

4. 中国疆域发展的历程、阶段和特点；

5. 中国历代疆域的行政建制；

6. 中国历代王朝的治边政策；

7. 中国历代王朝的边防政策；

8. 中国历代王朝对陆疆和海疆的经营和开发；

9. 历史上边疆民族和边疆王朝的治边业绩；

10. 帝国主义侵华与中国近代疆域的变迁；

11. 世界历史上文明古国疆域变迁的比较研究；

12. 中国疆域史研究的历史与现状。

总之，这是一个可使研究者大有可为的广阔研究领域。我热切希望有更多的学者积极投入，中国疆域史研究的深入，必将大大推动中国边疆史地研究、并扩及中国边疆研究的发展与繁荣。本书的出版，对于中国疆域史的研究无疑是一种促进、一个推动。我衷心期待有更多更好的这方面著作问世。

1995 年 4 月 15 日

# 赵云田《中国边疆民族管理机构沿革史》[①] ·序言

赵云田同志长期致力于边疆、民族史研究，关心中国边疆史地研究中

---

① 本书 1993 年由中国社会科学出版社出版，序言合作者吕一燃。

心工作的进展，是我们多年相知的同行和朋友。1988 年 1 月，云田同志给我们一份《中国边疆民族管理机构沿革史》编写提纲征求意见。我们认为这个选题很好，很有意义，予以鼓励。其后选题获得国家社会科学基金资助，写作顺利进行。1993 年 1 月初稿完成后，我们组织有关人员作了审读并提出了修改意见。现在这部书稿付梓在即，由于我们同本书作者有着上述的因缘，所以欣然应命为之作序。

云田同志十五年前在中国人民大学清史研究所读研究生时，即师从戴逸、马汝珩教授从事理藩院研究，开始步入中国边疆史地研究领域。此后，他所进行的一系列研究，都涉及中国边疆民族问题，都属于中国边疆史地研究范围。十几年来，他除发表大量有关中国边疆、民族的学术论文外，还出版了《清代蒙古政教制度》和《清代治理边陲的枢纽——理藩院》两部专著，在国内外学术界获得好评，成绩突出。《中国边疆民族管理机构沿革史》一书，是他奉献给我国学术界的又一个新成果。

首先，这部书论述了中国历代边疆民族管理机构的设置及其演变，从一个侧面反映了各个不同朝代的治乱兴衰，研究历代边疆管理体制的异同及其继承和革新，探讨和比较不同统治体制的成功和失败，总结其历史经验教训，这不仅具有重大的学术价值，同时也具有重要的现实意义。

众所周知，我国从秦朝开始就是统一多民统国家，少数民族多居住在边疆地区。在历史上，无论是统一政权建立时期，还是多种政权并立时期，一般说来，政权内部都设有边疆民族管理机构，用以加强中原内地和边疆地区的联系，巩固对边疆地区的统治，维护国家的统一。近十多年来，我国学术界对历代边疆管理机构的研究，无论是对中央管理边疆机构，还是对边疆地区军事行政管理机构的研究，都取得了明显的进展，特别是对已往研究比较薄弱的喀喇汗王朝、西辽、察合台汗国、渤海国、南诏国等边疆民族政权政制的研究、更取得了令人瞩目的成绩。不过，这些研究仅是从断代史和地方史的角度，对某一朝代或某一地区的边疆民族管理机构进行个别探讨，缺乏系统性，也没有和我国多民族国家发展进程联系起来，因而影响了对我国多民族统一国家发展过程中某些规律性问题的揭示。云田同志经过多年钻研、把"边疆民族管理机构"和中华民族的发展，和我国多民族统一国家不断发展和巩固的历史进程联系起来考察，并从我国历史上的民族关系以及政治制度的发展变化等方面，系统地考述了我国历史上统一时期的中央政权所属的中央和地方边疆民族管理机构沿革变化的情况，同时考述了魏晋南北朝、五代十国、宋辽西夏金等特殊历史时期的边疆民族管理机构情况，以及不同历史时期边疆民族管理机构表现出的不同作用，因而使本书有较高的学术价值，也有供今人借鉴的现实意义。

其次，资料丰富，内容充实，论证比较充分。作为科学研究、只有依靠大量的、经过审慎考证的可靠资料，才能使所论述的问题有说服力。《中国边疆民族管理机构沿革史》一书，所论述的问题起自商周、秦汉，终止于晚清、民国，时间绵长，问题繁多，有关资料可说是汗牛充栋。本书所利用的既有考古资料，又有文献记载；既有官修史书，又有私人撰述；既有文集，又有笔记；既有类书，又有方志。以晚清和民国时期的内容为例，本书所使用的资料就有档案、实录、官书、奏稿、方志、文集、法规汇编和外人著述。尤其是抄本《理藩部第一次统计表》，系作者挖掘首次使用，并做了辨误工作。此外，作者还充分参考了今人的研究成果，及时了解有关问题研究的新情况。这样，就使本书所论述的问题，更加接近于历史的真实，在前人研究的基础上，取得了新的进展。也使读者了解有关问题研究的过去和现状。由此可见本书作者在利用资料方面是确实下了功夫的。

再次，本书不仅在总体上构置了中国边疆民族管理机构的框架，提出了一个有意义的研究课题，并且进行了系统的考述。而且在许多具体问题的探索中，也多有创见。以本书近代部分的内容为例，史学界多依据1858年6月清政府与俄国签订的《天津条约》中的有关条款，认为此后清朝理藩院不再处理对俄国交涉等事。本书经过研究则认为，当俄国政府对清外交事务实际上已不再通过理藩院办理的时候，清政府处理对俄事务却仍由理藩院来具体办理，只是到了1861年1月"总理衙门"成立，理藩院负责处理清政府对俄事务的职掌才全部丧失。关于中华民国时期的蒙藏事务局、蒙藏院和蒙藏委员会，史学界还少有专文论述。本书附录一，对它进行了初步的探讨，所得出的结论，对人们亦多有启示。

最后，本书以马克思主义的国家学说和民族理论为指南，在具体的研究方法上，则是系列性课题研究不断深入的结果。早在 1988 年，赵云田同志就发表了《加强边疆管理机构研究》① 的短文，指出加强我国边疆管理机构研究，有助于深入了解我国历代政治制度和边疆统治政策，有助于深入理解各民族共同创造祖国的历史。后来，他又发表了《我国古代边疆管理机构概述》② 长篇论文，提出了我国古代边疆管理机构的变化可划分四个历史时期的观点，并对每一时期的具体情况进行了考述。《中国边疆民族管理机构沿革史》一书，正是这些研究继续深入的产物。事实证明，进行系列性课题研究是造就专家的有效途径之一。

中国历代边疆民族管理机构内容异常丰富，承应研究的问题很多，对某些问题的看法见仁见智，云田同志的这本书，只是系统研究这一课题的良好开端，不是研究的终结。我们期望云田同志和其他边疆史地学研究者，继续深入探索在不久的将来，有更多的佳作问世。

1993 年 7 月于北京

## 《边臣与疆吏》③ ·序言

在中国历史演进中，统一多民族国家和多元一体的中华民族是相互依存、相互促进、同步发展的。而促使这种同步发展成为可能和现实的一个重要因素，就是极富中国历史发展规律的边疆政策的制定与实施。边疆政策的基本任务是守住一条线（边界线），管好一片地（边疆地区），实际上包含了物与人两个方面。可以说，边疆政策是一项针对边疆地区人和物综合治理的系统工程。

在中国历史上，无论哪一朝哪一代，边疆问题始终是安邦治国的一个重要方面，统治者都为巩固统治而制定边疆政策，展开边疆经略，实施边疆治理。边疆经略和治理是历代王朝对边疆地区进行开拓与经营的历史过程，边疆政策是实施边疆经略和治理的指导方针与具体措施，而治边思想则是制定边疆政策的重要前提之一。边疆政策的正确与否，边疆经略的成

---

① 赵云田：《加强边疆管理机构研究》，《清史研究通讯》1988 年第 3 期。
② 载马大正主编《中国古代边疆政策研究》，中国社会科学出版社 1990 年版。
③ 本书 2007 年由中华书局出版。

败得失，治边思想是否符合时代潮流，不仅直接影响一个朝代的兴衰存亡，而且对于统一多民族国家——中国的形成、发展产生了重大影响。

中国历代边疆史研究具有丰富的内涵、众多的研究课题，其重要者至少包括：

1. 历朝历代陆疆与海疆政策的综合研究，以及各个历史时期不同政权的边疆政策研究；

2. 边疆史中一些带有共性问题的专题研究，诸如边疆行政建制、边疆经济开发、边疆民族的文化与宗教等；

3. 边疆史的重要组成部分，如历代民族政策、宗教政策、边防政策，以及与边界交涉有关的外交政策等方面；

4. 传统的治边思想研究；

5. 不同时期、不同类型、不同国别边疆政策的比较研究；

6. 涉及边疆史的政治、军事、民族、经济、文化诸领域的研究；

7. 与边疆政策有关的人、事、地的研究与考证；

8. 近代边疆危机与边疆政策发展演变的轨迹以及相关诸多问题的研究。

中国边疆史研究是一个复杂的系统工程，它贯穿中国历史的各个朝代，涉及国家政治、经济、军事、外交等所有方面，由于历史发展的曲折和多样性，每个朝代的边疆史研究都有相对独立的特征，都是一个值得深入研究的重要课题，更何况许多问题又具有其自身的发展的内在规律，共性与时代性并存，相互之间一脉相承，又有区别，与现实联系密切，头绪众多，研究难度大，所以这是一个可供研究者群策群力，投入毕生精力，进行全面研究，并且可以大有作为的广阔领域。

边疆史研究是中国历史研究的有机组成部分，其疆域的变迁沿革，可以从一个侧面反映国家综合实力的强弱与盛衰，在历史上尤其如此，当国家势力雄厚、治理稳固时，边疆统治就相对和平和稳定，经济就能获得发展，其中主政边疆地区的边臣疆吏则发挥着不可替代的重要作用，他们是国家边疆政策的主要执行者，其个人的素质和处理复杂问题的综合能力，直接影响着朝廷有关政策的制定和边疆治理的好坏，因此，对中国历代边臣疆吏的研究，理所当然地是研究中国历代边疆政策的重要内容并为学人所关注。有志于边疆史研究者，均可以从上述八个方面找到边臣疆吏研究的切入点，找到自己展示才华的主攻研究方向，取得丰硕的边疆史研究成果。

2006 年 10 月在中国台北召开的"中国历代边臣疆吏"研讨会，主题突出，准备充分，与会者都是边疆史研究的精英，济济一堂，不乏高见宏论，这是一次以边臣疆吏为主题的深化中国古代边疆史研究的成功的学术盛会。会议组织者从宏观与微观的角度提出了研究思路，更为研究者从事此项科研攻关，取得一流的研究成果，提出了新的更高的要求。诸如：

1. 边臣疆吏在国家官员整体中的地位；

2. 边臣疆域在历代中央政府实施边疆政策中的作用，以及中央与地方在治理边疆上的互动影响；

3. 历代边臣疆吏对中国疆域形成的重要性；

4. 边臣疆吏与边疆地区在历史发展进程中的互动关系；

5. 边臣疆吏在边疆地区的民事、军事和外交方面的作用；

6. 历朝各代边臣疆吏的个案研究，以及历朝各代边臣疆吏的比较研究。

很显然，上述研究课题和诸多领域，不仅对从事中国古代历史的研究具有指导作用，而且对于深化历代边臣疆吏研究更富有启迪意义。由此可见，中国古代边臣疆吏研究是一项有意义的研究领域，值得海内外的研究者加强交流与合作，共同上下求索，大有作为，为构建中国边疆史研究的科学体系打下牢固的基础。

中国边疆史的研究虽然取得了一些可喜成绩，但许多问题，还有待研究者作深入细致的探讨和开拓创新，还有许多未研究的领域，需要海内外的专家学者付出艰辛的努力和汗水。单就中国历代边臣疆吏而言，我个人认为："边吏是否善政关系到边政是否得当。边疆地区远离统治权力中心，且情况复杂，边吏的素质要求更应优于内地。应变过激会使事态人为扩大，而过缓消极，本想息事宁人，往往适得其反。用一句大家熟悉的话：路线确定后，干部是决定一切的。边疆大吏肩负的重任跟一般内地的不一样，跟京官也不完全一样。他如果是个庸才或者是个歪才，那就更糟糕了，要出大事，边疆的事情有的时候是牵一发而动全身，而且瞬息万变。从中央来说，对边疆大吏应该授以便宜之权，让他有一定的机动权，该决断时要给他以决断权。清朝历史上这样的例子就很多。总而言之，治理边疆是靠人去治理。群众是真正的英雄，那没错，但是我还有一句话，关键在领导，在我们的父母官，在我们的边疆大吏。边疆大吏里边应该有一批经过考验的民族的高层领导干部，再加上中央的权威，中央的正确政策、方针，那么我们边疆的稳定局面，应该说是有保证的。"①

法国远东学院的柯兰女士嘱我为"历代边臣疆吏研讨会"论文集的结集出版写几句，言之切切，实在难以婉拒。想到自己未能与会已是很不恭敬，此嘱再推，真有一点难辞其咎了，于是将不成熟的个人感言草成短文，以应命。是为序！

2007 年 7 月 14 日

北京中国边疆史地研究中心

# "中国民族史入门丛书"② · 前言

我们伟大的祖国自古以来就是一个多民族的国家。现在全国有五十六个兄弟民族，各民族人民共同创造了祖国的历史与文化。各民族在共同创造祖国历史、文化的活动中所实现的自身发展的历史，以及与其他民族所结成的各种关系的历史，总称为中国民族史。中国民族史包括古今各民族的族别史，地区民族史，各民族的政治、军事、经济、文化史，以及民族关系史等方面。

中国民族史是中国通史的重要组成部分，过去附属于通史，作过一些有价值的研究，并且积累了丰富的资料。中华人民共和国成立后，中国民族史的研究备受重视，各个方面的系统研究次第开展，三十余年来取得了丰硕的成果。现在呈现在读者面前的"中国民族史入门丛书"，就是对中国民族史各个研究方面已有成果进行审视和回顾的小结。

"中国民族史入门丛书"编写是为一切对中国民族史有兴趣，有志于中国民族史研究的同志提供一点帮助，使他们在学习中国民族史的基础上得以提高，并进而转入专题研究。就性质言，这套丛书是中国民族史研究的入门书。

---

① 刘梦溪等：《中国高端讲座》第一辑，海南出版社 2006 年版，第 149 页。
② 本丛书 1987 年至 1989 年由青海人民出版社出版。

"中国民族史入门丛书"在体例上按族别史和地区民族史分册编写，每册包括三大部分内容，即历史概说、史料简介、研究综述，分别阐述各民族或地区民族历史发展的线索、特点，进行专题研究必须掌握的基本史料，以及各该领域研究发展中的成果与问题。

著名史学家翁独健教授生前十分关心这套丛书的编撰工作，从选题构想到内容安排，他作了悉心而具体的指导。国内许多民族史学者也都给以支持，并在百忙中承担丛书的撰写。可以说，这部丛书实际上荟萃了当今中国民族史学者的治学经验和研究成果。

"中国民族史入门丛书"的出版，得到了青海人民出版社热情的帮助与合作。在此，我们谨表示衷心感谢！

"在科学上面是没有平坦的大路可走的，只有那在崎岖小路的攀登上不畏劳苦的人，有希望到达光辉的顶点。"马克思写在《资本论》法文译本序和跋上的这句名言，今天仍激励着一切学术上的探索者。愿以此与我们的读者共勉，并衷心希望一切有志于中国民族史研究的同志们，特别是各民族的青年同志，都成为勇敢的攀登者！

中国社会科学院民族研究所

民族历史研究室

1986 年 12 月

# 崔明德《中国古代和亲史》①·序一

中国历史上的和亲源远流长，既在中国民族关系史上占有十分突出的地位，也是中国古代边疆政策中的一项重要内容。崔明德教授早在大学读书期间就曾在《历史教学》上发表过关于唐代和亲问题的研究论文，以后时有这方面的论著问世。他在 1988 年第 2 期《民族研究动态》上发表的长篇论文《汉唐和亲概论》中，提出了一些新的理论观点，给人以耳目一新之感，我在主编《中国古代边疆政策研究》（中国社会科学出版社 1990年版）一书时曾重点介绍过他的这篇论文，认为"这是一篇值得一读的研

---

① 本书 2005 年由人民出版社出版。

究论文"。此后,我一直关注着他的研究成果。

2003年10月,兰州大学西北少数民族研究中心将崔明德教授的博士学位论文《中国古代和亲通史》邮寄给我,请我评审。作为该文的同行专家通讯评议人,我在去年就通读过全文,并为之撰写了评语,还"希望作者在通过答辩后,抓紧修改,力争早日出版"。崔明德教授顺利通过论文答辩后,又用了一年多的时间,进一步修改和充实了他的博士论文。从整体来看,该书具有非常鲜明的特色,择其要者,有如下三点:

一是论述全面,立论公允,自成体系,填补了民族关系史研究中的空白。作者对中国民族关系史尤其是和亲史研究有年,成果丰硕,为独自打通中国古代和亲史奠定了坚实基础。该书在全面搜寻、考释各种资料以及总结个人研究心得之基础上,又吸收了今人的研究成果,对中国古代和亲既有史的评述,也有专题的深入分析,既有整体的宏观论述,又有具体的微观阐释;全书论述全面,立论公允,言之有据,自成体系,是迄今为止国内外全面贯通中国古代和亲历史的第一部研究专著,显示了作者的史学功力和综合分析能力。

二是拓宽研究领域,加强对薄弱环节的探讨,富有创新精神。在此之前,国内外学术界的研究成果主要集中在中原王朝与边疆少数民族政权之间的和亲。本书既全面论述了中原王朝与少数民族政权之间的和亲,又比较详细地考察了不同少数民族政权之间的和亲史实,同时也重视对具有和亲性质的跨境联姻的探讨。尤其值得称道的是,作者在考察和亲自身的发展规律的同时,又按专题深入探讨了和亲与丝绸之路的拓展、和亲与边疆少数民族文明的提升以及和亲文化等重要问题,体现了作者开阔的学术视野和宽广的知识范围。此外,作者比较注重对薄弱环节的研究。如先秦时期政治婚姻对后世和亲的影响、东汉与匈奴的和亲密约、班固的和亲理念、魏晋南北朝时期的和亲、辽夏时期的和亲以及蒙元与高昌、西夏、金的和亲,一直是学术界研究的薄弱环节,不仅资料相当匮乏,而且疑难问题较多,这方面的研究成果也不多见。作者知难而进,广征博引,系统梳理,精心辨析,全面挖掘,终于勾勒出中国古代和亲历史的整体轮廓。尤对魏晋南北朝、辽夏时期有关和亲的史料进行认真收集和系统梳理,并对一些存有争议或疑难问题予以辨析,澄清了许多史实,为深化这两个时期的和亲研究奠定了基础。

三是该书对和亲作用的"两点论"分析尤应予以重视与肯定。针对相当长一段时间以来，学术界在这一研究领域存在非历史主义和无限拔高的倾向，作者指出和亲的局限性是十分必要的。

总之，《中国古代和亲通史》是一部具有重要学术价值和现实意义的力作，故乐为之撰写此序，并希望学术界能有更多的专家学者从事中国边疆史地及中国民族关系史的研究，能有更多的佳作问世。

2004 年 12 月 20 日

于中国边疆史地研究中心

# 袁森坡《康雍乾经营与开发北疆》[①] · 序言

1989 年 2 月 6 日（春节正月初一），袁森坡同志由石家庄赶赴北京，送来了长达 40 万字的书稿《康雍乾经营与开发北疆》，交给中国社会科学院中国边疆史地研究中心，恳切请求提出修改意见。研究中心的同志们读后，认为是一部材料充实、观点鲜明、锐意创新的有价值的学术著作，符合研究中心主编的"中国边疆史地研究丛书"出版要求，乃将书稿推荐给中国社会科学出版社，经过编辑同志辛勤劳动，书稿付梓在即，欣喜之余，愿为之序。中国是历史悠久的多民族国家。自秦始皇建立中央封建集权国家以来，尽管兵燹不断，战祸频仍，但国家的统一和民族的融合却是历史发展的大潮和主流，在长达两千年的悠长岁月里，在中华大地上曾先后出现过四次大一统的局面：秦汉开创了全国统一的先河；盛唐时期疆域的开拓，扩大了中原腹地传统政治、经济、文化与边疆地区的联系，出现了"华戎同轨""冠带百蛮、车书万里"蔚为壮观的局面；宋、辽、金各代，汉民族与边疆各少数民族在新的历史条件下进一步增强了中华意识，共同克服了战乱造成的种种困难，发展了内地和边疆的开发与交流；蒙古族开创的元朝，成为我国少数民族一统全国的端绪，因而使内地和边疆地区的政治、经济、文化互相渗透，互相包容，而各民族之间亦出现了极富

---

[①] 本书 1991 年由中国社会科学出版社出版，序言合作者吕一燃。

特色的大融合，并且一改统一多民族国家的传统结构和封闭的边疆观念；清代前期，清政府在元、明两代的基础上实现了新的全国统一。自秦汉以降，历代统治者都根据当时特定历史条件，采取了相应的边疆政策和措施，经唐、元、明、清诸强大王朝的不断修正、补充、完善，渐成体系，其完整和丰富为他国历史上所罕见。尤应指出，清代与当代中国历史衔接最近，清朝边疆政策的成败得失，不仅与清朝的存亡兴衰休戚相关，而且对当代中国统一多民族国家的巩固和发展，有着极为密切的联系。因此，批判地总结和继承这份珍贵历史遗产，对维护国家领土和主权，加强爱国主义教育和历史唯物主义教育，认识中国国情，增强各民族团结，抵制民族虚无主义倾向，都具有重要的现实意义。

回溯我国边疆史地研究发展的历程，可以十分清晰地看到：这门学科的开展是与爱国主义的历史传统紧密相连的。有关我国边疆史地的载籍虽然汗牛充栋，学者代不乏人，成就各有千秋，但作为一门科学，只是在鸦片战争之后才得以形成、并出现了两次研究高潮。第一次是1840年以后，资本主义列强用鸦片和大炮敲开了清帝国封闭的大门，一系列赔款、割地、丧权、辱国的不平等条约的签订，东南海疆的频频告警；东北、漠北、西北、西南陆疆的危机日益深重，使一批具有爱国主义思想的学者深感国势衰微，忧患丛生，为了抵御外侮，巩固边防，他们殚精竭虑，潜心于边疆史地研究，写出了许多振聋发聩的著作。第二次是在20世纪20—40年代，一批接受了资产阶级史学研究理论和方法的中国学者，他们痛心于敌寇侵凌、国土沦丧，组成了一些有影响的学术团体，希冀通过边疆史地的研究，激发人民的爱国热忱，取得了令人瞩目的成果。在民族存亡之秋，他们是驰骋于史坛的骁将，以学术报效祖国的尖兵。现在，我们正面临的第三个研究发展时期，可以说是经过中华人民共和国成立40年来中国近代史、中外关系史、民族史、地方史诸学科的发展准备而出现的。气候与土壤条件与以往绝然不同，边疆史地研究沐浴着时代的春风雨露，可以断言、人才辈出、硕果纷呈的欣欣向荣局面，必将指日可待。在推动中国边疆史地研究进程中，我们本着"协调、服务"的初衷，将尽可能地为全国学人和广大读者贡献绵薄之力。

中国边疆史地研究的领域广阔，内容丰富，它不仅与历史学科中的中国通史、各朝断代史密切关联，同时也是民族史、地方史、中外关系史的有机组成部分。它既要研究历代边疆地区的政治、经济、文化，同时也要研究当地的地理、民族、宗教、习俗，以及对外关系诸多方面。中国边疆史地研究也离不开考古学、社会学、民族学、地理学、语言学等学科的配合。从这一意义上说来、中国边疆史地研究，实际上是一门众多相关学科交叉的边缘学科。袁森坡同志的书稿，探讨清代康雍乾三朝对北疆（东北、大漠南北、西北，以及与之密不可分的青海、西藏）的统一进程、管理政策、经济措施，及其深远影响和历史局限。毫无疑问，这些内容属于清史范畴，但由于反映的地域都在边疆，涉及了清代治理边疆的方方面面，所以，也是边疆史地研究的一个组成部分，将其列入"中国边疆史地研究丛书"出版，无疑是适宜的。

综观全书，作者写作时有几个鲜明优点，值得一提。

其一，是资料的丰富和翔实。全书的时间跨度为康、雍、乾三朝长达一个多世纪；空间囊括了北疆和青藏；民族涉及满、汉、维吾尔、藏、哈萨克、柯尔克孜、达斡尔、鄂温克、鄂伦春、锡伯、裕固等，其中的蒙古族又分厄鲁特四部、喀尔喀三部，内蒙古六盟四十九旗及内属蒙古察哈尔八旗，归化城土默特两旗，各种关系错综复杂，各种文字载述也不尽相同，甚至互相抵牾。作者为了科学地总结清朝统一北疆的这份丰厚历史遗产，在资料的收集、鉴别、归纳、考订、利用上，下了扎实的工夫。首先，作者认真攻读了有关的汉文史籍、方志、档案、著述、笔记，这些史料卷帙浩繁，仅康雍乾三朝实录即多达1959卷，《清太祖实录》《清太宗实录》还不包括在内；其次，作者利用了我国翻译界和民族史家的成果，尽可能地读了俄、日、英、法、意、德等文种的译著，以及满、蒙、托忒、维吾尔、藏等我国民族文字的译著；最后，作者也汲取了近年来学术界有关的研究成果从书中的"呼应注"看来，作者引用的书目近300种。此书之所以有相当的深度和力度，与作者"焚膏油以继晷，恒兀兀以穷年"的勤学态度；"爬罗剔抉，刮垢磨光"，"沉浸醲郁、含英咀华"的推敲精神，有直接的关系。

其二，作者注重实地考察，核对史实。我国边塞疆域辽阔，从东北到西北、纵横几达万里。关于边疆的一些问题，清代学者的记载基本上是可信的，但由于当时关山阻隔，信息不灵，所以也难免有失实或过于简略之处。为搞清问题，作者继承我国史学登山临水、访古诞今的优秀传统，足迹近及长城沿线的九边塞外，以及东北、青海等地，从而获得了大量生动的历史地理、民族、文物、考古、宗教、边城等方面的知识，从而纠正了史籍中某些谬误、并增强了论述的形象性和准确性。诸如，乌兰布通古战场的位置和地形，木兰围场的范围和生态环境，口外行宫的分布及规模，清代塞上牧场的变迁，多伦诺尔的兴衰，许多边塞城镇的发展状况，清代驿道的一些站点，都是通过实地访问、验证而弄清了来龙去脉。如果完全囿于书本知识，或冥思苦想，闭门臆测，论述时就会有很大的局限性。

其三，勤于练笔，反复修改。这部书稿的论纲，在 1979 年即已拟出，1983 年发表了一部分，即《康熙的北部边防政策与措施》，在学术界反响良好。此后，作者抖擞精神，四易其稿，终至成书。在这个"由博而约"的过程中，作者遵循先贤"业精于勤荒于嬉，行成于思毁于惰"的古训，旁搜博采，融会贯通，提炼思想，以简驭繁。应该说，作者的治学态度是严肃的。

目前，我国边疆史地研究已引起党和国家的重视，中国社会科学院中国边疆史地研究中心正在制定规划，组织队伍。我们应当做的工作很多，诸如中国古代边疆政策和开发的研究，边界的历史与现状的研究，对历代学者成果的评价和研究，各民族文字史册的整理和校注，对海外著述的翻译与研究，资料库与信息网络的建立，新生力量的培养，都亟宜加速进行。但是，与其他已有长足发展的学科相比，目前边疆史地研究者的队伍还不大，起步较迟，由于历史的原因，学者本身的知识结构也有欠缺和不足，真是任重道远，征途多艰。我们深知一代中青年史学工作者蕴藏着极大的研究潜能，他们精力充沛，血气方刚，有强烈的忧患意识，充满了爱国主义激情，只要合理加以扶持、鼓励、资助，他们就会在边疆史地研究的广阔领域里迅速作出成绩，大显身手。现在我们这套丛书出版的著作虽只有几部，但数茎泛绿，预示着春华灼灼，疏星闪现，预示着河汉灿烂，只要有志者勤奋笔耕、不懈探索，中国边疆史地研究领域里姹紫嫣红、万卉齐发的艳丽图景，是可以在预期内提前实现的。我们衷心地希望广大中青年史学工作者一洗征尘，投身于这一有裨于民族团结、边防巩固、边疆开发的古老而又新兴的学科。

1989 年 11 月于北京

# 段金生《南京国民政府的边政》<sup>①</sup>·序一

重视边疆的历史与现状研究已成为当代中国学界的共识，并已成为当前中国学术研究中的一个重要内容。中国是一个有悠久历史的国家，不但拥有辽阔的中原腹地，而且有广袤的边疆。边疆地区是中国统一多民族国家重要的不可分割的组成部分。加强对边疆问题的研究，对于深化对中国统一多民族国家的认识，维护边疆地区的稳定与社会发展，都具有十分重要的意义。

近代以来，受西方工业革命的影响，国际政治、经济形势发生了翻天覆地的变化，中国的边疆地区也自然卷入这一变化过程。国人对边疆的关注和认识也达到一个新的高度。虽然古代国人对边疆的认识与研究有漫长的历史并从未中断，但古代的边疆研究受当时各种因素的制约，在中国的传统学术传承中并非显学。近代以来，中国边疆问题的产生原因、表现内容及其性质等发生了变化。而在整个中国近代历史中，南京国民政府时期的边疆问题受当时世界及中国国内客观形势的影响，较之其他时期有着不同的表现内容。从国际形势而言，南京国民政府统治时期世界政治形势动荡，并爆发了第二次世界大战；从国内形势而言，南京国民政府结束了北洋政府时期中央政权频繁更迭的政治现象，试图重塑统一的中央政治权威，但日本军国主义发动了全面侵华战争，中国的边疆问题与中华民族的兴盛，与中国的国家统一、主权完整等更加联系密切。因此，研究南京国民政府时期的边疆问题，显然具有重要的学术与现实意义。在学理方面，南京国民政府时期的边疆，是由传统边疆向近代民族国家边疆转型的重要时期，是中国边疆历史演变过程中不可或缺的重要阶段。在现实方面，研究南京国民政府治理边疆的得失，可为今天政府处理边疆问题提供有益借鉴。

---

① 本书 2012 年由民族出版社出版。

段金生同志所著《南京国民政府的边政》一书，是作者在其博士学位论文的基础上进一步充实完成的，结合了前人的相关研究成果，并提出了诸多新的见解。依我陋见，这是目前学术界关于南京国民政府的边政问题研究的第一部较系统的学术专著。

边政问题是民国以来学术界十分重视的问题。早在 1942 年，吴文藻先生就从人类学与政治学的角度提出了边政学概念。但民国时期，关于边政含义的解释，学术界与政府并没有形成统一的认识。本书在对边政一词学术含义演变的细致梳理的基础上，将边政解释为边疆地区的政治与社会事务。作者认为这一解释具有两方面的含义：谈边政离不开边疆政治，这是一个基本得到认同的范畴；但边疆政治并不是一个孤立的层面，它与边疆地区经济、文化、民族、地理环境等社会各方面存在紧密的联系，对其考察，离不开当时的社会环境。将两个层次的结合，代表了边政的基本含义：前一层次突出边疆政治的重要性，后一层次将边疆政治与边疆社会结合在一起，将之纳入一个更为宽广的视野范围，有利于对复杂多变的中国边疆问题的认识与研判。应该说，作者对边政含义的这一解释，具有重要的学理意义。

在南京国民政府时期，边疆地区既有帝国主义"次级势力"的存在，也有近代地方政治意识影响下兴起的具有较大自主性的边疆地方政治或军事实力派，使边疆地区与南京国民政府中央之间关系错综复杂。该书从政治、经济、教育文化三个方面，详细讨论了南京国民政府的边政实践问题。在上述研究的基础上，该书对南京国民政府边政的得失进行了分析。认为作为中央政府的南京国民政府的边政受到中央政治权威、传统政治思想、国际政治形势、地缘政治等多重因素影响，存在着诸多局限，呈现过渡形态、边缘性、实用主义等特征。可以说，作者关于南京国民政府边政的影响因素、特点等的分析，在一定程度上弥补了学术界关于此项研究的不足，具有较高的学术价值。

作为一部研究南京国民政府边政问题的著述，该书的研究值得称道，但也并非白璧无瑕。对南京国民政府边政的宏观把握较好，是该书的突出特点，但是仍有很多具体内容需要进一步深入细致的探讨，以避免泛泛而论。作者史学的基本功颇为扎实，对史料的搜集、整理用力颇深，但学术视野仍需要进一步开拓，应该多学习和借鉴其他学科的研究方法与理论，这样才能进一步开拓自己的研究视野，以取得更大的成绩。

金生先后求学于兰州大学、云南大学，是云南大学方铁教授指导的博士研究生，我与他是因文而识。近年来，他在近代边疆问题的相关研究中取得了不俗成绩，作为青年学者来之不易，这是他勤奋努力的结果，但仍需要继续努力，力争取得更大的成绩。这是我对作者的期望，同时也寄望于所有关心与热爱边疆问题的青年学者们。

中国的边疆研究有着广阔的发展前景，在几代人的努力下，已经初步形成了自己独立的学科体系。正如20世纪90年代我所说的："我们热爱自己的祖国，热爱祖国辽阔而有美好前景的边疆，我们也热爱自己已从事多年的中国边疆研究事业。"我们期望着更多像金生这样的年轻有为学者，能够加入我们边疆研究的宏大事业中来，以推动中国的边疆研究向更高层次发展。

2012年2月28日

于北京自乐斋

## 孙喆《江山多娇：抗战时期的边政与边疆研究》① ·序

孙喆同志送来新著书稿《江山多娇：抗战时期的边政与边疆研究》，嘱我为之序。面对这位相识已有二十年的小字辈才俊，实在是难以"抗命"！因为，我曾参加她硕士、博士论文答辩，并有幸担任了答辩委员会主任，从这一意义上说，我算是半个老师，这是其一；其二，近十年来我们曾一起在国家清史编纂委员会共事，从这一意义上说，我算是同事，或者说是半个领导；其三，二十年来我们曾一起参加过多次学术会议，孙喆专攻清史，尤其是清代边疆史，近年又将研究重点延伸至民国时期的边疆治理史和边疆研究学术史，并多有成果面世，从这一意义上说，我们是研究中的同行，只是她在研究中所表现出的那种可持续发展的后劲，让我追之不及，自叹不如。

① 本书2015年由岳麓书社出版。

基于此，我放下手头工作，埋首览阅了孙喆的新作，从学术角度留下印象有三，写出来愿与作者和读者共享。

（一）

中国边疆史地研究作为一个重要的学术领域，有着悠久的研究传统和历史。截至 20 世纪上半叶，在内忧外患的压力和寻求强国富民的动力交相推动下，中国边疆研究出现了两次研究高潮，即 19 世纪中叶至 19 世纪末以西北史地学兴起为标志的第一次高潮，以及 20 世纪 20 年代末至 40 年代以边政学出现为主要标志的第二次高潮。20 世纪上半期的中国，不但面临严重的外患，而且内忧深重。如何挽救岌岌可危的边疆局势，打破边疆和内地的隔阂，团结各族力量抵抗外侮，成为中国社会关注的焦点。在此背景下，中国边疆研究迎来了第二次高潮。在这轮高潮中，涌现众多的学者、刊物和研究机构，中国边盟的整体研究和区域性研究成果纷纷出现，几乎遍布 20 世纪前 50 年间，其中又以三四十年代最为集中。同时，传统的边疆史地研究开始向一门现代学科演进。而以 1937 年抗战全面开始及国民政府西迁重庆为界点，第二次研究高潮又可分为两个阶段。本书即是以高潮的第二阶段为主要着眼点，在参考前人相关研究成果的基础上，对有关历史资料进行了仔细梳理，形成较为完整的研究思路，并提出一些新的见解，这应该是目前学术界专门研究抗战时期边政和边疆学术史为数不多的成果之一，其学术价值不言而喻。

（二）

就总体内容而言，本书紧紧抓住民国时期边疆治理和边疆研究学术史两个命题展开研究。在边疆治理史方面，抗战爆发后，在严峻形势的逼迫及社会各界开发边疆、改革边政的强烈呼吁下，国民政府强化战时边疆治理的政策及措施陆续出台。这一时期国民政府对边疆的治理虽在相当程度上延续了 30 年代的施政理念和方针，但由于政治环境和学术氛围的突变，还是出现了很多新的变化和特点。本书对抗战前后的边疆政策进行了比较研究，较为详细地论述了这些变化，认为虽然这一时期国民政府的各项边疆政策及举措并未触及占人口最大多数的边疆地区底层人民的生活，未能从根本上改变边疆社会的落后状况，但对保证抗战时期边疆地区的稳定、维护国家统一、团结各族民众以及开发建设边地还是发挥了一定积极作用。作者的这一结论从历史实际来看，是较为客观公允的，同时，国民政府所遭遇的困境及其采取的应对措施对我们今天治理边疆有着很重要的借鉴价值。在边疆研究学术史方面，本书对抗战时期的边疆学术研究状况、趋势和特点进行了探讨和总结，指出：在学术传承和政策导向的双重影响下，这时期的边疆研究不仅延续了 20 世纪 30 年代的势头，而且再次掀起了一个小高潮，涌现大批研究边疆问题的学者、刊物及团体，各种边疆、民族考察活动层出不穷。边疆研究开始逐渐从传统的史地范畴向人类学、政治学和社会学等领域拓展，研究视野、范围、方法不断丰富和扩大，日益成为一门综合化的学问，加之特殊的时空背景，使得这一研究在学术趋向上出现了合流的态势，分工合作渐成为学人共识。边政学作为一门新兴的现代学科由此而雏形初现。

（三）

作者的研究视野并非只局限于民国时期，而是将中国边疆置于统一多民族国家历史发展的全局之中，将中国边疆历史与现状结合起来进行考察与研究，突出体现了 21 世纪以来在中国边疆学构筑大命题下中国边疆研究发展趋势与特点，对中国边疆学这门新兴、交叉学科的构建无疑起到了推动作用，并给人以启迪。

当然，本书也存在一些不足之处，主要体现在如何处理宏观叙述和微观研究的关系上，例如在对国民政府边疆治理问题的探讨上，囿于中国边疆地域的广阔性和差异性，本书还是以宏观论述为主，不够具体细致，如果能再增加一些个案研究的内容，叙述当更为生动，论证亦更加充分。从另一个角度而言，这些缺憾也为作者和其他研究者提供了进一步深入探索的思路和空间。

我寄望于孙喆同志新的研究成果不断面世，也希望并呼吁有更多的学者投身到中国边疆研究这个既传统又年轻的学术领域中来，共同推动它的深化和拓展，完成中国边疆学的学科构筑，更好地服务于现实需要，为我们统一多民族国家的稳定和繁荣尽学人的绵薄之力。

是为序。

2014 年 3 月 22 日

于北京自乐斋

# 汪洪亮《知人论学：民国时期的边疆学人与学术》①·序

2020 年 5 月，疫情宅家埋首撰写"大正走边书系"之《探秘边内外》，收到汪洪亮教授寄赠新著《抗战建国与边疆学术：华西坝教会五大学的边疆研究》，还有即将出版的又一新著《知人论学：民国时期的边疆学人与学术》，并恳望为之作序。

民国时期的边疆研究是中国边疆研究史（也可称为中国边疆学术史）的重要内容。我曾在《当代中国边疆研究者的历史使命》一文中指出："中国边疆研究源远流长，但中国边疆研究的兴盛，则是近代以降的事。鸦片战争之后，曾出现过边疆研究两次高潮。第一次，对在鸦片战争后，资本主义列强用鸦片和大炮敲开了闭锁的清帝国大门，一系列不平等条约的签订导致西北、东北、西南边疆相继出现严重危机，以魏源、何秋涛、夏燮、梁廷楠、曹廷杰等为代表的具有爱国主义思想的地主阶级学者深感大清帝国国运日落，为捍御外侮，巩固边防，乃发愤潜心于边疆研究。他们的著作，至今仍不失为警世之作。这一研究发展的势头至清末而不衰。第二次，时在 20 世纪 20 年代至 40 年代，一批接受资产阶级史学研究理论和方法的中国学者，痛心于深重的民族危机，希冀通过边疆问题研究，抒发国人之爱国热诚。他们孜孜耕耘，取得了令世人瞩目的成果。一时学人辈出，学术团体和刊物如雨后春笋，用群星灿烂形容此时研究发展盛况，并不为过。"② 中国边疆研究史的演进历程是曲折、复杂的。20 世纪 50 年代以降，中国边疆研究受到种种因素的制约，尤其是"大批判与继承学术遗产上的简单化倾向，造成当时对 20 世纪上半叶中国边政研究采取否定、摒弃的态度，加之上半叶有相当一批中国边疆研究者都有旧政权形式不同的政治背景，这就造成在这一时期，中国边疆研究在学术研究中鲜被提及，上半叶大量边疆研究成果或因其作者的政治身份，或因其学科的资产阶级理论体系，不是被批判，就是不再为研究

---

① 本书 2023 年由中华书局出版。
② 马大正：《马大正文集》，上海辞书出版社 2005 年版，第 583 页。

者提及"①。迄止于 80 年代, 国内学界对时处民国时期的中国边疆研究第
二次研究高潮的研究尚显沉寂, 有关论著鲜见。

20 世纪 90 年代以降, 民国时期的中国边疆研究渐次引起学界关注,
进入 21 世纪后, 一批 70 后的年轻才俊脱颖而出, 相关研究成果迭出, 一
时成为中国边疆研究史的热点内容之一②, 洪亮小友 (容我这么称呼) 是
70 后研究者中的翘楚者。他的成果多而精, 并已形成自己的特色风格,
近些年对洪亮小友的论文我时有关注, 收益多多。基于此, 对索序之嘱,
我也欣然同意, 试试!

《知人论学: 民国时期的边疆学人与学术》 伏案细读, 又览阅了他的
另两部大著: 《民国时期的边政与边政学 (1931—1948)》 和 《抗战建国
与边疆学术: 华西坝教会五大学的边疆研究》, 形成了些许感悟, 权充序
以应命。

所谓感, 即读后之感, 可归之有三:

一是, 研究视角独特。

从机构、论著、期刊、学科的角度对民国时期中国边疆研究进行综合
和分析固然十分必要, 但研究中往往自觉不自觉将对学人的研判置于从属
的地位。须知 "学人既是知识和思想的生产者, 也是知识和思想的传播
者, 还是各类学术机构和传播平台的创立者和运营者, 他们组织了知识生
产和思想传播的全过程。所以他们的经历与思想, 与他们所奉献出来的精
神产品, 具有最为直接的关联。如果不能知其人, 论其世, 我们也很难设
想, 我们是否能真正体会其创制的知识及表达的思想, 是否能体察其字内
真意和言外之意, 是否能走入其内心世界和看到其走入的那个时代很多人
的内心世界" (《绪论》 稿本第 8 页)。诚如钱穆所言: "历史讲人事, 人
事该以人为主, 事为副, 非有人生, 何来人事?"③ 作者将书名定为 "知
人论学", 即是此意也。研究视角的独特, 所论之学术与学人的人生经历
紧密相连, 枯燥的学理注入了学人的喜怒哀乐, 所述所论不仅可信, 甚至

---

① 马大正:《当代中国边疆研究 (1949—2019)》, 中国社会科学出版社 2019 年版, 第 93—
94 页。

② 参阅马大正《当代中国边疆研究 (1949—2019)》, 中国社会科学出版社 2019 年版, 第
522—533 页。

③ 钱穆:《国史大纲》, 生活·读书·新知三联书店 2001 年版, 第 298 页。

还有诸多感人可读之处。

二是，谋篇布局新颖。

基于"知人论学"总目标，全书绪论、后记外，设五章，第一章民国学人的边疆观念和边政主张；第二章民国学人对中国边疆研究学科构筑的努力，是面的纵论；而第三至五章分论了顾颉刚、李安宅与于式玉、徐益棠的边疆实践，实乃是点的深论。新颖布局为独特视角研究的展开提供了极好平台。

三是，资料收集丰硕且有个性化特色。

资料乃是研究赖以开展与深化的基础。中国边疆研究史的研究者都深知，民国时期有关边疆研究史的资料是一多、二杂、三分散，收集十分困难。仅以 20 世纪 20—40 年代出版的各种期刊言，收集就难，研读更是难上加难。从本书所附之参考书目可见，作者收集资料所下之功力。除此之外，作者所收集资料还有一个个性化特色的特点，当是得近水楼台之便，作者利用了不少李安宅与于式玉个人未刊档案文献，当是十分难得。

愚以为以上三端可视为本书的特色或优点，称为一部有个性的、成功的中国边疆研究史学术专著，不为过。

所谓悟，即感后之体悟，也可归之有三：

一是，持之以恒、厚积薄发、必有大成。

据洪亮小友在《民国时期的边政与边政学（1931—1948）》一书后记自述："2009 年是一个重要的年头……（我始）静下心来翻读半个多世纪前的泛黄的资料，寻觅当年国人致力于构建中华民族和探求边疆发展与民族文化国族化的思想踪迹。"（第 341 页）十多个年头过去，作者始终在民国时期中国边疆研究这一领域笔耕不息，厚积薄发，论文、专著成果丰硕。所论已成一家之言，所著也成关注民国时期边疆研究学人和读者必想找来一读的作品。作者坚持走符合学术研究规律的研究之道，必有大成，我愿为之击掌！

二是，拓展与深化永无止境。

作者在"绪论"中曾痛切地提到："不少民国边疆学界曾经影响很大的学者，在现今的学术史论著中，大多寂静无声……他们中的大多数，至今仍消隐在那些泛黄发脆的纸页中……所有关于他们的研究成果的总和，都不及学界对费孝通与林耀华的研究。那么我们得思考一个问题，研究现状是否能真实反映本来群星璀璨的民国边疆研究及其学人群体？费、林二人能否代表民国时期的边疆研究与民族学的大部分面貌？答案显然是否定的。"（"绪论"第11—12页）。

基于此，本书选取了顾颉刚、李安宅与于式玉、徐益棠为代表做了"知人论学"的点的深化研究、成效可喜。但阅后掩卷，大有意有未尽之憾。

借用作者所问："仅仅两颗星星闪耀（指费孝通和林耀华——作者注)，显然并非民国边疆学术史的完整夜空。"（"绪论"第12页）民国时期的边疆学人与学术仅仅本书所述几位是不够的。

放眼当时中国边疆研究综观，全局影响至深者，诸如吴文藻、华企云当是不应忽略的。吴文藻的《边政学发凡》是第二次中国边疆研究高潮中最具代表性的著作；而华企云当时身居南京，依托新亚细亚学会，在学坛政界均颇为活跃，1932年出版的华企云《中国边疆》，是较全面地论述中国边疆问题的第一部专著。该书分为上下两篇，上篇综述边疆之沿革与现况、边疆之勘界与失地、边疆邻接各地之地理概况与最近民族运动之鸟瞰、边疆邻接各地之对华历史与受治帝国主义之经过和边疆铁路之沿革与现状；下篇则分别论述国际角逐下之东三省、外蒙古之独立、新疆之三大问题、英人侵略下之西藏和云南之界务问题。该书的撰写与出版在20世纪中国边疆研究发展史中具有重要意义。"作者从国家兴亡考虑到边事盛衰，从研讨边疆全局大势到考察边疆局部问题，从分析国内边疆问题联系到中国周边及世界格局，在论述以上诸多问题时，作者又涉及政治、军事、经济、文化、民族、宗教、地理等诸多领域，并以现代人的眼光审视历史问题，这样中国边疆作为一个完整的客体即被明确地推上其自身应有的独立地位，中国边疆研究成为一门发展中的现代边缘学科也得到有力的证明。"[①] 华企云在1930年至1932年还先后出版了《蒙古问题》《新疆问题》《西藏问题》《云南问题》等专著，对这位驰骋学坛的"星星"，在研究民国时期中国边疆研究时确实是不应被遗忘的。当然诸关注边疆史料收集和整理的吴丰培，以一册《中国经营西域史》而史坛留名的曾问吾，以及曾活跃于政界学坛的边疆研究者黄奋生，也都是应进入"知人论学"研

---

① 马大正：《当代中国边疆研究（1949—2019）》，中国社会科学出版社2019年版，第59—60页。

究视野的。

我期许作者在续写"知人论学"时，能进一步拓展与深化，"将目光瞄准那些曾经非常闪耀而被有意无意遮蔽的那些星星"，果能如此，功莫大焉！

三是，胸有全局，为中国边疆学构筑添砖加瓦。

胸有全局首先是应建立起民国时期中国边疆学术史的全局，唯此，才能有序展开微观到宏观的专题研究，最终建立起民国时期中国边疆学术史的叙述体系，为中国边疆研究史的写作积累经验；

当然，我们还应有更大、更广的全局观。在中国边疆学研究已成为学界研究的热点，有关中国边疆学构筑研究，学人宏文迭出的今天，愚吁请同仁关注中国边疆学构筑进程中值得重视的四个节点，并进行宏观与微观相结合的深入研究。四个节点简言之是：对前人研究成果的继承和创新，中国疆域理论的探究，中国边疆治理理论与实践的研究，依托边疆历史、面对边疆现实的责任担当。[1]

民国时期中国边疆研究史研究应是四个节点之一，是对前人研究成果的继承和创新的重要组成部分。我深信，洪亮小友的民国时期边疆研究史研究的不断深化，本身也是对中国边疆学构筑的一种推动，诚是。

拉杂写了感之三与悟之三，与作者同议，与读者共享！

是为序！

2020 年 7 月 12 日
于北京自乐斋

## 边疆与民族问题：历史与现实层面的思考
——张植荣《中国边疆与民族问题——当代中国的挑战及其历史由来》[2] ·序

中国是一个统一的多民族国家，地域辽阔，历史悠久，文化灿烂，在

---

① 参阅马大正《再议中国边疆学构筑与中国边疆治理研究的深化》，《云南师范大学学报》（哲学社会科学版）2020 年第 1 期。

② 本书 2005 年由北京大学出版社出版。

世界历史中占有重要地位。自秦始皇统一六国，建立封建中央集权国家以来，悠悠两千余载，出现过多次全国大一统局面。秦汉时期开创了全国统一局面的先河。隋唐王朝疆域的开拓，扩大了中原传统政治、经济和文化与边疆地区的联系，实现了"华戎同轨"。宋、辽、金时期，汉族与边疆各少数民族克服了战争造成的种种困难，进一步增强了中华意识。蒙古族建立的元朝，开创了我国少数民族一统全国的先例，中原和边疆地区的政治、经济、文化乃至民族构成，发生了长达百年的富有特色的大融合，改变了统一多民族国家的传统结构和狭隘观念。及至明、清，特别是清代前期，清王朝在元、明两朝的基础上实现了新的全国大一统，确立了中国的历史疆域范围。总之，中国最终形成统一的多民族国家，是各民族在漫长历史进程中共同努力的结果。中国历史发展的这一特有规律，已日益为更多的研究者所认识，并从不同的角度进行深入的探索。

### （一）中国多民族统一国家及其边疆演变的历史特点

中国的边疆是中国统一多民族国家长期发展的产物。它不但有着较明显的自然特征，更有着源远流长的历史特点。

第一，悠久的历史——曲折发展过程中的连续。

中国是世界上著名的文明古国，而且是世界各早期文明国家中唯一没有中断自身文明发展过程的国家。在这一大前提条件下，中国边疆不但在人类文明史中具有悠久的发展史，而且发展具有明显的连续性。中国边疆民族地区的发展史一般均可追溯到上古时期的石器时代，各个边疆地区社会发展速度有快有慢，但都或早或迟地纳入了中国统一多民族国家连续性发展的轨道。中原地区构成了发展中统一多民族的中国之中心地区，其外则是广阔的边疆。在漫长的岁月里，中原与边疆地区交往不断（既有经济、文化交流，也有政治管辖或战争），中国边疆也在这样复杂的环境中曲折发展。在资本主义殖民者入侵以前，中国边疆形势发展的总趋势是朝着有利于统一多民族国家发展的方向演进的，即使是来势凶猛且入主中原的北方游牧民族也从未中断过中国历史发展的进程。到了19世纪中叶，资本主义殖民侵略者给中国带来了新的边疆危机，这是与以往中国边疆问题性质截然不同的民族危机，中国独立发展的历史面临着中断的危险。但是强烈的挑战也逐步唤起了中国人民。经过百余年艰难曲折的探索与奋斗，统一多民族的中国再次兴起，中国边疆也在继承数千年历史遗产的基础上进入了新的发展阶段。

第二，广阔的地域——分散发展演进后的统一。

中国边疆地区地域十分广袤，从东北到西南，陆地边疆地区面积即超过全国面积的一半以上，此外还有十分辽阔的海疆。中国各边疆地区在社会人文环境与自然地理条件方面往往存在着巨大的差异，中国边疆是在分散发展演进后统一为一体的。这里所讲的分散与统一均有两重含义：讲分散既有从全国角度看边疆分散为若干地区，也有在一个大的地区中又往往可分为若干相对自成体系的局部；讲统一既有各大边疆区域逐步统一于中国的进程，也有各个边疆区域内部趋于一体的演进。每个大的边疆地区都有相对自成体系的发展史，这既是本地区的社会发展史，也是统一多民族国家边疆史的重要组成部分。

第三，多样的民族——自立发展基础上的融合。

中国历史上的民族（部族）演进是一个十分复杂的问题。中国边疆问题与中国民族问题有着十分密切的关系，这不仅因为中国边疆地区是各少数民族主要的聚居地，而且各民族在自立发展（各民族都有以自己为主线的发展史）基础上的融合是构成统一多民族中国边疆的基石。汉族是中国人口最多的民族，也是居住分布最广的民族，汉族的发展对统一多民族的中国及其边疆形成和发展具有至关重要的意义。汉族有着十分漫长而从未间断的发展史，而汉族得以以现代如此强大的状态自立于世界民族之林的重要原因之一就是与其他民族的不断融合。华夏民族是汉民族的主源，但华夏民族在自身发展过程中也与蛮、夷、戎、狄诸族结下了长期的不解之缘。汉民族自形成后一直延续发展，并大量融合了其他民族人口，同时也有相当数量的汉族人口融于周边其他民族。正是因为存在这种双向融合现象，进而促进了更大范围的民族融合。经过漫长的历史演进过程，最终形成了统一多民族中国的主人——中华民族。在中国边疆地区，还有一种民族现象也很普遍，这就是跨界民族的存在。这种跨界民族现象的存在又增加了中国边疆地区民族问题的复杂性。

第四，复杂的问题——多重矛盾发展的叠加。

从历史发展的角度观察问题，中国边疆是发展到一定历史阶段的必然产物，是社会多重矛盾发展叠加的结果。作为中国统一多民族国家的有机组成部分，全国性发展所遇到的矛盾在边疆地区也会发生，这是矛盾运动具有普遍性的一面。这类矛盾包括人类生存发展与自然环境制约的矛盾、生产力发展与生产关系制约的矛盾、社会不同阶级和阶层之间的矛盾、不同民族间的矛盾、不同文化传统和意识形态的矛盾、国家与国家之间的矛盾等。辨析这些矛盾运动是认识中国边疆问题的前提。与此同时，不可忽视的是中国边疆社会矛盾运动还有其特殊性，不同边疆地区的社会矛盾运动又有其特殊性。辨析这些边疆特殊矛盾运动是认识中国边疆发展现象的关键。边疆地区社会矛盾的特殊性往往体现为上述各类矛盾更集中地发生于一地，多重矛盾的叠加增加了边疆地区社会矛盾的复杂性，这对于探讨矛盾发生的原因和寻求解决矛盾的方法都增加了难度。

## （二）近代中国的边疆问题与民族危机

进入 19 世纪中叶以后，清王朝统治下的中国，危机此起彼伏。两种民族矛盾——少数民族统治者与各族被压迫人民的矛盾和中华民族整体与外国殖民主义侵略者之间的矛盾交织在一起。此时的清朝统治者既无法缓和国内民族矛盾，也无力抵抗外国侵略者的入侵。随着中国社会与边疆发展形势的巨大变化，中国边疆也面临着一系列严峻的挑战。

自 19 世纪中叶以后，资本主义列强入侵中国，割占中国领土，是本时期最重要的边疆大事。资本主义列强侵占中国领土大致可分为四种类型：

第一种是与中国接壤的俄国。在东北，俄国迫使清政府签订了 1858年《中俄瑷珲条约》和 1860 年《中俄北京条约》，夺取了黑龙江以北和乌苏里江以东广大地区。在西北，俄国通过 1864 年《中俄勘分西北界约记》、1869 年《科布多界约和乌里雅苏台界约》、1881 年《伊犁改订条约》等不平等条约，强占了从唐努乌梁海到巴尔喀什湖、帕米尔地区的大片领土。第二种是英、法两国在中国周边邻国建立殖民地之后进而侵占中国西南边疆地区的领土。第三种是逐渐强大起来的日本，首先将海外殖民目标对准了中国的近邻——朝鲜，继而在甲午之战（1894 年）中战胜中国，次年迫使中国签订《中日马关条约》，吞并了中国的台湾省。第四种是列强对中国沿海地区的强租强占，这包括葡萄牙在澳门，英国在香港、威海，德国在胶州湾，俄国（后为日本）在旅顺口、大连湾，法国在广州湾等。

伴随着中国边疆危机的加深，清王朝被迫对边疆地区的政区管理体制进行了一定的改革，这些改革有益于中国统一多民族国家及其疆域的进一步巩固，也是此时期中国边疆发展的大事。这包括：1884 年设新疆行省；1886 年设台湾行省；1907 年设奉天、吉林、黑龙江行省，置巡抚分驻奉天府、吉林府、龙江府。

1912 年中华民国成立，但中国的边疆与民族问题形势依然十分严峻。沙俄政府不仅鼓动外蒙古"自治""独立"，还在 1914 年出兵霸占了唐努乌梁海地区。1913 年至 1914 年，英国策划了旨在分裂西藏的西姆拉会议，中国政府代表拒签并声明不承认所谓英藏《西姆拉条约》。在边疆民族地区内部，其社会经济生活与清末比较并无明显变化。20 世纪 30 年代以后，中国陷入了空前的民族危机。1931 年，"九一八"事件爆发，日本占领东北全境。1937 年，抗日战争全面爆发，不但有大片边疆领土沦陷于日本，中原内地亦有许多地区先后为日军占领。1945 年，中国人民抗日战争和世界人民反法西斯战争胜利结束，中国不但收复了在大陆的失地，还收回了被日本侵占 50 年的台湾及南海诸岛。但是国民政府在 1946 年 1 月被迫承认外蒙古独立，造成 20 世纪以来中国疆域最大的一次变动。这一事件给国人留下了诸多可以反思之处。

自鸦片战争爆发以来，特别是进入 20 世纪以来，在国家、民族、边疆危机日益加深时，国人有识之士在指出中国"寇深矣"的同时还强调了"病革矣"。"寇深矣"即外患严重，这是中国社会发展遇到的严重的障碍。中国向何处去？这已成为摆在国人面前的最严峻问题，然而回答好这个问题就不那么简单。中国为此付出了几代人的努力。从改良维新到民主主义革命，20 世纪前半叶中国社会开始发生巨变，资本主义民主革命思想和社会主义、共产主义革命思想相继传入中国，科学救国、教育救国、实业救国等亦有人尝试。经过近 40 年的国内社会矛盾运动，1949 年 10 月 1 日中华人民共和国终于成立。这标志着中国统一多民族国家发展进入了一个新的历史阶段。

### （三）当代中国边疆民族地区面临的机遇与挑战

改革开放以来，我国基本国策实现了由以阶级斗争为纲到以经济建设为中心的战略转移，中国边疆省区的战略地位实现了由"反修、反帝"国防前线到边防与对外开放前沿为统一体的战略转变。社会经济发展滞后的边疆民族地区，与国家发展方向和经济利益有了更多的交汇点。国内改革开放的大好形势，给边疆民族地区提供了进一步深化改革、扩大开放的极好时机：沿海地区的高速发展，增加了国家在人才、技术、资金等方面支持边疆民族地区的实力，边疆民族地区的资源优势、区位优势日益发挥着对沿海和内地的重要支持作用。有约 30 个少数民族与 15 个国家相同民族毗邻而居，多年来与苏联、越南、印度等国的对抗和战争局面已转变为和平环境。周边国家为谋求发展本国经济，对与我国尤其是边疆民族地区在经济上的互补性相当重视。与此同时，当前我国边疆民族地区也存在着许多需要研究与预防的问题。

第一，当前我国边疆民族地区在发展道路上遇到挑战。

在经济上，边疆地区经济发展滞后的局面短期内难以得到根本改变，绝大多数地区的人均经济指数都低于全国人均水平。边疆民族地区还有相当一部分群众的温饱问题没有解决，生活在贫困线以下。总之，边疆地区社会经济发展起点很低，自我发展的基础（包括物质和精神方面）薄弱，这是我们必须面对的现实。

在政治上，当前边疆地区民族团结、社会稳定的大局是好的。但影响民族团结、社会稳定的消极因素不容忽视。这主要表现在两方面：一是反分裂斗争是边疆地区的长期任务；二是缉毒、缉私斗争在维护边疆地区稳定中占有重要地位。

在文化上，边疆地区教育整体水平低下和文盲率高的现状，难以在短时期内得到扭转。

在周边环境上，国际政治格局由两极向多极的转化和国际经济结构的调整，产生了新的竞争。东南亚国家经济发展迅速，与我国（特别是西南边疆地区）在资金、原料、市场、人才等方面的竞争日趋激烈。东北亚、北亚、中亚、南亚地区诸国的社会政治结构正处在重组时期，其政局动荡和国家间的矛盾均会对边疆地区的社会稳定和对外开放产生不同程度的负面影响。

第二，影响我国边疆民族地区社会稳定的分裂活动类型复杂。

从我国边疆地区的实际情况看，诱发社会动乱、破坏社会稳定的因素仍然存在。局部的、地区性的影响社会稳定的突发事件时有发生。若以性质区别，可大体分为两种类型。

类型之一，动乱制造者以分裂国家统一为主要目的，制造分裂与反对分裂是斗争的焦点。这也是边疆民族地区的一项长期任务。不同地区的反分裂斗争既有共同之处，也有不同特点，应具体情况具体分析，在维护国家统一、主权完整、民族团结的原则下，制定灵活的政策、策略。西藏地区和新疆地区是当前我国反分裂斗争的重点地区。还有一种情况值得注意，由于周边国家政局的动荡，或者由于领土归属、边界划分造成我主权受到危害，边疆地区稳定受到威胁，这种情况当前在中印边界东北地区和南海海域较为突出。

类型之二，则是为追逐高额利润，一些非法分子在边疆地区大肆贩毒。由此引发一系列社会问题，给边疆地区的稳定造成了极大的冲击力。当今，世界范围内的毒品泛滥，已成为危害人类最严重的国际问题之一。贩毒、吸毒等社会丑恶现象，在我国云南、广西等边疆省区已发展到十分严重的程度。尤其是云南省的毒品问题现状，更是让国人堪忧。

第三，反分裂斗争是边疆民族地区特别是西藏和新疆地区的长期任务。

分裂与反分裂斗争是一场严重的政治斗争。不同地区的反分裂斗争既有共同之处，也有不同特点，应具体情况具体分析。在维护国家统一、主权完整、民族团结的原则下，制定灵活的政策、策略。西藏地区和新疆地区是当前我国反分裂斗争的重点地区。

西藏的分裂势力主要来自达赖集团，他们依赖的是以西方大国为代表的国际反华势力的支持。由此，达赖喇嘛在国际上有相当大的影响力，在一些西方主要国家和一些重大国际会议上对达赖集团的同情、支持往往呈一边倒的态势。达赖在意识形态领域对西藏地区的现实影响主要源于藏传佛教赋予他的神圣地位。特别是在班禅大师圆寂后，西藏僧俗群众的宗教认同感有趋向达赖喇嘛之势。因此，在当前形势下，只有很好地解决西藏的宗教问题，才可能真正赢得民心，保持西藏社会的稳定。

国际上新疆分裂主义势力的影响虽不及达赖集团，但其问题的复杂性和恐怖暴力的严重性不容低估，未来要超过西藏分裂集团。境外分裂势力在新疆的活动目前出现了一些新动向：其一，境外分裂势力正加紧勾结，寻求联合；其二，妄图使"东突"问题国际化；其三，叫嚣采取武装斗争实现新疆"独立"，偷运武器入境已由过去零星偷运发展成有计划输入；其四，千方百计扩大在新疆的宗教影响力。与此同时，境内分裂主义分子活动也日趋活跃，一是非法组织不断出现，二是加紧向政府工作人员渗透，三是非法宗教活动继续蔓延，有的党员干部开始参加宗教活动。自20世纪70年代末以来，新疆（主要是南疆地区）陆续发生了由分裂主义分子煽动的多次小范围的骚乱和武装暴乱事件。搞暴力恐怖活动是新疆分裂主义势力的新手段和新特点。

第四，西部大开发与边疆稳定战略问题，尚需有全盘的战略考虑。

我国西部地区生活着众多的民族，存在着特殊的社情。受20世纪90年代世界民族主义思潮的影响，民族分离主义思想对边疆的民族关系冲击很大，给当地的社会政治稳定带来了不小的威胁，如果我们在西部大开发战略中片面强调发展经济，不重视社会稳定问题，就有可能给经济发展带来极大的负面影响。如果西部大开发战略中忽视了民族宗教等因素带来的社会稳定问题，那其本身也不能称为是一个完整的发展战略。

从中央提出西部大开发所包含的12个西部省区直辖市看，属于边疆地区的占到了大多数。其余不包括在边疆地区范围内的省区直辖市，实际上也包含着边疆地区的某些特点。具体分析，可以发现我国的边疆地区主要有以下几个特点：一是民族自治地方多；二是周边邻国多，有些国家的情况较复杂，存在许多不可预见的因素；三是老、少、边、穷地区多；四是地大物博，潜力很大。因此，以上这四个特点是西部经济发展战略和西部社会稳定战略所必须首先考虑的因素。从稳定的角度看，当代中国边疆面临的稳定形势主要有两个大的方面：一是经济发展滞后，这既有历史的原因，也有现实的原因；二是边疆的稳定现状面临着严峻的挑战。首先，根据挑战的不同内涵，可以分为政治性的和经济性的两种类型。政治性又可以分为两种情况：一种是某些集团势力出于政治目的，欲在中国制造分裂，表现得最明显的就是西藏和新疆。另外一种是由于历史上的边界问题没有解决，或者是当前还存在领土争议，由这种领土纠纷所带来的不稳定。第二种情况还有另外一种表现形式就是邻国地区本身的政治发展的不稳定性，对边疆地区的稳定也带来一定的负面影响，这也是应引起我们足够重视的。经济性的不稳定性主要表现在某些集团或个人为了追求高额利润，进行贩毒、走私枪支、贩卖人口等。

总之，根据以上的基本认识，当前维护边疆稳定有四个重点地区：一是新疆、西藏；二是云南；三是东北；四是南沙。在这四个重点地区中，新疆地区的社会稳定更值得关注。而新疆、西藏和云南又恰恰都是属于中央提出西部大开发战略所包含的地区。因此，要稳定边疆，进行西部大开发，在发展经济的同时，就必须要重视社会稳定战略问题。没有社会稳定战略，整个边疆发展战略是不完整的。

机遇与挑战并存，我们必须居安思危，抓住机遇，迎接挑战！

在 20 世纪三四十年代，国难当头，我国老一代边疆专家为抵抗日本帝国主义的侵略，救亡图存，掀起了边疆与民族问题研究的高潮。如今我国改革开放事业已经取得了巨大成就。但是，国际上民族宗教问题的抬头，国内东西部差距的扩大，以及邻国对我海疆的觊觎，均构成了 21 世纪我国面临的主要挑战。这就更加需要年青一代的学者以前辈为榜样，居安思危，继往开来，推陈出新。张植荣同志在北京大学长期从事我国边疆与民族问题特别是西藏问题的研究，并取得了一定的成绩。欣闻其新作出版，以此文表达我对他的鼓励和推荐。

2004 年寒冬<br>于中国边疆史地研究中心

# 张渊《涉恐犯罪探源与治理研究》<sup>①</sup> ·序

反恐问题是社会科学领域研究的一大课题。自 20 世纪 90 年代至今，国内外这一领域研究成果颇为丰富，或从政治学角度研究，或从法学角度研究，或从犯罪学角度研究，或从经济学角度研究，内容涉及反恐形势与合作、反恐法律与政策、反恐培训与宣传、反恐行动与战法、反恐怖与经济等诸方面，虽然近年来也有一些论文对恐怖主义产生的原因进行过探析，但从探源性视角研究涉恐犯罪根源及治理的著述尚属鲜

---

① 本书 2018 年由中国人民公安大学出版社、群众出版社出版。

见。此书是张渊同志继其《反恐专业力量建设与战术研究》（中国人民公安大学出版社 2017 年版）著作后的又一新成果，实现了从反恐战术层面向反恐战略层面研究的跃升，是一部融理论性与务实性于一体的学术著作。

从 1981 年至今的 37 年间我共赴疆 61 次，其中至少有半数以上是与新疆社会稳定战略及生产建设兵团研究相关。其间，除提出反恐维稳的六点战略共识①外，在一篇报告中还建议应抓好对新疆各族群众的"国家意识、公民权利和义务、社会主义法制、民族政策、宗教政策、科学知识"六大系列教育②，以切实掌握意识形态领域斗争的主动权；在这一方面，张渊同志的著作并非单纯进行理论阐述，而是做到了纵向以"史"为经"远观"梳理、横向以"今"为纬"近察"分析，以解构涉恐极端意识为切入点，在史料、内容、方法、重点上均进行了新的探索，从而显现出自己的特点，归纳起来有以下四个方面。

**（一）研究起点高，抓住了涉恐极端意识这一关键**

我认为新疆暴恐犯罪不止的根源即在于宗教极端思想泛滥。从新疆公开出版的一些民族文字图书来看，可以发现分裂势力在意识形态领域对我开展渗透的攻势从未间断。早在 20 世纪 80 年代末，新疆文联干部吐尔贡·阿勒马斯出版的历史小说至今流毒深远，书中所误导的偏激民族情绪和宗教情感短期内难以消除；而在 2000 年后，仍有部分维吾尔文版教科书甚或《维汉新华字典》等工具书中亦不乏出现蛛丝马迹的分裂曲解言论，由此使得新疆意识形态领域反分裂斗争呈现极为复杂、严峻的局面，这也是多年来新疆党政机关出现"两面人"、社会面涉恐犯罪频发的一个根源性问题。

在本书中，著者并未囿于涉恐犯罪的表面问题泛泛而谈，而是高点定位地抓住了涉恐极端意识这一关键节点，从极端意识"碎片化"积淀促增涉恐因素切入，逐层论述了对潜在涉恐群体极端意识开展"去极端

① 马大正：《国家利益高于一切——新疆稳定问题的观察与思考》，新疆人民出版社 2002 年版，第 5 页。
② 马大正：《民族团结人心所向——读〈民族团结教育读本〉》，《新疆社会经济》1998 年第 2 期。

化"解构的对策,始终围绕着涉恐极端意识这一关键问题进行研究,论证了对新疆地区暴恐案件频发的原因要追根溯源、认清涉恐犯罪多发的现实必然性;应固本清源、认清争夺"民"心暨意识形态领域斗争的紧迫性;要抓住本源,认清打"化"并举策略遏制暴恐活动的可行性;建议在严打暴恐犯罪的同时,应加强对监狱在押危害国家安全犯的思想转化,注重对伊斯兰教经典教义的正确解读、增强各民族对中华文化认同感的内化,建议弱化少数民族标识及宗教领袖人物在政治层面的影响力、引导促成民汉居民社区居住的"嵌"化,注重着力融化维汉群众的心理隔阂等。

在当前极端意识不灭,涉恐犯罪活动难止的情形下,从巩固新疆意识形态领域阵地安全的角度看,这些论述无疑是富有见地、非常深刻的。

### (二)学术视野宽,能够开展古今、中外的比较研究

综观全书,有一个明显特点即著作内容能够立足新疆,放眼世界,不避难点、重在比较。此著第一章"伊斯兰极端因素的源流及伊斯兰教传入中国之嬗变"以追溯涉恐极端意识历史根源为"经",触及了当今国内反恐学术界无人论及却又切实存在的问题:对国内绝大多数涉恐犯罪主谋、参与或实施者几乎均为维吾尔族这一现象的原因进行了分析。其中,著者从伊斯兰教极端因素产生的"源"与"流"切入,通过翔实的史料厘析,分别比较研究了伊斯兰教传入维吾尔族、回族、哈萨克族的时代与方式,通过援引伊斯兰教发展阶段与我国历史朝代对应表,使读者对伊斯兰教何时传入我国、传至哪一地区、民族有了更为明晰的认知,可以视为是对《中央新疆工作协调小组关于新疆若干历史问题研究座谈纪要》内容的一种延展注释;而书中第四、第七章内容能够立足国内涉恐犯罪实际,以国际化反恐形势为背景,以比对中外涉恐犯罪案例为"纬",分别从涉恐极端意识"碎片化"积淀、"独狼"个体蜕变的意识诱因等方面,总结拎出了宗教类、观念类、情境类、病理类极端意识及涉恐个体、亲缘、社会生态系统等分类。这些创新理论对于启发我们矫治涉恐人员思想、强化意识形态领域阵地控制很有参考、借鉴价值。

作为一名历史研究工作者,我认为著者在前三章内容中对基本史料的挖掘很细致,对于涉恐犯罪问题,在通过案例分析的"显微镜"观其

"病灶"基础上，能够有效运用历史分析的"望远镜"寻其"病根"，并通过对重点史料的引用与整合，在历史事件与现实案例的坐标轴上厘清脉络、寻觅出当前涉恐犯罪产生的症结点，并以此为根据提出对之治理的建设性方略，难能可贵。

### （三）内容布局宜，既含"对症"梳理亦有"下药"开方

《文心雕龙》有言："篇章户牖，左右相瞰；辞如川流，溢则泛滥。"本书著者并未按照传统学术著作循序渐进的逻辑架构布局，而是按照"探源"与"治理"的研究重心来谋篇，紧紧围绕着解构促生涉恐犯罪的根源性因素——涉恐极端意识这一问题布局，书的前半部分与后半部分如同相对的户牖，其中前三章意在"对症"，后四章重在如何"下药"，可以看出著者在写作过程中始终怀有明显的问题导向意识，著述虽然不长，但内容精当、针对性很强。

著者先是通过分析史料、分析基本史实，着力围绕涉恐犯罪产生的深层次原因，以伊斯兰极端因素源流形成与传入中国的嬗变、伊斯兰激进教派对新疆穆斯林群体的影响、新疆地区暴恐案件频发的原因作为选题的"对症"性研究，客观清晰地阐明了涉恐犯罪生发的根源性症结因素；之后又在比较研究基础上从战略层面提出了建构我国社会防恐慑止力量体系、遏制极端意识"碎片化"积淀、对极端意识实施"去极端化"解构暨重塑、以精准化反恐减少"独狼"涉恐犯罪等方面的对策、方略。通观全书，有种前三章设问后四章作答、问答有致的感觉，内容逻辑清晰、布局适宜，避免了一些著述仅抛出问题、无实质性对策的弊病，著者以问题意识为导向的写作布局值得肯定。

### （四）问题分析实，对策方略具有创新性和可操作性

著者在具体问题分析上，除运用古今溯源、中外比较等社会科学研究方法外，还能够参照热力学第二定律、耗散结构理论、一般系统论、自组织等理论，创新提出暴恐威胁场域、涉恐生态系统、涉恐熵值、风险板块漂移、亲缘领袖等概念，在对策分析方面务实、透彻，提出的防恐、反恐方略具有很强的创新性与前沿性。

综观全书，可从两个层面认识著者对策分析的独到之处：从研究层面讲，著者提出对策的基础，全部是建立在我国反恐怖斗争的现实情况之

上，主要针对防范和打击涉恐犯罪遇到的相关实际问题，如：涉恐人员"打"而不"绝"、危安分子"消"而不"化"、群众关系"亲"而不"近"、社会环境"安"而不"稳"、维稳力量"张"而难"弛"等，客观实在、不遮不掩。从应用层面讲，切入点准，落脚处实，提出的对策措施具有很强的实际可操作性。如：在公安系统中增设防恐处（科），内编社会风险评估警察；从退役军人中选录军事素质过硬人员培训为特种保安，配武器布设于公共场所形成首道反恐防线；将学校"家长会"模式应用到防恐社会管控领域等，这些防恐创新对策是非常接地气的，具有很强的可操作性。

张渊同志作为一名驻疆基层部队警官，在维稳任务繁重、工作紧张的情况下，仍能带着强烈的问题意识与使命感，挤出业余时间开展反恐研究，并先后撰写出两本反恐学术专著，毅力可佩、精神可嘉！在此我谨愿著者今后能够获得更适宜的研究环境和平台，充分发挥自身实践经验与理论功底兼具的优势，在反恐理论研究的道路上继续坚持走下去，写出更多的反恐理论佳著，取得新的更大进步！

是为序。

2018 年元旦日
于北京自乐斋

# 王鸣野《"中间地带"的博弈与困境》[①]·序

鸣野的专著《"中间地带"的博弈与困境》付梓在即，嘱我为之作序，实在是给我出了一个天大难题，且不说当下诸事困身，文债累累，更要命的是国际政治领域，我是一个十足的外行，婉言辞谢而不蒙允准，想到与鸣野多年师生之谊，斗胆写下读后感言，权充序文，以应命。

本书如下三端是鸣野潜心研究所得，也值得学界同人关注。

首先，作者在书中提出了自己的地缘政治理论——"中间地带"论。

长期从事国际问题研究和观察的人都知道，为了更清晰明了地解释纷

---

① 本书 2017 年由科学出版社出版。

繁复杂的国际政治现象，国际政治和国际关系的研究存在很多范式，诸如现实主义、自由制度主义、建构主义等。同时，为了在国际政治和经济的博弈中更好地实现本国的利益，西方国家的学者们先后提出了许多地缘政治理论，诸如麦金德的"心脏地带"理论、尼古拉斯·斯皮克曼的"边缘地带"理论、亨廷顿的"文明冲突"理论，还有兹比格纽·布热津斯基在《大棋局》中为美国政府所提出的掌控欧亚大陆霸权的战略理论等。范式也好，理论也罢，目的无非是建立西方某些主要国家的话语体系，并以此体系引导国际社会对世界重大问题的思考，从而得出对自己有利的结论，最终形成某些国家的话语霸权。因此，只要中国的国际政治研究还处在模仿和学习西方国家理论的阶段，我们就必然自觉或不自觉地成为其话语的吸收者和传播者。如此造成的结果是，在日益崛起的中国与强力捍卫自身固有利益的西方的对话中，我们不管怎么努力，也摆脱不了入"西方彀中"的窘境。当然，现代国际社会的政治、经济甚至安全体系是西方世界统治全球的产物，作为后起的发展中国家，向西方国家学习无可厚非，但须注意的是，这种学习的目的是建立自己世界观和利益观的主体性理论，为此必须做到"入乎其内"而"出乎其外"。鸣野长期从事新疆周边国际问题的研究，对新疆所面临的国际因素的特点有比较多的认识，深知目前"救火式"（指什么问题突然变热和重要起来时一哄而上进行研究的现象）的研究方式，无法深入认识新疆所面临的国际环境，对我国解决新疆所面临的一些现实问题也起不到长远助益。"中间地带"理论从地缘政治的视角出发，为我们理解新疆所面临的环境从理论上拓展了观察分析的视野。该理论认为，冷战结束以来新疆的周边国际环境是典型的"中间地带"，这里的国际政治实际上就是世界大国争相施加影响的"中间地带"国际政治。世界大国的影响造成这里的国家的内政外交处在"持久的紧张或紊乱状态"而无法自拔。众所周知，新疆面临的周边环境中影响新疆的负面因素众多，但它们都直接或间接地产生于这种"持久的紧张或紊乱状态"。

其次，作者就新疆的周边环境的定义提出了自己的"四环论"。

长期以来，在谈到新疆的周边国际环境时，人们下意识地认为就是苏联。苏联解体以后则变成了中亚与中国相邻的哈萨克斯坦、吉尔吉斯斯坦和塔吉克斯坦。后来，随着视野的扩展，俄罗斯、巴基斯坦、印度和阿富汗等国的内政外交的变化也时不时地见诸研究。总之，在大部分人的眼里，新疆的周边环境的主要组成部分就是上述直接陆地邻国。然而，考诸历史和现实，人们不难发现，除了俄罗斯，新疆周边的另外七个国家从政治、经济、文化乃至安全的角度来看在其所在的地区都是各种影响所构成的网络的一个组成部分，任何一个国家本身都无法形成独立的地缘政治、经济和文化单元（这也正是"中间地带"理论所阐述的一个重要问题）。因此，在研究新疆的周边国际环境时仅仅将目光集中于新疆的直接陆地邻国将无法全面理解这些国家内部所产生的一些重要变化，同时更无法预知它们的发展趋向及对新疆甚至广大的中国西北可能产生的影响。在全球化的时代条件下，包括新疆在内的中国周边国际环境的内涵和外延都已经发生了巨大的变化。鉴于此，鸣野提出了新疆周边国际环境的"四环论"。"四环论"把对新疆产生影响的国际环境按照由近及远、由小到大的原则分成了四个层次，既涵盖了中南亚、里海和黑海周边的广阔地区，又考虑到了以美国为首的西方国家对这些地区的全面影响。可以说，"四环论"将影响新疆的周边国际环境由过去纯粹的"中亚、南亚论"变成了"欧亚论"。与此同时，"四环论"还摆脱了过去中国学者研究新疆周边国际环境时所抱有的防御性心理，即将研究焦点放在外部环境可能对我们所造成的影响方面，尤其是负面影响方面。习近平总书记前不久在访问中亚时提出了中国要和该地区的国家合作建立"丝绸之路经济带"的战略构想，这表明中国政府不仅要继续强化新疆作为中国西部对外开放前沿的地位，而且对西部国际环境的范围有了新的思考。众所周知，著名的古代"丝绸之路"贯通亚欧，连接了中南亚、地中海乃至黑海地区的众多国家。因此，"丝绸之路经济带"涵盖的地区都应该看作新疆的周边国际环境，它们已经或正在成为新疆向西开放的广阔腹地。

再次，本书立论和结构具有一定特色。

该书的基本特色是理论研究和理论指导下的案例研究。作者一开始就对"中间地带"理论进行了比较详尽的论述，提出了"中间地带"理论的概念、"中间地带"国家的内政外交发展演变的特点、"中间地带"形成的结构性原因以及"中间地带"的全球性意义，从而构建起了一个较为完整的论说体系。在案例研究中，作者以"中间地带"理论为指导，选取了"9·11"事件以来的中亚地区、"颜色革命"以来的格鲁吉亚、乌克兰和塞尔维亚的科索沃自治省作为研究案例，展示了这几个国家和地区在美国和俄罗斯两个世界性大国博弈的地缘政治环境下走向"中间地带化"的进程。愚以为该研究的价值体现在三个方面，一是详尽地展示了这些国家和地区在世界大国的影响下内政外交的发展轨迹，二是以直接和间接的结论昭示"中间地带"国家不能与自己直接相邻的世界大国陷入对抗性的关系状态，三是世界大国不能试图在"中间地带"获得单方面的地缘政治优势，因为这样做的结果是大国对抗加剧，"中间地带"陷入混乱，最终会使世界的和平和稳定受到威胁。因此，作为具备全球影响的世界大国，在"中间地带"的最佳战略就是尊重彼此的核心利益，实现合作共赢。

当然，如下三个方面似尚有待充实和完善：

首先，任何理论的探索者都要冒遭到四面攻击的危险，因为理论的建立需要长期的观察、研究和思考，即使如此，也绝对不能保证没有漏洞。"中间地带"理论是一次可贵的探索，但问题也很明显，如作者没有用时下所流行的实证性方法证明自己的某些结论，很可能造成"科学性"和"客观性"的疑问。其次，作者选用的案例国家虽然作为"中间地带"国家具有很突出的典型意义，但案例略显不足却是一个不容否认的瑕疵。我们理解作者在繁重的教学工作的重压下做研究的不易，但作为科学研究，"苛刻"永远都是不变的要求。最后，作者虽然把大国的博弈作为观察"中间地带"国家内外变化的基本背景，但在大背景和小背景（"中间地带"国家内部的变化）的衔接方面似乎还可以做得更为精细，案例所涉国家和地区在大国博弈中变化与困境于新疆的影响也有待进一步充实。

是为序！

2014 年 2 月 12 日

于北京自乐斋

# "中国边疆探察丛书"[①] ·主编的话

作为丛书主编，在丛书即将出版之际，还想再说几句。

策划出版一套由中国的学者撰写自己边疆考察实录的丛书，在我心中非今日始，最早萌发是在"文化大革命"一度逍遥时，翻阅了瑞典探险家斯文·赫定《亚洲腹地旅行记》和俄国地理学家奥尔洛莫夫《在中央亚细亚荒漠》之后。进入 80 年代，自己也获得了边疆考察的实际经历，尤其是在近十余年研究实践以及与国内外同行交往中，我愈益认为，中国学者的边疆考察实践，以及取得的成绩，应该通过一种较通俗的形式让更多的人了解。1993 年，我应邀东渡扶桑，到福冈参加国际丝绸之路学术研讨会，我在大会上以及会后到京都龙谷大学以自己的新疆考察经历做的学术报告，在日本同行中引起的反响，在我心中引起了强烈震动，从而更坚定了自己的信念。

1995 年初春，中国社会科学院科研局约我参加一个出版选题座谈会，到了会场才知道，今天会议的主人是山东出版总社的刘德久同志和虞静同志。"边疆的选题，山东出版社会有兴趣？"我心凉了半截。出于礼貌，我介绍了几种丛书的构想，其中包括了"中国边疆探察丛书"。

我确实没有抱太大的希望，"中国边疆探察丛书"的构思我曾与几家出版社谈过，都说是好选题、好主意，但仅此而已。

这次出乎我的意料。1995 年 3 月 11 日，我突然接到济南的长途电话，山东画报出版社总编辑汪稼明同志热情表示，愿意承担此丛书的出版。很快他亲自来京，面商选题种种。自此之后，这套丛书终于进入了"十月怀胎"的美好时光。我欣赏汪稼明同志将出版工作当作一项事业孜孜以求的精神，视出一本好书为自己最大快事的执着。在我的小书房里，我们曾有过十分愉快的交流，我们也为对丛书的种种设想的不谋而合感到欣喜。我想，如果这套丛书日后能为广大读者所接受，那么，丛书产生的始与末也不应被遗忘，作为丛书主编有责任记录下这段历史，同时作为一名边疆研

---

① 本丛书 1997 年由山东画报出版社出版，至 2001 年共出版了 12 册，除已选"主编手记"十则外，还有两册是马大正《天山问穹庐》和顾德清《1982—1985 探访兴安岭 猎民生活日记》。

究工作者，我此刻还想说：感谢给予丛书以生命的写作家与出版家们。

1996 年 11 月

于中国边疆史地研究中心

# "中国边疆探察丛书"·主编手记十则

### 《谜中王国探秘——渤海国考古散论》·主编手记

在中国东北地区，在美丽富饶的白山黑水之间，一千多年前曾经有一个由古代少数民族靺鞨人所建立的渤海国，自公元 698 年至 926 年，立国达二百多载。渤海国在统一多民族中国的发展史上，在中华民族的发展史上占有重要一页。在中国很多古籍中，对渤海国都做了大量记载。由于渤海国全面接受了汉族文化影响，仿照唐朝的典章制度，处处维护与中原的一体关系，终于发展成强大的"海东盛国"，从不同角度反映出中国唐代的繁荣盛况，也成为当时东北亚地区稳定发展的积极因素。

然而，历史发展毕竟是复杂的，渤海国正像她的出现来得突兀一样，一朝覆亡也显得那样匆匆。公元 10 世纪后消失在历史长河之中。清代前期，一批流放东北的文人们在探究当地山川名胜、风土人情和古代遗迹时，惊奇地发现一座"荒城蒙茸""金碧犹存""大与今京城等"的古城遗址，在流放文人笔下称为"古大城"。清乾隆年间，大学士阿桂等人在《满洲源流考》中才首次提出"古大城"系渤海上京龙泉府忽汗城遗址的见解。之后二百年来，经过中国、日本学人的考察研究，这一见解为学术界论定，从而为渤海国的历史地理研究竖立了一个基准坐标，也为渤海国的考古和历史研究揭开了新的序幕。

一千多年前遗留下来的废墟和古迹，无声地诉说了一个已消逝了的渤海国的存在；经过二百多年来中外学人的探察、研究，渤海国历史已不再显得神秘；20 世纪下半叶中国学者对渤海国遗址的考古发掘和深入研究，为人们认识当年"海东盛国"提供了可能。

本书三位作者（魏国忠、朱国枕、赵哲夫），年龄上虽属两代人，但都是渤海考古和渤海历史的专业研究者，是 20 世纪下半叶渤海考古和研究的亲历者。作者在写作中显示的渤海考古实践的底蕴和渤海历史研究的深度，所描述的渤海国的上京城、兴隆寺、鸿胪井、贞惠公主墓、贞孝公主墓、三灵古墓群等重大考古发现的历史和现状，以及由此引出的渤海国历史的重大事件与人物，都给读者以深刻的印象，从一个侧面告诉读者考古发掘与文献研究，与历史研究具有同样重要的价值，相信读者从本书的阅读中得到的不仅是知识的补充，同时也将从中得到研究方法的启迪。

我以为：作者的功绩在于斯，本书的价值在于斯，编者的愿望亦在于斯矣！

### 《草原寻梦：内蒙古岩画考察纪实》·主编手记

"天苍苍，野茫茫，风吹草低见牛羊"，草原引发人们无限遐想，有遐想，就会有梦境，寻常人做寻常的草原梦，研究者则做草原的学人梦。本书作者做的是草原的岩画梦！

岩画，顾名思义是绘画或刻制在石头上的图画，是早期狩猎者把与他们生存密切相关的动物等形象"投射"到崖壁上，展示了蛮荒年代人类的稚拙和希冀。历史流淌了千年、万年，逝去的人们永远沉默，然而记录在岩石上的图像却还在诉说着远去了的生命喧腾。"岩画作为古代先民记录在石头上的形象性史书，而成为历史文化的载体。从它一诞生就紧密地和人们的社会生活、生产、宗教、信仰等交织在一起，积淀蕴寓着先民火一般的炽烈、虔诚的情感、观念和心态"，本书作者盖山林如是说。

二十余年来盖山林全身心地投入了对岩画的研究：

1976 年至 1980 年，深入内蒙古阴山山脉狼山地区考察阴山岩画，总计行程达一万两千公里，发现岩画一万余幅，共临摹一千五百余幅；

1980 年至 1983 年，考察了阴山之北乌兰察布草原岩画，发现岩画数量与阴山岩画接近，与此同时还考察了贺兰山北端乌海市桌子山岩画；

1987 年考察了内蒙古西部阿拉善岩画和贺兰山岩画，临摹岩画一千幅以上；

在 80 年代，还考察了闽南华安、漳浦、龙海、东山、平和、云霄六县的岩画，江苏连云港将军崖岩画，广西明江、左江流域宁明、崇左、扶

绥、龙州四县岩画，以及美国得克萨斯州、科罗拉多州、蒙大拿州和加拿
大阿尔伯达省南部地区的岩画。

在当代中国岩画研究中，盖山林著作等身，是公认的岩画考察、研究
大家。

一部《草原寻梦》写出了他在内蒙古广漠草原上寻访岩画日日夜夜的
失望与希望、苦痛与欢乐，从而让读者看到一个学者从事研究工作的多棱
画面。盖山林加盟"中国边疆探察丛书"，是丛书幸事。

"我今后打算继续走自己没有走完的路，将岩画这一新的学科持续不
断地探索下去。"盖山林如是表达了心声。我们期待中国岩画研究的繁荣，
盖山林研究事业兴旺、后继有人！

### 《鲜卑石室寻访记》·主编手记

80 年代我任《民族研究》杂志兼职编辑，在 1982 年第 4 期上曾刊发
米文平撰《鲜卑石室所关诸地理问题》一文，我是该文的责任编辑。从
此，神秘的嘎仙洞与嘎仙洞的发现者与研究者在我记忆中留下深刻印象。
在为"中国边疆探察丛书"组织选题时，米文平和嘎仙洞是首批考虑并确
定的。我与米文平先生素不相识，老友刘凤翥教授示我，想找的人正在北
京，于是我们初识于刘凤翥的书房中。不久，我便收到了书稿。作者将四
探嘎仙洞的始末，放在揭开鲜卑历史千古之谜的大背景下娓娓道来，使我
们与作者一起经历了探求的艰辛、受挫的失落、成功的喜悦，而所有这一
切在严肃的学术论文中是无法传达的。本书不仅让人们了解到鲜卑石室发
现引起轰动的来龙去脉以及其学术研究的价值，同时也让人们进一步体察
到做学问是要有一点精神的。

### 《叩开辽墓地宫之门》·主编手记

辽朝是唐末五代时期契丹族建立的王朝。从耶律阿保机创立契丹国
始，至 1125 年为金朝所灭，共历 9 帝。辽朝全盛时期疆域，"东自海，西
至流沙，北临大漠"，"南至白沟"（《辽史》卷 2、卷 37），雄踞中国北
疆，凡 209 年，和北宋王朝同终。辽代墓葬、遗址的考古是中国考古界成
果卓著的领域之一。作者（盖之庸）虽年轻，但从事辽墓考古有年，成绩

不凡，本书即是他探察辽墓学术生涯的实录。从叩开庆陵地宫之门、辽墓珍宝甲天下、深埋地下的千年画宫，到沉睡千年的契丹女尸重返尘世，作者描绘了一幅又一幅辽墓考古中的生动场景，特别当我们面对亭亭玉立、栩栩如生的契丹女复原像时，田野考古虽是艰苦的同义词，但这苦中有乐，也尽在意中了。

### 《寻找被遗忘的王朝》·主编手记

白滨教授致力西夏史研究近 40 载，其间为寻访西夏史迹奔波于黄土高坡及中原大地，近年又远涉俄国探西夏之珍，本书即作者寻访实录。敦煌、黑城是西夏史迹的最重要处，作者用了较多笔墨；而域外圣彼得堡的西夏文献收藏，治史者知者有，详知者鲜，作者讲述了探珍亲历，兼及俄国同行专家在苏联解体后的生活、研究状况；又以"六记"形式将零散的西夏史料分类作了散文式的描述，可谓散而不乱。全书夹叙夹议，有景，有情，情景交融；文笔活泼生动，将史迹考察中的苦事、喜事、趣事、奇事写得有声有色，读来兴味盎然，又令人遐想深思。我与白滨教授相识、相知 30 余载，他知我策划《中国边疆探察丛书》，百忙中慨然应允参与著作，稿成，字迹工整有力，编排清新悦目，一如他的为人。

### 《无声的塔克拉玛干》·主编手记

塔克拉玛干沙漠仍保持着亘古以来的神秘感和诱惑力，19 世纪以来曾吸引了一代又一代中外的研究家和探险家。1992 年 10 月一批中外西域史研究家沿着塔克拉玛干沙漠转了半个圈，本书即是这次考察活动的实录。王嵘先生是此次考察的组织者之一，他以文学家特有的热情和研究家固有的执着，记录下了难忘的 20 多天的所见所闻、所思所想，既有古遗址前的学术思考，又有考察生活情与景的描述。我作为此次考察的组织者、领导者和参加者，有幸又成为本书的第一个读者，我愿意向更多关心新疆探察的朋友们推荐此书。无声的塔克拉玛干正在向人们招手，它正敞开自己神秘而又热情的胸怀，欢迎人们的到来。

### 《喜马拉雅寻觅》·主编手记

我的老友李坚尚踏入西藏研究之门三十余载。记得 1976 年他与另一位同志受民族研究所派遣进藏考察珞巴、门巴和僜人，曾在所内引起了不小轰动，因为当时研究工作尚未正式恢复，除了有一项外交部交办的"准噶尔问题研究"项目任务下达、工作启动外，研究工作是一片荒芜，研究人员还是在学习和劳动中打发时光，坚尚老弟由此踏上了考察、研究西藏民族的科研之路，虽历尽艰险，但硕果累累。

1995 年夏天，"中国边疆探察丛书"策划选题，落实作者，请坚尚老弟写一本西藏探察实录是我不变的目标之一。已是中国社会科学院民族研究所研究员的李坚尚，作为在国内外学界享有一定声誉的民族学家，研究任务繁重当不待言，但对我的执意约稿，却是慨然应诺，并如期送来了字迹娟秀的书稿。

作者向我们讲述了一个既遥远又亲近的故事。西藏这片神秘的土地，生活在西藏边远地区的珞巴、门巴和僜人，还有那全国唯一不通公路的墨脱县，确乎是太遥远了；可所有这些遥远的土地和人正是由我们身边熟悉的人亲历并写了出来。为了让我们认识这遥远，研究这遥远，坚尚付出了常人难以想象的辛苦。从这一意义上说，我的这些平凡和普通的友人，都是真正的勇敢者，真正的探索者。

有关西藏的研究著作，国内国外林林总总；有关西藏考察的实录，国外作者的作品汗牛充栋，但国内学者撰写的西藏考察实录并不多见。近年问世的《西藏墨脱的诱惑》，作者金辉是军旅作家；《走进墨脱》，作者曹华波是一位漂泊探险的信奉者和实践者；《最后的秘境——走进雅鲁藏布大峡谷》，作者王嵘、王东力父子是作家和摄影工作者。坚尚老弟作为学者为读者奉献了这本《喜马拉雅寻觅》，当以其学术的内涵和学者的深思吸引更多的读者来认识、来关注这片遥远的土地和生活在这片土地上的各族兄弟。

### 《西南访古卅五年》·主编手记

本人陋闻，但汪宁生先生大著《云南考古》不仅知且拜读过。"中国边疆探察丛书"拟选题时，汪宁生即是首选作者之一。承云南大学方铁先生穿针引线，我们建立了联系。自此之后，我去昆明，彼来北京，但天不从人愿，均失之交臂，无缘谋面。好在同行又属同代人，我们的心是相通的。诚如作者在自序中坦言："岁月蹉跎,30多年转眼而过。初来云南还算年轻,今已白发满头。毕生精力,悉耗于兹。为寻崖画,在沧源露宿荒山;为访彝家,在巧家险坠大江。深夜自思,此生如此辛苦,究竟所为何来?著书作文究有几人愿读?辄怅然若失。但回忆调查期间,得以遨游西南大地,饱览奇异景色,接触不同文化;若获新鲜材料,破解疑团,更有无限乐趣在!又觉此生并未虚度,可以无怨无悔。此种心境已非近年闭门造书以博头衔之时髦'学者'所能体会。"早已过了知天命之年的我,愿说:诚是矣!

## 《大江跨境前的回眸》·主编手记

策划、组织"中国边疆探察丛书"让我与黄光成研究员相识,1996年金秋季节我成为本书稿的第一读者。当时我在读书札记中如是写:"我是一口气读完此书稿,这在这套丛书的已见书稿中尚不多见,深深为作者在书稿中通过流畅的文笔,所展示的山川风情、民族民俗所吸引,也不时为作者心灵爆发的火花所震撼。"

是的,云南地处祖国西南,而云南的南部、西部更是名副其实西南的西南,其艳丽的自然风貌、多彩的民族风情,充满着神秘,有着无法抗拒的诱惑力,一直是研究者、探险者、旅游者关注的热点。

作者在澜沧江、怒江、红河来来回回,走村访寨,边行边思,从一个民族学家、社会学家、历史学家的视角,不仅描述了三江的山川景色,而且深入考察了生活在这块红土地的各族人民,他们的风俗、他们的历史、他们的今天。如作者言:"山里人的世界本身就是一首诗,就是一部充满了悲欢离合、具有离奇情节的小说,一部永远写不尽读不完的史诗。"我以为作者实现了自己写作的目标:"我要努力让读者看到一个原原本本的滇西、滇南和滇西南,哪怕只是点点滴滴、零零碎碎的一些片段。"

相信读者在读完本书后,会有同感!

## 《版纳絮语》·主编手记

曹成章先生是从事西双版纳地区史和傣族史的民族学家和社会学家,60年代至80年代,考察西双版纳二十余载,见闻丰富。他的《西双版纳傣族农奴制》和《傣族社会研究》首次论述了傣族农奴制社会和历史发展进程，为学坛瞩目。曹成章先生曾是与我同在民族研究所工作的同事，虽不在一个研究室，但在 60—70 年代下乡、下"干校"时，曾在一起，朝夕相处，接受"思想改造"，劳动锻炼，给我留下难忘印象。最近十余年虽不在同一研究单位，但此次丛书拟题时，我很自然想到了请他来写一本关于版纳考察的书。

在交通发达的今天，西双版纳对人们仍充满着诱惑。时光倒退十年，西双版纳对人们更多的是遥远和神秘，更不必说在 50 年代或 60 年代！从这一意义讲，作者当年不止一次实地考察西双版纳，行动的本身就意味着一种历险，一种奉献，何况作者在西双版纳并不是走马观花，而是扎扎实实地从事研究。相信读者从作者的记述中不仅可以体验到西双版纳的艳美，而且还可以体味到作为民族学家、社会学家工作的艰辛和走向成功之途的坎坷。

## "边地文化探踪丛书"① ·写在前面

中国边疆蕴藏着丰富的自然、人文资源，吸引着一代又一代中外人士到中国边疆考察。当时光流入 20 世纪下半叶时，由于国力昌盛、社会稳定，对边疆的考察日渐成为一种时尚。在众多的边疆考察者中有两类人士，他们的考察实践以及他们的考察精神，日益引起世人的兴趣和关注。

一类是可誉称为"漂泊者"的仁人志士群体。他们在徒步走遍祖国山山水水的征程中，表现出一种不畏任何艰难险阻，勇于向严酷自然和生命极限挑战的大无畏精神，选择的是肉体的苦难，获取的则是心灵的自由。他们中有壮士中华行、最后长卧罗布荒漠的余纯顺，有万里海疆第一走的刘华，有自称是一群"疯子"、坚持孤身步行四方的曾哲、范春歌、曹华波、尚昌平、孙心圣诸位……只要世界上有路，就有上路的。有天职在，就有听从召唤的。有死神在，就有敢去赴约的。正是抱着这样的信念，他们走上了奇特

---

① 本书系为 2000 年由新疆人民出版社"边地文化探踪丛书"所写。丛书主编马大正。丛书共出版 5 种：胡文康、王炳华《罗布泊———一个正在解开的谜》，胡文康《走进塔克拉玛干》，齐东方《走进死亡之海》，唐戈《在森林在草原》，马大正《海角寻古今》。

的边疆考察之路。我们姑且将这一类边疆考察，称为漂泊探险。

另一类则可称为文化考察。大批从事边疆研究、民族研究的历史学家、考古学家、地理学家、民族学家、人类学家、社会学家……他们几年如一日的边疆学术考察和人类文明探踪，无疑比一般探险更具雅趣、境界和魅力，然而却鲜为人知。他们无私奉献于崇高的科学事业，唯无暇顾及自身学术、文化探踪活动的披露。且不说他们每个人的经历，都可能是一首充满激情的诗，一部曲折而不平凡的小说。单是那多彩的考察生活，那深深陶醉于大自然的情趣，那孜孜求索文明源头的匠心，那归途远眺中的联翩思考，就足以引常人入胜境，然而他们却视为平常。或许正是这种以平常心看待自身非凡经历的雍容气度，更能激荡起常人的渴望先睹和心往神驰。

瑞典大探险家斯文·赫定让世人了解自己探险生活的努力值得人们称赞。每当斯文·赫定结束一次探险后，除了撰写洋洋数十万言的考察报告外，都及时写出一部深入浅出、引人入胜的考察记，他的一册《亚洲腹地旅行记》与斯坦因《西域考古记》并称为"中亚二记"，问世以来被译成多种文字，风靡世界，倾倒了几代中外读者。我国史学大家翦伯赞先生手笔一篇《内蒙访古》，才华横溢、格调高昂、别有韵致，常年列入中学语文教学范文，感染、激动了一代代少年稚心。

当代中国学者的边疆考察实践远远超越了前辈，众多研究成果令世人瞩目，但他们的考察生涯尚鲜为人知。筹划、出版一套由边疆文化考察实践者撰写自己考察生涯的"边地文化探踪丛书"，以开掘这一宝贵的精神文化资源，是十分必要的，也是非常适时的。

"边地文化探踪丛书"，之所以定名边地，除了习惯上的边疆地区外，还将包括青海、宁夏、贵州等极具特色的边远之地；而文化探踪的定名，意在突出考察的文化内涵和作者的学者背景，以与漂泊探险的实践者和相关作品相区别。

"边地文化探踪丛书"将邀请当代具有边疆文化探察亲身经历的学者参加撰写工作。

"边地文化探踪丛书"倡导严谨的科学文化内涵与优美生动的语言表达方式二者间的完美结合：对学者来说，它是有价值的科学考察报告；于广大读者而言，则是充满智慧、充满新奇的通俗科学珍品。特别是书中丰富的图片与流畅的文字交相辉映，更使本套丛书独具风格，别有洞天。

我们希望"边地文化探踪丛书"不仅成为致力于边地文化考察实践者共同的园地，也能为更广大的读者所接受、所喜爱。

让学术走向大众，让大众了解学术。

让文化充满雅趣，让大众在雅趣熏陶下揭谜心醉。

若如此，具有悠久传统且成果卓著的边疆探察真正走向繁荣也就为时不远了。这也是本丛书追求的旨趣。

1998 年 8 月 8 日

于北京·中国边疆史地研究中心

## "中国大探险丛书"① ·前言

19 世纪中叶以后，在日趋腐朽的清王朝统治下，中国危机四伏，清朝统治者既无法缓和国内阶级矛盾，也无力抵抗外国侵略者的入侵，强盛一时的清王朝的衰亡已不可逆转。与此同时，西方列强在对海外殖民地分割完毕之后，又掀起了一股世界性的考古探险热潮。在加紧侵华的大背景下，众多的外国传教士、学者、商人、官员以及形形色色的冒险家纷纷涌入中国，进行考察和探险。他们每个人所抱的目的不同，方法各异，但正是在这些探险考察活动中，他们为后人留下了一批考察报告、探险实录、相关札记和游记。今天，人们面对这样一份值得研究的历史资料应如何正确认识和利用呢？

首先，有相当一部分的考察报告是当时的现场实录和实地测量的第一手材料，尤其对那些一经破坏性发掘后即被西方殖民者洗劫一空或历经战乱已荡然无存的中国古代文化遗迹来说，这些记录就越显珍贵，对相关学科的研究有着基础材料的重要价值。

其次，大量的札记、游记类作品中，尽管有的因作者政治观点和立场

---

① 该丛书 2001 年云南人民出版社出版。马大正和耿昇同为丛书主编。

不同，带有浓厚的殖民色彩，有的因行色匆匆，道听途说，对事物的认识有很大的片面性和局限性，但由于作者是当事人或同时代人，他们的亲身经历、耳闻目睹，对当时当地的社会风貌、民族民俗、宗教、地理以及重大历史事件所进行的描述和记录，仍为人们从一个侧面了解历史提供了具有研究参考价值的史料。

最后，19 世纪至 20 世纪中期，外国探险家们在中国的考察活动，曾是西方列强进行殖民侵略的一项内容。因此作者在记述中有意无意都涉及对中国主权的损害，有的更直言不讳对中国资源、文物的劫掠和盗窃，这就为帝国主义侵华史中那段令国人深感屈辱痛心的历史留下了真实的记录。

长期以来，这些相关著作或因深藏国内外书库而难以觅见，或因涉及多种文种而不易为人们阅读，难以为研究者所利用，更无法进入广大读者的阅读视野，成了迫切需要利用此类图书的研究者和关心此类题材读者的遗憾。在云南人民出版社的鼎力支持下，我们推出"中国大探险丛书"正是为弥补这种缺憾，为让更多的读者利用这份历史资料创造条件。

"中国大探险丛书"选题范围以 19—20 世纪上半叶外国来华各类人士所撰的报告、游记、笔记为主，包括整个中国的范围，侧重于中国的西部；

"中国大探险丛书"只收探险者本人亲历纪实，内容力求客观、真实，并兼顾知识性和可读性；

"中国大探险丛书"译文力争信、达、雅，一般不作删改，以保持原作风貌；

"中国大探险丛书"每种选题均邀请译者或专家撰写一篇导读性前言，以帮助读者了解作者生平、著作写作背景以及本书的价值所在。

外国探险家有关中国的考察实录近年汉译本已不在少数，我们由衷希望本丛书能为读者扩大阅读面提供一个新的侧面。

果若如此，斯愿足矣！

2001 年 3 月 31 日

于北京·中国边疆史地研究中心

# "民国边疆游记新读丛书"[①]　·前言

　　中国边疆是统一多民族国家长期发展的历史产物。正如中国边疆发展经历了一个漫长的历史过程一样,中国边疆研究也经历了一个漫长的发展过程,可以说是源远流长。但中国边疆研究的兴盛,则是近代以后的事。鸦片战争之后,资本主义列强用鸦片和大炮敲开了闭锁的清帝国大门,一系列不平等条约的签订导致西北、东北、西南边疆相继出现严重危机,以魏源、何秋涛、夏燮、梁廷楠、徐继畬、曹延杰等为代表的具有爱国主义思想的学者深感大清帝国国运日落,为抵御外侮、巩固边防,乃发愤潜心于边疆研究,一时成为时尚,形成了近代中国学术史上边疆研究的第一次高潮。他们的著作至今仍不失为警世之作。这一研究发展的势头至清末而不衰。

　　进入20世纪后,中国边疆研究大致经历了三个发展阶段:从20世纪初至40年代末,中国边疆研究逐渐实现由近代发展阶段向现代发展阶段的过渡后,又出现了始于20年代末的中国边疆研究新的研究高潮;1949年中华人民共和国成立后,大陆的中国边疆研究进入了一个新的发展阶段,这时的中国边疆研究在指导思想的转变、研究重点的转移、研究成果的分布和某些研究禁区的形成等方面均出现了新的局面;80年代以后,解放思想、实事求是与百花齐放已成为中国边疆研究进入新的发展阶段的重要特征。至于1949年以后,台湾省史学界的中国边疆研究,无论是研究成果,还是资料收集与整理,在并不理想的客观环境制约的条件下,沿着前辈学者开创的边政研究的格局,有所前进,有所创新,他们的众多成果成为中国边疆研究总成果的不可分割的组成部分,为人们所关注。

　　当人们将视线定格于20世纪上半叶,特别是1911年至1949年民国时期的中国边疆研究时,不难发现一大批接受资产阶级史学研究理论和方法的中国学者,痛心于深重的民族危机,希冀通过边疆研究,激发国人之爱国热忱,他们像矻矻播种的耕夫,取得了令人瞩目的收获;当时还相继

---

　　① 本丛书1998年由民族出版社推出,丛书主编马大正第一本是《国民政府女密使赴藏纪实——原名〈康藏轺征〉》,但丛书只出了一种,余下选题因种种原因未能出版。

成立了第一批有影响的边疆研究的学术团体和机构，在组织和推动中国边疆研究上起了开创性作用。在相对集中的时间里，出现了这么一批研究群体和众多学者就是发展的明显标志，用群星灿烂形容 20—40 年代中国边疆研究并不为过。当时大量的研究成果，尽管有种种不足，有些观点也未必尽善，但在中国边疆研究中的承前启后的历史地位是显而易见的，只要我们拂去这些成果上的历史尘埃，它们仍能被我们所借鉴和吸收。

追寻民国时期中国边疆研究发展轨迹的工作很多。在宏观上，我们可评述当时中国边疆研究发展的成就与不足；在微观上，可研究学者、学术团体等个体学术活动的成败得失。就个体而言，我们应下大气力总结每个人的学术成就与不足，调查学人的学术生涯，以便获得生动和丰富的感性认识，从而使我们对学人的评述更鲜活、更完整、更有立体感。

读万卷书、行万里路是中国边疆研究的优良传统，从书本和社会实践两个方面获取知识，进而推动学术进步也是 20 世纪前半叶中国边疆研究取得进步发展的重要因素。进行边疆实地考察较在书斋中研究有更多的困难与条件限制，因此实践起来就十分不易了。我们还必须注意到面临世纪之交，在怀旧情结蔓延的同时，对边疆地区的关注日益成为一种时尚，而边疆的历史、民族、民俗等确有难以抵挡的独特魅力。正是因为边疆实地考察研究得之不易，以及边疆所特有的吸引力，所以通过学者艰苦努力而实现的边疆考察，以及撰写的考察报告和旅行记是这一时期众多成果中颇具特色的一个特殊门类而为今人所关注。

我们着力并呈放在读者面前的"民国边疆游记新读丛书"（以下简称"丛书"）正是基于上述认识而开展的诸多工作中的一个组成部分。

"丛书"选择民国时期有代表性的边疆游记，在力求保持原貌的基础上进行整理，并在保留原题名的同时，另拟一题名以期引起更多读者的关注；

"丛书"对每本入选游记，邀请整理者撰写导读，对作者经历、游记背景；以及价值试作阐述；

"丛书"按辑推出，每辑尽量照顾边疆地区的覆盖面。

在结束本文之时，我愿引述我国著名学者、中国边疆研究先行者之一顾颉刚先生说过的话："九层之台，起于累土；千里之行，始于足下；这是颠扑不破的名言。我们现在所应自问自责的，就是我们有没有把这一畚一畚的泥土堆积起来，有没有向着目的地开步走去。至于九层之台和千里之行的最终成就，那是几年或十年之后的事情，甚而至于是数世之后的事情，我们工作的人固然不必性急，就是旁观的人也不必为我们着急，真实的工作是没有侥幸成功的，也决不会在短时期内就完工的。"① 前辈虽逝，其哲言有裨后人。

我们更希望，本"丛书"能冲出学人的"象牙之塔"，为更广大的读者所认同、所接受。

1998 年 3 月

## "中国边疆探察与研究翻译丛书"② ·序

"中国边疆探察与研究翻译丛书"出版在即，主编建英嘱我为丛书作序。这些年来外国各界人士有关中国边疆探察著作的翻译和研究一直为我所关注，并形成了一些想法，故想借此序文篇幅略做记述，与读者共享。

中国边疆是统一多民族国家长期发展的历史产物，中国边疆研究也经历了一个漫长的发展过程，可以说是源远流长。在中国边疆研究的发展进程中，边疆考察和对边疆探察的研究，始终是研究的一个热点。在中国边疆研究大发展的今天，边疆探察史的研究理应有一个大的发展。

资料的收集是研究深入的基础，以下就资料的收集与积累，抒愚见三端：

愚见之一：

边疆考察的资料收集，人们首先想到的是 19 世纪以来外国人的记录。

19 世纪中叶以后，在日趋腐朽的清王朝统治下，中国危机四伏，清朝统治者既无法缓和国内阶级矛盾，也无力抵抗外国侵略者的入侵，强盛一时的清王朝的衰亡已不可逆转。与此同时，西方列强在对海外殖民地分割完毕之后，又掀起了一股世界性的考古探险热潮。在加紧侵华的大背景

---

① 顾颉刚：编后记，《禹贡》第 1 卷第 2 期，1934 年。
② 本丛书将由社会科学文献出版社出版。

下，众多的外国传教士、学者、商人、官员以及形形色色的冒险家纷纷涌入中国，进行考察和探险。他们每个人所抱的目的不同，方法各异，但正是在这些探险考察活动中，他们为后人留下了一批考察报告、探险实录、相关札记和游记。今天，人们面对这样一份值得研究的历史资料应如何正确认识和利用呢？

首先，有相当一部分的考察报告是当时的现场实录和实地观察的第一手材料，尤其对那些经破坏性发掘后即被西方殖民者洗劫一空，或历经战乱已荡然无存的中国古代文化遗迹来说这些记录就越显贵，对相关学科的研究有着基础材料的重要价值。

其次，大量的札记、游记类作品中，尽管有的因作者政治观点和立场不同，带有浓厚的殖民色彩，有的因行色匆匆，道听途说，对事物的认识有很大的片面性和局限性，但由于作者是当事人或同时代人，他们的亲身经历、耳闻目睹，对当时当地的社会风貌、民族民俗、宗教、地理以及重大历史事件所进行的描述和记录，仍为人们从一个侧面了解历史提供了具有研究参考价值的史料。

最后，19 世纪至 20 世纪中期，外国探险家们在中国的考察活动，曾是西方列强进行殖民侵略的一项内容。因此作者在记述中有意无意都涉及对中国主权的损害，有的更直言不讳对中国资源、文物的劫掠和盗窃，这就为帝国主义侵华史中那段令国人深感屈辱痛心的历史留下了真实的记录。

长期以来这些相关著作或因深藏国内外书库而难以觅见，或因涉及多种文种而不易为人们阅读，难以为研究者所利用，更无法进入广大读者的阅读视野，成了迫切需要利用此类图书的研究者和关心此类题材读者的遗憾。

20 世纪 90 年代由新疆人民出版社出版的"西域探险考察大系"① 和

---

① 1992 年以来已出刊 15 种。计有：［瑞典］斯文·赫定《亚洲腹地探险八年（1927—1935）》《丝绸之路》《罗布泊探秘》《游移的湖》《我的探险生涯》，［瑞典］沃尔克·贝格曼《新疆考古记》，［瑞典］贡纳尔·雅林《重返喀什噶尔》，［英］凯瑟琳·马嘎特尼、戴安娜·西普顿《外交官夫人的回忆》，［德］阿尔伯特·冯·勒柯克《新疆的地下文化宝藏》，［丹麦］亨宁·哈士伦《蒙古的人和神》，［日］橘瑞超《橘瑞超西行记》，［美］兰登·华尔纳《在中国漫长的古道上》，谢彬《新疆游记》，马大正等主编《西域考察与研究》《西域考察与研究续编》。2013 年新疆人民出版社再版该书，增到了 30 种。

《亚洲探险之旅》①，云南人民出版社出版的"中国大探险丛书"②，商务印书馆和中国旅游出版社出版的"世界著名游记丛书"③，以及广西师范大学出版社推出的《西域考古图记》等为研究深化提供了大量第一手资料。

愚见之二：

20 世纪 20—40 年代中国人所撰写的边疆考察记不应被遗忘。

当人们将视线定格于 20 世纪上半叶，特别是 1911 年至 1949 年民国时期的中国边疆研究时，不难发现一大批接受资产阶级史学研究理论和方法的中国学者，痛心于深重的民族危机，希冀通过边疆研究，激发国人之爱国热忱，他们像矻矻播种的耕夫，取得了令人瞩目的收获；当时还相继成立了第一批有影响的边疆研究的学术团体和机构，在组织和推动中国边疆研究上起了开创性作用。在相对集中的时间里，出现了这么一批研究群体和众多学者就是发展的明显标志，用群星灿烂形容 20—40 年代中国边疆研究并不为过。当时大量的研究成果，尽管有种种不足，有些观点也未必尽善，但在中国边疆研究中的承前启后的历史地位是显而易见的，只要我们拂去这些成果上的历史尘埃，它们仍能被我们所借鉴和吸收。

追寻民国时期中国边疆研究发展轨迹的工作很多。在宏观上，我们可评述当时中国边疆研究发展的成就与不足；在微观上，可研究学者、学术团体等个体学术活动的成败得失。就个体而言，我们应下大气力总结每个学人的学术成就与不足，调查学人的学术生涯，以便获得生动和丰富的感性认识，从而使我们对学人的评述更鲜活、更完整、更有立体感。

读万卷书、行万里路是中国边疆研究的优良传统，从书本和社会实践

---

① 1998 年以来已出刊 9 种，计有［瑞典］斯文·赫定《失踪雪域 750 天》，［俄］普尔热瓦尔斯基《走向罗布泊》《荒原的召唤》，［日］河口慧海《西藏秘行》，［日］大谷光瑞等《丝路探险记》，［英］扬哈斯本《帕米尔历险记》，［英］阿托金逊《横跨亚洲大陆》，［法］多隆《彝藏禁区行》，［法］邦瓦洛特《勇闯无人区》等。

② 2001 年以来已出版 4 种，计有：［法］伯希和等《伯希和西域探险记》，［法］亨利·奥尔良《云南游记》，［英］阿奇博尔德·约翰·立德《扁舟过三峡》，［俄］米·瓦·阿列克谢耶夫《1907 年中国纪行》。

③ 2015 年始商务印书馆与中国旅游出版社出版了三辑，第一辑"一带一路经典游记"，第二辑"近代中国看世界"，第三辑"明清外国人看中国"，共收选了 30 种历代中外人士撰写的可称为经典的游记。

两个方面获取知识，进而推动学术进步也是 20 世纪前半叶中国边疆研究取得进步发展的重要因素。进行边疆实地考察较在书斋中研究有更多的困难与条件限制，因此实践起来就十分不易了。我们还必须注意到随着新世纪的曙光普照人间，在怀旧情绪蔓延的同时，对边疆地区的关注日益成为一种时尚，而边疆的历史、民族、民俗等确有难以抵挡的独特魅力。正是因为边疆实地考察研究得之不易以及边疆所特有的吸引力，所以通过学者艰苦努力而实现的边疆考察，以及撰写的考察报告和旅行记是这一时期众多成果中颇具特色的一个特殊门类而为今人所关注。

这些年由民族出版社出版的"民国边疆游记新读丛书"①，宁夏人民出版社出版的"走进大西北丛书"②，新疆人民出版社出版的"探险与发现丛书"③，中国国际广播出版社出版的"西北史地"丛书第一、第二、第三辑④等，填补了民国时期边疆探察实录不易得的空缺。

愚见之三：

组织新中国的边疆学者撰写有特色的边疆考察实录，尤应重视。20世纪下半叶，新中国的边疆研究者，沿着先辈的足迹，进行了更深入、范围更广的边疆考察，大批从事边疆研究、民族研究的历史学家、考古学家、地理学家、民族学家、人类学家、社会学家……他们无私奉献于崇高的科学事业，无暇顾及自身学术、文化探踪活动的披露。且不说他们每个人的经历都可能是一首充满激情的诗，一部曲折而不平凡的小说，单是那多彩的考察生活，那深深陶醉于大自然的情趣，那孜孜求索文明源头的匠心、那归途远眺中的联翩思考，就足以引常人入胜境，然而他们却视为平常。或许正是这种以平常心看待自身非凡经历的雍容气度，更能激荡起常人的渴望先睹和心往神驰。

瑞典大探险家斯文赫定让世人了解自己探险生活的努力值得人们称

---

① 1998 年以来出版 1 种，马大正主编《国民政府女密使赴藏纪实》。

② 2000 年以来已出版 4 种，计有：徐旭生《徐旭生西游日记》，蒋经国《伟大的西北》，萨空了《从香港到新疆》，林鹏侠《西北行》。

③ 2000 年以来已出版 9 种，其中三册是国人很少见到的天涯游子《人在天涯》，黄汲清《天山之麓》，陈赓雅《走进西部》。

④ 其中第二辑有《西行见闻记》《西北考察日记》《甘青藏边区考察记》《新疆游记》；第三辑有《西征续录》《辛卯侍行记》《河海昆仑录》。

赞。每当斯文赫定结束一次探险后，除了撰写洋洋数十万言的考察报告外，都及时写出一部深入浅出、引人入胜的考察记，他的一册《亚洲腹地旅行记》与斯坦因《西域考古记》并称为"中亚二记"，问世以来被译成多种文字，风靡世界，倾倒了几代中外读者。我国史学大家翦伯赞先生手笔一篇《内蒙访古》，才华横溢，格调高昂，别有韵致，常年列入中学语文教学范文，感染、激动了一代代少年稚心。当代中国学者的边疆考察实践远远超越了前辈，众多研究成果令世人瞩目，但他们的考察生涯尚鲜为人知。筹划、出版由边疆文化考察实践者撰写自己考察生涯的边疆考察实录丛书，在我心中非今日始。最早萌发是在"文化大革命"时期，翻阅瑞典探险家斯文赫定《亚洲腹地旅行记》和俄国地理学家奥尔洛莫夫《在中央亚细亚荒漠》之后。

进入 80 年代，自己也获得了边疆考察的实际经历，尤其是在近几十年研究实践以及国内外同行交往中，我愈发认为，中国学者的边疆考察实践以及取得的成绩，应该通过一种较通俗的形式让更多的读者了解。1993年，我应邀东渡扶桑，到福冈参加国际丝绸之路学术研讨会，我在大会上以及会后到京都龙谷大学以自己的新疆考察经历做的学术报告，在日本同行中引起的反响，在我心中引起了强烈震动，从而更坚定了自己的信念。20 世纪 90 年代以后，在山东画报出版社和新疆人民出版社的热忱支持下先后主编了"中国边疆探察丛书"① 和"边地文化探踪丛书"②，获得了同行的首肯和广大读者的热情反响。实现了让学术走向大众，让大众了解学术的预期目标。

1999 年中共中央党校出版社也推出了"中国西部探险丛书"③，近年单本的学者边疆考察实录更如百花争艳，目不暇接。

在国力昌盛、社会稳定、旅游兴起的今天，对边疆的关注和考察日渐

---

① 1997 年以来已出版了 12 种，计有：马大正《天山问穹庐》，白滨《寻找被遗忘的王朝》，汪宁生《西南访古卅五年》，王嵘《无声的塔克拉玛干》，米文平《鲜卑石室寻访记》，李坚尚《喜马拉雅寻觅》，黄光成《大江跨境前的回眸》，盖山林《草原寻梦》，曹成章《版纳絮语》，魏国忠等《谜中王国探秘》，顾德清《1982—1985 探访兴安岭 猎民生活日记》。

② 1998 年以来已出版 5 种，计有：马大正《海角寻古今》，胡文康《走进塔克拉玛干》，胡文康、王炳华《罗布泊——一个在解开的谜》，齐东方《走进死亡之海》，唐戈《在森林在草原》。

③ 1999 年以来已出版 4 种，计有：杨镰《最后的罗布人》，奚国金《罗布泊之谜》，夏训诚、胡文康《与彭加木同行》，林梅村《楼兰——一个世纪之谜的解析》。

成为一种时尚，在众多边疆考察的实践者中，除属于专业的文化考察者外，还有一类可誉称为"漂泊者"的仁人志士群体。他们在徒步走遍祖国山山水水的征程中，表现出一种不畏任何艰难险阻、勇于向严酷自然和生命极限挑战的大无畏精神，选择的是肉体的苦难，获取的则是心灵的自由。他们中有壮士中华行、最后长卧罗布荒漠的余纯顺，有万里海疆第一走的刘华，有自称是一群"疯子"、坚持孤身步行四方的曾哲、范春歌、曹华波、尚昌平、孙心圣诸位……只要世界上有路，就有上路的。有天职在，就有听从召唤的。有死神在，就有去赴约的。正是抱着这样的信念，他们走上了奇特的边疆考察之路。我们姑且将这一类边疆考察，称为漂泊探险。①

漂泊探险者的作品近年出版极多，长春出版社出版的"漂泊者之旅丛书"②，天津教育出版社出版的"在路上、漂泊笔记丛书"③ 是集中收集这一类探险者探察心路的结集。上述作品与众多记者、作家撰写的边疆游记的散文、随记均从另一个视角为边疆探察积累了资料，而应予重视。

上述三端当然不是边疆探察资料收集的全部，诸如相关档案文献的整理也是一个十分重要的方面，对此，新疆维吾尔自治区档案馆开了一个好头，《近代外国探险家新疆考古档案史料》的出版④，填补了相关内容的空白。

"中国边疆探察与研究丛书"重点选择19世纪以来外国探险家撰写的有关中国边疆地考察的实录，内容涵盖了中国边疆地区地理、政治、军事、经济、文化、艺术、民族、民俗、考古、动植物等方面。这些著作时至今日都是不可多得的历史遗产，也是我们深化中国边疆地区研究的重要史料，至于众多国外学人撰写有关中国边疆的研究著作，也都有可供借鉴之处。

---

① 参阅马大正《当代中国边疆研究（1949—2014）》，中国社会科学出版社 2016 年版，第445—458 页。

② 1997 年以来已出版 5 种，计有：曾哲《西路无碑》，范春歌《独守苍茫》，曹华波《走进墨脱》，尚昌平《荒原有爱》，孙心圣《十年旅痕》。

③ 1999 年以来已出版 6 种，计有：曾哲《离别北京的天》，刘湘晨《太阳之下》，肖长春《与江河一道》，阿坚《平原动物上高原》，常征《骑马找马》，施晓亮《苦行九州》。

④ 《近代外国探险家新疆考古档案史料》，新疆美术摄影出版社 2001 年版。

　　值得指出，丛书各册的译者为了给读者提供高质量的出版物，为将译著原汁原味保持原著风貌呈现给读者付诸了心血，主编对每一部译著又加撰了研究性导读，大大增强了丛书的学术水准。

　　总之，"中国边疆探察研究与翻译丛书"的出版是一件值得让关心中国边疆、关注中国边疆研究的读者庆幸的事，我愿借此序文为主编点赞、为译者点赞、为出版者——社会科学文献出版社点赞！

　　期许"中国边疆探察研究与翻译丛书"能为读者喜欢！

　　是为序！

2018 年 11 月 20 日

于北京自乐斋

# 三　新疆研究

## "新疆屯垦研究丛书"[①]·总序

新疆地处西北边陲，有着悠久的屯垦戍边历史。自西汉开始，新疆屯田成为历代中央王朝治理新疆政策的主要内容。至清代，新疆屯垦成为历代中央王朝屯垦戍边的集大成时期。

历代王朝在新疆屯垦主要特点，可概括如下：

一是时间长。西汉在西域屯垦 113 年，东汉在西域屯垦 128 年，魏晋两朝在西域屯垦共 96 年，十六国和北朝各代在西域屯垦时间较短，隋朝在西域屯垦时间只有 10 年，唐朝在西域屯垦有 160 多年，五代和宋明两朝在西域没有屯垦，元朝在西域屯垦只有 20 年，而清朝在西域屯垦，从 1716 年开始，到 1911 年清朝崩溃，共经历了 195 年，是中国历史上在西域屯垦时间最长的朝代。

二是范围广。清朝在西域的屯垦，东起哈密的塔勒纳沁，西到喀什噶尔，南抵和田的昆仑山麓，北到额尔齐斯河以北的阿尔泰。24 个屯区，分布面广。其中天山以北有巴里坤、木垒、奇台、吉木萨尔、阜康、乌鲁木齐、昌吉、呼图壁、玛纳斯、库尔喀喇乌苏、精河、伊犁、塔尔巴哈台和阿尔泰 14 大垦区；天山以南有哈密、吐鲁番、喀喇沙尔、库车、阿克苏、乌什、巴尔楚克、喀什噶尔、叶尔羌与和田 10 大垦区。它们遍布准噶尔盆地和塔里木盆地周缘。

---

① 本丛书 2011 年由中国农业出版社出版。

三是人数多。西汉在西域屯军有 2 万余人，东汉的屯军有 5000 人，魏晋十六国和北朝时的屯军 2000 余人，元朝在西域的屯垦军民达 5.7 万余人，五代和宋明两朝，因没有屯垦故无屯军。清朝前期在西域屯丁共有 12.67 万人。

四是种类全。清朝以前在西域的屯田，主要是军屯。两汉时期，以军屯为主，只有少量的民屯和犯屯。魏晋两朝时期，以军屯为主，其次是民屯；隋朝时，主要是军屯，其次是犯屯；唐朝时，以军屯为主，其次有民屯和犯屯；元初时，主要是军屯，其次是民屯。清朝在西域的屯田，不仅兴办了军屯、民屯和犯屯，而且增加了历史上所未有的旗屯、商屯和回屯。各种屯垦的规模，也都超过以往各代在西域的屯垦。

五是民屯为主。清朝以前，各朝在西域的屯田，主要是军屯，屯垦的主力都是从内地调往西域的边防军。清朝在西域屯垦的骨干和核心，也是在西域戍边的军队，但清朝在西域屯垦的主力不是军队，而是各族民众。清朝军屯只为民屯扫清了道路，创造了条件，后来部分军屯转成民屯，民屯成了西域最主要的屯田形式。

六是各朝的战略重点决定屯垦的区域。西汉以来，历代在西域的屯垦，主要分布在天山以南各绿洲，天山以北地区屯垦很少，即如唐朝，11 个大垦区中，天山以南也占了 6 个，当时三大屯垦中心中，龟兹、西州都分布在天山以南。由于历代政府长期集中在天山以南地区屯垦，更强化了新疆南农北牧的区域经济发展格局。清朝开始重在天山以北屯垦，这是由清朝政府统一西域的战略大局决定的。清朝政府在天山以北长期布防军队，这批驻防大军需要大量军粮，因此清朝政府把屯垦重点放在天山以北的准噶尔盆地也就是自然而合理的选择。

纵观 2000 余年新疆屯垦史，可以得出以下结论：屯垦兴，则边境宁，西域兴；屯垦衰，则西域乱，外患内忧，民不聊生。明代思想家李贽说，屯田是千古之策，这是古人对国家治理和发展的历史思考，是治国安邦之千古名言。

中华人民共和国成立以来，国家十分重视新疆的屯垦开发和建设，1955 年成立了新疆军区生产建设兵团（后改为新疆生产建设兵团）承担新时期屯垦戍边任务。新疆生产建设兵团充分发挥了生产队、工作队、战斗队的作用，在发展经济、稳定社会、保卫边防方面，起到了不可替代的重要作用。

因此，探讨西汉王朝以来新疆屯垦的历史进程和成效，总结不同历史时期屯垦戍边的经验与教训，以及新疆生产建设兵团发展史，特别在新的历史时期面临的新挑战，都是值得进行深入研究的重大课题。

新疆屯垦研究既是学术领域的理论探讨，也是在新的历史时期完善兵团、发展兵团的应用研究。作为兵团高校的石河子大学，是国家"211工程"重点建设高校，始终秉承"以兵团精神育人、为屯垦戍边服务"的宗旨，新疆屯垦研究始终是学校发展的重点方向，也是特色研究领域。所以，石河子大学在"211工程"重点学科中组织规划出版《新疆屯垦研究文库》，是非常必要和及时的。这不仅是建设"211工程"重点学科、拓宽石河子大学屯垦研究的领域、积极推动理论创新和实践创新之需，也是进一步深化新疆屯垦戍边历史的相关研究、增强兵团促进地区发展和维护国家安全之举。

"新疆屯垦研究丛书"将倡导对下述重大问题展开研究：

一是，新疆屯垦研究。

毋庸置疑，以汉、唐、清为代表的中国古代中央王朝是屯垦新疆、开发新疆较有成效的时期，而在割据的魏晋南北朝、五代十国等历史时期，新疆屯垦仍然存在，只是屯垦规模和绩效有别。因此，对新疆屯垦进行纵向研究，仍有十分重要的意义。而且，对于相关屯垦资料，特别是考古发掘资料的充实，并在此基础上进行多学科交叉研究，才能在目前研究的基础上有新的发现。

二是，新疆屯垦历史相关的横向比较研究。

新疆屯垦的相关问题，涉及屯垦与西北边疆安全、屯垦移民与改善民族关系、屯垦与新疆社会文化发展、屯垦制度变迁与屯垦绩效等问题。首先，屯垦戍边成为西北边疆安全的战略屏障。在西方海上新航路开辟之前，历代中央王朝的主要威胁是北方及西北的游牧部落，新疆具有与草原文明迥异的绿洲生态环境，屯垦开发则成为保障部队供给、维护边疆稳定、促进国家统一的重大举措。所以，大凡在西域屯垦绩效显著者，就会出现国家一统而强盛的局面。随着世界局势的变化，特别是中亚重新成为大国势力角逐的地区后，引发广泛关注的非传统安全成为威胁国家安全的重要因素，如何充分发挥兵团党政军企的特殊组织的优势，应对传统安全和非传统安全的问题，有待于进一步深入研究；其次，自西汉屯垦以来，大量中原民众移民西域，成为新疆重要民族构成之一，在漫长的屯垦戍边过程中，各民族相互融合发展，成为新疆稳定发展的社会基础；其三，新疆屯垦制度改革发展与绩效关系研究。屯垦制度是上层建筑，是从屯垦实践中总结出来又指导于实践的规范形式。通过对历代屯垦制度变迁的研究，可以了解新疆屯垦制度变迁的方向和国家战略取向。从最初的保障军事供应到大规模移民屯垦开发新疆，制度的内涵日趋丰富。所以，探讨屯垦制度变迁的内外动力因素及其相应的军事、经济及其社会绩效，有待深入研究。

三是，当代兵团屯垦相关问题研究。

兵团是新中国成立以来成立的党政军合一的专门屯垦戍边组织，在成立后的五十多年时间里，兵团充分发挥了生产队、工作队和战斗队的作用。因此，总结兵团的发展经验、探讨西部大开发和国家战略西向背景下的兵团体制改革、增强兵团实力与履行屯垦戍边使命、新型团场建设及兵团建设与国家安全等问题，具有重要的现实意义。这些问题的深入研究，将为兵团处理好屯垦与戍边、特殊管理体制和市场经济、兵团和地方的关系的三大关系提供理论和实践经验借鉴，在此基础上将进一步促进兵团更好地发挥推动改革发展、促进社会进步的建设大军作用，发挥增进民族团结、确保社会稳定的中流砥柱作用，发挥巩固西北边防、维护祖国统一的铜墙铁壁作用。

总之，我们希望，"新疆屯垦研究丛书"能成为新疆屯垦研究成果展示的一个平台，能在为吸纳更多研究者和关心者参与新疆屯垦历史与现状研究队伍中来，起到良好的推动作用，既为繁荣学术尽力，也为兵团发展献策。

此乃众人之共同心愿矣！

是为序。

2010 年 4 月 25 日

北京·中国边疆史地研究中心

# 《吐鲁番社会变迁史》《吐鲁番宗教演变》<sup>①</sup> ·序

吐鲁番自古以来就是东西方文化交流重要通道，是各民族迁徙、聚居、交融，以及不同宗教文化汇聚、碰撞之地。季羡林先生曾说："世界上历史悠久、地域广阔、自成体系、影响深远的文化体系只有四个，即中国、印度、希腊和伊斯兰，再没有第五个……目前研究这种汇流现象和汇流规律的地区，最好的，最有条件的恐怕就是敦煌和新疆。"而吐鲁番正是新疆古代文化的一个缩影，汇聚了四大文化的精华。

今天新疆维吾尔自治区党委提出要发挥现代文化的引领作用，倡导新疆精神，在新疆实施"建设中华民族共有精神家园"宏大的系统文化工程之时，需要我们通过展开对新疆历史文化研究，不断对各民族精神家园的内涵加以丰富、发展。新疆维吾尔自治区政协选取以吐鲁番历史研究为切入点，2011 年启动了《吐鲁番社会变迁史——以近代西方人士在吐鲁番探险活动及所获资料为中心》（简称《吐鲁番项目》）的研究工作，两年来取得了可喜成绩，今值"吐鲁番项目"的阶段性成果《吐鲁番宗教演变》《吐鲁番社会变迁史》出版之际，写下感言三端：

## （一）资料收集，颇具特色

吐鲁番研究的资料，异彩纷呈，既有丰富的遗址、遗存，吐鲁番出土文书的整理和研究，更是中国吐鲁番学研究跃入一个新的阶段的标志。本课题在继承、吸纳已有学术积累的前提下，利用自身优势，独辟蹊径，将资料收集重点选定在收集散见于世界各地，特别是国外研究机构和私人的收藏。在不到二年时间里，课题组专家足迹遍及德国、瑞典、匈牙利、丹麦、芬兰等，收集了大量近代以来包括探险家在内的各界西方人士所拍摄的照片、影像资料，以及日记、游记、外交报告、回忆录等宝贵资料，形成课题系列成果的资料特色。

## （二）研究视野，多有创新

本书研究立足于吐鲁番社会变迁大主题，根据研究对象自身的地缘与

---

① 本书 2013 年由新疆科学技术出版社出版。

时代独特性，使其置身于中国历史、中西文化交流史的总体背景下，将丰富的文献资料和实地踏勘相结合，运用历史学和文化人类学的研究方法，梳理了吐鲁番两千多年来各个历史时期的社会变迁和宗教演变，其核心是不同时期、不同族群与不同宗教信仰者相互包容、并在对中华国家、文化认同的基础上相容共处。

《吐鲁番社会变迁史》将历史时期吐鲁番社会变迁分为六个不同时段进行阐述，即汉魏时期高昌屯戍士卒、世俗政治与社会，唐西州军镇体制与社会，回鹘高昌时期的社会形态，蒙古统治时期吐鲁番的社会形态，清前期吐鲁番的社会形态，近代吐鲁番社会变迁。

《吐鲁番宗教演变》分别对曾在吐鲁番流行过的宗教，如萨满教、祆教、佛教、道教、摩尼教、景教、伊斯兰教做了简洁明晰的个案描述，分析了吐鲁番宗教盛衰兴替的规律，进而指出吐鲁番宗教演变的特点，即宗教的世俗化、宗教的民族化与地域性。

上述成果不仅给读者以认识新疆社会变迁和宗教演变的知识，而更多是启迪热爱吐鲁番、热爱新疆、热爱中国的心智。

### （三）学人执笔知识读物的有益尝试

《吐鲁番社会变迁史》《吐鲁番宗教演变》执笔人陈国灿、杨富学两位先生，都是当今国内本领域研究的权威专家和一线学者，凭他们丰厚的学术积累、厚积薄发，用清晰的思维、明快的文笔，将两千年的吐鲁番的社会变迁和宗教演变向读者细细道来，再配以多彩的图幅，对受众而言实在是一种享受。为此我由衷感谢作者，感谢"吐鲁番项目"的总主持人黄昌元先生，以及为本书设计、论证、立项、运作付出辛劳的诸多无名英雄们，当然为他（她）提供可能的政协新疆维吾尔自治区委员会、自治区社科规划办，也是功不可没！

我呈请读者关注《吐鲁番社会变迁史》《吐鲁番宗教演变》的出版；我期待《吐鲁番项目》其他成果：研究论文、图录的面世，我更期待海外新疆（部分）历史文献资料展的如期举办。

是为序。

2013 年 2 月 12 日

于北京自乐斋

# 张安福主编"丝路丛书"① ·序

丝绸之路的探险发现，扩大了中国不同民族间的相互交流，也增进了东西方经济文化往来。从古代亚历山大东征、张骞出使西域，到近代的地理大发现，都为人类扩大活动空间、提高认知水平奠定了基础。

法显，东晋高僧。时佛教传入中国已有数百年，但由于最初传入的经籍篇章不甚完整，或者翻译失真，自三国曹魏以来即产生了"西行求法运动"。誓志寻求完整经书的法显毅然决定西行求法，他从长安出发，沿途经过乾归（今西宁）、金城（今兰州），出河西走廊的张掖、敦煌，到达鄯善国（今若羌）、焉夷国（今焉耆），继而穿越塔克拉玛干沙漠至于阗国（今和田），往西北越葱岭，最终进入天竺。从出发至归来，前后十四年之久。法显以六十五岁的高龄翻山越岭求取真经，成为文献记载中我国第一个到达古印度并带回佛教经典之人。他从天竺带回的佛教经籍深合当时佛教发展的需要，同时基于自己十多年的求法经历所撰写的《佛国记》，记录了当时西域、天竺多地的风土民情与宗教发展状况，弥补了天竺历史文献记载的不足，成为重塑印度历史的重要史料来源。

玄奘，唐朝著名僧人，生于洛阳偃师缑氏镇。唐朝建立后，玄奘在长安遇到了来自印度的高僧，深受启发，随着对佛学的深入学习，他意识到中原流传的佛教经典错讹较多，便决意西行印度求法。然而由于唐室初建，不允许普通士人出关。直到公元627年，长安城遭遇霜灾，朝廷允许灾民四处就食，玄奘这才混在外出逃难的民众离开了长安。玄奘经过河西走廊，偷渡玉门关，越八百里莫贺延碛，九死一生进入伊吾（今哈密）。继而从伊吾前往高昌（今吐鲁番），结识了对他情深义重的高昌王麴文泰，后者对其提供了巨大的支持。玄奘离开高昌国继续西行，从别迭里山口翻越天山支脉凌山，沿热海道前往碎叶（今吉尔吉斯斯坦首都比什凯克以东的托克马克市附近），后穿过西突厥统治范围下的中亚诸国，翻过兴都库什山，进入北印度。从此开始了在印度长达十余年的求学之旅。公元645

① 本丛书2020年由广东人民出版社出版。丛书共三册：《法显西行》《玄奘之路》《唐蕃古道》。

年，玄奘回到长安。此时的唐朝佛法正兴，取经归来的玄奘受到了朝野的热烈欢迎，他从印度带回的六百五十七部手书梵语经文、佛陀塑像、画像及一百五十枚佛陀真身舍利，在长安供世人观赏，当时在洛阳的唐太宗李世民也给予了玄奘高规格的礼遇。在弟子辩机的协助下，玄奘依据自身西行印度的求法经历，完成了十万余字的《大唐西域记》，填补了当时关于西域历史记载的空白，使得世人能够一览 7 世纪中亚、印度的地理环境、风土人情和宗教信仰，也成为中印交往史上的佳话。

文成公主是唐朝入蕃和亲的公主。贞观十四年（640）松赞干布命大相禄东赞向唐朝求婚，唐太宗审时度势，将文成公主嫁与松赞干布。贞观十五年（641），唐太宗派江夏王李道宗护送文成公主入吐蕃。文成公主入蕃和亲揭开了唐蕃关系的新篇章，同时也使得连通汉藏两地的"唐蕃古道"出现了"金玉绮绣，问遣往来，道路相望，欢好不绝"的兴盛场景。据统计，自唐初吐蕃首次遣使入唐，至 9 世纪中叶吐蕃灭亡，在 200 多年的时间里，唐蕃双方使臣往来多达 200 多次。行走在古道上的使臣、商人、僧侣促进了汉藏关系的友好发展，中原的典籍文化、养蚕缫丝、织造技艺、蔬菜作物等传入吐蕃，唐朝也通过"唐蕃古道"得到了印度的制糖法，汉藏间的"茶马互市"也改善着双方的生活。

以法显、玄奘以及文成公主等为代表的古代中国的考察、探险、和亲等活动，不仅扩大了人们的认知范围，也沟通了国家、地区、民族之间的政治、经济和文化交流。丝路行走名丛书就是沿着中国古人的足迹所进行的探险考察活动的记录，立足人文地理，追溯历史沿革，涉及自然环境、气候变迁等诸多要素，旨在通过古人的视野观察千年的变化，研究历史遗存和探索久违的过往，这应该是这套丛书的价值所在。

丝绸之路是一条文化之路、友谊之路、贸易之路。从丝绸之路的视野组织一套考察丛书，是非常有意义的一件事情。但是，在目前的学术评价体系下，去做这些普及性的读物，是很多学者所不愿做的。因此，这样的普及读物在国家"一带一路"倡议下，更为急需和有实际的价值。希望这套丛书，成为读者认识古代丝绸之路交往的历史、了解国家政策的一个窗口，从而达到普及知识、提高认识的目标。

让学术走向大众，让大众了解学术。

让文化充满雅趣，让大众在雅趣熏陶下揭谜心醉。

是为序。

2019 年 11 月 25 日<br>于北京自乐斋

# 方兆麟《丝路寻踪：津商赶大营》<sup>①</sup> ·序

2016 年 3 月初，天津电视台王煜铭先生和天津市政协方兆麟先生不辞辛劳，专程到国家清史编纂委员会。我们就电视片《丝路津商》筹拍中涉及近现新疆历史诸问题进行了愉快交谈，其间兆麟先生惠赠 55 万余字的《丝路津商——赶大营资料汇编》一书。时过一年有余的 2017 年 7 月，兆麟先生又将他的大著书稿送我，并嘱为序。

我与兆麟先生虽是初识，但面对作者的真诚和执着，加之我个人长期研究新疆已形成的"新疆情结"，实在不忍推辞。今年 8 月以来，忙里偷闲，在几次出差的航班上览阅了书稿。国庆长假几天又通读了一遍，还翻阅《丝路津商——赶大营资料汇编》一书，颇有感悟，写下如次认识与读者分享。

## （一）选题新、贴近现实

所谓选题新。历史上津商远赴新疆经商，始自左宗棠远征新疆时"赶大营"，并一直延续至 20 世纪，这段中原与新疆关系史上轰轰烈烈一个侧面长期被掩埋在历史尘埃中，鲜有专门研究著作问世。本书可谓是此类题材学术专著之第一部，具有填补研究空白之效。

所谓贴近现实。作者的研究是在丝绸之路历史大视野下展开的，视野宽、视点高，依托历史、面对现实，在"一带一路"倡议的有序推进的大背景下，重温近代以来津帮商人进疆的艰辛、业绩的骄人，实有不忘前人、启迪今人的以史为鉴之效！

## （二）资料扎实

研究者深知，资料是研究得以展开并深化的基础。本书作者穷己之力，广泛收集相关资料，既有档案文献，也有当事人或当时人的亲历记

---

① 本书 2018 年由中国文史出版社出版。

述，以及今人的大量口述史料，更可贵是作者历年的田野调查，实地考察积累的丰富、多彩、宝贵的资料。面对丰富资料，作者不是有文必录，"照单全收"，而是重比较、清爬梳，尽力恢复历史本来面貌。由此给后来研究者二点启示。一是，资料的广泛性是研究能否成功的基础；二是，田野调查是研究必不可少的一项基本功，古人云，"读万卷书，行万里路"，其义之真谛也即在此。

### （三）立论公允、考订有素

全书谋篇布局合理，对"赶大营"的由来、发展、作用……叙事清晰、分析透彻、立论公允，从国家治疆的高度、促进中原与新疆政治、经济、文化交流的广度，肯定了赶大营的历史功绩，津帮商人的开拓精神。

作者对于一些历史细节的考订也颇见功力，如对似乎已成定论的当年黑喇嘛城堡照片真伪作者通过实地勘查，加之自己有过 8 年蒙古草原插队和 3 年测绘工作经历，认为这张照片"不是黑喇嘛城堡"！并由此作者抒发感言："历史的印迹随着时光的流逝，在一点点被磨平，对于搞历史研究的人来说，还原历史真相是一个非常艰苦细致的工作。凭联想、推测去还原历史，很有可能会将真实的历史引向歧途。所有搞历史研究的都知道，完全真实地还原历史几乎是难以做到的，但通过不断的努力让事实更加贴近历史真实，是每个从事历史研究必须具备的职业道德和责任。"（书稿第 129—130 页）

对此言，愚以为：诚是矣！

### （四）治学严谨、厚积薄发

作者长期从事地方文史资料收集、整理工作，对于"赶大营"并由此拓展至津帮商人进疆经商的历史由感兴趣者到关注者，再到研究者。其间经历了 20 余年时光演进，直至本书的撰写、出版，用治学严谨、厚积薄发来概括，实不为过。即以作者为此研究之题所进行的田野调查言，持续近 10 年，足迹遍内蒙古、甘肃、新疆，访问众多津帮商人后裔，收集大量口述史料，丰富了文字史载之不足，此乃治学之道，实为难能可贵。

总之，本书达到了如作者在自序所言：

"本书以赶大营历史为主线，从时间和空间两个方面对中国大西北进行了历史穿越。"读者从中获取了知识，受到了启迪。这是一部学术价值与现实意义兼具的研究之作，也是一部不同层面读者皆宜一读的好书！

是为序！

2017 年 10 月 8 日

于北京自乐斋

## 阿拉腾奥其尔《清朝图理琛使团与〈异域录〉研究》<sup>①</sup> ·序

阿拉腾奥其尔经过多年积累与思考，又历时三年有余研究与写作，终于完成了《清朝图理琛使团与〈异域录〉研究》，作者近日将书稿送来，并嘱为之书序。欣喜之余，确也有话想说。

康熙年间的图理琛使团和《异域录》是清代外交史、中俄关系史、卫拉特蒙古史、中外历史地理、清代古籍研究等领域研究中一个绕不开的命题，历来为中外治史者所关注，相关成果精品多、研究深。阿拉腾奥其尔在广泛收集、吸纳相关研究成果基础上，深入探研，在如下三个方面有所突破：

一是，对图理琛一生政绩做了详尽和全面的综述，从而为人们认识图理琛作为图理琛使团一员的特殊作用，以及他写作《异域录》的动因与影响，提供了更为广阔的人生背景；

二是，对图理琛使团出使土尔扈特汗国的始末做了突破性的补充，同时对图理琛使图出使的动因和未能公开宣示的政治意图进行了合乎历史实际的分析与研判，为人们进一步认识图理琛使团的历史地位提供了新史料和新思维；

三是，对不同文本《异域录》，以及《康熙帝谕土尔扈特阿玉奇汗敕书》和《沙克都尔扎布致阿斯特拉罕军政长官》两封托忒文信函的汉译、考释与研究，既是对以往研究成果的传承和深化，又是对研究新史料的发掘与开拓。

本书上述三个方面的业绩，我以为在图理琛使团与《异域录》研究的

---

① 本书 2015 年由广西师范大学出版社出版。

学术史上树立了一个值得一书的新的坐标。

阿拉腾奥其尔于1988年加盟中国边疆史地研究中心（2014年9月后改名为中国边疆研究所），我们既是同事，也是卫拉特蒙古史研究的同行；同时由于我与他父亲是知交，从这一意义上说我也是他的长辈。在近28个年头里，我有幸近距离观察阿拉腾奥其尔学业猛进，今天已是新疆史、中亚史、中国北部、西部疆域史、卫拉特蒙古史等研究领域学有专长的专门之家。我想指出，他这位专门家还具有一般同龄研究者少有具备的语言文字能力。也许是继承了其父的语言文字天赋，也许与自少生长在新疆博尔塔拉蒙古自治州特殊的文化背景和语言环境不无关系。他不仅熟悉蒙、汉、维、哈、柯等语言文字，还通托忒文、斯拉夫蒙文、满文、突厥文，更可喜的是，他是大学俄语专业本科毕业，又通过自学还通古俄文和英文、日文。可以想见，一个研究者，掌握了如此多项的语言文字条件，其研究可持续发展的后劲，真是怎么估计也不为过！本书对瑞典人施尼茨克尔活动史实钩稽和《瑞典人施尼茨克尔关于1714—1716年清朝使团赴卡尔梅克阿玉奇汗处的报告》的译介，为本书研究提供了一份难得的珍贵当事人记述。

阿拉腾奥其尔语言文字的天赋与功力是本书得以完成的基础条件。因此，我一直倡导必须掌握一种边疆地区少数民族语言文字和尽可能多地外文，应成为中国边疆史地研究者努力的方向，并尽早成为合格的中国边疆史地研究者的必备条件之一。

阿拉腾奥其尔的研究实践，为我们提供了一个成功的实例。这绝非过誉之词！

权充序！

2015年4月6日

于北京自乐斋

## 李秀梅《清朝统一准噶尔史实研究——以高层决策为中心》[①] · 序

对清代准噶尔的研究，是国内外史学研究的一个大课题，自清代至

---

[①] 本书2007年由民族出版社出版。

今，中外研究成果颇为丰富，或从准噶尔史角度研究，或从清史角度研究，或从民族关系史角度研究，但从清朝统治的高层决策这个角度进行系统研究的文章和著述尚属鲜见。虽然，近年来也有一些论文研究了清朝对准噶尔的军事战略或政策。

现在，呈现在读者面前的这本书——《清朝统一准噶尔史实研究——以高层决策为中心》，是准噶尔史研究领域的又一新成果。在这本专著中，作者从一个全新的角度诠释了准噶尔归属清朝的过程，是对准噶尔史研究传统领域的一个新开拓。

对清朝与准噶尔之间的战争，传统研究领域的重点是以战争过程和战争关系作为他们之间关系的重点内容。正如作者所说："对清朝统一准噶尔的历史，过去大都从民族关系史或军事史的角度研究，所以研究具体战役的较多。因为起初就从军事战略的角度去研究，导致了这段历史被定性为民族关系史中的战争史"，"对这个内容的研究，在1989年之前，受国际形势、中苏关系和封建王朝正统思想残余的影响，多站在中央王朝的角度，从维护祖国统一的主观立场出发，对清朝统一准噶尔的过程更侧重于其平定叛乱、反对分裂、维护统一的历史，缺乏更深入地研究统一过程中的主体思维活动过程"[1]，"清朝统一准噶尔的历史，以往有许多学者进行了研究，但是，或概括地描述，或侧重于某一时段，或某些人物，对整个统一过程，特别是统一过程中清朝上层的决策还没有作过深入细致的研究。1949年以前，国内外对这一历史内容的研究是分散的、不成体系的，并且是作为其他学科的子项而进行的，资料整理相对要多一些。新中国成立到党的十一届三中全会之前，由于准噶尔历史所涉及的民族关系史的研究尚未系统展开，所以研究成果仍然是单一的，但已明显趋向侧重于理论，用以论代史的方式研究，在研究中突出应用性的成果较多。"[2] 以笔者对准噶尔史研究领域的了解，早期对准噶尔的研究主要在挖掘资料上，以对语言资料的占有为研究成果，20世纪80年代前后是研究的一个高峰期，90年代趋于回落。现在，"清朝统一准噶尔的过程作为清代边疆民族史的一个研究子项，随着边疆民族史研究的发展而走向了一个新的阶段，

---

① 本书"绪论"第2页。
② 本书"绪论"第3页。

出现了成批的学术著作，这些著作都从宏观上概述了清朝对西北的统一，从而为研究清朝统一准噶尔的高层决策提供了基础。"①

李秀梅博士选择这个传统重点课题进行再研究，不是一种简单的重复研究，而是另辟独径，以高层决策为切入点，在史料、内容、方法、重点上进行新的探索，从而显现出自己的特点。归纳起来有以下四个方面：

## （一）对传统史料的再挖掘和新运用

正如作者在"绪论"中所说："本书以清代官修史籍《清实录》《钦定平定朔漠方略》《钦定平定准噶尔方略》为主要史料和基本线索，从浩繁的史籍和复杂的历史现象中梳理出清朝统一准噶尔的高层战略决策过程，并对决策中的具体史实和细节，以《圣训》、《朱批奏折》、《宫中档》、《起居注》等史籍和档案为辅助材料。"② 众所周知，后世修前史都会依照统治者的政治需要多少进行一些修改，这样就会产生一些违背历史原貌的史料，清代史籍也不例外。但据作者说，之所以仍然以官修清代史籍为基本素材，是这样考虑的：不管这个史料的篡改程度如何，它都是当事人说的，而违背事实的那些内容即被篡改过的部分恰恰说明了事情的原貌，也即高层的一些真实意图，所以还是力图用最原始的、官方正版史料。作者在书中论及具体事件时曾说道："清朝对准噶尔问题的决策，是在交通不发达的清代，依据边界将领报来的有限情报和信息来做出的。这些信息来自草原各部游牧民和途经的路人，且不论事件真实与否，中间还要经过语种的转译，加上地方官员上报时的解释和建议、朝臣上奏时的解释和建议，最后皇帝得到的信息与当时事件的真相的差距就无法预测了。这些史料也可能不限于保存至今的史籍和档案记载，即使保存下来了，历朝修史中的粉饰，要考证清楚是要大费周折的。皇帝的决断既然源自他本人所获得的信息，那么考证清楚皇帝当时情况下得到的是什么样的信息，才能弄清他的决策依据。至于在决策前先调查研究，弄清事情真相，再决策，那是康熙帝的事。今天，我们研究康熙帝的决策过程，只要弄清当时康熙帝本人得到的确凿信息与他依据这些信息所作出的决策，就可以分析出哪些是康熙帝自己的本来决断，哪些是为政治统治需要而作出的策略性

---

① 本书"绪论"第3—4页。
② 本书"绪论"第1页。

的决断。"①

作者对基本史料的挖掘很细致。与研究这个课题的同人相比，在史料挖掘上作者的确没有语言、文字、族别等方面的优越之处，但作者史学研究基本功的扎实，使她能在同人们已经引用过无数次的清代官方史料中，再发掘出关键史料，从而对以往的结论进行全新的诠释。例如，康熙帝关于对待准噶尔问题益行"柔远之道"的说教；② "三藩"削平后康熙帝军事战略意图由沙俄转向准噶尔的历史背景；③ 昭莫多战役过程中康熙帝与周边各方信使往来的交涉过程；④ 康熙帝对宗教上层人士的利用；⑤ "哈密冲突"的影响；⑥ 关于策妄阿喇布坦时期准噶尔进攻哈密和西藏的分析⑦；等等。

另外，作者对新史料的运用也很到位。例如，陈廷敬的《北征大捷功成振旅凯歌》，⑧ 康熙帝对修长城的认识，⑨ 康熙帝出征心态的挖掘，⑩ 等等。

### （二）全书结构严密，整体布局一气呵成

作者阐述的是两大政治势力在世界、中国、周边各方关系影响下长达一个世纪的漫长曲折发展过程，这两大政治势力本身都处在以一个民族为主的各部族不断发展变化、重组过程中，同时这两大政治势力也是各自形成了统一的政权并处于不断的发展与变动之中。这类似于研究太阳系中两大星球的碰撞关系，就必须随时考虑银河系的变化，考虑银河系与太阳系的变动状况，考虑两大星球有无公转与自转，在转动过程中与其他星球的关系的变化，等等。这种跨度对一篇博士论文来说，首先要解决的就是以什么逻辑、何种思维进行整体布局的问题，通俗地说就是怎么下笔。作者

---

① 本书正文第 12—13 页。
② 本书正文第 14 页。
③ 本书正文第 15 页。
④ 本书正文第 61 页。
⑤ 本书正文第 85 页。
⑥ 本书正文第 83 页。
⑦ 本书正文第 86、92、98、99 页。
⑧ 本书正文第 43 页。
⑨ 本书正文第 69、71 页。
⑩ 本书正文第 43—44 页。

通过分析史料、分析基本史实，截取了康熙帝亲政后开始关注日益强大的准噶尔部为出发点，直至乾隆帝完成对准噶尔游牧地的收服为终结的研究范围。这些史料提供出的新信息是这样的：传统研究中的百年历史关系只有 17 年的军事史。全文以清朝康熙、雍正、乾隆三帝与噶尔丹、策妄阿喇布坦、罗卜藏丹津、噶尔丹策零、达瓦齐、阿睦尔撒纳六人之事划分为六章，这些"高层"决策、战战和和的变化过程内容得当，布局工整，结构合理，脉络清晰。

作者从所把握的浩瀚的中外史料中架构出了说明这一发展变化过程的新的框架，是一个新的尝试。这个筛选过程，也是一个研究过程。筛取的史料必须能够客观地反映这个历史进程中统治高层的思维活动变化情况，并要能说明影响到什么程度。这个变化过程的最终决策在于"高层"，作者对"高层"做了特别界定。作者对所选取史料的布局上，是站在世界历史的高度，站在世界范围内各民族、各部族、各政权相互影响的角度来安排思路的，百年历史中的"和和打打"是一气呵成的，主线鲜明，冲突有因，消战有果，统治高层的思维对历史事件进程的影响清晰明了，虽是鸿篇大论却给人以完整感。作者对史料高屋建瓴的驾驭能力反映了她所具备的思维能力和理论水平。对这 100 年的历史，作者并不是单纯地讲述战争时期，对和平相处时期的高层思维也以浓重的笔墨进行了阐述与分析。

把历史按照某类事物连接起来认识，就能发现历史发展的深层规律，即所谓的知识的价值在于系统性，而这个系统性是基于科学基础上的。作者也正是在科学地分析了事实的基础上，认识到了存在于历史中的事物发展规律，得出了不同于以往的结论。

### （三）史料取舍得当，论述简洁清晰

对清朝与准噶尔关系的研究，在任何一部著述或篇章中，都能看到引用烦琐的史料对战争过程的详细论述。史学研究的一个传统特点是从过程中发掘新材料新结论，而作者独辟蹊径，从战争前找开战的原因，从战争结局中印证战争的得失，这种思维方式让这部书在这个传统战争题材研究领域展现出一抹葱绿，流露出一些新观点。比如，乌兰布通战役、昭莫多战役、和通淖尔战役、额尔德尼昭战役是清朝与准噶尔冲突中四个关键的

战役，其过程被无数的学者渲染众多，但作者一笔带过，并没有丢掉任何一项有用的内容。对其他一些战役，比如喀喇乌苏河战役过程的处理也是如此。①

对于双方和平相处时期的历史，作者只是分析和平环境来临的多方背景因素、和平被打破的原因即收笔，没有一丝赘言，全篇清爽利落，简洁有力。例如，康熙帝与策妄阿喇布坦 20 年和平相处时期的研究只用了4000 多字；② 乾隆帝即位后与准噶尔保持了 18 年的和平局面，作者只用了 1000 多字简练地交代清楚了。③

作者在史料的取舍、运用上堪称信手拈来、运用自如。作者在这个课题的研究上，对这个历史过程的基本史实掌握地比较全面，所以在资料的取舍、运用上非常自如。在对这些史料所反映的历史事实的分析上，作者不是流于一般的阐述，而是通过历史发展中史料的前后对照、原意剖析，得出自己的观点。例如，"和"的问题，哈密问题，对雍正帝的心态的分析，等等。

### （四）研究方法的多样性和广泛性

研究方法上，除传统史学方法外，还引入了战略学、决策学、管理学的理念，有很多精辟结论。

比如，作者认为："清朝统一准噶尔过程中的高层决策始终以'和'为主导思想，是以柔远之术使准噶尔归顺。"④ "把清朝统一准噶尔的战争放到军事政治学的领域考察，放到中国古代军事史的进程中考察，从'军事是政治的延续'的意义上研究这场战争，那么，这个统一过程就变成了清廷统治政治策略的一个组成部分。"⑤ 之前在她的开题报告中，曾有一章专门论述战术与政治关系的，我印象很深，希望以后在本书的改版本中能补写进去。

作者对康熙、雍正、乾隆三帝的决策经验、教训的分析很有自己的特色。在阐述问题时，于每章的结尾，作者都用高层的自述来点明当初

---

① 本书正文第 94—95 页。
② 本书正文第 72—81 页。
③ 本书正文第 141—143 页。
④ 本书"结语"部分第 194 页。
⑤ 本书"摘要"部分第 3 页。

决策的意图，非常具有史学的信服力。例如，康熙帝给即将出使准噶尔的奇塔特关于"礼貌、和蔼接待之"的真实意图是"和则可以识其心志"；① 关于清朝不设北部边防的真实原因，康熙帝自己说是柔远之术；② 关于康熙帝出动大兵与策妄阿喇布坦抢夺达赖喇嘛的真实目的，康熙帝自己说是为了笼络住全西域、全蒙古人；③ 关于康熙朝与准噶尔哈密之战的因果到乾隆帝时才得以解密，即"计袭哈密，入西藏"；④ 雍正帝行事诡秘，乾隆帝年轻好胜，真实意图只有他们自己在事后的表白才是原始档案。⑤

综观全书，可从三个层面认识作者的独到之处：从宏观上讲，选题好，切入点好，主题思想有突破。作者把清朝和准噶尔的冲突放到清朝统一的国际国内大背景下分析，得出清廷"和"的主导思想。全文以三帝六人之事分为六章一气呵成，脉络清晰，思维顺畅；从中观意义上讲，作者在分析高层决策时，引入了战略学、决策学、管理学的理念，开阔了对这个课题的研究思维，虽然仍是对传统史料的分析，却得出了全新的结论，这些论点是客观的，有史实依据的。例如，关于乌兰布通战役结果的分析，康熙帝与噶尔丹之间"和"中见"打"，"打"中促"和"的过程，康熙帝与策妄阿喇布坦关于西藏问题的前前后后，雍正帝在准噶尔问题交涉中的心态，乾隆帝把怀柔手段用到解决准噶尔以至西域问题中；从微观上讲，作者对史料的挖掘与分析层层深入，从多学科角度综合研究，最终得出新的结论。例如，关于康熙帝晚年决策的失误，准噶尔的"计入哈密"，雍正帝出兵的借口，雍正帝西域用兵战术，乾隆帝智收准噶尔等事件的结论都令人耳目一新。

本书之"绪论""引子""结语""后记"为点睛之笔，尤应予以重视。

就这个史学课题的研究本身而言，还有待深化之处。首先就是史料的发掘，这也是作者清楚表明却没有做到的，这里提出来希望同人予以关

① 本书正文第 14 页。
② 本书正文第 69—71 页。
③ 本书正文第 87—88 页。
④ 本书正文第 98—100 页。
⑤ 本书正文第 98—100 页。

注。虽然作者明白"对这段历史的研究在资料发掘上有待于档案资料的问世，同时也需要托忒文、满文、蒙古文以及俄文资料"，还有藏文资料，也了解"现在有相当多的档案材料已经整理并汉译出版，在一定程度上弥补了以前语言文字材料上的缺陷"，① 但在本书中的利用还很不够，想必时间的因素是最主要的。

其次，在这样一个涉及面极广的历史事件中，影响高层的决策至少应该是双方高层互动的，除非是作者一定要站在其中一方的立场上去说这个事件，而不是把自己置于事外或者一个客观的位置上。作者明白地表述道："清朝统一准噶尔的高层决策过程是清朝和准噶尔双方高层主观思维活动和现实碰撞的有机过程"，"这里不仅需要作为记载清廷政治活动的满文材料，还要求有记载准噶尔高层活动的蒙文材料和其他文字材料"②。但是本书中作者引用史料上主体始终是在清廷的位置上，运用时光隧道模拟当初清廷的历史环境，把清代官修资料的记载当作当时高层收到的信息来感悟，以此判断、分析高层决策的情景。这是一种模拟的主观的真实情景，它不同于凡事都有依据的客观实在。在这种环境中深入分析事件，得出的结论会是多元的，所以，在对史料史实作分析时，作者有意设定了一个自我位置，在大客观、小主观的意义上追求结论的相对唯一性，追求结论的"自我圆满"性。作者的立意只是一种方位的确定，是站在清代社会思维定式上分析清代史籍，并不是站在清廷的立场上，所以作者得出的结论就不同于以往。对最终决策从不同的方位、不同的立场分析就会得出不同的评判结论。在清朝统一准噶尔的高层决策这一课题的研究中，作者选取了这样一种方位，所以得出了目前的结论，这些基本上是按中原文化的思维模式进行的，因为清代自康熙帝以后中原文化的影响是逐渐占主流地位的。如果易位思考，这个决策对历史过程的影响又会怎么样呢？我们拭目以待学术界新的成果的问世。

最后要说的是，笔者对于本书作者的了解，远在接到这本书稿之前。作者生于新疆，长于新疆，从读大学起就开始了新疆史和中亚史的学习和研究，大学毕业后又一直从事政治理论经典著作辅导教学工作，具备史、

① 本书"绪论"第5页。
② 本书"绪论"第5页。

论两科的扎实功底。由作者研究这个课题，堪称得天独厚。因此，当作者提出请笔者为即将出版的《清朝统一准噶尔史实研究——以高层决策为中心》一书作序时便欣然应允，同时也真切希望学界同人们可以通过本书领略到战争史研究的另一种思维。

作者在研究这一涉及军事、政治、民族关系、民族政治等学科的历史事件中，找到了问题的关键点，从而在理论与实践的结合层次上，达到了统一，予我们以相当大的收益。本书提供给读者的不仅是有机选取出的一组史实，更有这些史实提供给我们的理论符号，还有今天我们仍然能从中得到的收益。清朝统一的过程经历了一个世纪，是人类历史发展中的伟业，在这个过程中，清朝从准噶尔游牧辖区得到了青海、西藏、新疆，最终完成了入主中原后的大一统任务，同样，清朝与准噶尔的关系也需要从民族政治学的角度去认识。有很多东西是需要深层次多方位思考才能得出结论的。本书述的是史中事，论的已是史外物。所以，对该课题的研究本书虽有很多创新和突破（在论上尤其如此），但还有更多的内容作者只是提出了论点而没有展开论述或者提出了问题而没有去解决。这些也是我们今后研究中需要关注的。

毫无疑问，若能再多角度地用史实来阐明主旨，则本书会比现在更加完善得多。但作为一篇毕业论文，作者在有限的时间里为今后对这个课题的深入研究开了一个好头。

2007 年 6 月 29 日

于中国边疆史地研究中心

# 卫拉特蒙古历史文物收集与研究的有益探索

## ——道尔基《清代土尔扈特与和硕特部印章研究》① ·代前言

卫拉特蒙古是我国蒙古族的一支，历史悠久，在各个历史时期有不同称谓。元代称斡亦剌惕，明代称瓦剌，清代称卫拉特，亦称厄鲁特，或漠西蒙古、西蒙古。国外则称之为卡尔梅克。明末清初之际卫拉特蒙古由准

---

① 本书 2009 年由新疆人民出版社出版。

噶尔部、和硕特部、土尔扈特部和杜尔伯特部四部组成。

综观元代以来卫拉特蒙古历史发展的进程，大体上可作如此划分：元明时期的斡亦剌惕和瓦剌是卫拉特蒙古历史发展的先世期；明清之际至清代前期，亦即公元17—18世纪，是卫拉特蒙古历史发展由兴盛到危机的过渡时期，这一时期卫拉特蒙古各部，特别是统治天山南北的准噶尔部、统治青藏高原的和硕特部，远徙伏尔加河流域的土尔扈特部，是当时活跃于西北和北方的三支重要政治力量，它们之间相互联系又各自沿着自己的发展轨迹，写下了历史上值得大书特书的篇章；清中叶以降及至民国时期，是卫拉特蒙古历史发展的稳定时期；中华人民共和国成立以后，卫拉特蒙古和各族人民一起进入了社会主义发展的崭新阶段。

作为卫拉特蒙古四部之一的土尔扈特部，其历史发展进程，尤其在17—18世纪中叶更是曲折和瑰丽。17世纪30年代，土尔扈特部在其首领和鄂尔勒克率领下远徙伏尔加河流域，在那里建立起游牧民族的封建汗国。直至1771年渥巴锡率部重返故土，在近一个半世纪的时间里，土尔扈特部在伏尔加河流域所建立的封建汗国大体上经历了如下四个时期：1632—1669年，即和鄂尔勒克率部迁到伏尔加河流域后，其子书库尔岱青、其孙朋楚克开拓局面，建立政权，是土尔扈特汗国的初创时期；1670—1724年，即著名汗王阿玉奇执政的年代，由于他卓有成效的统治，致使其势力不断发展与壮大，是土尔扈特汗国的鼎盛时期；1724—1761年，即阿玉奇汗逝世后，由于王公贵族内部为争夺汗位继承而造成汗国内乱频仍与汗位不断更迭，是汗国由兴盛转向衰落的动乱时期；1761—1771年，亦即渥巴锡执政时期，由于沙皇俄国政治控制空前加剧而造成汗国严重政治危机，富有反抗传统的土尔扈特人民不愿屈从于俄国政府的臣属地位而任其宰割，又难以抵制俄国政治控制而维持其原有的独立地位，他们只有拿起武器发动武装起义，然后返归自己的故土，这是当时条件下彻底摆脱俄国奴役的最为可行的道路，而这条道路也是他们世代向往的共同愿望。

1771年1月，在渥巴锡领导下，土尔扈特人破釜沉舟，义无反顾举旗东归，历尽艰辛付出了巨大的民族牺牲，回到被他们称为"太阳升起的地方"。这场横跨欧亚大陆，震撼中外的历史活剧在血与火的搏击中启开序幕，在理想与信念、生与死的冲突中落下帷幕，但是它却给人们留下了无穷的思索，令后人惊叹、深思。正如一位外国学者所指出："土尔扈特人的悲壮之举不是消失在历史上的传奇交界地区的一个孤立事件，而是人类永恒地追求自由与和平的一个真实范例，是值得我们传诵的一篇宏伟的叙事史诗。"①

基于此，自20世纪80年代以来，土尔扈特历史日益被学者重视，已成为边疆史、清史、蒙古史、新疆地方史研究中的一个热点。

近悉，新疆维吾尔自治区博物馆道尔基同志的新著《清代土尔扈特部与和硕特部印章研究》即将出版，我认为该专著是对卫拉特蒙古历史文物收集与研究的一次有益探索。综观全书，有如下三点值得予以重视。

第一，东归故土的土尔扈特与和硕特留存的文物并不多，其中清政府颁布的封印是十分重要的一部分。作者将现收藏于乌鲁木齐、巴音郭楞蒙古自治州、伊犁哈萨克自治州、昌吉回族自治州等地的银章、银印计15枚，尽行收集，制成印章的照片和文字拓片，可谓集清代土尔扈特、和硕特现存印玺之大成，十分难得。

第二，作者的工作并不仅限于收集、展示，而是进一步从两个层面展开了研究和探索：一是对印玺的研究，作者具有民族语言的优势，对印玺的满蒙文进行了拉丁文转写，并做了汉译，为众多研究者提供了方便；二是由此对土尔扈特东归史、卫拉特蒙古历史进行了阐述，同时又结合中国第一历史档案馆的相关档案，对照文物实物，从文字学、历史学的角度进行考证和研究：进而为清朝新疆吏治制度与官员身份研究提供了科学依据。

第三，作者充分注意到当前卫拉特蒙古历史、文化研究群体的特点，将本著作用蒙、汉两种文字出版，既反映了文物资料本身的特点，同时也考虑到面对的读者人群需求。从研究者素质要求的角度出发，当前有意致力于卫拉特蒙古历史研究的年轻学者，应加强掌握托忒文能力的训练，视为当务之急。

---

① ［美］W. L. 芮弗：《土尔扈特》前言，凌颂纯、王嘉琳译，新疆人民出版社1988年版。

　　道尔基同志是我相识并尊敬的众多蒙古族学者之一员，他嘱我为他的专著作序，言之切切，实难以推辞，写此短文，以应道尔基同志之命，是为序。

2008 年 5 月 10 日

于北京中国边疆史地研究中心

# 吐娜等《巴音郭楞蒙古族史——近现代南路土尔扈特、和硕特社会发展研究》<sup>①</sup>·序

　　巴音郭楞蒙古自治州（以下简称巴州）位于新疆维吾尔自治区东南部，总面积 482665 平方公里，占新疆总面积的四分之一，是新疆也是全国最大的少数民族自治州，被誉为"华夏第一州"。

　　巴州具有悠久的历史、灿烂的文化。汉代西域三十六国在巴州境内就有焉耆、危须、楼兰、且末、若羌、渠犁等。公元前 60 年（汉宣帝神爵二年）西汉王朝设西域都护府于乌垒（今巴州轮台县策大雅乡境内），统辖西域南北道，天山南北归于西汉大一统，是西域历史进程中的一次重大转折。公元 1771 年（乾隆三十六年）卫拉特蒙古土尔扈特回归祖邦，清政府实行世袭扎萨克制。乌讷恩素珠克图旧土尔扈特南路 4 旗 54 苏木和巴图色特启勒图中路和硕特盟 3 旗 11 苏木游牧于珠勒都斯（今和静巴音布鲁克草原及开都河流域），由喀喇沙尔办事大臣兼辖，伊犁将军节制。1949 年 9 月新疆和平解放，各族人民摆脱了被奴役的命运。1954 年 6 月 23 日，巴音郭楞蒙古自治州成立，历史翻开了新的一页。

　　生活于巴州的土尔扈特与和硕特部落是 1771 年东归祖邦的卫拉特人的重要组成部分。三百年前的东归壮举是新疆卫拉特蒙古人的骄傲和精神财富。他们在巴音郭楞这片沃土上繁衍生息、屯垦戍边，为开发边疆、保卫边疆前赴后继，与各族兄弟一起做出了卓绝贡献。无论从研究的层面，还是从教育的层面，生活在巴音郭楞的卫拉特蒙古族发展的历史都需要下大力气进行研究和普及的。

---

　　① 本书 2011 年由线装书局出版。

编写一部系统反映巴音郭楞蒙古族历史和文化的著作大有必要,《巴音郭楞蒙古族史》的出版正逢其时。

通观本书有两点值得一提:

一是,资料扎实,且有开拓。编著者在尽力利用了已刊的中国第一历史档案馆所藏满文土尔扈特档汉译稿的基础上,发挥地方优势,充分挖掘收藏于巴州、和静、和硕档案馆的相关档案,补充了一些鲜为人知史实,实为难得;

二是,立论公允、论述清晰。编著者在充分吸纳这一领域当代研究成果的基础上,准确地记叙了生活在巴音郭楞的卫拉特蒙古族的历史发展进程,以及浓郁的民俗、民风。立足历史、面向未来、以史为鉴,融教育与普及为一体,为开展国家观、民族观、历史观教育提供了一份难得的乡土历史教材,是一部既依托于学术,又通俗简明的民族志读本。

让学术走向大众,让大众了解学术,相信本书将发挥其自身独特的作用。

是为序。

2010 年 10 月 2 日

于中国社会科学院

中国边疆史地研究中心

# 直面人生和历史的土尔扈特女儿

—— 满琳《土尔扈特女儿》① ·序

千禧之年刚过,我的朋友满琳同志带来了她写的回忆录《土尔扈特女儿》,恳嘱为书稿"把关"并"写个序"。坦率言,"把关"不敢,"写个序"更想致谢不敏。但既是作者生活经历的回忆,又涉及土尔扈特蒙古历史的变迁,我极想先读为快的。

由于研究土尔扈特蒙古历史,我跑遍了新疆土尔扈特人聚居区,结识了众多土尔扈特各界人士,与满琳同志则是 80 年代后期在北京相识。我们曾就土尔扈特人的历史和现状有过坦率的交流,从中我获得了书本上不

---

① 本书 2004 年由农村读物出版社出版。

可能得到的知识和启示，但我对她的个人经历却知之甚少，只知她是我的同龄人，学地质出身，时任职于空军学院，从事战略学教学与研究，一个学理工科的人在知天命之年却改行战略学教学与研究，且是空军学院的上校教官。在我心目中的她，确实蒙上了一层神秘的面纱。

在土尔扈特史研究中，1771年领导土尔扈特人揭竿而起，反抗俄国殖民压迫，率领10余万部众踏上东归祖邦征程的民族英雄渥巴锡是我研究的重点之一，满琳同志是渥巴锡的嫡系后代，与她相处中，干练和热情于我印象最深，我常在想，也许干练是她家族的基因使然，而热情则是伟大的蒙古民族的共同特性。

我真是怀着寻求同龄学子心迹和增加对土尔扈特人的了解的迫切心情，一连十几个夜晚与《土尔扈特女儿》书稿相伴，可以说是一口气读完的。于我印象最深的，也是每一位读者都可能产生共鸣的是满琳同志作为一位与共和国同时成长的知识分子，她在回忆录中坦言的心路轨迹——对祖国的忠诚、对民族的热爱、对故乡的眷恋、对理想的执着，成长道路的挫折和迷茫，以及事业上的辉煌。这一切在这一代知识分子中具有极大的共性，我情不自禁将自己置身于作者之侧，与作者同乐、同愁、同爱、同愤。作者的生活经历如同一面镜子，值得同龄学者反思自问，也可引发后来者深味与思考。

满琳同志的回忆录写了大量的历史：蒙古族的发展史、近代新疆政治演变史，以及她的先辈亲人在历史舞台上的所作所为。她对自己笔下的历史人物充满了骨肉情谊却也不乏冷静的分析，尤其是对她最敬爱的母亲——乌静彬的记述：不幸的童年、失落的青年、自强的中年和无奈的暮年。在新疆的近代史上乌静彬留下了自己的足迹，而作者的记述为治史者了解作为历史人物的乌静彬，提供了一个新的侧面。

我认为，本书既是一部了解一代知识分子心迹的回忆实录，也是一部了解土尔扈特人历史的史识之作。如作者所言："我写《土尔扈特女儿》一书目的很简单：给自己走过的路做个总结，把初学祖辈、民族的历史，按自己的认识，写一个小结，准备好参加考试。我从自己的经历中体会到，因专业的原因，时间的有限，不可能对祖辈、民族的历史有个提纲式的了解。而我的孩子、亲友、朋友也一样，对自己民族、家族史一无所知，于是，我想经过自己的学习，写出体会留给后代。"

应该说，作者的初衷达到了，而且超过了预期。

这就是我读完书稿后想说的感想。

我曾在记述我考察新疆蒙古族历史经历的拙著《天山问穹庐》中写到这些年的访察，让我有机会结识了各行各业的很多当代卫拉特人，他们中有负有盛名的政治家，有学有所成的学者，其中包括当年领导土尔扈特的人东归的首领人物的后代。渥巴锡的后代满琳女士是研究战略学的专家；策伯克多尔济的后代巴力吉提是政治活动家；巴木巴尔的后代迪瓦是潜心于蒙古民俗研究的女学者，目前生活在美国；她的叔父策丹道尔济则是德文翻译家……为这些著名的和平凡的当代卫拉特人立传，是我的心愿。

"是梦非梦，流露了我的一片真情。"

感谢满琳同志，她执着撰写的《土尔扈特女儿》，圆了我的一个梦！

# 加·奥其尔巴特、吐娜等
# 《察哈尔蒙古西迁新疆史》·序

《察哈尔蒙古西迁新疆史》即将出版，作者之一加·奥其尔巴特嘱我撰写序文。想到我虽虚长加·奥其尔巴特几岁，却是我相识多年的老友，他对事业的执着，对工作的敬业向为我所钦佩，加之新疆察哈尔蒙古历史文化也是我多年关注，并倾注心力的一个学术领域，实无坚拒的理由，提笔写下感言三端。

一是新疆察哈尔蒙古历史文化研究，从收集整理档案文献入手，一步一个脚印，持之以恒，有序推进，逐步深化，符合研究工作的客观规律，此可谓成功经验之一。

回想 20 余年前的 20 世纪 90 年代初，当时除博尔培拉州概况中对察哈尔蒙古西迁新疆历史稍有涉及外，无论从蒙古史还是新疆地方史研究中，察哈尔蒙古西迁新疆历史尚是"研究中被遗忘的一角"。[①] 20 余年间，

---

① 马大正：《清代西迁新疆之察哈尔蒙古的史料与历史》，《民族研究》1994 年第 4 期。

从 1994 年 4 月出版《清代西迁新疆察哈尔蒙古满文档案译编》（简称《译编》），到 2004 年 5 月《清代西迁新疆察哈尔蒙古满文档案全译》（简称《全译》）的出版，将深藏于中国第一历史档案馆有关清代西迁新疆察哈尔蒙古满文档案全部译成汉文。《全译》当是研究西迁新疆的察哈尔蒙古史最权威、最重要的基础性文献。21 世纪以来，先后有 2001 年加·奥其尔巴特、吐娜合著《新疆察哈尔蒙古历史与文化》，2003 年武立德主编《新疆博尔塔拉蒙古族发展简史》和 2010 年《新疆察哈尔蒙古西迁简史》（简称《简史》)①闻世，而《察哈尔蒙古西迁新疆史》正是上述系列研究成果的继承和创新。

二是新疆察哈尔蒙古历史文化研究的深化进程体现了学人的参与，决策部门组织的和谐结合，此可谓又一成功经验。

上述满文档案《译编》和《全译》的开展与出版，先后都是为庆祝新疆博尔塔拉蒙古自治州成立 40 周年和 50 周年大庆，州政府决策、推动，并提供了必要的资金，终致完成了可称为地区文化建设的标志性工程。而《简史》和《察哈尔蒙古西迁新疆史》的先后完成和出版，同样也凝聚了州党委和政府决策者的智慧。尤其是本书，作者以更宽广的视野，上下数百年，既研究了蒙古察哈尔部落元、明迄至清初在蒙古地区活动的历史轨迹，又着力察哈尔蒙古西迁新疆和西迁后直至 1949 年前的历史进程。史料丰富，立论公允，分析清晰，前人研究成果也多所吸收，并融合在行文之中，使研究具有学术前沿的性质，应视为察哈尔蒙古西迁新疆历史研究中一部标志性成果。

三是察哈尔蒙古西迁新疆是新疆一次重大事件，从研究层面言对这一重大历史事件的研究，一是要不断深化研究，二是要不断扩大视野，这是最为重要的。

所谓深化研究如下两方面似应重视，其一是继续发掘资料，有关察哈尔蒙古西迁新疆历史口述史料的收集、整理，应提上议事日程。其二是在研究中应把握两个全局、两个歌颂和两个局限。两个全局：察哈尔蒙古历史发展的全局和统一多民族中国历史发展的全局；两个歌颂：歌颂察哈尔

---

① 该书编著者为中共博尔塔拉蒙古自治州委员会党史研究室和博尔塔拉蒙古自治州地方志办公室，由胡兆斌、郎札执笔。

蒙古人民和新疆各族人民在开发边疆、保卫边疆的历史功绩；两个局限：19世纪的时代局限和清封建王朝的阶级局限。

所谓扩大视野，我们在研究中一定要把察哈尔蒙古西迁新疆这一历史事件放在统一多民族国家发展史的大局中来考察、来研究。我在《清代西迁新疆之察哈尔蒙古的史料与历史》一文的结尾中曾指出："在清代，随着统一多民族国家的进一步巩固和发展，为保卫边疆、开发边疆，有计划地向边疆地区移民成为清政府的一项既定国策。有清一代，特别在清前期移民边疆呈现人数多、地域广和持续时间长的特点。新疆地广人稀，是当时移民的一个重点地区。18世纪60年代以后，除察哈尔蒙古外，还有满族、锡伯、索伦、绿营大批兵丁西迁新疆，同时清政府还从甘肃省肃州和安西州等地招募百姓进疆屯田，一时间形成一股西进开发的滚滚洪流。我们应从这样一个大背景下，从宏观上认真研究清政府在推进这一开发边疆宏业中的历史作用和经验教训；从微观上则应对西迁的这一具体事例进行个案研究，只有把具体的个案研究清楚了，才能对清代前期的西迁开发活动作出符合历史实际的评价，才能更深刻认识统一多民族国家在清代得以奠定的历史必然性。"①

当然，我们还应该依托学术研究深化的成果，撰写相关的知识性读物，融教育与普及于一体，为开展国家观、民族观、历史观教育提供一份难得的乡土教材。

现实生活中的任何问题都离不开历史，研究历史的重要任务是为现实提供借鉴。对新疆的历史进行观察、分析、研究，同样也不例外。如果不了解新疆历史，就可能认不清现实中出现的一些问题，更无法制定出正确的解决之策，即所谓"以史为鉴，可以知兴替"！

以上感言权充为序，愿与读者共享！

2013年2月14日

于北京自乐斋

---

① 马大正：《清代西迁新疆之察哈尔蒙古的史料与历史》，《民族研究》1994年第4期。

# 略论若松宽的清代蒙古历史与宗教研究

## ——《清代蒙古的历史与宗教》① ·代编者序

若松宽教授是当今活跃于日本史坛的蒙古史学家。自 1964 年发表《哈喇忽拉的一生》② 以来，近三十年笔耕不息，在清代蒙古历史与宗教研究领域内，以其选题新颖、资料丰富、研考严谨，在当代日本蒙古史研究中独树一帜，颇享盛名，同时赢得中国蒙古学界的称道，在国际蒙古学界也有广泛的影响。

评述若松宽教授的研究，以笔者之水平实不胜其任，但为了让更多的中国边疆史、蒙古史同行了解日本蒙古史研究进展的一个侧面，故结合自己对清代蒙古历史与宗教，特别是对卫拉特蒙古历史与宗教的研究，谈点认识与感受。

### （一）

卫拉特蒙古史是若松宽教授研究的起步点，也是他收获最丰的研究领域。早在 1962 年，以完成硕士论文《准噶尔王国兴起史研究》而步入卫拉特蒙古这一当时还颇受冷落的学术殿堂。三十年孜孜以求，共发表卫拉特蒙古历史方面的论文 13 篇，它们是（以发表年代为序）：

《哈喇忽拉的一生》（1964 年）

《策妄阿喇布坦的上台》（1965 年）

《准噶尔的战斗形态》（1966 年）

《准噶尔汗位继承经过——策妄多尔济那木札勒至达瓦齐》（1968 年）

《僧格统治下准噶尔汗国的内乱》（1970 年）

《卫拉特族的发展》（1971 年）

《俄文史料所见之顾实汗事迹》（1976 年）

《阿勒坦汗传考证》（1978 年）

《第三代阿勒坦汗传考证——17 世纪后半期一位蒙古贵族的生涯》（1978 年）

---

① 本书 1994 年由黑龙江教育出版社出版。

② 刊《东洋史研究》22 卷 4 号，1964 年 8 月。

《准噶尔王国的形成过程》（1983 年）

《17 世纪中叶的卡尔梅克族与新疆》（1985 年）

《明末内蒙古土默特人之进入青海——火落赤诺颜的事迹》（1985 年）

《顾实汗进入青海的原因》（1987 年）

卫拉特蒙古是我国蒙古族的一支，历史悠久，在各个历史时期有不同称谓，元代称斡亦剌惕，明代称瓦剌，清代称卫拉特，亦称厄鲁特、额鲁特或西蒙古、漠西蒙古。国外则称之为卡尔梅克。明末清初之际，卫拉特蒙古分为和硕特、准噶尔、杜尔伯特和土尔扈特四大部落。在清代前期一个多世纪中，准噶尔雄踞天山南北，和硕特进据青藏高原，而土尔扈特大部分则远徙伏尔加河流域。长期以来，卫拉特蒙古人民以自己的辛勤劳动和艰苦斗争，发展了本民族的经济、文化，其势力所及，也直接影响其邻近各部族、国家历史的进程。因此，卫拉特蒙古的历史，随着蒙古史、中亚史研究的深入，必然引起学者们的兴趣。但由于卫拉特蒙古历史的资料分散、涉及语种众多，研究一直未能形成热点。综观 20 世纪 60 年代前后，东洋史研究具有悠久传统的日本史坛，对卫拉特蒙古史的研究，也颇显冷落，当时除田山茂的《清代蒙古社会制度》（1954 年）和《蒙古法典研究》（1968 年）两书对著名的“1640 年蒙古—卫拉特法典”进行日译和研究外，唯有羽田明将卫拉特蒙古历史作为自己的研究重点之一。40 年代末以来计发表论文 9 篇，它们是（以发表年代为序）：

《西宁与多巴》（1949 年）

《试论大黄的原产地色楞格说》（1951 年）

《准噶尔王国和布哈拉——亚细亚游牧民和绿洲农耕民》（1954 年）

《厄鲁特考》（1955 年）

《西套厄鲁特的起源——关于朔漠方略的误传》（1957 年）

《噶尔丹传杂考》（1958 年）

《准噶尔王国的文化——游牧民族对外来文化的接受》（1959 年）

《噶尔丹传考证》（1962 年）

《再论厄鲁特——准噶尔王国兴起史的侧面》（1971 年）

羽田明的研究具有选题新颖、考释严谨的特点。噶尔丹是卫拉特蒙古历史上一位著名人物，对他与清政府公开对抗以后的活动，尽管见仁见智、争议颇巨，但论者尚多。对于噶尔丹的早期历史活动，由于资料分散，论者甚鲜。羽田明的两篇有关噶尔丹的论文对噶尔丹早期历史活动的考证，基本厘清了 1644 年至 1688 年噶尔丹政治、军事、宗教活动的脉络，填补了研究中的空白。在对卫拉特蒙古起源、准噶尔文化、准噶尔与维吾尔关系方面的研究，同样也具有开某一方面研究先河的意义。但由于羽田明赖以研究的资料主要还是汉文史料，因此，其研究不能不受到汉文史料记载的局限。

若松宽教授继承了日本东方学研究的优良传统，并以自己独具特长的语言功力，较多地借助俄文档案，其后，"被藏文文献中蕴含的有关卫拉特蒙古历史的丰富资料吸引"①。俄文档案史料确实成了他进行卫拉特蒙古史研究的重要资料基础，从而大大丰富了卫拉特蒙古史的研究层面。

我们知道，俄国档案中保存有大量有关卫拉特蒙古的史料，这是因为：第一，在俄国政府向东扩张过程中，早在 16 世纪末 17 世纪初，就与游牧于中国西部和西伯利亚地区的卫拉特蒙古发生多种性质的交往；第二，卫拉特蒙古的土尔扈特部自 17 世纪 20 年代至 30 年代以来，即在伏尔加河流域生活了一个半世纪之久。1771 年渥巴锡率部东返时，在伏尔加河流域仍留下了一部分土尔扈特、杜尔伯特与和硕特人，这些部族的后裔，至今仍留居于此，成为今天卡尔梅克苏维埃社会主义自治共和国的基本居民。由于这两个特殊的历史原因，俄国档案中有关卫拉特蒙古史料，一直是学者们关注的对象。长期以来，只有 1882 年出版尼古拉·班蒂什·卡缅斯基《1619—1792 年俄中两国外交文件汇编》（当时仅印了 500 册）和 1919 年出版的英国学者巴德利《俄国·蒙古·中国》两书中提供了部分档案史料。此外在《俄罗斯帝国诏令大全》和《国家外交委员会所藏国书与条约汇编》两部多卷本俄国文书汇集中，收录了为数甚多的沙皇给卫拉特蒙古王公的国书与卫拉特蒙古王公的誓书，还包括了大量有关俄国政府与土尔扈特历代汗王关系的文献。但这些出版物，或因印数极

---

① 若松宽的《清代蒙古的历史与宗教》一书已编译定稿，约 30 万字。

少，流传不广；或因古俄文难解，能独立用之于研究的研究者大体上局限于少数几位俄国和苏联学者。至于直接利用典藏的俄国档案者更鲜。20世纪50—70年代，苏联学者整理出版了一批俄国档案文献的专题汇集，其中重要者有：

《俄蒙关系文件汇编（1607—1636）》（1959年）

《俄蒙关系历史资料文件汇编（1636—1654）》（1974年）

《17世纪俄中关系》第1、2卷（1969、1972年）

《18世纪俄中关系》第1卷（1978年）

《16—18世纪哈萨克与俄罗斯关系》（1961年）

此外，以俄国档案文献为研究基础的一批学术著作和研究论文也相继问世，[①] 为研究者在更广范围内提供了利用俄国档案文献的可能性。

正是在这样一个卫拉特蒙古研究的大背景下，若松宽教授开始了以卫拉特蒙古史研究为主要研究内容的学者生涯。

约在16世纪末17世纪初叶，卫拉特蒙古主要由准噶尔、杜尔伯特、和硕特、土尔扈特四大部分组成，因此又称为"杜尔本·卫拉特"，即四卫拉特。此时四部是"各统所部，不相属"，但各部之间有一个松散的部落首领联盟组织，称为"丘尔干"，即定期的领主代表会议，作为调整各部首领之间矛盾、加强对本部人民统治以及抵御外侮的临时协调组织。"丘尔干"内还有大家公认的盟主，称为"达尔加"。从16世纪中期开始至17世纪初，一直是和硕特部首领担任"丘尔干"的"达尔加"，为四部联盟领袖，到17世纪30年代，准噶尔部势力崛起，取代了和硕特部成为四部联盟的盟主，并进而成为统治天山南北的强大政治势力。综观17世纪至18世纪中叶，准噶尔的历史大体可划分为三个发展阶段：准噶尔部的崛起，经历了几乎整个17世纪一个世纪时间，亦即哈喇忽拉、巴图尔珲台吉、僧格、噶尔丹三世四位首领；准噶尔部的兴盛，即策妄阿喇布坦、噶尔丹策零父子统治时期，时间是1697年至1745年；准噶尔部的危机，即策妄多尔济那木札勒、喇嘛达尔札、达瓦齐、阿睦尔撒纳统治时期，时间是1745年至1757年。

---

① 较重要者有：［苏］H. Π. 莎斯季娜：《17世纪俄蒙通使关系》（1958年）；［苏］伊·亚·兹拉特金：《准噶尔汗国史》（1964年）；《卡尔梅克苏维埃社会主义自治共和国史纲》（1967年）。

准噶尔历史研究，从来就是卫拉特蒙古史研究中一个重点和热点，但由于汉文史籍记述的局限和托忒蒙文史籍的缺乏，长期以来，准噶尔史研究存在一些明显的空白点，而若松宽教授的研究工作，正是在填补一些空白点上作了有益探索。

在准噶尔崛起期研究方面。17世纪上半叶的准噶尔政权早期历史，由于正逢明清两代交替，汉文史籍对当时游牧于边陲的卫拉特蒙古记述甚鲜，以往论者每每及此，苦于无史料可据，难以落笔。《哈喇忽拉的一生》和《准噶尔汗国的形成过程》① 两文，以汉、蒙、俄文史料为基础，对哈喇急拉和巴图尔珲台吉时期准噶尔的政治、军事、社会诸方面作了较为详尽的论述，特别是对1625年前后卫拉特蒙古的动乱，作了颇为详尽的叙述，为学者们进一步研究17世纪30年代以后和硕特、土尔扈特的迁徙，以及1640年蒙古卫拉特法典产生的历史背景，提供了重要的线索。而《阿勒坦汗传考证》② 则是研究了曾与准噶尔争斗多年的喀尔喀蒙古和托辉特部的硕垒乌巴什（第一代阿勒坦汗）、额尔德尼，（第二代阿勒坦汗）的政治、外交、军事的活动，使人们对16世纪末17世纪上半叶卫拉特蒙古和喀尔喀蒙古的关系有一个全景式的了解。

巴图尔珲台吉之子僧格自1653年继承准噶尔的统治权后，汗族间为争夺汗权纷争不休，与喀尔喀蒙古和托辉特部又长期兵戈相见，此时准噶尔与天山南路察合台汗国也发生诸多交往。《僧格统治下准噶尔汗国的内乱》③《第三代阿勒坦汗传考证——17世纪后半期一位蒙古贵族的生涯》④ 和《17世纪中叶的卡尔梅克族与新疆》⑤ 依据汉、蒙、俄和察合台文史料，分别对上述以往学者尚未论及的命题作了评论。

在准噶尔兴盛期研究方面。噶尔丹博硕克图汗由于内外政策失误，在与清政府的军事对抗中，兵败身亡，给准噶尔人民带来深重灾难，但虽遭此大劫，准噶尔政权却并未中衰，相反在僧格之子策妄阿拉布坦领导下，

① 《东洋史研究》1983年第4期。其中一、二部分中译文刊于《蒙古学资料与情报》1985年第3、4期。
② 《东洋史论集——内田吟风博士颂寿纪念》，同朋舍1978年版。
③ 《游牧社会史探究》第42辑，1970年。
④ 《京都府立大学学术报告》第30号，1978年。
⑤ 《蒙古史研究》第1辑，内蒙古人民出版社1985年版。

迅速克服战祸的损失，使准噶尔走上兴盛发展的新时期，个中缘由，固然众多，但策妄阿拉布坦早期活动经历的特点，是人们欲解此谜的一个重要方面。策妄阿拉布坦一生政治生涯丰富多彩，在汉文和俄文史籍中有大量记述，但对其1697年上台执政前的活动，史料却十分分散零乱。《策妄阿拉布坦上台》[①] 则通过对史料的爬梳、排比、考释，将1695年至1704年策妄阿拉布坦的政治生涯作了详尽叙述，尤详于1688年（康熙二十七年）噶尔丹暗害策妄阿拉布坦事件和1704年（康熙四十三年）策妄阿拉布坦收容土尔扈特散扎布部众的论述。若松宽教授认为，前者是策妄阿拉布坦"背叛噶尔丹而独立的导火线"，后者则对于策妄阿拉布坦"成功地确立汗权乃是重要的事件"。

在准噶尔危机期的研究方面。1645年噶尔丹策零病故，准噶尔统治集团内部为争夺汗权展开了激烈争斗，这一段历史，头绪纷繁，史载分散。《准噶尔汗位继承经过——策妄多尔济那木札勒至达瓦齐》[②] 即是对噶尔丹策零死后，策妄多尔济那木札勒、喇嘛达尔札及达瓦齐三代的汗位承继始末作了论述，对三位汗王编年的考订，更为人们了解这段历史提供了一份可靠的大事编年。可惜的是本文的续篇达瓦齐与阿睦尔撒纳之间又联合，又争斗，最终导致准噶尔政权的灭亡的痛苦历程，尚未完篇。

和硕特的著名首领顾实汗是17世纪前半叶卫拉特蒙古的重要历史人物，正是在他的领导下，在17世纪30年代卫拉特蒙古大迁徙时期，大部分和硕特部众南迁青海，征服了此时统治青海地区的喀尔喀蒙古却图汗，随即在西藏僧俗上层支持下进军康、藏地区，统治青藏高原几近百年之久。但由于史料所限，对进军青藏高原之前的顾实汗事迹，"汉藏史料均无记载，使这一时期顾实汗的行踪蒙罩了一层薄雾"，《俄文史料所见之顾实汗事迹》[③]，即是利用了俄文档案，对顾实汗早年生涯作了补叙。研究和硕特迁入青海，必然涉及17世纪前半叶青海地方史，此时正是明清两代之交，有关史载极少，是青海地方史研究的一个薄弱点。《明末内蒙古

---

① 《史林》1965年第6期。
② 《东洋史论集——内田吟风博士颂寿纪念》，同朋舍1978年版。
③ 《史林》1976年第6期。

土默特人之进入青海——火落赤诺颜的事迹》① 是作者依据藏文史籍，对17 世纪 30 年代喀尔喀蒙古却图汗进入青海地区之前，青海地区内蒙古土默特人火落赤活动事迹的考释，从而使我们对和硕特进驻青海的背景更有一个全景式了解。

综观若松宽教授的卫拉特蒙古历史研究，尤其在准噶尔政权史研究上，既继承了日本东方学选题新颖、考释严谨的传统，又及时汲取了苏联学者对俄国档案整理和研究的成果，并直接利用汉文、蒙文、藏文典籍的精华，使自己的研究达到了一个崭新的水平。

（二）

藏传佛教在清代蒙古社会政治生活中占有突出地位，理所当然引起研究者的重视，日本史坛对藏传佛教的研究，若松宽教授曾评述："关于喇嘛教的研究，矢野仁一著《近代蒙古史研究》首先探讨了喀尔喀部黄帽派喇嘛教首领哲布尊丹巴呼图克图的起源以及清朝对哲布尊丹巴呼图克图的礼遇等问题。此后很久没有出现有关这方面的高质量的论文。"② 而若松宽教授以藏文典籍为资料基础，开始了自己以研究与卫拉特蒙古有直接关联的诸位僧人事迹为主要内容的清代蒙古宗教史研究，计发表论文 15 篇，它们是（以发表年代为序）：

《喇嘛教在卡尔梅克人中的传播》（1966 年）

《蒙古喇嘛教史上的两位传教者——乃济陀音与咱雅班第达》（1973 年）

《噶尔丹锡呼图呼图克图考——清代驻京呼图克图研究》（1974 年）

《博克达察罕喇嘛与呼和浩特的喇嘛教》（1975 年）

《布里亚特的喇嘛教》（1976 年）

《济隆活佛小传——清与西藏关系的一个侧面》（1978 年）

《康熙御制梅檀佛西来历代传说记和章嘉呼图克图》（1980 年）

《西宁东科尔呼图克图的事迹》（1980 年）

《布里亚特佛教史考证》（1980 年）

《察汉诺们汗的事迹》（1980 年）

《察汗诺们汗在青海蒙古史上的作用》（1981 年）

---

① 《京都府立大学学术报告·人文》第 37 号，1985 年。中译文刊《西北史地》1986 年第 1 期。
② 若松宽：《蒙古史研究概述》，《蒙古学资料与情报》1988 年第 1 期。

《札雅葛根传考证》（1981 年）

《呼和浩特喇嘛庙记》（1984 年）

《喇嘛葛根考》（1988 年）

《达赖喇嘛三世的北京遣使》（1991 年）

藏传佛教在清代发展很快，传播到整个蒙藏地区。而"兴黄教即所以安众蒙古"又是清朝政府的一项基本国策，为了利用藏传佛教统治蒙藏民族，制定了一系列具体的政策措施，敕封了大活佛，即达赖喇嘛、班禅额尔德尼、哲布尊丹巴呼图克图、章嘉呼图克图，由他们分别掌管西藏、内外蒙古的宗教事务，形成清代藏传佛教的四大活佛系统，在有清一代政治舞台上扮演了重要角色。与此同时，清政府还分封众多活佛、广建庙宇，以国家的力量推动藏传佛教的发展，若松宽教授大量利用藏文典籍对驻京呼图克图，以及活跃于卫拉特蒙古、漠南蒙古、喀尔喀蒙古，乃至远及布里雅特蒙古的喇嘛僧人进行了深入研究，取得可喜成绩。据他自述："藏文文献多为高僧传记或佛教大事编年史，宗教色彩浓厚，但只要用心深入开掘，即能从中获得珍贵的有价值的历史史料。"

清代常驻北京的喇嘛称为驻京喇嘛，或驻京呼图克图。清廷赐予他们国师、禅师等名号，在北京赐予他们坐床寺为居住地。有清一代驻京呼图克图计有：敏诛尔呼图克图、噶勒丹锡哷图呼图克图、拉果呼图克图、察汉达尔罕呼图克图、洞阔尔呼图克图、土欢呼图克图，他们在维系清政府与蒙藏地区僧俗上层关系和推行清政府的宗教政策方面均起有重要作用。《噶勒丹锡哷图呼图呼图克图考——清代驻京呼图克图考》① 即是对位于驻京呼图克图次位的噶勒丹锡哷图呼图呼图克图一世至七世活佛政教活动的详实考述。

在康熙年间的准噶尔首领噶尔丹博硕克图汗反清活动中，曾得力于两位蒙古僧人的帮助。《济隆活佛小传——清与西藏关系的一个侧面》② 和《伊拉古克三考证》③ 对两位僧人与噶尔丹博硕克图汗的关系作了论述，并进而考释了一世至十一世济隆呼图克图和一世至三世伊拉古克三的经

---

① 《东洋史研究》第 33 卷第 2 号，1974 年 9 月。中译文刊《蒙古资料与情报》1990 年第 3 期。

② 《佛教史学研究》第 21 卷第 1 号，1978 年 6 月。

③ 未刊稿，收入《清代蒙古的历史与宗教》一书。

历。从中人们可以看到清政府对藏传佛教既有控制利用的一面，但在特定历史条件下，也有失控的一面。

藏传佛教在卫拉特蒙古的传播是藏传佛教播传史的重要内容，以往中外史家论者极鲜。《喇嘛教在卡尔梅克人中的传播》① 虽现在看来已属简略，但在发表当时可谓是开研究先河之作。随着若松宽教授对卫拉特蒙古史研究的深入，又对活跃于卫拉特蒙古地区和青海地区的僧人作了深入研究。《蒙古喇嘛教史上两位传教者——乃济·陀音与咱雅班第达》② 和《吉雪活佛考》③ 通过对上述三位僧人事绩考订，丰富了藏传佛教在卫拉特蒙古地区早期传播史，同时也兼及了这些僧人参与政治活动并发挥特殊作用的历史侧面。《青海湟源县的东科尔寺及东科尔呼图克图》④ 和《察汉诺们汗的事迹》⑤ 则是研考了在青海地区有重大影响的一世至二十一世东科尔呼图克图和一世至六世察汉诺们汗呼图克图的生平事迹。

呼和浩特建立喇嘛寺庙始于明代俺答汗时期，清代又修建了 30 座左右。博格达察罕喇嘛是其中可以上溯至明末清初的蒙古活佛。《博格达察罕喇嘛与呼和浩特的喇嘛教》⑥ 通过对历世博格达察罕喇嘛与呼和浩特的喇嘛寺庙的考释，使人们对以呼和浩特地区为中心的漠南蒙古藏传佛教的发展概况，更富有立体感的认识。其依据的基本史料，一是土欢罗桑却吉尼玛（即土欢呼图克图二世，1737—1802）、《大德拉西扎木素及诸辈弟子传记》，二是吹斯嘎巴呼图克图《无量寺等所有寺庙始创核查记》，均是稀见的藏文典籍。

藏传佛教在喀尔喀蒙古的传播也异常广泛。哲布尊丹巴呼图克图（又称博格达葛根）、札雅班第达（又称札雅葛根）、额尔德尼班第达（又称喇嘛葛根）是最受喀尔喀蒙古僧众笃诚尊崇的三大活佛。哲布尊丹巴呼图克图是清政府敕封主持喀尔喀蒙古地区藏传佛教的大活佛，加之历世哲布尊丹巴呼图克图在政治舞台上也十分活跃，因此研究者也予关注，而其他

① 《东洋史研究》第 25 卷第 1 号，1966 年 6 月。
② 《史林》1973 年第 1 期，中译文刊《蒙古学资料与情报》1984 年第 2 期。
③ 未刊稿，将收入《清代蒙古的历史与宗教》一书。
④ 《三田林博士古稀纪念东洋史论丛》《立命馆文学》第 418—421 合并号，1980 年 7 月。
⑤ 《京都府立大学学术报告·人文》第 32 号，1980 年 11 月。
⑥ 《鹰陵史学》第 1 号，1975 年 3 月，中译文刊《蒙古学资料与情报》1990 年第 2 期。

两位活佛的研究则属空白。《札雅葛根传考证》① 和《喇嘛葛根考》② 正是填补喀尔喀蒙古宗教史研究中空白之作。

以贝加尔湖为中心的布里亚特地区，不但有大批喇嘛庙，而且还建造了许多寺庙。据 1846 年统计，布里亚特地区共有佛寺 34 座，僧院 144 处，喇嘛 4534 人，信徒则多达 122259 人。统治这些僧俗信徒的最高权威是布里亚特地区藏传佛教首领班第达堪布喇嘛。《布里亚特喇嘛教》③ 主要以班第达堪布喇嘛的设置过程为中心，探讨了藏传佛教在布里亚特地区的发展概况，而《布里亚特佛教史考证》④ 则是在上文研究基础上，进一步研讨了班第达堪布喇嘛的设置过程及其历代补任问题，并阐述布里亚特喇嘛寺院史。

综上所述，若松宽教授的清代蒙古历史与宗教研究有三个显著特点，这就是：选题的新颖、史料的多样、考研的严谨。这些特点，实际上也反映了 60 年代以来日本蒙古史研究发展的新趋势。对这一新趋势，值得我们注意和借鉴的有两点，一是日本的蒙古史学者都有扎实的史学基本训练基础，并掌握了多种语言文字能力，一般都兼通几门外文，如汉文、英文、俄文、斯拉夫蒙文等，而且都掌握一种或数种中国的民族文字，如蒙文、藏文、满文等。这样使他们的研究具有扎实的史料基础，特别是对汉文和民族文字典籍的使用能力，是苏联、西欧、北美诸国学者所无法望其项背的；二是日本学者的研究选题少有重复泛论之作，这是日本史坛很好的传统。在这一研究大潮中，若松宽教授是一位受人注意的代表之一。

当然，学术研究是无止境的，人们的认识也在不断深化，有两点似可一提：

第一，若松宽教授有关准噶尔政权形成史的研究，在日本遇到了挑战，一些学者认为，准噶尔政权不是形成于巴图尔珲台吉时期，而是噶尔

---

① 《内陆亚细亚·西亚细亚的社会与文化》，山川出版社 1983 年版。中译文刊《蒙古学资料与情报》1987 年 3 月。

② 《内陆亚细亚史研究》第 4 号，1988 年 3 月。

③ 《京都府立大学学术报告·人文》第 28 号，1976 年。

④ 《佛教历史与文化》同期舍出版社 1980 年版，中译文刊《蒙古学资料与情报》1989 年第 4 期。

丹执政以后。有关这一问题的讨论，不仅引起了日本蒙古史学家的兴趣，同时也促使中国蒙古史学家的进一步思考。①

第二，若松宽教授对于一些有影响的僧人事迹考研，确是有助于清代蒙古宗教史研究的深入。但从整体看，微观的、个别的研考引人注目，而对清代蒙古宗教的宏观研究却受到了冷落。若松宽教授曾自述："我撰写论文，每每乘兴而作，有感而发"，② 我们有理由期待读到若松宽教授更多的鸿篇大论之作。

若松宽教授的研究成果是多方面的。早年曾著有《努儿哈赤》③ 一书，之后还写有《根忒木耳亡命俄罗斯事件——清俄交涉》④，同时结合研究所得写了不少颇有见地的书评⑤和内容广泛的学术报道，⑥ 为促进中国和日本蒙古史学家的了解和交流做了大量的工作。近年来若松宽教授在繁忙执教生涯的同时，已将自己研究的兴趣移向著名史诗格萨尔的翻译与研究。我们衷心祝愿若松宽教授在新的研究领域中取得成绩，同时也有理由期望他在今后的研究中仍能关注卫拉特蒙古史研究，为推进卫拉特蒙古史的发展做出贡献。

# 周轩《清代新疆流放名人》⑦·序

流刑即流放之刑，作为轻于死刑、重于徒刑的一种惩罚手段，古已有

---

① 中国学者的研究可参见《准噶尔史略》，人民出版社 1985 年版；马大正、蔡家艺《卫拉特蒙古史入门》，青海人民出版社 1989 年版；《卫拉特蒙古简史》上册，新疆人民出版社 1992 年版等。

② ［日］若松宽：《清代蒙古的历史与宗教》中译本自序。

③ 《努儿哈赤》，新人物往来社 1967 年版。

④ 《京都府立大学学术报告·人文》，第 25、26 号，1973 年 11 月、1974 年 12 月。

⑤ 主要有：《评田山茂〈蒙古法典之研究〉》，《东洋史研究》第 27 卷第 1 号，1968 年；《评获原谆平〈明代蒙古史研究〉》，《东洋史研究》第 39 卷第 3 号，1980 年；《珠荣嘎校注〈阿勒坦传（蒙文）〉》，《东洋史研究》第 44 卷第 1 号；《评莎斯金娜〈17 世纪的俄蒙通史关系〉》《评兹拉特金〈准噶尔汗国史（1635—1758）〉》等。

⑥ 主要有：《中国蒙古史学会 1981 年年会及学术讨论会参加报告》，《蒙古研究》1983 年第 14 期；《内蒙古蒙古史学界一瞥》，《蒙古学资料与情报》1986 年第 3 期；《蒙古史研究在日本》，《蒙古学十年（1980—1990）》，内蒙古人民出版社 1990 年版；《近十年来中国〈格萨尔〉研究简介》，《东京外国语大学亚非语言文化研究所通讯》第 71 号，1991 年 4 月等。

⑦ 本书 1994 年由新疆人民出版社出版。

之。及至隋唐承上启下，正式将"流"列入"笞、杖、徒、流、死"的
五刑之一。清朝是我国最后一个封建王朝，为维护其统治利益，也制定了
体现统治阶级意志的刑律，将免死减等的罪犯，流放到边疆地区，以
"流"作为代替诛死的一种宽遇。清初主要以东北和蒙古军台为流放地，
稍后扩大到云南贵州烟瘴之所，岭南海南炎热之地。自乾隆朝继汉、
唐、元重新统一西域之后，地处极边的新疆，也成了清政府流放罪人的
主要地区之一。作为流刑的惩罚对象，一般称之为流人。我们对流人的
含意作一界定，流人就是触犯封建刑律、而被统治者强制迁徙至边远之
地"效力赎罪"，从而成为该地的一种常住或暂住的客籍居民。按其流人
社会地位，又可分为犯罪平民和获罪官员（包括王公、学人等）两大类。
而后一部分人，一般称为遣员，或废员、戍员。如《清史稿》卷 143 所
载："若文武职官犯徒以上，轻则军台效力，重则新疆当差。成案相沿，
遂为定例。"这些被称为遣员的流人，作为统治阶级的一个特殊阶层，因
其有较高文化水平和统治经验，当他们一旦深入新疆社会的各个方面后，
于新疆的发展是起过程度不同的影响，对此已成为新疆史研究者的共识。
但这方面研究中有分量的综论之作，除我读到齐清顺先生《清代新疆遣员
研究》（载《西域史论丛》第三辑，新疆人民出版社 1990 年版）一文外，
尚为鲜见。

去年年底，我欣喜地得到周轩先生惠赠新著《清宫流放人物》（紫禁
城出版社 1993 年版）；近来又收到周轩与高力两位合著的书稿《清代新疆
流放名人》，恳嘱为书作序。本想敬谢不敏，可想到本书的立题极有意义，
新疆流人又是我颇感兴趣的领域；再者，我与周轩也相处有年，其勤奋笔
耕、锲而不舍的精神，令人钦佩。基于此；我不揣浅陋、冒昧提笔，也就
在情理之中了。

动笔之始，记忆又将我拉回到 1977 年。虽时隔近十八个年头，可当
时情景还清晰如在眼前。那时我常去中国人民大学清史研究所马汝珩教授
处，切磋钻研有关清史和卫拉特蒙古史诸问题时，看到周轩的习作《格登
山碑》稿本，流畅的文笔，娟秀的字迹，将 18 世纪中叶清政府统一新疆
的著名战役格登山大捷，以电影文学剧本的形式再现于人们眼前。此后，
我与周轩开始了文字之交。1981 年夏，为参加中国蒙古史学会第三次年

会，我第一次踏上了新疆大地，始面晤周轩。之后，我几乎连年奔赴新疆，或学术会议、或研究考察，与周轩也就接触日多。新疆文史研究是其所长，多有宏文面世；尤其是对近代爱国英雄林则徐的研究，更有专著成稿，虽因种种原因，至今仍在书斋待嫁，但初衷不改，孜孜求索，潜心研究，并由林则徐扩及清代流放人物，尤其是流放新疆的人物。如他自述："我对清代新疆流放人物的兴趣，是从研究林则徐、纪晓岚、洪亮吉等人开始的。"（《清宫流放人物》后记）而周轩与高力合著的《清代新疆流放名人》，当是在这一领域探索的首批成果之一。旧友周轩长期从事大学学术刊物的编辑工作，新朋高力曾是多年的新闻记者，两人年龄四十上下，是颇显研究实力的有为学子，合作著述，可谓同声相应，同气相交，在一定意义上发挥了 1 + 1 > 2 的群体效应，十分难得。

《清代新疆流放名人》为有清一代乾隆朝至光绪朝流放新疆的 15 位历史人物立传，其中既有名重千古的爱国英雄，也有骄奢淫逸的皇亲国戚，既有宦海浮沉的封疆大吏，也有满腹经纶的硕学之士。既有应得之罪，也有枉屈之人，流放背景各有不同，流放经历因人而异，每人都有一段令人省新的故事。作者研读了大量史料，并进行了钩稽、爬梳、考释，勾画了每个传主在新疆的活动轨迹，同时旁及每个人物的人际交往与时代特色，在一定程度上反映折射出其所处时代的某一侧面。

为历史人物立传，要写得好并非易事。通览全书，我认为以下几方面是处理得较好的。

一是历史人物与时代的关系。

一个活生生的人，其生活本身就是丰富多彩的。他的一切活动都与其他一些人有联系，都受其思想感情所支配；而其思想感情又受当时的时代所影响、所制约，也即是每个人都生活在一定时代之中，其言其行无不打上时代的烙印。因此不可能离开时代来写人，写人就要写时代，这是一个问题的两个方面。如果将历史人物与时代的关系处理好，就能看出属于他的那个阶层、那个群体的历史的一角。本书的 15 位历史人物传略，一般都突出了写其流放原委、在新疆的经历，并旁及传主的主要政绩或学术成就，还兼及与其活动有关联的个人或群体，不仅使人看到一个个真实、立体的人物，同时从传主的遭遇中看到他所处的时代。

　　二是为历史人物立传中述、考、评三者的关系。

　　述，即是叙事，为历史人物立传就得将其经历要事用清晰的思路、流畅的文字表述出来；考，即是考释历史人物的活动，史籍中有时记述各异，就要去伪存真，不人云亦云。诸如纪晓岚在乌鲁木齐生活景况、乌鲁木齐阅微草堂地望，以及洪亮吉百日获释、铁保第二次流放、吴熊光、徐松的获罪缘由等，都可谓是作者精心考释的心得，特别是关于裴景福的发配日期，纠正了《清实录》的舛误；评，即是评议，既反映了作者的史识水平，也是传略的点睛之笔。本书对立传 15 人历史功过的评议，时见于篇章中的字里行间，基本上做到了爱憎分明，褒贬切实。

　　三是学术性与知识性的关系。

　　学术性主要体现在对传主经历作出清晰叙述、严谨考辨、正确评说。但成功的传略还应当吸引人，使人读来多所收益，并获取尽可能多的知识。作者在为流放人物立传时，既注重学术性，也顾及了知识性，不时向人们穿插介绍清代的官制、礼制、刑制、科举制及有关人物的传承与社会关系；还特别突出了流放人物在新疆的文化建树，如纪晓岚留心博采，洪亮吉公余写作，祁韵士、徐松奉命编纂方志外，努力著书立说，林则徐以日记诗文留下流放实录，裴景福从南海之滨到天山脚下一路行吟，《老残游记》的作者刘鹗又写出了医学著作《人寿安和集》，并将新疆的山川风光、民俗人情娓娓道来，从中也反映了作者丰富的知识领域和雄厚的生活积累。

　　本书虽有上述明显优点，但缺憾之处也不应掩饰。从全书整体看，尚缺一篇从宏观论述有清一代新疆流人概貌的前言。天津南开大学教授来新夏先生在为《清宫流放人物》赐序中指出："周轩先生于缀辑人物生平基础上成前言一稿，置于卷首，胪述自古以来流放人物情况，并分析诸种流放类型。如是手此一编，不仅可为读全书之锁钥，更不啻读一流放小史。"惜《清代新疆流放名人》独缺此画龙点睛之作，憾甚！另外，书中对流放名人的内涵界定还缺一完整明确的说法。在 15 篇传略中，也有个别传略对传主流放新疆后的活动介绍失之过简，如盛住、吴熊光等。看来盛住在新疆的流放情况，没留下什么文字记载；而记录吴熊光流放见闻的《伊江别录》，作者至今未能看到，这就有待于作者史海泛舟再搜寻了。

　　周轩、高力二位先生来函嘱我为书作序时并说道："研究清代新疆流人，应属边疆史地的范畴；作序之事，应是您这位边疆史地研究中心学者的职中应有之责，题中应有之义。"忆昔抚今，不能不尽职尽力。中国的边疆研究源远流长，边疆史地作为专门研究对象，是从清朝乾嘉年间开始的，近代以来又随着边疆危机而兴起，涌现出一大批研究边疆史地的名家，本书即为其中的洪亮吉、祁韵士、徐松三人立传。而今，中国边疆研究者肩负着继承与开拓的历史使命。作为与多学科密切关联的中国边疆研究，要有一个总体的发展，必须要有一个多学科专家的通力协作，充分吸收诸学科的研究精华。我希望有更多的同行积极投入，责无旁贷地推动中国边疆史地的研究。而本书的出版，对清代新疆流人史研究是一种促进、一个推动，我衷心期待着有更多更好的这方面的著作早日问世。

1994 年 4 月草成于北京<br>中国边疆史地研究中心

## 一个大时代的写法

——崔保新《新疆 1912》<sup>①</sup>·序

2012 年 3 月 4 日崔保新同志登门寒舍，畅谈他写作新疆的计划之余，面递近作《新疆 1912》稿本，恳嘱我为之作序。我与保新相识在 2011 年，是先读其文，后识其人。2011 年上半年我读到了保新著作：《沉默的胡杨——邓缵先成边纪事（1915—1933）》和《掀起你的盖头来——发现新疆》（与唐立文合著），深为其严谨的考实、飞扬的文思和洒脱的文笔所吸引，尤其是前书，通过对邓缵先成边的记述，为我们提供了一幅民国初期新疆治世与乱世的历史画卷。2011 年 7 月下旬我赴喀什参加一次学术活动，活动中不仅拜读了保新以《新西部》特约评论员的名义撰写的《新西部论》，而且有幸与保新面晤恳谈，为其才思所折服。在半年多时间里，我与保新的相识实现了从文缘到人缘的结合，这大概可以称为缘分吧！基于此，对保新索序之愿我实无理由推辞。

3 月中下旬，我忙里偷闲，对《新疆 1912》书稿完成了先通读、后精

---

① 本书 2012 年由社会科学文献出版社出版。

读、再重点读。我的读书三部曲是一气呵成、且意犹未尽。今略陈所感、所思如次：

一是，史料利用颇具特色。辛亥时期新疆历史的史料分散，缺乏系统整理，加之如作者言："由于政亡人息、否定前朝成了社会的惯性思维，有关历史人物的细节由于疏于记录、保存、整理，加之边疆文化长期落后的特殊原因，使以人为主写史的方法充满着不确定性，难度极大"，（见本书自序），但作者仍"力图以文献为基础，以信史为证据，让史料说话"（见本书自序）。本书依托史料最大特点是更多地关注口述史料的发掘与利用，既有广泛利用当事人、当时人或他们的后代所写的回忆和所存的照片、遗物，同时作者也深入实地调研，足迹遍及乌鲁木齐、喀什、和田、哈密、北京、广州、武汉、南京、西安、长沙，从而使一批因史料不足，最易被史学家忽视的新疆辛亥革命时的小人物，诸如参与辛亥革命起义的烈士、哥老会领袖、参将、农民起义领袖等，尽管他们生卒年月不详，坟茔不彰。但他们长存民间的口碑得以发掘，使大小人物不同的经历和背景，呈现在本书篇章之中，站在阅读者面前，如同色彩斑斓的马赛克，共同拼成了1912年新疆辛亥革命的社会画卷。

二是，对历史人物和事件评议的精当。人物和事件"始终是历史的一体两面"，（见本书自序），是历史记述、历史研究的重点，当然在人物和事件中，人永远是历史的主角。作者本着实事求是的原则，力忌"主观地定论善恶，简单地评判是非。因为善与恶，是与非，因不同时代、不同阶级而演变，后人不要因单一视角、现代标准而错怪和扭曲了他们"。（见本书自序）

作者对民国初年主政新疆17年的杨增新评价颇高，认为"杨增新可以说是新疆历史上的传奇人物，侥幸主政，力挽狂澜，偏安一隅，悲壮身亡，百姓恸哭，余此难有二人"。（见本书第六章）。

作者对杨增新的评议是基于"我们不能超越时代要求杨增新，也不能忽视民族危亡，而奢谈民权与民生……我们评价一个历史人物的功过时，主要衡量标准是看他爱国还是卖国，是损害民族利益还是维护民族利益，是收回并保住了国土还是丧失了国土，以及有没有在不公的偏袒下发生种族仇杀。另一个衡量标准，就是看当时新疆的政权是否稳定，是否给经

济、文化、教育创造了发展机会，并用数字说话"。（见本书第六章）

对杨增新治疆业绩的总结可谓警言迭出，如："张弛有度地处理好宗教与民族关系，是稳定新疆必不可少的条件。""从历史经验看，新疆一旦陷入无政府主义，极端宗教势力势必抬头，必然伴随着一场民族仇杀，将新疆拉回政教合一的中世纪。"（见本书第六章）杨增新认为："欲求新疆长安久治，不利用新疆各民族之人以合力治新疆，实为万全之策"，"增新不能利用回疆，便不能立足于新疆"。（见本书第六章）

"治疆重在治民，治民必先治吏。吏治清廉，社会自安；吏治朽坏，社会自乱。""治新疆政务在得人，安民必先察吏，吏不治民，不仅不能治国，反为民之害。"（见本书第七章）

百年后的今天读之，仍有其现实的借鉴价值。

少一些四平八稳的说教，多一些发人深思的评议，这是读者共同的心愿，保新做到了。

三是，以人为主线的结构布局与纪实文学的写作风格给史学著作注入了新的气息。

本书采用以人为主线的叙事方式，以新疆辛亥革命这一事件为坐标，选择了10多个相关人物，其中既有显赫一时的末代巡抚、伊犁将军、民国都督、省府主席，以及封建郡王、民族头领等；也有名不见经传的小人物。"历史上，小人物与大人物斗法，与旧体制对抗，虽力不从心，但他们因此创造了历史，衬托了大人物，也凸显了自己的价值。"（见本书自序）这种布局结构，使本书能以小见大，见微知著，博大精深，加之纪实文学的写作风格，使得人物栩栩如生，事件鲜活生动，极富可读性。

如果要归纳本书优点，我以为上述三端即是其主要者，但我还有期望一端想述。新疆和谐社会的建设，要有现代文化的引领，现代文化重要内核之一应是历史的记忆。"历史记忆是人类特有的记忆功能之一。历史记忆分三个层次，即个体记忆、群体记忆和公共记忆。由个体记忆向公共记忆过渡，其间的催化剂就是理论研究和媒体传播。"（见本书附录）正确的新疆历史的记忆，是今天强化文化认同、国家认同重要原动力。我们有很多工作可以做，也应该做。《新疆1912》的写作和出版是一次成功的尝试，"新疆辛亥革命的场域极大，不仅涵盖了中华民族的方向和目标，也

凝聚着五族共和、振兴中华的全民共识。这种共识是一种软实力，是新疆经济社会可持续发展的基石"。（见本书附录）

由此，我期望保新继续"以一个特殊的年份和一群特殊的人杰为对象，追溯历史并展现一个大时代的写法"（见本书后记）的尝试，能将《新疆1762》《新疆1884》《新疆1950》，乃至《新疆：公元前60年》等诸题的写作提上议事日程，保持特色，形成系列。

果能如此，学界之大幸矣，读者之大喜矣！

盼吾之此期望能得保新同志共鸣与响应！

权充为序！

2012 年 4 月 8 日<br>北京·自乐斋

## 段金生《调适与冲突：杨增新思想与治新实践研究》[①] ·序一

提到民国时期的新疆，就让人想到了杨增新，因为杨增新不仅是民国时期统治新疆时间最长的地方行政长官，而且以其有特点的治理思想及措施，使新疆处于一个相对平稳的社会政治环境，并注意维护西北边疆领土的主权。

新疆地处欧亚大陆中心，位于中国西北部，是中国陆地面积最大、陆地边界线最长的省区。自古以来，众多民族聚居于这片广袤的土地上，创造了灿烂的古代文明。新疆也以其中西交通的重要战略枢纽地位，吸引了大批学者的关注。而杨增新统治时期的新疆，社会政治相对稳定，民族与宗教关系缓和，有"塞外桃源"之誉。从统一的多民族国家发展的大局来看，杨增新所起到的历史作用是十分重要的，值得认真研究。正因为如此，段金生所著《调适与冲突：杨增新思想及其治理新疆实践研究》一书的出版，在历史与现实方面具有双重的意义。

研究杨增新具有一定难度的。据我所知，学术界关于杨增新研究的成

---

① 本书 2010 年由云南人民出版社出版。

果不少，且不乏一些见解精辟之作。张大军《新疆风暴七十年》（台湾兰溪出版社 1980 年版）中对杨增新统治新疆时期的一些情况的论述，因作者个人生活背景方面的因素，资料最为丰富翔实。当然也存在着因内容过杂、条理不清的缺点。直接以杨增新为研究对象的成果中，以中国台湾学者李信成的《杨增新在新疆（1912—1928）》（台北"国史馆"1993 年版），堪称详细具体。该书主要是针对杨增新统治新疆时期的各项具体政策进行研究，缺乏宏观视角的议论。自 20 世纪 80 年代以来，我国大陆学术界关于杨增新的研究成果纷纷问世，这些论述主要集中在杨增新的治新政策及相关措施等方面，对杨增新的治新理念及思想，还缺乏系统、深入的研究。段金生选取杨增新的思想作为研究的突破点，在认真阅读《补过斋日记》《补过斋读老子日记》《补过斋文牍》等资料的基础上，对杨增新的思想做了系统深入分析，弥补了相关研究的不足，这是十分有意义的。

该书是段金生在他发表研究杨增新思想及其治新实践的多篇文章的基础上凝练而成，集中反映了作者对杨增新的政治思想、经济思想、道治主义哲学下的治民之道，以及治理新疆的民族与宗教政策等方面问题的认真思考。作者采用历史学传统的实证方法，重视对杨增新相关史料的收集，在对相关史料做细致整理及正确诠释的基础上，通过分析、演绎与归纳，史实考辨与理论归纳相结合，将杨增新的思想逐一总结，具有较高的学术性和可读性。

研究杨增新，与研究新疆及西北边疆史地密不可分。作者并没有将二者分离对待，而是结合起来进行分析。作者对近代国人关于新疆认识的研究就颇为深入。晚清西北史地学派的兴起，是近代中国边疆史地研究兴起的第一次高潮；20 世纪 20 年代至 40 年代边政学的提出与展开，是第二次中国边疆研究高潮取得的突出成就。而这两次高潮中，新疆及西北边疆的研究在其中都占有重要的地位。段金生通过阅读大量近代报刊、论著资料，对近代国人关于新疆的战略地位、民族与宗教、新疆开发等方面的认识做了系统总结，指出近代新疆的社会与政治呈现以下特点：首先，近代中央政府对新疆的控制逐步弱化，尤其是清末以后，中国政局杌陧不安，中央权威失落，新疆僻处边塞，交通不便，中央政府对新疆之控制更是鞭长莫及。其次，由于中央政府对新疆的控制弱化，外国势力对新疆的渗透进一步加剧。近代新疆俄、英、日、德等列强争相角逐，企图将新疆纳入其势力范围。最后，本已复杂的民族与宗教关系出现了新情况，"泛伊斯兰主义"与"泛突厥主义"分裂势力产生，这些都加剧了新疆社会与政治的不稳定性。正是在这样复杂的社会与政治环境下，近代国人对新疆的地缘战略环境、民族与宗教关系、新疆实业发展等层面的探索，是民族先驱自强不息的重要体现，是近代救亡图存历史主题的一个体现，也是一笔宝贵的精神财富。他的这些看法颇有见地。

该书是我国大陆学术界关于杨增新研究的较系统的学术著作，其关于杨增思想方面的研究具有创新的性质。当然，该书仍有一些不完善的地方，作者对杨增新思想的研究是全面的，但是对杨增新治理新疆的实践研究方面仍有开拓的空间。杨增新治理新疆的实践是多方面的，仅对阿尔泰并新、如何分化瓦解伊犁革命党势力、民族与宗教政策方面进行研究还是有深化研究的空间，并将思想与实践深入结合，使之臻于完善。

多年来，我一直积极呼吁构筑中国边疆学。20世纪80年代尤其是进入90年代以后，中国边疆学方面的研究成果以其独特的学术价值，日益受到学术界和社会各界的关注。中国边疆学的构筑离不开年轻学者的参与。本书的出版，小言之是边疆史地研究又一新的成果，大言之也可列入中国边疆学成果之林。我期待着作者能在本书的基础上，对杨增新治疆继续做深入研究，同时也积极参与到中国边疆学构筑的研究群体中来，并取得更大的成绩。

2010 年 1 月 25 日

于北京自乐斋

## 冯大真《构建新疆大宣传格局的理论探索与实践》① ·序

散发着油墨清香的冯大真同志《构建新疆大宣传格局的理论探索与实

---

① 该书新疆人民出版社 2017 年出版。

践》清样稿放在我案头，期盼已久的冯老（我们都是这样称呼他）几十年来撰写的体裁多样的讲话和文章选集终于要与读者见面，欣喜之情是由衷的。但于我又是矛盾的，欣喜之余多了几分惶恐，冯老坚持要我为书作序，并否决我将书序改为书跋的请求，应承这项"指令性"委托成了我唯一的选择。这篇序文我该如何写，成了我应承冯老委托后半年多来经常思索的问题。

思之再三，我想借这篇序文表述两项内容。一是，我对冯老执意让我作序，我又为何心悦诚服接受了这一"任务"；二是，我对冯老这部大著的特色，以及于人们启迪的认识和思考。

（一）

从世俗角度，冯老与我似乎存有太大的差距。从年龄看，冯老长我 8 岁，是名副其实的兄长；从社会的角色（不说是地位）看，在 20 世纪 80—90 年代，冯老是新疆维吾尔自治区的领导，1985 年即进入自治区党委常委、兼任宣传部长、自治区党校校长和自治区社科联主席，1992 年出任自治区政协副主席，仍兼任宣传部部长，长期是主管自治区的意识形态工作的重要领导人，1995 年冯老由自治区政协常务副主席任上离休后，还先后主持编纂了在新疆学术界颇有影响的《新疆百科全书》和《新疆地名大词典》。冯老是自治区几代学人尊重的前辈和长者。而我当时只是一名从事新疆历史研究的一介书生，近 40 年前的 70 年代我开始卫拉特蒙古历史研究，之后研究领域不断延伸和拓展，对隋唐民族关系史、清代新疆史、中国古代和当代边疆治理诸多领域也有所涉及。是对新疆的热爱，对新疆研究的关注和执着，也就是人们常说的"新疆情结"将冯老和我联结在一起，自 20 世纪 90 年代以来，一晃也快三十年了。

三十年间冯老和我是怎样从相识到相知，从他将我作友，我视他为师到之后的亦师亦友，其中有几个节点，值得回忆。

其一，只闻其名。

90 年代初新疆在意识形态领域开展一场批判"三本书"的思想教育活动。冯老为从学理上肃清"三本书"散布的歪理邪说，组织疆内外专家、学者进行认真研读，我虽未直接参与，但作为一名新疆历史的研究者是十分关注这场意识形态领域分裂与反分裂斗争的。由此，我始知主持新疆意识形态领域掌门人：冯大真，但只是高山仰止，毕竟一时还相识无门，相见无遇。

其二，初识其人。

1992 年 10 月，由中国社会科学院中国边疆史地研究中心、新疆维吾尔自治区文联西域艺术研究会与瑞典国家民族学博物馆、瑞典斯文·赫定基金会联合主办的"20 世纪西域考察与研究"国际学术讨论会在乌鲁木齐市召开，3 日上午的开幕式冯老作为自治区政协副主席、新疆中外文化交流协会会长与会并致辞，充分肯定了会议主题中深化对中国学者在西域考察与探险历史功绩研究和对近代以来外国探险家再评价的尝试性探索的决心和勇气。当时我是中国边疆史地研究中心副主任，此次学术会议组委会成员，深感冯老的出席和讲话对于本次学术活动关注与支持的力度。

开幕式上短暂相处，冯老给我留下了既有"大"领导的风采，也有师长的亲切，记得在冷餐的间隙我向冯老汇报了边疆中心正在开展的当代新疆治理的调研的安排和困难，得到了冯老充分的肯定，并表示有难找他，而且当时就留下了联系方式。(一般"首长"能留下一个秘书的联系方式已是极大的恩典啰)，说真的，所有这一切让我感恩于心际，至今并永远！

其三，近距离指导。

边疆中心自 1990 年初立项"当代中国边疆系列调查研究"课题并持续开展，至 2000 年共完成涉中国边疆地区调研报告 12 篇，在 6 篇新疆方向的调研报告中，得到各方关注和好评的是《新疆地区反分裂斗争的历史与现状：1950—1995 年》。此项目我是主持人也是执笔人，深知冯老在其间倾注的心血和近距离指导予我的帮助与启迪。试举几例：1995 年 7 月 19 日和 8 月 4 日，冯老参加在乌鲁木齐市召开的课题组会议，冯老在会上希望：这个课题要着眼于未来，研究如何保持新疆的长期稳定，不要停留在一般的对策建议水平上，要对 20 世纪下半叶新疆地区反分裂斗争作出有历史深度的小结，找出规律性的特点来，并欣然应允担任课题组顾问；1996 年 9 月 19 日，冯老再次参加去乌鲁木齐市召开的课题组会议，会上冯老指出：《新疆地区反分裂斗争历史与现状：1950—1995 年》是国内第一篇论述该问题的研究报告，资料翔实、论述深切、有时代感、有针对性。新疆地区反分裂斗争是当代新疆稳定的一个大题目，课题组同志很好地完成了自己的预定目标，应该说为新疆人民做了一件好事。同年 10 月冯老又对课题的修改稿又做了审读和修改。该调研报告于 1997 年 1 月送交党中央、国务院、新疆维吾尔自治区、新疆生产建设兵团诸方领导参阅，立即引起了有关方面的反响和重视。1997 年 4 月 21 日，新疆维吾尔自治区党委办公厅致函中国社会科学院科研局，高度评价本项课题，称其"为我区当前反分裂斗争决策提供了重要而及时的参考"①。坦率说，冯老手把手地指导于我在组织和实施当代中国边疆调研上的帮助确非三言两语可言尽。

其四，亦师亦友关系的建立并持续至今。

1997 年之后，与冯老时在新疆、时在北京多有聚首机会，于我研究的深化，于我研究组织工作能力的提升多有解惑、点拨的功效，记得 1999 年夏天，我赴新疆调研，在与冯老晤面时，冯老嘱我将所撰有关当代新疆治理问题的文稿精选结集，我接受了冯老提议，因为我深知冯老的提议除了于我具有支持与鼓励之意外，更重要的还是着眼于新疆反分裂斗争大局之所需。经过两年多努力，2002 年 8 月我将题名为《国家利益高于一切——新疆稳定问题的观察与思考》初编稿送冯老审读，没想到冯老执笔为拙著作序。对本书作了如此评"本书最大特点是研究的角度站得高，视野开阔，把握问题准确，因此，所提见解具有战略性、前瞻性、科学性，而对策建议则针对性强、发人深省、具有可操作性"。②

也是在世纪之交，我当时接受一项中国社会科学院交办任务：写一部新疆历史的专著，重在以史为鉴。我带着这一问题多次求教冯老，书名定为《新疆史鉴》，全书以新疆历史发展进程中五大问题来谋篇布局，都吸收了冯老的真知灼见，《新疆史鉴》2006 年由新疆人民出版社出版，颇受学界、政界和读者好评，几次重印、印数已逾数万册。

21 世纪以降，每次赴疆，只要时间允许，造访冯老是我必选项目，每每都能有所获。几年前当听说有将冯老历年主政的报告、讲话和所撰的各类体裁的文章精选结集的计划，我是积极的支持者之一，并为选文、结

---

① 《中国社会科学院编年简史（1977—2007）》，社会科学文献出版社 2007 年版，第 357 页。

② 《国家利益高于一切——新疆稳定问题的观察与思考》序二，新疆人民出版社 2003 年版。序二文收入本集时题名为《"经世之用"之帅才》。

集多次提出陋见并获采纳。因此，从一定意义上说我也可添列本文集的编外工作者之一。

基于上述种种，冯老执意命我为序，我也敢于斗胆应命，也就有了内在必然了！

## （二）

如书名所示，本书主题是构筑新疆大宣传格局的理论探索与实践，全书所收诸文是冯老在工作实践中从不同角度为构筑新疆大宣传格局进行的可贵理论探索。依愚见，通览诸文，下述特色应予重视。

第一，历史性的特色。

文集所收之文，写作于20世纪70年代至21世纪头十年，时间跨度四十余载。因冯老置身于政务一线，且又在相当长时间主持一方意识形态领域工作，故所言所论无不留下历史的印记，带有强烈的时代特色。从中我们可以体味到国内、国际意识形态领域大事冲击波在新疆反响，更是了解40余年间新疆意识形态战线风风雨雨的历史记录，对于后来者来说是一份不可多得的文献实录。

第二，战斗性的特色。

历史性的特色源于贴近活生生的现实，冯老绝不是现实生活的旁观者，而是新疆复杂的意识形态领域战线上敢于冲锋陷阵的战士，更是能紧抓主要矛盾不放的指挥者。冯老根据自己对新疆历史和现状的深刻理解，十分清楚新疆意识形态领域中只有紧紧抓住对分裂主义歪理邪说的批判才是治理新疆的关键之所在。在冯老主持下及时制止了"突厥学"民族化、政治化的危险倾向；妥善处理新疆部分高校中发生的"学潮"问题；慎重对待并谨慎处理一些在不同历史时期犯过错误的知名文化人，需要指出是，在当时条件下能这样做是有很大风险和阻力的，事后证明，冯老这些难能可贵的举措是符合中央方针的，既理顺了社会情绪，又没有因处置不当而留下后遗症，实是难能可贵。更应重视的冯老领导了开展批判"三本书"思想教育活动，以充分的历史依据，批判"三本书"作者打着"学术"的幌子，伪造、歪曲新疆历史、蛊惑人心、为分裂势力张目的险恶用心，并亲自上阵先后撰写《高度重视意识形态领域分裂与反分裂斗争——评析〈维吾人〉等三本书的政治错误》《泛伊斯兰主义、泛突厥主义的批判》《发扬历史上的光荣传统——读〈维吾尔族简史〉》等文章，以充分的历史依据高歌新疆是祖国不可分割的一部分的主旋律，为维护国家统一、社会稳定、民族团结、反对分裂建构理论的堤坝。

第三，群众性的特色。

文化人是冯老的主要工作对象，他在文化人中有极好的口碑。从收入文集中冯老撰写的40余篇书序、书跋、书评看，涉及诸多学科、各色文化人等，每每一篇序、一篇跋、一篇评均不是泛泛论道，而是极有针对性，褒贬到位，这对政务繁忙的冯老而言需要付出多少业余的时间呀，可冯老心系群众，有求必应，乐此不疲，佳作连连，成为他著文的一大特色和重要组成部分。由此誉冯老是文化人的知音实不为过。

行文至此，尚有一点读后启迪想表达。

今日我们读冯老之文论、品冯老之政绩、赞冯老之为人，愚以为认真两字为其中之精髓。在冯老为政、为民的实践中，在他管一行、精一行的好学、勤学中，无不显示着他为人处事认真的风范。

学之虽不易，但值得所有的后来者思之、学之！

权充为序。

2017 年元旦日

草于北京自乐斋

# "走进中国西部的探险家丛书"[①] ·序

"走进中国西部的探险家丛书"与读者见面了。本丛书顾名思义是试图为走进中国西部的探险家立传。

作为本丛书传主的探险家，包括不同国别、不同类别的中国西部考察者，既有中国的，也有外国的，既有近代的，也有当代的。至于中国西部的含义可因袭当前"西部大开发"所指的西部所包含的省区市：内蒙古自治区、宁夏回族自治区、新疆维吾尔自治区、西藏自治区、广西壮族自治区及陕西省、甘肃省、青海省、四川省、贵州省、云南省和重庆市。中国

---

① 本丛书马大正主编，2002 年由中国民族摄影艺术出版社出版。

的西部，地域辽阔，占中国陆地面积近60%；中国的西部，又是一个多民族、多元文化的集合地区，历史悠久、文化灿烂。我国5个民族自治区，30个民族自治州中的27个、119个民族自治县中的82个均在西部。不过本丛书立题重点则是曾到新疆、西藏、云南等边疆省区探险考察的中外探险家、考察家。

19世纪中叶以降，迄至20世纪中叶前，众多外国的学者、军人、官员，以及形形色色的探险家抱着不同目的，肩负各自使命走进中国西部进行考察和探险，他们的所作所为或可称道，或应谴责，但应承认，他们都为后人留下了数量可观的考察报告、探险实录，以及对中国西部历史、民族、宗教、地理……的札记和图像资料，这是一份值得重视的珍贵历史资料。

必须指出，19世纪至20世纪前半叶外国探险家在中国西部的考察活动，曾是帝国主义侵华史研究的一项重要内容，中国人民每想到这一时期外国探险家在中国西部考察时无视中国主权，私挖文物，偷猎珍稀动物的行径，总有一种民族感情受到莫大伤害的耻辱感。

对此，我们不会忘记，也不应忘记！

但是，我们也应认识到，外国探险家们在当时的历史条件下，他们为追求自身目标所体现的不达目的誓不罢休的精神，以及他们的考察实录和考察成果，均无一例外地成为可供后人借鉴、研究、评述的历史遗产。

基于此，组织出版一套"走进中国西部的探险家丛书"看来是很有必要的，在中国西部大开发热潮涌动的今天，尤为及时。

"走进中国西部的探险家丛书"，以个人立传，重点评介传主走进中国西部的考察经历，兼及传主的成长过程和晚年生活，使读者对传主有一个全景式了解。

"走进中国西部的探险家丛书"，是以严谨的学术研究为依托的知识性评传，评价人物时坚持两点论。一切从当时历史实际出发，该肯定的肯定，该否定的否定，对传主既不美化，也不妖魔化，坚持实事求是原则。

"走进中国西部的探险家丛书"力求以丰富的科学文化内涵与平实质朴的语言表达方式有机结合，让读者更容易了解传主的时代、传主的行为、传主的追求、传主的局限，力求拉近研究者与读者之间的距离。

近年来，鉴于让学术走向大众，让大众了解学术的心愿，我或独自，或合作主编了几套有关边疆探察的丛书，承读者垂爱，得到大众的认同。今天，有中国民族摄影艺术出版社的鼎力合作，推出"走进中国西部的探险家丛书"，试图找寻一个新的视角，向广大读者普及中国边疆的知识，从而了解边疆、热爱边疆、关心边疆、研究边疆，进而为建设边疆、保卫边疆尽一份公民的绵薄之力！

2001 年 12 月 6 日

于北京·中国边疆史地研究中心

# 中国边疆研究 60 年与西域探险考察

## ——"西域探险考察大系"[①] ·总序

中国边疆，是统一多民族国家长期发展的历史产物。

正如中国边疆的产生经历了一个漫长的历史进程一样，中国边疆研究也经历了一个漫长的发展过程。以西北史地为例，清人的西域史地学派实际是当时学界的风向标，一论既出，马上为世人瞩目。19 世纪以来，中国为列强环伺，面临瓜剖豆分的危机。以救亡图存为己任，中华民族的有识之士掀起了边疆研究热潮，特别是 19 世纪至 20 世纪初期，以龚自珍的《西域置行省议》为代表，学人普遍将关注边疆视为国体存没的特征。20 世纪前期，在民族危亡的激发下，边政学成为现代学术研究的新视角。从 19 世纪中期到 1949 年以前的边疆史地研究，经历了从中国传统的史学发生，到以现代多学科为基础的新的研究内涵的质变，对当代政治文化产生了不容忽视的影响。

1949 年中华人民共和国成立，中国边疆研究进入全新的阶段。

回顾 60 年来的学术史，作为社会科学的组成部分，中国边疆学研究逐渐走向成熟。这一过程，与中华民族走向世界同步。

进入 20 世纪 80 年代，中国边疆史地研究迎来了蓬勃兴旺时期，可以视为近代以来，继 19 世纪后期、20 世纪 20—40 年代之后，第三次研究高潮，其重要标志是：

---

① 本丛书 2013 年由新疆人民出版社出版。

中国边疆学研究实现了两个突破：一个是突破了以往仅仅重视研究近代边界沿革与走向的积习，开始形成以中国古代疆域史、中国近代边界沿革史和中国边疆学学术史这三大系列为重点的研究格局。另一个是以史地研究为基础，走出了纯史地研究的范畴，将中国边疆的历史与现状相结合，形成了贴近现实的、多学科的、贯通古今的学术特点。从20世纪80年代开始，中国边疆学研究的视角广阔，学者众多，成果丰富。

同时，中国边疆研究的特点逐步形成：对边疆区域的探险考察、对以往边疆探查史著的发掘与研究，是学界热点，受到不同年龄段学者的共同关注，使中国边疆研究集人文地理、探险发现、考古学、民族学、宗教学等学科的成果，具有更广泛的应用性，具有牵系历史、现实与未来的前沿位置。

以西北边疆史研究为例，19世纪后期开始的新疆探险发现，特别是1901年发现楼兰故城掀起的考古探险热，成为考古学进入近代时期的标志。有关这一时期的中外著述，从20世纪80年代以来，包括编辑出版的"西域探险考察大系""探险与发现""亚洲探险之旅"等丛书，刊布了《近代外国探险家新疆考古档案》《中瑞西北科学考察档案史料》《斯坦因第四次新疆探险档案史料》等系列档案文献，以及芬兰马达汉（曼纳林）的《马达汉日记》等数十部有关书籍。

作为边疆学术史的组成部分，1992年、1996年在乌鲁木齐连续召开了以总结19世纪后期到20世纪前期的西北探险史成果为主题的国际学术研讨会。1992年"西域考察与研究"会议，就"19—20世纪西域考察及其学术遗产评估""西域历史研究"与"西域考古与文化研究"作了专题讨论。1996年会议，则以"丝绸之路历史地理""丝绸之路考古""丝绸之路文化"为议题，分别出版了会议论文集。1992年国际会议之后，特别组织了包括中国学者在内的有八个国家学者参加的考察队，做了一次影响深远的环塔里木探险考察。在考察的终点库尔勒市，考察队员专门讨论了探险史与边疆史研究的学术衔接问题。同时，会议的一个直接成果，就是开始编辑出版"西域探险考察大系"。

可以说，有两次会议做平台，我们将19—20世纪西域探险纳入边疆学术史的库存，成为中国边疆学研究的范例之一。实际上，与我们更贴近的是中国学人的边疆区域考察纪实。

1917 年，民国政府财政部官员谢彬单车远征，在新疆走了前无古人的路程，并以一部《新疆游记》记述了清朝覆亡之后新疆的现状，将西域的历史与未来纳入笔端。1919 年"五四"前后，为解决西部交通问题，历时 10 个月、行程 1.1 万公里，林竞在中国西北做了跨越几个省区的考察，并且率先以"开发西部"标榜。他的《亲历西北》（"西北丛编"）一书，为西北边疆研究提供了丰富生动的内容。

著名历史学家翦伯赞《内蒙访古》一文，才华横溢，格调高昂，别有韵致，不长的文章探及中国西北民族兴替与中国历史发展阶段的规律，常年列入中学语文的教学范文。当代学者的边疆考察实践超过了中外前辈，众多成果令世人瞩目，但是他们个人的探险考察经历，却鲜为人知。他们用自己的实践，传承文明，感受文明，他们本身就是西北边疆学关注的内容。这是边疆学与其他学科有所不同的特点。为此，我们陆续编辑出版了"中国边疆探察丛书""边地文化探踪丛书"，以及"中国西部探险丛书"。在几种丛书之外，纪实之作比较有影响的尚有数十部，仅以新疆为例，有杨镰的《最后的罗布人》和《黑戈壁》以及穆舜英的《寻找楼兰王国》、王炳华的《沧桑楼兰》和《新疆访古散记》、张平的《草原民族文化的灵魂》，等等。

在边疆学术史研究过程中，有一个不能回避的问题，那就是如何评价 19 世纪以来外国人记述探险过程的著述的学术含量。新中国成立后，这曾经是有重大争议的话题。

19 世纪中叶，在日趋没落的清王朝统治之下，中国危机四伏，统治者既无力缓解国内众多矛盾，更无力抵御世界列强的入侵，盛极一时的清朝的衰亡已经不可逆转。在列强加紧侵华的大背景之下，众多的外国传教士、学者、商人、官员、旅游者，以及形形色色、身份迥异的探险家，纷纷进入中国的边疆区域。从事探险考察可能并不是他们的本意，他们每个人所抱的目的不同，方法各异，在对待当地居民以及中华文化等方面，态度、取舍更带有时代与个人色彩。他们从事探险的时期，正是中国社会转型的关键时期；他们旅途所经，又往往属于人迹稀少、古今文明屡经兴替的边裔，有关文字记述相当罕见。除了某些以搜集古物为唯一目的的探险家，比如冯·勒柯克、格伦威德尔等，他们对古代遗址的带有破坏性的发掘历来受到中外有识之士的一致谴责，其他大量的书籍毕竟出版在一个世纪之前，种种偏见与误差难以避免，而这正是今天边疆学术史研究的内容之一。所以，不能因为有片面性、局限性就忽视它们的价值，就将其置于视野之外。

关于这一点，有这样一个例证：

1907 年，斯坦因抵达了罗布荒原，他的目标简单明确：前往楼兰故城。在途中，他的驼队突然止步不前，原来路边出现了两个罗布人的伯克，他们身着大清的五品官服，官服敝旧，已有补丁，而且并不合身，但漂洗干净，缝补针脚细密，着装中规中矩。这两个伯克是清代康熙时册封的世袭官员，他们特意来向探险队的外国人检验护照。作为大清臣民，这是他们的职责与承诺。这真叫斯坦因感慨不已。他走遍西部，所到之处，通行无阻，腐败的官方无不唯唯诺诺，从不敢拂其意，根本不用出示护照。唯独在这罕见人烟的"荒凉得如同月亮上一样"（斯文·赫定语）的罗布荒原，却遇到不惧强权的、维护大清国权威的罗布人。

斯坦因是敦煌劫经的始作俑者，但他的记述却为当时中国边疆地区的人文情感、政体结构，留下了耐人寻味的一笔。

总之，中国边疆研究是极具现实意义的学科，也是充分体现出人文地理、历史文化内涵的学科。60 年来的边疆史地研究取得的每一个进展，都与学科本身内涵、外延密切相关。边疆研究不仅仅是边界走向的确认，还与中华文明发展变化的脉络吻合。它的每一个进展，又体现出贯通中国历史、现实与未来的特点。

从 20 世纪 80 年代以来，中国边疆研究所取得的长足进步，使这个学科突破了学术樊篱，成为中国改革开放深入人心的具体例证。中国边疆学的构筑，也就成了中国边疆研究学者当然关注的议题。

只有对中国边疆历史发展情况有清晰的认知，才有合乎现代意义的边疆学。重视对边疆区域的实地考察，是中国边疆学的明显特点。

受到 1992 年"西域考察与研究"国际学术会议，特别是会后多国学者环塔里木考察的直接影响，20 世纪 90 年代，新疆人民出版社开始正式出版"西域探险考察大系"。作为执行主编之一，我对这部丛书一直寄以期望，而友人杨镰教授用力颇勤。近年来，新疆人民出版社计划重新出版"西域探险考察大系"，丛书由杨镰主编。从倡议起，我与杨镰就选题、内容等问题做过反复的商讨。新的大系将发挥原来丛书的特点，使不同年龄段的读者都能感到开卷有益。新的大系除了以新疆的"探险"与"考察"为主题，而且通过努力扩大视野，使读者可以凭借对新疆的"探险"与"考察"，置身于发现者的行列，认识新疆的过去，把握新疆的未来，为正在构筑的中国边疆学提供更广阔的视角。

## 张安福《环塔里木历史文化资源调查与研究》[①] ·序

  塔里木盆地地处亚欧大陆腹地，扼守东西交通要塞，美国学者亨廷顿将其形象地比喻为"亚洲的心脏"。大约自人类文明诞生早期，塔里木盆地就已形成周缘高山环绕、中央大漠广布、绿洲与河流点缀其间的复杂地形地貌，这种复杂的地理环境不仅未能阻挡人类探索异域文明的步伐，反而被纳入东西交通网络之中，使得这里成为中国、印度、希腊、伊斯兰四大文明传布、碰撞、融合之地，并衍生出多元共生、繁荣发展的西域文明。至今，在广袤的塔里木地区仍遗存有大量城址、烽燧、墓葬以及宗教遗存，成为见证与探源古老西域文明的重要物质载体。因而，调查与研究成为当今学界了解与深入发掘西域历史文明的重要媒介。

  19世纪下半叶至20世纪初，诸多中外探险家陆续进入塔里木盆地，怀揣各种目的掀起了寻找打开世界文化大门钥匙的浪潮。国外探险家对塔里木古代西域文明的探索集中于20世纪初期，较为典型的人物有：瑞典斯文·赫定、英籍匈牙利人斯坦因、德国格伦威尔、勒柯克，日本大谷光瑞等。虽说这些探险家所开展的探险与考古活动情况各异，但他们的活动使得掩埋大漠之下的人类古老文明得以重见天日，引起了世界各国学者的重视；他们的探险考察为塔里木西域文明遗存开启了近现代科学考古的里程；他们的考察成果在世界上引起轰动，成为当今学界展开专业学术研究的重要参考资料，个人也获得了巨大声誉。但他们中有些人在考察活动中

---

  ① 本书2018年由上海人民出版社出版。

无视中国主权、滥挖遗址、偷窃文物的行径，给塔里木西域文明遗存造成了不可逆转的破坏，中国人的民族感情也因此深受伤害。中华人民共和国成立后，塔里木考古工作卓有成效，出土了大量的文书、墓志、碑刻，发现了许多古代遗存、遗址，并在此基础上形成了系列的研究成果。尤其是国家大规模组织的多次全国文物普查工作，对环塔里木地区的历史文化遗存进行了较为详细的整理，调查成果丰硕。进入 21 世纪以来，南疆社会经济发展进入"快车道"，历史文化遗产的保护与经济建设的需要渐趋呈现出不平衡化，矛盾凸显。甚而有些历史文化遗存如烽燧、古城、古墓、古文书等濒临消亡，一些颇具民族和地域特色的风俗礼仪、表演艺术以及手工技艺等非物质文化遗产也在现代文明冲击下濒临消失，对塔里木历史文化资源进行系统调查的工作迫在眉睫。而塔里木地域广袤、地形复杂，历史遗存数量多、分布范围广，许多遗址位于大漠深处或高山之巅，调查难度可想而知。但由于国家和社会的大力支持和组织，加之南疆交通日益发达，塔里木西域文明遗存的考古与研究事业进入新的阶段。张安福教授主持的国家社科基金重大项目成果——《环塔里木历史文化资源调查与研究》即是在这一背景下启动并展开的。

《环塔里木历史文化资源调查与研究》主要由三个部分组成：《环塔里木城址烽燧调查与研究》《环塔里木墓葬遗存调查与研究》《环塔里木宗教遗存调查与研究》，近百万字，图片、表格近千幅。三个子课题各自内容不同，但又相互照应。其中，《环塔里木城址烽燧调查与研究》是以塔里木地区城址烽燧为调查整理对象，分别对环塔里木地区现存的古城遗址、烽燧遗址的分布地域、保存现状、形制特征等进行了调查和研究；《环塔里木墓葬遗存调查与研究》是以环塔里木地区的墓葬遗存分布、现存状况进行了调查整理，并对墓葬形制、葬具、墓室壁画、陪葬品等进行了研究，分析了史前时期、汉晋时期、隋唐时期的墓葬遗存，按照分期和水系分布进行了资料整理和学术研究；《环塔里木宗教遗存调查与研究》根据塔里木盆地多元宗教共存的历史特点，对史前时期、历史时期的宗教遗存现状进行了调查整理，尤其是丝绸之路中道沿线的吐鲁番、焉耆、库车、温宿、喀什等地，丝绸之路南道的楼兰、米兰、若羌、民丰、和田等地的 80 余处石窟寺、佛教遗址及相关的佛塔、雕塑、壁画等进行了资料整理和相关研究，形成了较为系统完整的数据信息库。同时，该成果对于环塔里木地区的历史文化遗存现状、破坏因素等问题进行了整理分析，并提出了相应的保护对策。

张安福教授首先对记录有早期西域文明遗存的历史文献和 20 世纪左右典型西方探险家的西域考察活动，进行了认真的梳理，为他开展调查和研究夯实了基础。其次，不同于以往学者的考察，作者虽基于专业的考古学知识，而以历史学研究的视角将调查和研究的范畴分为三大类别：城址烽燧、墓葬遗存和宗教遗存。此外，作者在完成对历史文化资源调查与研究的基础上，又针对如何保护的问题提出了许多建设性意见。成果中给我印象最为深刻，也是显示学术创新与学术特色的地方是：调查与研究的三大分类恰暗合了发掘西域文明的三大线索。纵览本书的谋篇布局，看似作者按照考古学方法将调查与研究对象简单地分为城址烽燧、墓葬遗存与宗教遗存三个部分，而深入阅读文本之后即会体会到作者设计之巧妙，城址烽燧调查和研究正是基于中原历代王朝经营西域史的重新架构与梳理，即是对中原政治文明如何与塔里木地域政治文明展开博弈的探视；墓葬遗存多数是史前时期遗留，所存信息更多地反映出塔里木人类社会基本生产与生活形态，成为探寻与架构塔里木早期人类地域文明史的重要文化元素；宗教遗存调查与研究基于原始信仰、佛教、祆教、景教、摩尼教等宗教遗存的梳理与研究，展现出几大宗教文明在塔里木盆地传布、碰撞与交融的情形。因而，成果的三个内容分别是对中原文明、塔里木早期文明以及宗教文明，由表及里逐渐深入的研究，并以三大文明为基调，勾勒出了自史前至中古时期塔里木地区历史发展的基本形态。

本书深入探讨了环塔里木地区历史文化的多元性和丰富性，以及由此提出的需要在历史文化资源保护中关注的问题。首先，系统调查整理环塔里木历史文化资源对于国家"一带一路"倡议意义重大。环塔里木地区是西域多元文化的重要区域，是多元宗教盛行的地区，有着悠久的多民族融合、多文化传播的历史。因此，系统调查整理该地区历史文化资源，对于树立正确的历史观，增强多民族的国家认同，有着重要的文化价值，对于国家"一带一路"倡议推行提供历史文化和智力支持。其次，数字化保存环塔里木历史文化资源。从历史发展的客观规律看，土遗址的消失只是时

间问题，因此，将环塔里木地区的土遗址永久保存下来，必须借助数字化
技术。第一，科学技术的巨大进步，尤其是 3D 多维影像技术的发展，为
土遗址的数字化供了便捷的科技平台；第二，土遗址现状的数字化储存突
破了时空的局限，能够实现文化遗产的全球化共享，并且使土遗址的永久
保存成为可能。环塔里木地区许多遗址地处大漠深处、人迹罕至，但运用
数字化技术就可以快速、真实地将土遗址的面貌展示给世人，在此基础
上，也将促进遗址的学术研究。如敦煌莫高窟数字信息中心的修建，不仅
实现了石窟壁画原貌的永久保存，而且在很大程度上加深了人们对于敦煌
石窟文化的认识与了解，并成为国际学术界资源共享的平台。此外，审慎
处理资源开发和历史文化资源保护之间的关系。新疆是一个历史文化大
省，也是油气、矿产资源丰富的地区，国家西气东输的起点就在塔里木古
迹众多的轮台、库车地区。因此，如何处理能源开发与文物保护二者之间
的关系，涉及新疆经济发展和中华文化传承的重大问题。历史文化资源一
旦被破坏，就无可替代。所以，在历史文化资源保护与能源开发产生矛盾
时，取合务必审慎。

　　本书是张安福教授带领团队 5 年的田野调查和文献梳理的学术沉淀。
他曾经在新疆工作多年，经常进行田野调查，对西域历史文化有着丰富的
积累。因此，该成果不仅有着重要的学术价值，为国际西域学研究提供大
量资料，而且有着重要的现实价值，塔里木地区是"丝绸之路经济带"重
要地区，本书对于正确阐明西域历史和多民族创造的西域文明历史进程，
进一步提升新疆各民族的国家文化认同，推进民族团结和经济社会发展，
提升中国西域历史文化的国际影响力，都有着重要的现实意义。

　　是为序。

## 不可多得的近现代新疆探险考察的入门文献导读
### ——张颐青编《"他们让世界知道新疆"：中外
### 探险家考察记阅评》① ·代前言

　　随着中国边疆史地研究的深化，中国边疆研究史日益为学者关注，而

———————

① 本书尚未正式出版。

作为中国边疆研究史重要内容之一的中国边疆考察史，尤其是新疆考察史，近几十年来更是成果丰硕。拙文《有清一代新疆考察述论》① 和《20世纪新疆考察述论》② 概论了自康熙朝以来迄止 20 世纪 90 年代，中国学者和其他人士在新疆的考察活动。

《有清一代新疆考察述论》指出，有清一代新疆考察的历史功绩有六：

一是，考察者既是实践者，又是亲历者，他们是所记所述历史事件的当事人或同时代人，因此所记所述都是第一手史料，值得今天研究者重视，尤其是行纪中对所经历之地的现场描述，实是地方史研究中不可多得的资料；

二是，考察者对新疆时政的评议，特别是同治、光绪年后对新疆时政弊病的评议和治新之策的论说，从一个侧面可使人们了解清政府治新政策成功与失误的演变历程，从中还可体味到国力兴盛和稳定与发展的密切关系；

三是，社会经济，特别是林则徐南疆勘垦调查，对于发展新疆农业起了促进作用，于今仍不失其借鉴价值；

四是，民俗民情是考察者记述的重点之一，这对多民族聚居的新疆是一项不可缺少的国情知识的积累；

五是，地图的测绘和沿边的巡查，对后人的工作具有不容低估的奠基意义；

六是，众多考察者足迹遍及天山南北、昆仑山麓、帕米尔高原，他们的纪行反映了新疆交通发展的历史进程。

而《20 世纪新疆考察述论》则指出，综观百年来的新疆发展历程，可发现三点带规律性的共同点：一是"新疆考察的成败得失始终与中国的国运、国势密切相关"；二是新疆地区的政治稳定和社会安定，国家和社会的支持和组织是"新疆考察兴衰的两个重要制约因素"；三是"20 世纪中国学者在新疆的考察经历了一个继承、开创和发展的过程"。

21 世纪以来，有两本有关新疆考察史的综合性研究专著先后问世。

---

① 马大正、王嵘、杨镰主编：《西域考察与研究》，新疆人民出版社 1994 年版。
② 马大正：《20 世纪新疆考察述论》，《中国边疆史地研究》1992 年第 3 期。

　　一是，王嵘《西域探险史》①，这是一部专写中国人的西域探险史，从先秦到清朝，涉及人物有周穆王、张骞、冯嫽、班超、法显、宋云、玄奘、岑参、王延德、邱处机、陈诚、祁韵士、徐松、林则徐、左宗棠等。全书30万字。这是作者完成全书上半部的绝笔，我猜想，下半部将是外国探险家的新疆探险，惜未能完成而驾鹤西归，殊为可惜。

　　二是，丁笃本《中亚探险史》，全书43万字，叙述的地域空间包括新疆在内的中亚地区，② 时间跨度上起远古时代，下迄新中国成立前。地理大发现之前人类在中亚地区开展探险、旅行与考察活动，对中国人活动多有介绍，而地理大发现以后人们在中亚地区所从事的探险考察活动和发现成果，对欧洲及俄国探险家与发现者的介绍占的比重最大。所涉中外相关人物有：张骞、班超、法显、玄奘、马可·波罗、伊本·白图泰、谢明诺夫、普尔热瓦尔斯基、科兹洛夫、阿特令逊、罗伯特·沙敖、扬哈斯本、邦瓦洛特、斯文·赫定、斯坦因、马达汉、大谷光瑞、华尔纳等。

　　今天，中国学界对新疆考察史研究呈现全方位、多视角，宏观与微观相结合的可喜态势。③

　　新疆考察史是杨镰西域研究的一个重要方向，是他学术成果中读者群最广的一个领域，本论集共收入杨镰此类题材的论文40篇。分为上、中、下篇。上篇是对中国学者、记者新疆考察著作的阅评，共9篇；中篇是对瑞典探险家斯文·赫定、沃尔克·贝格曼、尼尔斯·安博特、贡纳尔·雅林有关新疆考察著作的阅评，共15篇；下篇是对英国、德国、法国、丹麦、俄国、美国、日本等国探险家新疆考察著作的阅评，共16篇；另设附篇，收录了杨镰有关西域史地研究的论文3篇。需要说明，所收论文大部分是为收入"西域探险考察大系"各册著作和译作所撰写的导读——代前言所撰，我曾将此称为杨镰成果中的导读系列，并力主将其收集、整理，并编入虽不是导读系列，但题材相同的论文，汇编成集。此议曾获杨镰生前

---

　　①　王嵘：《西域探险史》，新疆人民出版社2008年版。

　　②　据作者界定："本书中的中亚包括阴山—贺兰山—黄河以西的内蒙古、宁夏、甘肃、青海四省的西北部和新疆全部，蒙古国西部、中亚五个共和国、伊朗东北部、阿富汗、克什米尔，以及巴基斯坦的北端"，新疆人民出版社2009年版，第7页。

　　③　可参阅马大正《当代中国边疆研究（1949—2014）》，中国社会科学出版社2016年版，第413—482页。

认同，他在编选四集"杨镰西域探险考察文集"时在第三集《世纪话题——楼兰》中收录了一些属于导读系列的论文，但不全，留下了遗憾。

今天，在杨镰夫人张颐青同志努力下《"他们让世界知道新疆"——中外探险家新疆考察记阅评》整理完成，我也有幸参与整理，再一次通读全集诸篇，愚以为杨镰的阅评有特色如次：

一是，文献的稀缺性。涉新疆考察的文献多属稀见之作。所以称之为稀见，其一是原著版本不易找得，上篇所收九篇评阅文所涉九部考察实录，吴蔼宸《边城蒙难记》、黄汲青《天山之麓》、林鹏程《新疆行》原刊本早已难觅，天涯游子《人在天涯》，这部作品今人几已无人知晓，杨镰据 20 世纪 40 年代刊本，整理重印，并撰写导读代序，取题为《天涯并不遥远》，文中考释出本文写作年代为 1936 年至 1939 年间。其二是大部分译著为首次汉译，其中既有大名鼎鼎的斯文·赫定、斯坦因、普尔热瓦尔斯基、亨廷顿、橘瑞超等的考察实录，也有尚鲜为人知的沃尔克·贝格曼（瑞典）、贡纳尔·雅林（瑞典），凯瑟琳·马噶特尼（英国）、亨宁·哈士纶（丹麦）、费·阿·奥勃鲁切夫（俄国），野林荣三郎（日本）等作品的中译本，大大有利于中国的研究者和广大读者的阅读。

二是，评议的客观性。坚持实事求是评价历史人物的原则，评功过、论价值，立论公允极具启迪功效。本书中篇、下篇所涉人物大多数长期以来均被学界、政界划入"盗宝人""魔鬼"之列，在 20 世纪 70—80 年代一度成为研究禁区。1992 年 10 月杨镰参与组织的"西域考察与研究"国际学术讨论会是一次深化外国探险家研究的重要会议，与会专家学者指出，要尽可能一分为二地评价不同的外国探险家，在评价过去的外国考察家在西域的活动，应该历史地看待三对关系：派遣国的政策、宗旨与考察者个人之间的关系，当时中国政府的责任和外国考察者的责任之间的关系，考察家本人功过的关系。我在拙文《面向 21 世纪的西域研究——"20 世纪西域考察与研究"国际学术讨论会与考察记述》中认为，要一分为二对待历史上的外国探险家的探险活动，即一方面要"揭露和批判这些人的活动实际上是适应帝国主义对华侵略，争夺势力范围需要的实质；但是，作为研究者应认识到，外国探险家们尽管每个人的目的不同、方式各异，其所作所为或可称道、或被谴责，但应该承认，他们的考察实录和考察成果，均无一例外地成为可供后人借鉴、研究、评述的历史遗产"。①
这次学术讨论会后杨镰身体力行，着手策划主编"西域探险考察大系"，
并撰写了多篇中外探险家新疆考察实录的研究性导读，成为了解、研究中
外探险家值得重视的学术成果。其中尤其是对斯文·赫定研究最为着力，
本书中篇所收 15 篇文章，涉斯文·赫定的达 11 篇，评议了斯文·赫定新
疆探险考察实录《我的探险生源》《穿过亚洲》《生死大漠》《罗布泊探
险》《亚洲腹地探险八年（1927—1935）》《戈壁沙漠之路》《游移的湖》
《丝绸之路》，以及与沃尔克·贝格曼合作的《横渡戈壁沙漠》。20 世纪
30 年代中国学界对斯文·赫定的认识，杨镰在《他们让世界知道新
疆——斯文·赫定》一文中记录了如下一则史实：

> 1935 年 2 月 19 日，一些中国科学家们在动荡不安的北平（北
> 京）集会为赫定祝寿。他们送给赫定一张画像，画的是骑在骆驼上的
> 探险家本人。祝词说：'近百年来世界地理学者对于中央亚细亚探求
> 甚勤，而贡献之宏富无能及瑞典斯文·赫定博士者。民国十六年
> （1927 年）我国西北科学考查团之组织，博士之力为多，数年以来，
> 成绩甚著，国人讲求西北科学者，当以此行为先导焉。'祝词领衔者
> 有周肇祥、徐炳昶、袁复礼、胡适、任鸿隽、沈兼士、袁同礼、李四
> 光、梅贻琦、翁文灏、傅斯年……其中少了刘半农（刘复），那是因
> 为他已经在此以前去世了。
> 这就是当时在学者心目之中的赫定。

我在拙文《认识斯文·赫定，研究斯文·赫定》中也指出："不管
世人如何评说，我以为斯文·赫定一生的探险生源，有两件事是值得大
书特书的。这就是：楼兰古城的发现和与中国进行的科技合作。""斯
文·赫定向往中国悠久、灿烂的文明，热爱新疆的山山水水，他的'中国
情结'终其一生从未消退。正如当有人问他为什么终身未婚时，他回答
道：'我已经和中国结了婚！'我想，认识斯文·赫定，不要忘记他所处的

① 《中国社会科学》1993 年第 2 期。

时代；研究斯文·赫定，应坚持实事求是的态度，该批判的批判，该肯定的肯定。"①

三是，研究工作的韧性。杨镰研究工作的认真与执着实在让人敬佩。在前述未能考释出"天涯游子"到底是谁后，曾充满感情地写下了"对于'天涯游子'来说，天涯并不遥远，因为'天涯'就近在他眼前！'天涯'就是有志者的地平线！"杨镰对德国学者阿尔伯特·赫尔曼《楼兰》一书中译稿佚失，而在半个世纪后重获的描述。当译者姚可崑女士（冯至先生夫人）的女儿冯姚平女士将失而获得的《楼兰》中译稿整理打印出来，去找杨镰。这件事对于我们两人，正如杨镰所说："这种失而复得的惊喜，我已经不是第一次品尝了，但这次更让我激动不已，因为它实际是双重意义上的发现。"②

杨镰的激动源自他对工作的热爱，他的激动也深深感染了我。我在想，杨镰的评议，不仅让所评议的其书其人都能立体式走向读者，给人增长知识之乐，同时更能感受到杨镰将工作做成了事业的执着，又将事业演化为自己的爱好后的忘我投入所产生的精神之力！

我在《痛失杨镰》一文中曾说："斯人已逝，将哀思变为行动可做之事很多，作为虚长杨镰有年，且又在西域研究合作近三十年的我，当下最想做的一件事是，将杨镰所撰有关中外探险家及他们考察实录的评析宏文结集出版。""我认为，上述论文是当前了解19世纪以降外国探险家新疆探险考察的入门之作，也可以视之为是此领域研究深化的入门之作。若能结集出版，实是研究者之幸，也将是我们怀念、追思杨镰学术业绩最佳方式之一。""我愿为此尽心、尽力！"③

期望本书将成为杨镰的学术遗产之一永存读者心际！

2018 年 8 月 14 日

草成于北京自乐斋

---

① 马大正：《西出阳关觅知音——新疆研究十四讲》，上海辞书出版社 2013 年版，第 194—199 页。
② 冯姚平：《〈楼兰〉情系两代人——忆杨镰》，载杜雪巍主编《这次远行有点远——杨镰纪念文集》，新疆大学出版社 2017 年版，第 16—19 页。
③ 马大正：《痛失杨镰》，载杜雪巍主编《这次远行有点远——杨镰纪念文集》，新疆大学出版社 2017 年版，第 11—15 页。

# 芬兰探险家马达汉新疆考察的研究

## ——《马达汉西域考察日记（1906—1908）》①·代前言

近代以来，外国探险家在新疆的考察活动是中国边疆探察史研究中的热点内容，多为学者关注，也日益成为普通读者关心的一个兴奋点。但芬兰探险家马达汉的新疆考察却鲜为人知。

王家骥先生翻译的《马达汉西域考察日记》（原书的书名为《马达汉穿越亚洲之行——从里海到北京的旅行日记》）出版在即，嘱我为序。想到本书是由我主持的"马达汉新疆考察研究"课题重要的子项目之一，实无理由推辞，因而写了《芬兰探险家马达汉新疆考察的研究》一文，权充"代序言"以应命。

### （一）

1906—1908 年，芬兰探险家马达汉骑马从中亚进入我国新疆。他的足迹踏遍了南疆和北疆，又从新疆走进河西走廊，到达我国西北重镇兰州，然后经过陕西、河南、山西、内蒙古、河北到达北京，行程 14000 公里。他的西域之旅给世人留下了旅行日记、考察报告、人文图片和古代文物收集品等大量有价值的科考资料。他走进中国西部的时间是与瑞典著名探险家斯文·赫定第二次西藏之行同期。他到达敦煌佛窟的时间则是在英国探险家斯坦因和法国探险家伯希和掠夺千年藏经洞经文的前后。

马达汉的芬兰文原名叫 Carlcustav Mannerheim，其汉译名马达汉，是喀什噶尔的中国官员袁道台为其签发护照时起的，按其姓氏 Man-Nerheim 的第一个音节 Ma，第三个音节 Heim 的近似音 Han，取"天马行空，直达霄汉"之意，抑或顾名思义为：马姓者来到大汉的国度。马达汉出生在沙皇俄国的藩属芬兰大公国，是瑞典裔贵族。他毕业于著名的沙俄皇家骑兵学校，曾当过沙皇的宫廷侍卫和御马官。1905 年，马达汉作为皇家近卫骑

---

① 本书 2004 年由中国民族摄影艺术出版社出版。

有关马达汉汉译著作的书序我还写了四篇：1.《1906—1908 年马达汉西域考察图片集》·序言（2000 年）；2.《芬兰探险家马达汉新疆考察研究》·代前言（2007 年）；3.《百年前走进中国西部的芬兰探险家自述：马达汉新疆考察纪行》·代前言（2009 年）；4.《马达汉中国西部考察调研报告合集》·代前言（2009 年）。

兵团的中校军官志愿前往我国辽东半岛参加日俄战争。俄国战败后，马达汉回到芬兰，不久，就接到俄军总参谋部指令，要他到中国西部执行一项为时两年的军事侦察任务，目的是探明中国中央政府在西北边陲新疆和甘肃的实力影响和清朝地方官员对待"新政"的态度，并考察中国新疆和西北边境广大的人烟稀少地区，为沙俄进一步侵略中国制订战略计划。对此，马达汉也坦言："1906年春天，俄国总参谋部派给我一个任务，就是进行一次长途旅行：从俄属突厥斯坦到中国的新疆，然后继续穿过中国西部以及甘肃、陕西和山西等省，直到终点北京。这项指令的宗旨在于调查中国北部内陆地区的情况，收集统计资料以及执行特殊的军事任务。"（马达汉日记：《致读者》）为了掩盖其敌探活动，马达汉以俄属芬兰国男爵和探险家的身份，作为法国探险家伯希和科考队成员，从中亚进入新疆并单独行动。出发前，他在芬兰接受了"芬兰—乌戈尔学会"和芬兰国家博物馆筹备委员会"安特尔收藏委员会"的委托，进行关于人类学、民族学、人文历史和语言习俗的考察并收集古代文物的任务。

考察新疆是马达汉中国之行的重点。他从喀什噶尔开始，走遍了南疆和北疆，所选择的路线往往偏离传统的"丝绸之路"，时而翻山越岭，时而溯源逐流，穿越人迹罕至的地方。他沿途测量地形，绘制地图，记录气象水文数据，拍摄桥梁和军事设施等。每到一处，他广泛结识各级地方官吏，参观游览，了解军事、经济、民政等情况。他还特别注重考察各少数民族的情况，专程拜访了一些民族首领和部落头人，了解少数民族的历史变迁和现状。马达汉对南疆和北疆的险关要隘和军事重镇都作了详细的考察并绘制了地图。与此同时，他也不忘科考任务。在和田古城废墟和吐鲁番等地进行了考古发掘，还在各地广泛收集古代经文手稿、木牍、碑铭等文物。在去北京途中，马达汉专程到山西五台山拜见十三世达赖。当时达赖喇嘛因英国武装入侵西藏而在那里避难。马达汉代表沙皇俄国对达赖处境表示关注。达赖喇嘛则交给马达汉一条白色哈达，请他转献给沙皇。在北京，马达汉完成了给俄军总参谋部写的《奉陛下谕旨穿越"中国突厥斯坦"和中国北部诸省到达北京之旅的初步调查报告》，并整理了笔记。他的《调查报告》长达173页，并附有数十幅自己绘制的或收集的从新疆到内地重要道路、河川和城市方位图以及有关各省的政治、经济、军事、地理、历史和民族的统计资料。马达汉在报告中叙述了他的军事任务和进入中国后的沿途情况，并对中国的铁路建设、军队、学校、禁毒斗争、工矿业以及日本的影响和边区屯垦情况分别作出评估，然后在结论部分以"中国的西部边陲"为题，提出了战略设想。1908 年 10 月，马达汉从哈尔滨乘火车沿着西伯利亚大铁道回到俄国圣彼得堡。不久，他即获得沙皇尼古拉二世的召见。马达汉"引人入胜"的报告使原定二十分钟的晋谒延长了一个小时。这种"殊荣"为马达汉日后的晋升铺平了道路。

马达汉在为时两年的考察中，横跨了中国八个省份。他学会了讲汉语和维吾尔语中的日常生活用语，他在进行人类学、人文史地考察中对各种物体做了大量摄影，包括自然景观、城市风貌、社会现象、各色人物、人体特征、人文景观等林林总总共 1370 余幅照片，其中 305 幅照片已发表在他的《旅行日记（芬兰文版）》中。马达汉把路途所见和调查所得详细地写在旅行日记中，他收集的民族民俗物品、钱币和其他文物资料共计一千多件。在众多当地语言资料中有现代语的，也有古代文字的。此外，马达汉还测绘了 3067 公里长的道路图和 18 座城市方位图。

1914 年第一次世界大战爆发，马达汉在波兰和罗马尼亚的土地上领兵和德奥军队作战，并从一个皇家骑兵团上校团长跃升为一名俄国集团军中将司令。1917 年，俄国十月革命使芬兰获得独立，马达汉作为沙俄军官亡命回到芬兰，组织白卫军在芬兰内战中击败赤卫军，建立芬兰共和国，担任国家摄政官。芬兰作为北欧小国，地处东西方交界，历来是俄国与瑞典、德国争夺势力范围的对象，数百年来一直处于附属地位，先是瑞典王国的东进桥头堡，后是俄国藩属大公国。芬兰独立之路命运多舛，历经内战、芬苏战争和第二次世界大战，并且作为战败国忍受割地赔款的屈辱，但仍保持了独立地位。马达汉在俄国从一名骑兵到沙皇近卫，从骑兵上校团长到集团军中将司令，历练了作为一个军事家和政治家的品格。每当芬兰处于转折关头，马达汉都能受命于危难之际，并从芬兰的长远利益出发，审时度势，引导芬兰走上和平独立之路，从而获得了国家授予的最高军衔——芬兰元帅，并在 77 岁高龄时担任共和国总统。

马达汉在芬兰历史上是个风云人物也是个传奇式人物。少年时期的磨砺，养成了他倔强、勇敢的性格和富于冒险的精神。他丰富多彩的经历，加上神奇的新疆探险，构成了他人格的魅力。尽管马达汉在政治上是具有争议的人物，他的新疆探险也有军事间谍和科学考察的双重性，但他留下的大量科考资料，甚至他给沙俄总参谋部的侵华军事调查报告，都是历史性纪实文献，都对我们了解和研究我国晚清时期的历史、社会、人文、地理和中外关系等具有重要的参考价值。

马达汉日记于1940年由芬兰—乌戈尔学会整理出版。马达汉日记发表后，引起了世界地理学界的重视，瑞典地理学会授予作者赫定金质奖章，表彰他对"交通不便和与世隔绝的地区"进行了富有成效的考察。1951发表了马达汉《回忆录》，其中游记部分是作者根据日记改写的。1990年芬兰—乌戈尔学会出版了《1906—1908年马达汉西域考察图片集》，该书从马达汉中国之行时所拍摄的上千幅照片中精选了87幅，将历史定格于瞬间的老照片的独特魅力，令读者痴迷，心灵为之震撼。

## （二）

在近代外国探险家的考察中，马达汉的新疆考察虽不及斯文·赫定、斯坦因的考察著名，但仍占有一定的地位。马达汉的纪实性日记、回忆录，以及大量图片成为今天研究20世纪新疆的一份不可多得的宝贵实录。

20世纪80年代下半叶以来，中国边疆史地研究中心即着力倡导开展中国古代疆域史、中国近代边界沿革史和中国边疆研究史的研究，而中国边疆探察史是中国边疆研究史中一个重要组成部分。为了推动中国边疆探察史，特别是新疆探察史的研究，20世纪90年代我参与了由新疆人民出版社出版的"西域探险考察大系"的学术组织工作。1990年我读到了刘爱兰、房建昌《芬兰总统麦耐黑姆光绪末年对西北少数民族的实地考察》（刊《西北民族研究》1990年第1期），可说是我对马达汉这个历史人物的初识。当时的印象，一是在众多新疆考察的外国人中还有一个芬兰人，其经历当属奇特；二是对该文的题名大不以为意，考察时马达汉仅是一个俄国军官，怎么能配上几十年后当上芬兰总统的头衔!？自此之后，在我们研究工作中开始关注有关马达汉新疆考察的情况的收集，遗憾的是此后的几年中，可说是一无所获。在近代新疆考察研究中，马达汉的新疆考察确乎是一个被遗忘的角落。

2000 年春天，我有幸结识了长期从事外交工作，曾在芬兰留学并长期担任中华人民共和国驻芬兰大使馆高级外交官的王家骥先生。他对芬兰的热爱，以及对马达汉新疆考察的研究的执着，给我留下极为深刻的印象。我们愉快、融洽地商议了进行 20 世纪初芬兰探险家马达汉新疆考察资料整理和研究事项。在中国社会科学院中国边疆史地研究中心大力支持下，"马达汉新疆考察研究"作为中国边疆史地研究中心 2000 年度重点研究项目正式立项。

这项研究工作包括收集、翻译、整理马达汉新疆考察的资料、研究成果以及撰写马达汉评传等多项内容。主要工作由王家骥先后担任，我从组织、协调，以及研究历史背景的提供等方面予以协助。研究工作总体上是在 3—5 年内，完成四项工作：

一是翻译出版《1906—1908 年马达汉西域考察图片集》；

二是翻译马达汉新疆考察回忆录和日记；

三是收集、整理和翻译马达汉新疆考察的调查报告，国外有关马达汉研发的主要成果；

四是撰写马达汉评传。

整个研发工作进行十分顺利：

一是，2000 年 10 月由彼得·赛德伯特先生选编，于 1990 年作为芬兰—乌戈尔学会人文科学丛书出版的《1906—1908 年马达汉西域考察图片集》，完成翻译，并由山东画报出版社出版。该书收选的 87 幅照片是从马达汉中国之行时所拍摄的 1370 余幅照片中精选出来的。

二是，2001 年 8 月，"马达汉新疆考察研究"课题组应芬兰国防部战争史委员会的邀请，以收集马达汉研究资料为主题，赴芬兰进行了为期两周访问。此次访问的目的是：收集马达汉新疆考察的著作、文稿和照片，以及芬兰和外国学者撰写有关马达汉新疆考察著作与论文；参观、考察马达汉的出生地、故居、墓地，以及与他一生重大活动相关的地方；与芬兰人文历史地理学术机构和马达汉研究者进行学术交流；考察有特色的芬兰民族、民俗、历史和社会发展状况，以及边远地区（北极圈内）的开发和建设。访问达到了预期目的，收集到有关马达汉研究著作 6 部，论文 4

篇，从马达汉中国之行留下的 1370 余幅照片中选印了 282 幅珍贵历史照片，还意外发现芬兰学者兰司铁（G. J. Ramstedt）1905 年所摄乌鲁木齐照片，也一并选印复制。在访问和与芬兰学者交流中，还就开展马达汉研究达成了多项共识。马达汉是芬兰唯一的元帅，曾任芬兰共和国总统，今天大多数芬兰人将其视为芬兰民族英雄。当然，由于他对俄国十月革命的反对，以及第二次世界大战中曾一度与法西斯德国"并肩作战"，也多受责难。但不管怎么说，在芬兰历史上他是一位不容忽视的历史人物。他的 1906—1908 年中国之行，尤其是跨越天山南北的经历，以及留下的大量文集、图片、实物资料，实是今天研究者不可多得的历史文化遗产。马达汉新疆考察研究前景广阔，这就是我们访问后的结论。

三是，2002 年 1 月，王家骥著的马达汉研究评传——《马达汉》作为由我主编的"走进中国西部的探险家"系列丛书之一，由中国民族摄影艺术出版社出版。这是一部以学术研究为基础，运用广大读者容易接受的体裁和文字的马达汉评传，仅以该书所列的 23 种参考书目中芬兰文的作品有 7 种，英文的有 3 种，俄文和瑞典文的各一种，即可知该书的学术含量。

四是，2004 年上半年，芬兰文版的马达汉中国之行日记——《穿越亚洲之行——从里海到北京的旅行日记》汉译本也将由中国民族摄影艺术出版社正式出版，正如该书译者王家骥先生所言："马达汉的旅行日记内容极为丰富，他把沿途所见和调查所得详细地写在日记中，内容包括沿途地形地貌特征、河流水系分布、动植物资源、城镇和居民点位置、历史沿革及交通、商业、文教、军事、经济情况等等，特别是对地方官吏、军队、少数民族、寺院古迹、风土人情和各种见闻作了生动描述。马达汉日记虽属旅行随笔性质，但文笔流畅、生动活泼，读起来有如行云流水，兴味盎然，实在是一部不可多得的力作。"[1]

（三）

开展 19—20 世纪外国探险家在新疆考察活动研究是学术发展的必然。这一领域曾是帝国主义侵华史研究的一项重要内容。中国人每当想到这一

---

[1] 王家骥：《马达汉》，中国民族摄影艺术出版社 2002 年版，第 254 页。

时期外国探险家在新疆考察中损害中国主权、私携文物出境的行径，总有一种民族感情受到莫大伤害的耻辱感。对这种行径，我们不能忘却，也不应忘却！因此，应该进一步深入研究诸如普尔热瓦尔斯基、科兹洛夫、谢苗诺夫·天山斯基、波塔宁、瓦里汉诺夫、斯文·赫定、斯坦因、伯希和、勒柯克、华尔纳、橘瑞超、日野强、马达汉等人的考察活动，揭露和批判这些人的活动实际上是适应帝国主义对华侵略、争夺势力范围需要的实质；但是，作为研究者应认识到，外国探险家们尽管每个人目的不同，方式各异其所作所为或可称道，或被谴责，但应该承认，他们的考察实录和考察成果，均无一例外地成为可供后人借鉴、研究、评述的历史遗产，我们对他们的研究还很不够，其中也包括对芬兰探险家马达汉的研究。马达汉是一个复杂的历史人物，如王家骥在《马达汉》一书后记中所言："20 世纪初为了俄国的利益，马达汉与中国结下了不解之缘。他作为俄国的间谍，在新疆考察中充当了沙皇俄国侵略中国的马前卒。但作为一个小国的民族主义者，他对于受到列强欺压的中国又寄予同情和希望。马达汉在《旅行日记》中，把中国看做与俄罗斯一样的大国。他在《回忆录》中则准确地指出，20 世纪的中国需要一个坚定的中央政府、一支强大的国防力量、一个现代化的行政和技术队伍以及新的公路和铁路通道，但首先需要的是和平。"[1] 如果从 19 世纪算起，新疆考察即将跨入第三个百年——21 世纪，为了更好地承前启后，翻译和评估当是一项急迫的任务。为此，首先是要整理出翔实的外国探险家的新疆考察的资料目录；其次是分别轻重缓急对其进行翻译和整理；最后是从历史学、民族学、人类学、考古学、地理学等学科角度进行总结，并着力于进行宏观与微观、多学科相结合的专题研究，特别是应从中国边疆研究史的高度，开展新疆考察研究。马达汉的新疆考察作为外国探险家新疆考察的有机组成，当然是不应被忽视的。

　　"马达汉新疆考察研究"课题组织工作仍在继续：马达汉回忆录的翻译工作已经完成，尚待编辑出版；马达汉其他的考察报告，诸如颇受学界好评的《访问撒里和西拉裕固族》等还待翻译和整理，西方学界对马达汉

---

[1]　王家骥：《马达汉》，第 326—327 页。

的众多研究成果也待收集、评价，马达汉新疆考察的研究，严格说还刚刚起步。我们期望，包括本书在内的我们已做的工作能为中国学者的马达汉研究提供一些必要的资料，可供参考的思路，从而引发中国学者对马达汉研究的关注，并投入其中。

我也希望王家骥先生能按预定计划，继续在马达汉研究工作中做出更大贡献。

最后，我们要提及的是"马达汉新疆考察研究"一开始就得到芬兰驻华使馆各方面的支持。芬兰—乌戈尔学会、马达汉基金会、赫尔辛基大学、芬兰文物局、芬兰文化博物馆、芬兰文学协会新闻中心和芬兰国防部战争史委员会、芬兰国防学院战争史学会等芬兰文化学术机构也都给予我们大力支持关注。在此，我们特向他们表示衷心的感谢，并预祝中芬学界在马达汉研究领域的合作不断深化！

2003 年 12 月 5 日于北京

## 历史瞬间的魅力与价值
——娜仁高娃主编《新疆旧影图录——清末民初的历史瞬间》[1] ·代前言

由娜仁高娃主编《新疆旧影图录——清末民初的历史瞬间》让我们又一次感受到历史定格于瞬间的老照片的独特魅力，让人们痴迷，心灵为之震撼。

老照片是观察历史的一个特殊的窗口。在我的治史生涯中以收集老照片、分析老照片的历史内涵作为切入点，研究一个历史人物、一段历史往事，成功之例就是新世纪初对芬兰探险家马达汉新疆考察的研究。

1906 年至 1908 年马达汉对新疆的考察，长期以来不为中国新疆研究者了解，一个偶然的机会我们看到了一册《1906—1908 年马达汉西域考察图片集》，编选者芬兰摄影家彼得·赛德伯格从马达汉考察时所留存下来的上千幅照片中精选了 87 幅结集而成。我们对马达汉的研究即是从翻

---

① 本书 2016 年由新疆人民出版社出版。

译出版这本图片集开始。我们这个研究团队基本成员是马大正、王家骥（外交部退休外交官，精通芬兰历史、语言和英文），阿拉腾奥其尔（中国边疆史地研究中心研究员，精通新疆历史和俄、英、蒙、哈、维诸文），许建英（中国边疆史地研究中心研究员，精通新疆历史和英文）。在近十年时间里完成了如下七项工作：

一是，王家骥翻译了《1906—1908年马达汉西域考察图片集》，由山东画报出版社于2000年出版；

二是，2001年5月，马大正率领一研究小组赴芬兰收集马达汉资料。查阅了近1400张马达汉当年所摄的照片，复制了300余幅回国，同时收集了有关马达汉诸多的芬兰文、英文文献和资料；

三是，王家骥撰写《马达汉》作为马大正主编"走进中国西部的探险家"系列丛书选题之一，2002年由中国民族摄影艺术出版社出版；

四是，马达汉著《马达汉西域考察日记（穿越亚洲——从里海到北京的旅行）1906—1908》，由王家骥据芬兰文版翻译，2004年由中国民族摄影艺术出版社出版；

五是，由中国社会科学院中国边疆史地研究中心和芬兰赫尔辛基大学主办、新疆社会科学院协办的"马达汉新疆考察国际研讨会"于2006年8月20日至9月11日分别在芬兰赫尔辛基和中国新疆乌鲁木齐召开，中芬学者于乌鲁木齐会议后联合赴南疆，沿马达汉当年在南疆考察的主要线路进行野外考察。会议论文以《芬兰探险家马达汉新疆考察研究》为题，2007年由黑龙江教育出版社出版，共收中芬学者的论文25篇；

六是，马达汉著，马大正、王家骥、许建英编译：《百年前走进中国西部的芬兰探险家自述——马达汉新疆考察纪行》，2009年由新疆人民出版社出版；

七是，马达汉著，阿拉腾奥其尔、王家骥译：《马达汉中国西部考察调研报告合集》，2009年由新疆人民出版社出版。

与此同时，新疆维吾尔自治区档案馆将马达汉在新疆考察的有关档案43件整理刊发在《近代外国探险家新疆考古档案史料》一书中，2001年由新疆美术摄影出版社出版，文中马达汉的中译名是曼纳林；兰州大学出版社2003年也出版了《曼涅海姆1906—1908年亚洲之旅摄影集》杨恕的中译本，只是书名中马达汉的译名用了"曼涅海姆"。

马达汉的研究在有序推进，研究也在不断深化。通过对马达汉所摄照片的研析，给予我们研究者启示可归之如下三端：

其一，老照片是历史研究的又一个重要的资料源，马达汉所摄照片为我们了解20世纪初新疆和中国社会方方面面提供了形象的资料，大大弥补了文献资料的局限；

其二，老照片展示的特殊历史场景，为今天人们了解过往，提供了鲜活、形象的历史资料。为了认识新疆百年的历史巨变、今日大美新疆来之不易，我们曾主要以马达汉所摄照片为素材，在同一地点、同一视角进行拍摄，并将两相对比编列，给读者强烈视觉冲击，达到今昔对比的最佳效果；

其三，着意老照片的收集与研究，应成为人文社会科学研究的一项重要的内容，新疆研究当然也不例外。我们应有计划、系统地收集整理19世纪下半叶以来，中外人士所拍摄的有关新疆海量的老照片，并在多类型、多层面研究中充分发挥老照片的不可替代的特殊作用：既能纪实历史的真实侧面，又弥补研究者仅依文献资料叙述、分析确切历史场景的某些缺憾。

有了对上述马达汉研究历程的简要回顾和由此引出的启示的阐论，我想将有助于对本书编者的辛劳与坚持，对本书学术价值的认识，并由此引发老照片对于推动研究的可持续发展的助推力作用都将会有一个认识上的借鉴。

《新疆旧影图录——清末民初的历史瞬间》一书为读者展示一大批百年前清末民初有关新疆社会百态的历史瞬间——老照片实在是弥足珍贵。所以称为珍贵，简言之有三：

一是，珍贵源自深藏于瑞典、德国相关机构之老照片收集之不易。瑞典民俗学博物馆藏品丰硕、保护良好，特别是有关瑞典探险家斯文·赫定的藏品曾引起我们极大兴趣，1992年我慕名前往，我们在民俗学博物馆的展厅看到了一座豪华型蒙古包，这是20世纪20年代主政新疆南部土尔扈特事务的僧钦活佛（也称多活佛）赠予中瑞西北科学考察团成员丹麦人亨宁·哈士伦的礼品。对此哈士伦在其所著《蒙古的人和神》一书中自述，一天晚上，僧钦活佛单独约见哈士伦说："你们要带到西方去的不是新的庙宇的复制品，因为这个的价值只是金属和物质以及它们形成的价值而已。你们将要带的是献祭神坛的原件，它的神灵们鼓舞人类最崇高的思想，它的价值不能以人世间的金钱衡量。"（该书，第286页）

我在《天山问穹庐》一书中记述了自己的观后感："这座蒙古包确实完好无损地运到了斯德哥尔摩，静静地在皇家民俗学博物馆的展览大厅里与来自世界各地的参观者相识、相聚，一晃半个多世纪过去，它仍是那样金碧辉煌。"① 我们当年还查阅了斯文·赫定的文件、书信，还有数量众多的照片和素描。杨镰《亲临秘境——新疆探险史图说》（新疆人民出版社2003年版）所收的照片和素描，大多取自此，但还有更多的照片未曾公开使用。

瑞典传教士在新疆传教始自1892年，至1938年盛世才下令取缔瑞典传教站，在长达近半个世纪时间里，约有68名传教士参加了瑞典喀什噶尔传教团工作。传教士们除翻译、编撰出版了大量科普性图书和资料外，还拍摄了数量众多、反映20世纪初喀什地区的历史照片。所有这些对广大历史研究者、爱好者来说还是远不可及的老照片，我们从本书中得以一见庐山真面貌。

二是，珍贵源自老照片记录有关新疆遗址、人物、社会世态纪实影像的真实性和唯一的不可取代性。

以本书已选收的瑞典国家档案馆所藏的"弗兰克收藏品"中的老照片为例。塞缪尔·弗兰克是瑞典喀什噶尔传教士中一员，他于1982年收集到摄影家汉娜·安德森于1915—1928年拍摄的1360幅照片，此后又从不同途径收集到8631幅照片，上述近一万幅照片被称为"弗兰克收藏品"。照片包括了喀什噶尔民汉节日吉庆、汉族剧院及戏剧表演，以及反映传教士及他们家庭生活的照片。还有西方探险家斯文·赫定、马达汉等人在喀什噶尔活动，以及记录新疆南部动荡岁月、回族领袖马仲英、喀什噶尔军阀的照片。这些照片是我们研究新疆的无可替代的形象史料。

三是，珍贵源自本书首次向世人公布了"雷纳特1号图"和"雷纳特11号图"等三幅地图的完整照片版，对于卫拉特蒙古历史研究者来说真是一件天大的福音。

---

① 马大正：《天山问穹庐》，山东画报出版社2010年版，第211页。

"雷纳特地图"在20世纪80年代，中国研究者只能从巴德雷《俄国·蒙古·中国》一书中看到。1992年5月我曾有过一次寻访"雷纳特地图"之旅。我在《天山问穹庐》中曾做过较为详尽的记述（参阅第211—215页）。

约翰·古斯塔夫·雷纳特是瑞典炮兵上尉，在瑞典国王卡尔二世与俄国彼得大帝对决的波尔塔瓦大战中被俘，时为1709年7月。随即雷纳特被俄军遣送西伯利亚服苦役。在1717年前后，雷纳特又成了准噶尔政权策妄阿拉布坦的俘虏。雷纳特在准噶尔生活期间，因熟知铸炮技术，颇得策妄阿拉布坦、噶尔丹策零父子的信任和重用。雷纳特在准噶尔生活了17年，于1734年才回到自己的祖国。

回国时，据雷纳特本人声称，洪台吉（指噶尔丹策零——引者）根据他的请求，于临别时将两幅事后为人们称为雷纳特图的地图赠给了他。①雷纳特将被后人称为雷纳特图捐赠给了乌布萨拉大学图书馆，我们此次就是一是想找到有关雷纳特其人其事的相关资料，二是想一睹雷纳特图的真容。

5月21日，是在罗森教授的陪同下，我们到皇家学院图书馆，看到了雷纳特夫人回忆录的手稿，太珍贵了，因是瑞典文的手稿，一时当然无法详知其内容，承瑞方应允，赠送一份手稿复印件，半年后复印件也确实到了我的案头。

5月22日，仍是在罗森教授陪同下赴乌布萨拉。乌布萨拉位于斯德哥尔摩北80公里，是瑞典古代的首都，著名文化古城。火车40分钟即到，下车直奔乌布萨拉大学图书馆，在善本手稿部，工作人员让我们穿上工作服，戴上洁白棉手套，并提醒我们不能照相、摄像。在此前，我在文献中已查到有关乌布萨拉大学图书馆收藏雷纳特图的记载，根据乌布萨拉图书馆文件（1727—1756年，乌布萨拉大学图书馆第A：8号）记：

> （1743年）4月13日，曾在喀尔木克（即卡尔梅克又一译法——引者）居住达十七年之久的约翰·古斯塔夫·雷纳特上尉向皇家图书

---

① ［英］约·弗·巴德利：《俄国·蒙古·中国》上卷第一册，吴持哲、吴有刚译，商务印书馆1981年版，第334页。

馆赠送了下列物品：

1.《割线与切线地图》，系在中国用棉纸印成，印刷精致，在中国人与喀尔米克人之间的一次战役中缴获。

2.《喀尔米克准噶尔地图》一幅，绘于棉纸上，长5.6英尺余，宽4.7英尺，图上地名均以喀尔米克文书写（实际尺寸为105.5厘米×83.5厘米），此即为雷纳特1号图。

3. 另有一幅绘于纸上的地图，系照上述地图临摹的，图上地名用罗马字母标示。（此即1号图的瑞典版）。

4. 地图一幅，长宽均为8.44英尺。这幅图与前面第二项所提到的图一样，也是用棉纸画的（实际尺寸约为111厘米×100厘米），此即雷纳特2号图。

文件还写道："雷纳特上尉的这批赠品应视为我们图书馆所收藏的最珍贵物品中的一部分，因此必须应放在保存饰银（圣经）古抄本的橡木箱里。"①

稍待一会，工作人员将两个长条形木盒放在铺着洁白桌布的大平台上，我终于目睹了神往已久的两幅雷纳特图。

我在相关文献中还看到1743年6月25日和28日雷纳特赠送给乌布萨拉图书馆的一批赠品，包括：

1. 锈金红色短褂一件，穿时用一银质纽扣扣住。

2. 锈金坎肩一件，是套在短褂外面的，挂有一个镀银的红色丝绒鞘套，内装绿柄短剑两把，大小各一。坎肩上还佩挂一个绿色底子，上绣金花的荷包，内装有一个叫"塔尔采"的器皿，可以做羹匙和杯子用。器皿内塞有一块白布，供进餐完毕后擦净器皿用。荷包和剑鞘都拴在一个镀金环上，镀金环又以链子系在大小相同的镀金坠子上，坠子雕刻精美，中心还镶嵌有一块水晶或玻璃。坎肩的另一侧也有类似的镀金坠子，挂着一个荷包和一块 QRMKLADE（这个瑞典词现已不用），实际指手帕，但当时是挂在衣袖上的。

---

① ［英］约·弗·巴德利：《俄国·蒙古·中国》上卷第一册，吴持哲、吴有刚译，商务印书馆1981年版，第337—338页。

3. 两个收口的皮囊，供旅行时盛酒用。

4. 两个（玲珑）小杯，一个是用猪皮做的，另一个是用桦树皮做的。

5. 一块玉石，喀尔木克人常用它来雕刻茶杯。

该文件对上述赠品归宿的结论是："上述物品中，如今我们知道的仅有地图。"① 对此我不甘心，再次向工作人员询问，除两幅图外，还有别的雷纳特的藏品吗？得到的回答是：没有！遗憾之余还是庆幸，因为我毕竟看到了雷纳特图的真迹，而有此幸运的，在我中国的同行中，可以说，我是唯一的一个。

本书将三幅"雷纳特地图"完整地予以公布，为研究 18 世纪准噶尔政权历史提供了一份弥为珍贵的史料。

总之，《新疆旧影图录——清末民初的历史瞬间》是一册值得一读的好书，我作为第一批读者中一员，写下自己的所感与所思，若能由此认识老照片的历史价值，以及用之于历史研究之重要与必需，则幸矣，果如此，乃大幸矣！

是为代序。

2015 年 8 月 1 日
于北京自乐斋

## 地之美、人之美的新疆和田
### ——尚昌平著·摄影《和田人》② ·序

几年前，昌平曾将她深入新疆拍摄的一组普通百姓的照片给我观赏，观后我大为赞赏，当即建议她以当代新疆人（各个族群、男女老少）的特写照片为主题，出版一册《新疆的微笑》摄影集。今天，昌平的《和田人》摄影集设计完成。相信这部画册为更多人了解新疆提供了一份生动、真实的定格于瞬间的人文影像文献！

新疆和田离我们很遥远，距北京飞行距离超过 5000 公里；新疆和田

---

① ［英］约·弗·巴德利：《俄国·蒙古·中国》上卷第一册，吴持哲、吴有刚译，商务印书馆1981 年版，第338 页。

② 本书 2017 年由民族出版社出版。

离我们又很近，因为 20 世纪 50 年代和田出了一位库尔班大叔，他骑着毛驴上北京看望毛主席的故事家喻户晓。新疆和田让我们亲切而熟悉，因为和田玉闻名遐迩。

昌平的摄影集以和田的人和地为主题，展示了当代和田地之美、人之美。我就从和田的地和人之美说起吧。

和田是塔克拉玛干大沙漠西南缘一片孤立绿洲，属于干旱地区，绿洲西部和南部有昆仑山环绕，北部是浩瀚的沙漠，境内土地平坦，气候干热。发源于昆仑山山脉的玉龙喀什河与喀拉喀什河是绿洲的主要水源。和田经济以农牧业为主，一年四季刮黄沙，雨量极少，交通不便，用新疆人自己的话来说："新疆像一个大口袋，和田就处于口袋底部"，今天仍属于贫困地区之一。

和田历史悠久、文化璀璨，历史上是"丝绸之路"重镇。两千多年前的汉代西域 36 国中，和田就有于阗、扦弥、皮山、渠勒、精绝、戎卢 6 个绿洲城邦国。西汉时期，中央王朝设置西域都护府，和田地区自此成为我国疆土神圣不可分割的一部分。据史载，古于阗一直与中央历朝保持着密切的政治、经济、文化交流。在汉唐时期，和田在东、西方文化交流史上更是名震中外，孕育了包括昆仑神话、于阗乐舞在内的古代文明，在灿烂的中华文明史上占有重要一席之地。

和田曾是佛教文化的中心区域，也是佛教从印度传入中原的中转站，当时的僧侣多达数万人。汉唐盛世，中原地区人们到印度学习佛教被称为"西天取经"，而和田时称"小西天"，是中国佛教史乃至中华文明史上不可或缺的重要地区。公元 11 世纪，伊斯兰教东传，逐渐成为和田地区的主要宗教信仰并延续至今。历史上的和田文化始终是在多民族多文化融合中发展。"丝绸之路"的文化交流，宗教信仰的传承变迁，不同文化、不同民族在碰撞中交融，在交融中互补，使和田成为世界文明交融之地，中华文化宝库之一，并塑造了和田人的文化、和田人的性格：虽身处戈壁沙漠，却从不屈服，始终坚韧不拔地在这片土地上繁衍生息；虽环境艰苦，但在茫茫大漠上，在阵阵驼铃声中，用歌舞和音乐驱散苍凉的愁云，充满对生活的热爱，积淀民族的智慧。

自古以来，和田就是多民族、多文化交融荟萃之地，现在有 210 余万各族兄弟姐妹生活在这片土地上。各族人民千百年来在这里繁衍生息，建设边疆、保卫边疆。维吾尔族是和田地区的主要人口，他们把信仰置于内心，用歌舞赞美生活；他们把宗教融入生活习俗，与其他信仰的人们和谐相处，交流交融。

千百年来，和田人引以为傲的和田玉、艾德莱斯绸，手工地毯、桑皮纸、于阗乐舞，充分体现了和田人之美，美在光辉灿烂的人文历史，美在内外兼修的智慧，美在勤劳善良之心！

《和田人》摄影集是作者历经 20 年南疆摄影实践，尤其对昆仑山北麓和田地区的居民、塔里木盆地边缘的绿洲人家、塔克拉玛干沙漠腹心地带的原始村落进行了深度的综合考察后，从 11 余万张照片中精选而成的。画册中的每一幅图片，都凝聚了作者的深情与心血，挚爱与祝福。

昌平镜头中和田的人和景，其特色与价值，可用现实性、唯一性、艺术性、历史性来概括：

拍摄于现今、拍摄于实地，此可谓是现实性。

拍摄的对象绝大多数是普普通通的老百姓，他们的生产、生活，他们的喜怒哀乐。我想除昌平外，他们大概没有面对过其他相机的镜头，此可谓是唯一性。

从今天的角度看，新闻拍摄也好，纪实摄影也罢，对人和景的抓取和表现始终占有重要地位，其作用不可复制代替，而"抓拍"正是昌平之擅长。在她镜头中的景，美无比；在她镜头中的人，真无比；在她镜头中的情和景和人的交融，又是如此真实和鲜活，此可谓是艺术性。

说到历史性，与我本行有关似可多说几句。昌平镜头中的和田人和景，是我们认识今日和田不可多得的影像文献。我相信，随着时间的推移，这些照片终将成为"老照片"，成为人们观察、认识世纪之交的和田一个特殊的窗口。这些定格于瞬间的照片的魅力与价值将得到真正的体现。

1906—1908 年，芬兰探险家马达汉曾对中国进行考察。他骑马从中亚进入我国新疆，足迹踏遍南疆和北疆，又从新疆走进河西走廊，到达西北重镇兰州，然后经陕西、河南、山西、内蒙古、河北到达北京，行程 1.4 万余公里。马达汉从其中国之行所拍摄的 1370 余幅照片中精选 87 幅编辑成册，这些图片正如作者本人在该书序言所述："将历史定格于瞬间的老照片的独特魅力，让我痴迷，心灵为之震撼。"①

昌平的《和田人》正充分显现了作为摄影家"让瞬间定格为永远"的精湛水准，其学术性的价值将为历史学、考古学、民族学、民俗学、人类学、社会学、生态学的研究提供一份独特的人文地理的图像信息资料。

近年来，我还欣喜地看到昌平由行者到学者的华丽转身，我也欣喜在当代中国学人群体中增添了一位名副其实的人文地理专家，一位善于用镜头记录边疆人文、自然景观的优秀摄影家。

昌平的边疆考察之路仍在继续，我期待着她不同题材的边疆探索作品不断面世。

2016 年 9 月 10 日

于北京自乐斋

## 美丽的温泉，我的家

### ——江南主编《温泉神话》《温泉圣境》② ·出版感言

《温泉神话》《温泉圣境》出版在即，温泉的朋友们力嘱我为两书的出版写几句，言之切切，实难推辞。想到西迁新疆察哈尔蒙古历史的研究方兴未艾，想到几次在被誉为"西域夏都"的温泉县实地考察的美好记忆，于是将不成熟的个人感言聊以为文，以应命。

1982 年我因参加新疆蒙古族社会历史调查第一次造访博尔塔拉，迄今，已 8 次到该地调研，其中 5 次有幸来到温泉县，亲身体验和感受了神山圣水的美景和察哈尔牧民的热情。

温泉，全国唯一以"温泉"命名的县，是西迁新疆察哈尔蒙古人的故乡，也是中国珍稀野生动物——北鲵的故乡。这里有众多的天然泉水，如并称为"三姐妹温泉"的圣泉——博格达尔，天泉——鄂托克赛尔，仙泉——阿日夏提。这里的自然景观奇特，植物繁茂。有旖旎的鄂托克赛尔

---

① ［芬］彼得－赛德伯格编：《1906—1908 年马达汉西域考察图片集》，山东画报出版社 2001 年版。

② 本书 2008 年由新疆科学技术出版社出版。

河谷风光，鲜花遍地的米尔其克草原，圣洁的赛里木湖，气势恢宏的纳仁撒拉飞瀑和神奇的七彩湖。这里还有形如马群的石头城，形如女阴的"母亲石"。

更重要的是，这里被誉为歌舞之乡。口头文学英雄史诗《江格尔》在这里传唱，二弦弹奏琴——托不秀尔在这里发扬光大，民间舞蹈——萨布尔丁在这里广为流传。尤其是民间短调歌——啸喜特尔更是独一无二的。这里有丰富的古代草原文化遗产，古老的民间神话及近代传说。这次出版的《温泉神话》《温泉圣境》正是旧察哈尔营乃至新察哈尔营地区流传的人物、逸闻、趣事、山水神话传说及名家作品的集锦。这些故事有的揭露了达官贵人的凶暴贪婪；有的赞美了劳动人民的勤劳、乐观、豁达向上，充满智慧和正义感。故事诙谐幽默，讽刺辛辣、生动、别致又朴实无华，富于内涵，脍炙人口。而名家笔下温泉的风土人情、历史文化、古歌精髓等也为我们了解温泉、走进温泉，提供了一幅悠远古朴的美丽画卷。

察哈尔是蒙古旧部落名，清康熙年间，编为察哈尔八旗，驻牧于今内蒙古自治区乌兰察布市东南部及锡林郭勒盟南部。18世纪中叶，清政府在统一新疆后，为了保卫新疆、开发新疆，有计划地戍边移民，遣满洲、索伦、察哈尔、厄鲁特、锡伯兵丁携眷移驻伊犁，分别组成"满营""索伦营""察哈尔营"和"厄鲁特营"，听伊犁将军节制调遣。发生在18世纪60年代的西迁新疆戍边活动，构成了一幅西进的宏伟图卷。在这股西进洪流中，察哈尔蒙古的戍边队伍占有重要地位，他们的后裔成为今天新疆蒙古族的一部分。同样，西迁新疆察哈尔蒙古的历史，也成了新疆蒙古史、新疆地方史，乃至清代边疆史的重要组成部分。在《温泉圣境》的历史篇中对这些都有所述及。

温泉县县长，我的朋友达·冈布同志怀着对祖辈光荣历史的崇敬和对蒙古族父老乡亲的挚爱，在政务繁忙之余，策划并组织完成了《温泉神话》和《温泉圣境》两书。策划者和编纂者纵观全局、立足地方，发掘整理了温泉县察哈尔人的历史、社会、宗教、人物、风俗习惯等诸多方面的民间传说、故事，还收录了今人有关温泉县山山水水、风土人情的美文行纪和古今流诵的民间歌词，为人们全方位、多层面认识、了解温泉县、

了解察哈尔蒙古人，提供了珍贵的人类学、民族学、民俗学资料，同时也
是一份难得的地方乡土志资料。

　　对他们的努力和所取得的成绩，我表示由衷的敬意！

　　感言甚杂，权充书序！

2008 年 3 月 22 日

# 四　东北、内蒙古、云南边疆研究

## 深化东北边疆研究任重道远
### ——《东北边疆历史与文化研究》①　·序一

　　中国东北边疆研究，始于近代。晚清时期，随着东北边疆危机的加深，对知识界和爱国志士产生强烈刺激，出现了以何秋涛、曹廷杰等人为代表的"边疆舆地学派"，20世纪20—40年代，日本帝国主义对华侵略加剧，又促使一批爱国学者致力于东北边疆史地研究，出版了一批传世佳作。新中国成立后，东北边疆研究呈现阶段性特点。50年代，我国学术界侧重帝国主义侵华史和民族史研究，以东北疆域变迁为主要研究内容的专著鲜有问世，60—70年代，中国与苏联关系恶化，由于需要分清历史上中、俄两国之间侵略与被侵略的是非，东北边疆史地研究遂有一次长足的进步。进入80年代以后，东北边疆史地继续围绕中苏（中俄）东段边界开展研究外，中朝边界研究，以及东北地方史研究，也有了比较迅速的发展，有的方面已达到一定的深度，如民族关系、经济开发、历朝边疆管理体制等等，一批有深度的断代性的、通史性的东北史纷纷问世，据不完全统计，仅出版的相关专著有200多种，专题学术论文达数千篇。即在此时，围绕中国古代疆域问题、历史上的边界问题，学者们也进行了探索性研究，为进一步开展东北边疆研究积累了经验。

---

　　① 本书2009年由吉林人民出版社出版。

### （一）新世纪以来，东北边疆研究形势喜人

进入 21 世纪，尽管时间还不到十年，但东北边疆研究成果丰硕、形势喜人。从学术研究发展史的视角来审视，评议近十年来研究深入的进程，以下两端是值得一书的。

第一，两次学术讨论会的成功召开，在推动东北边疆研究承前启后上的作用不容低估。

2002 年 7 月在长春召开了"东北边疆历史与现状暨高句丽学术研讨会"，2009 年 8 月在长春召开了"东北边疆历史与文化学术研讨会"。两次学术讨论会都是中国社会科学院和吉林省社科院主办，辽宁省社科院、黑龙江省社科院协办（2002 年会协办单位还有吉林大学、东北师范大学、辽宁大学、延边大学、北华大学、吉林师范学院、长春师范学院和通化师范学院）。

两次会议讨论内容涉及：东北边疆研究的回顾与展望，东北边疆历史与文化研究中的疑点、难点、热点问题，高句丽、渤海历史与文化诸多内容。①

两次会议均较好地完成了肩负的学术研究深化进程中的承前启后的历史责任。2002 年会议回顾总结了 19—20 世纪的东北边疆研究历程，开启了 21 世纪东北边疆研究的新格局。2009 年会议则重点回顾、总结了改革开放三十年，特别是近十年来东北边疆研究曲折但喜人的进展，并对今后东北边疆研究的发展做了有益展望。

因此，两次学术研讨会，在东北边疆研究深化的不同的关键时刻，均起到了值得在学术发展史上记上一笔的承前——总结以往，启后——规划未来的重要作用。

第二，一项重大学术研究项目的开展对深化东北边疆研究的重要推动力不容轻视。

在审视 21 世纪东北边疆研究的深化进程中，"东北边疆历史与现状系列研究工程"的开展，以及它在深化东北边疆研究中产生重要推动力的作用不容轻视。

---

① 2002 年会议论集，题名为《中国东北边疆研究》，中国社会科学出版社 2003 年版；2009 年会议论集，题名为《东北边疆历史与文化》，吉林人民出版社 2010 年版。

为进一步促进东北边疆历史与现状研究的学科建设和发展，为东北边疆社会经济的不断繁荣提供学术支持，中国社会科学院和黑龙江、吉林、辽宁三省科研单位、高校联合组织了大型学术项目"东北边疆历史与现状系列研究工程"（简称"东北工程"），于 2002 年 2 月正式启动，该项目同时列入中国社会科学院院级重大课题序列。

"东北工程"的主要任务是在总结以往的研究成果的基础上，集中优势力量，深入研究东北边疆历史上的疑点问题、现实中的热点问题和理论上的难点问题，使整体研究水平有一个较大提高，在此基础上，形成系列化、权威性的研究成果。该项研究工程的课题分为研究类、翻译类和档案文献类三大系列。

从 2002 年到 2007 年，"东北工程"开展了 5 年工作，5 年来随着"东北工程"的有序推进，东北边疆历史与现状研究的学科建设获得了前所未有的机遇，也取得了前所未有的成绩，简言之有：

一是，"东北工程"的课题研究取得重大学术进展，完成了一批具有较高理论价值、实践价值和创新意义的学术成果。这些项目和研究成果涵盖了古代中国边疆理论，东北边疆地方史，东北民族史，古朝鲜、高句丽、渤海国史，中朝关系史，中国东北边疆与俄国远东地区政治经济关系史等多个研究领域。在东北边疆形成与发展，历代治理东北边疆的思想与政策，东北边疆领土边界演变，东北边疆民族源流与发展，东北边疆与朝鲜半岛关系史，东北边疆与俄罗斯远东地方关系史，古朝鲜及高句丽、渤海国史等基础理论问题研究上取得了新的突破。

二是"东北工程"的持续开展，不仅极大地调动起东北三省学术界的研究热情，而且引起了东北三省党委、政府，以及相关科研机构、高等院校的高度重视，并在人力、物力、财力等各方面予以投入，一批以研究东北边疆与现状的专门机构相继建立，为研究深化的持续发展提供了组织保障，从而使学科建设迅速得以推进，可以说，"东北工程"产生了有益的学术影响力，促进了东北地区学术研究布局的调整。

三是，"东北工程"的学术组织成绩斐然，造就了一批学科带头人和学术骨干，梯队建设明显改观。据不完全统计，全国各地先后有 200 余人次主持或参与了"东北工程"的课题研究，其中既有在东北史地研究领域德高望重的老一代专家，也有在东北史地学术舞台上卓有成效的中年学者，还有在东北史地学术园地崭露头角的青年学子。

四是，"东北工程"对学术资源的整合成效显著，一批具有较高学术价值的学术资料得以挖掘和整理，东北边疆学术资料的基础建设突飞猛进。在中国第一历史档案馆、辽宁省档案馆、吉林省档案馆、黑龙江省档案馆和延边州档案馆的通力合作下，按照统一体例、统一分类的要求，从边界、界务、外交、开发、移民等多个方面进行档案整理，为进一步深化东北边疆历史与现状的学术研究奠定了坚实的资料基础。

五是，"东北工程"发挥科研组织优势，在不断推进东北边疆历史与现状研究的同时，积极应对国外学术界的挑战，实践证明，"东北工程"是新时期我国社会领域科研组织形式变革的成功范例，在组织、协调全国同类学术研究中发挥了独特的功能，在整合学术力量，优化学术资源、合理配置科研经费、整体推进学科建设、全面创新管理机制方面取得了显著成绩。

应该说，"东北工程"初步实现了既定的学术计划和目标，较好地完成了各项学术任务。但是，我们也应看到，就东北边疆历史与现状研究这一领域而言，一个为期五年的学术项目，难以彻底解决诸多学术问题，很多历史上的疑点问题、理论上的难点问题、现实中的热点问题有些虽已取得重大突破，有些问题的研究还刚刚起步亟待深化，其中尤其是疆域理论问题的研究有待开拓。

## （二）东北边疆研究亟待开拓深化

中国边疆研究的深化，从学科建设的角度看，目前正面临构筑中国边疆学的历史任务，东北边疆研究，作为中国边疆研究不可或缺的组成部分，责之重大，自不待言。

中国边疆研究工作者积多年研究的实践和探索，边疆理论综合研究应成为中国边疆学构筑的一个重要突破口，或可称为切入点。

边疆理论可研究的命题十分广泛，据目前的认知水平大体上可分为二大部类：一是，中国疆域理论研究，可研究的命题诸如：中国古代疆域形成与发展的历程和规律，中国古代疆域观、治边观的演变，"大一统"与中国古代疆域的形成，民族融合与中国古代疆域的形成，羁縻政策与中国古代疆域的形成，中国古代宗藩体制的形成和发展，中国历史上宗藩关系特点，朝贡——册封体制的形成和发展，等等。二是，中外疆域理论比较研究，可研究的命题诸如：东、西方疆域观念的异同，西方对中国传统疆域观念的认识，西方疆域理论对中国传统疆域观念的影响，近年中外边疆理论研究的发展趋势与评议，等等。显然，东北边疆研究在这方面也是可以大有作为的。

为了将边疆理论研究有序、扎实地展开，在研究的实践中我以为如下四点应予特别的关注。①

第一，应面对现实与未来。

任何问题都离不开历史，研究历史的重要任务之一是为了了解现代，进而为解决现实存在的问题提供借鉴。对边疆的历史进行观察、分析、研究同样不例外，如果不了解边疆历史，就可能认不清现实中出现的一些问题，更无法寻求正确的解决之策。要站在历史的脊梁上观察中国边疆现实中出现的问题，要站得高，基点之一是先辈们对边疆地区进行了开拓和开发，基点之二是我们的先人在认识边疆、研究边疆方面的丰富的积累。

研究边疆历史应面对现实和未来，是中国边疆研究学科发展的需要。

爱国主义思想是中国边疆研究的优良传统，近代以来边疆研究的兴起，应该说是和当时我们所面临的边疆危机直接联系在一起的，也就是说关注现状也是边疆历史研究的传统，只是在一定时期内由于受到各种因素的影响，学者们对现状的关注程度被削弱了。改革开放以来，各个学科的发展都迎来一个广阔的发展空间，中国边疆研究学科要想发展，就需要面对现实和未来，因为只有关注现状、面对未来，我们的研究领域才能不断拓展，研究的成果才能更好地服务于社会，其价值才能得到充分体现。

第二，要有中国视野与世界视野。

中国边疆研究要有大视野，也就是说要有中国视野和世界视野。所谓中国视野：中国边疆是统一多民族中国的不可分割的组成部分，又是多元一体中华民族中众多少数民族主要栖息地，从历史角度看，中国边疆是统

---

① 应予特别的关注的四点，详细论述，请参阅拙文《边疆研究应该有一个大发展》，《东北史地》2008 年第 4 期。

一多民族中国、多元一体中华民族这两大历史遗产的关键点、连接平台；从现实角度看，中国边疆既是当代中国的国防前线，也是当代中国的改革开放前沿，还是当代中国可持续发展的重要基地。所以研究中国边疆，包括边疆理论，不能就边疆论边疆，一定要有中国视野，也就是说，研究时要心有中国全局。

所谓世界视野：中国边疆地理的和人文的特殊性，与周边国家和地区具有千丝万缕的关系。因此我们要自觉地把中国边疆的历史和现状放到世界的背景中观察、评议和研究，既要纵向分析，也要横向比较。

第三，和而不同，求同存异。

人交际往，以和为贵。文化交流，崇尚"和而不同"。因为不同，才需交流；唯有和睦，方能沟通。"和而不同"的"和"，表达了人际交往的原则；"不同"则体现了文化交流的特点。

文化交流，贵在相争与相融。文化的进步，需要学术争鸣的推动。学术争鸣，是理性表达，是智慧的碰撞；没有争鸣，学术的发展就会停止，学术的质量因陈旧而腐败。有了争鸣，学术界才会灵气四射，生意盎然；有了争鸣，人类文化才有前进的动力。当然学术文化的发展，仅仅有争鸣还不够。争鸣是一种手段，是一种朴素沟通的途径。争鸣的最终目的，是促进相互之间的融合。争鸣为融合提供了机会；有了融合，争鸣才有意义。融合不能一方吞食另一方，而是思想的升华、文化的进步。

中国疆域历史和现实中存在诸多难点和热点问题，对此，边疆理论研究必须予以正视，并探索解决之途。这些难点与热点问题的出现，原因是多方面的，归纳起来主要有：一是研究层面原因。由于历史情况复杂，史籍记载多有歧义，引起研究者们探求的兴趣，此类难点、热点问题，可以通过深化研究进而逐步解决。二是政治层面原因。这一层面原因又可分为正常的和不正常的两类。所谓正常的，是指不同国家出于国家利益的考虑，要建立本国的历史体系，强调自己国家历史的悠远、维护独立传统之辉煌。对此，即便有悖历史的真实，可以求同存异，以宽容之态度待之。所谓不正常的，是指个别国家或个别团体、个人出于狭隘民族国家利益考虑，不惜故意歪曲历史事实，并将历史问题现实化、学术问题政治化，通过被歪曲的历史事实，煽动民族主义狂热，制造事端。对此，我们则应讲明历史真相，有利、有理、有节，据理力争，绝不姑息迁就。

上述原因是相互交织、又是互相影响的，情况十分复杂。对此，我们应本着国家利益高于一切的原则，保持政治警觉，潜心深化研究，对一些有争议的问题，在坚持学术问题与政治分开、历史问题与现实分开的前提下，倡导和而不同，增信释疑，求同存异，在学术的轨道上心平气和地展开讨论。

在东北边疆历史研究中，学术上存在歧异是学术研究中的正常现象，以高句丽历史研究为例，今天中国学者的认识呈现百花齐放之姿，而中国和朝鲜半岛学者之间也存在着重大的学术分歧。

高句丽是活跃于今天东北亚地区的一个古老的民族。公元前 37 年高句丽建立政权，先后以中国辽宁省桓仁，吉林省集安和今朝鲜民主主义共和国平壤市为都，在历史上持续了 705 年之久。

高句丽历史是东北亚地区史的重要内容，当然是古代中国历史的组成部分，也是古代朝鲜半岛历史的组成部分。基于此，高句丽历史引起各国史学家的兴趣、关注，并进行研究，中国和朝鲜半岛学者尤为关注，研究成果丰硕也在情理之中。

深化高句丽历史研究，是我们研究者的责任，如何深化高句丽历史研究，我试提建言三项：

一是，坚持两个原则，让学术回归学术。

首先，在研究中坚持将历史与现实分开，学术与政治分开的原则，将高句丽历史研究切实纳入历史化、学术化的正常科研轨道。可以借鉴中国学界对古代中国历史上兴衰嬗替，存亡继绝的众多古代民族及其政权已形成的较为成熟的研究定式，深化研究。

其次，高句丽历史既然是一个学术研究领域，那么，深化研究，百家争鸣，和而不同，求同存异，这十六字应成为一个原则，予以提倡与遵循。

二是，提倡双向理解，增进学界间沟通与交流。

无须讳言，当前高句丽历史研究在一些重大问题上存在种种分歧，解决分歧最好的办法是本着尊重历史、实事求是的精神，深化研究。不同国家学者之间解决历史认识差异，最重要的方法应是沟通与理解。

在高句丽历史研究中，对中韩两国学者言，提倡双向理解我认为是十分必要的，这里说的双向理解是指对存在于中韩学者的"情结"——两大历史遗产的情结和高句丽情结的理解与尊重。

所谓两大历史遗产的情结是指存在于中国学者，当然也包括中国广大的民众心灵深处对统一多民族中国和多元一体中华民族的眷恋与热爱，也就是我们的先辈为今人留下了两项举世瞩目，无与伦比的历史遗产，幅员辽阔的统一多民族国家和人口众多、多元一体的中华民族，简言之，即大一统国家与多民族。这是中国不同于世界上任何一个国家的特殊国情。所谓"高句丽情结"，我在《再论高句丽历史研究中的相关问题》中曾指出："将高句丽纳入古代朝鲜半岛历史范畴的历史认识与论述，在朝鲜半岛已有近千年的历史，已经成为朝鲜半岛历史与文化传统的一个重要组成部分。"[1]

三是，加强交流，深化研究。

中国学者研究高句丽历史已有百年多历史，经历了 19 世纪 80 年代至1949 年的研究初始期，1949 年至 20 世纪 70 年代研究的冷落期，20 世纪80 年代以降研究的勃兴期。目前，中国学者高句丽历史研究正处在全面深化的阶段。而我们的韩国同行，这几年已实现了高句丽历史研究力量的初步整合，呈现深化研究的强劲态势。高句丽历史研究新人才的培养，新成果的产生，是我们面临的共同任务。

深化研究，加强学者之间的交流是必不可少的，就中韩学界间在高句丽历史研究中加强交流不仅是必要的，也是可行的。

第四，正确处理研究与决策的辩证关系是当务之急。

进一步解放思想仍是东北边疆历史与现状研究的当务之急。此处言解放思想有两层含义：其一是从事东北边疆历史的研究者应坚持实事求是，本着对历史负责的科学态度，敢于研究东北边疆历史研究中的难点问题、热点问题，敢于对以往一些大家、权威的见解提出不同见解，展开争鸣，求得认识上的飞跃、研究结论上的突破。其二是正确处理学术研究与政府决策之间的关系。研究与决策虽有密切关系，但不可将两者等同。研究的结论虽是进行正确决策的重要因素，但不是唯一因素。

---

[1] 载马大正等《古代中国高句丽历史续论》，中国社会科学出版社 2003 年版。

专家的研究是解决"应该怎样做"的问题，而政府的决策则是解决"怎样去做"的问题。有时决策部门同意专家的意见，但是不能马上实施，因为决策者一方面要以科学为依据，另一方面还要分析现实力量的对比以及各种复杂情况。

在研究者与决策者的关系中，决策者是矛盾的主要方面，决策部门需要有更多的政治家气度与远识，应该支持学术界百家争鸣，应该为研究者进行实事求是的研究提供更有利的条件和保证。只有听取各种不同的见解，决策者才能"择其善者而从之"，才能使决策科学化、民主化，避免决策的失误或短视行为。

研究者应发扬中国边疆研究的爱国主义和求实精神的优良传统，以自己的高水准研究成果为国家的正确决策提供扎实、可靠的依据。对于边疆、民族、宗教这类敏感问题的研究有两种态度：一种是回避，一种是知难而进。长期以来在"左"的路线下，人为设置禁区，许多专家的正常研究工作受到干扰，结果是我们的决策缺乏科学依据，从根本上说于社会主义建设事业不利。

学者研究的学术行为和领导决策的政治行为应有一个互补的界限。专家的研究要进入决策的科学化和民主化的过程之中，决策者要尊重学者的意见。学者讨论敏感问题要在一定范围内进行，即所谓研究无禁区，宣传有纪律。

处理好两者关系的关键是要区别研究与决策的不同内涵，正确把握他们之间互补的界限，真正做到把研究者的观点作为学者的观点来对待，切不可把研究者的学术见解错当成某种政见而给以过度的重视或过分的责怪。唯此，研究者才可能在边疆研究这一颇具敏感性的领域中进行大胆探索，边疆研究的繁荣也就为期不远了。

总之，深化东北边疆研究任重道远。上述所列的研究内容，穷个人的力量，一个部门的研究力量，是难以完成的，既需要学术界的群策群力，艰苦探索，也需要管理部门的支持，国人的关注，通过脚踏实地的努力，才可望达到理想的彼岸。

是为序。

2009 年 11 月 22 日

于北京自乐斋

# 新世纪以来东北边疆研究的回顾与展望

## ——《东北地域文化与生态文明研究》① ·序二

"东北地域文化与生态文明高峰论坛"的论文集《东北地域文化与生态文明研究》出版在即，主编邵汉明院长嘱我为论坛撰序，吉林省社会科学院是我们多年和谐合作的良好伙伴，吉林省社会科学院有我尊敬的众多合作同人，虽说这些年每每听到要我作序之希求总是心存惶恐，但汉明院长之嘱，我实无推辞理由。

吉林省社会科学院与中国社会科学院中国边疆研究所（2014 年 9 月前为中国社会科学院中国边疆史地研究中心）一起近 20 年来精诚合作、共同努力，为推动东北边疆历史与现状研究、为构筑中国边疆学做了大量切实工作，培养了一代学人，出版了一批优秀成果，取得了可喜的业绩。仅以 21 世纪以来持续举行在学术研究史上具有存世价值的六次学术讨论会，就值得一书。

第一次。2001 年 6 月，中国社会科学院和中共吉林省委在吉林省长春市召开"东北疆域历史与现状研究工作座谈会"。这次座谈会为 2002 年"东北边疆历史与现状系列研究工程"重大课题的正式立项做了学术准备。

第二次。2002 年 7 月，"第二届东北边疆历史与现状暨高句丽学术研讨会"在吉林省长春市和通化市两地召开。此次研讨会由中国边疆史地研究中心和吉林省社会科学院联合主办，研讨会就东北边疆变迁、东北边疆治理、东北边疆民族与文化、中朝及中韩关系、高句丽政权的归属、高句丽考古与文物、高句丽文化诸问题，进行广泛深入研讨，进一步推动辽"东北边疆历史与现状系列研究工程"的有序开展。会议论文以《中国东北边疆研究》为题结集，由马大正主编，中国社会科学出版社 2003 年出版。

第三次。2003 年 10 月，中国社会科学院中国边疆史地研究中心与吉林省社会科学院、通化市政府、集安市政府在吉林省集安市召开"纪念高

---

① 本书 2016 年由长春出版社出版。

句丽迁都国内城两千周年暨第三届全国高句丽学术研讨会"，通过研讨会，与会者进一步认清高句丽历史研究的紧迫性和复杂性，以及坚持深化研究的必要性和艰巨性，同时，在边疆理论、藩属制度、朝贡体制等问题的研究也有诸多新的突破。

第四次。2008 年 12 月，中国社会科学院与东北三省社会科学院在吉林省延吉市召开"东北历史与文化学术交流会"，会议针对"东北边疆历史与现状系列研究工程"于 2007 年圆满结项后的研究态势，深入探讨了东北边疆历史与文化研究中存在的热点与难点问题，寻求继续推进东北边疆历史与文化研究深入开展的途径。

第五次。2009 年 7 月，中国社会科学院和吉林省社会科学院在长春市召开"2009 年东北边疆历史与文化学术研讨会"，会议对东北疆域、东北边疆治理、东北地域文化、高句丽、渤海国历史，以及东北边疆历史与文化研究述论等五大问题进行了深入讨论。会议论文以《东北边疆历史与文化研究》为题结集，由邴正主编，吉林人民出版社 2009 年版。

第六次。2013 年 10 月，中国社会科学院中国边疆史地研究中心与吉林省社会科学院、中国社会科学报联合主办，在长春市召开"东北地域文化与生态文明高峰论坛"，本次论坛主要议题有：东北地域文化名称、内涵及其特征，东北地域文化形成发展与自然环境变迁问题，东北地域文化与中原文化、西北文化比较研究，东北地域文化与生态文明建设问题，历代王朝在东北地区的文化政策及其社会效应等。本论集即是从提交本次论坛 40 余篇论文中精选了 30 篇论文结集，分设东北地域文化研究，生态环境与生态文明研究，东北边疆治理研究三项专栏。

回顾新世纪以来近 15 年历程，东北边疆历史与现状研究，在探索中国边疆学构筑的学术大框架下有序推进，步步深入，实让我辈学人欣喜！

深化东北边疆研究任重道远，构筑中国边疆学征途漫漫，穷个人之精力，一个部门之研究力量，是难以完成的，既需要学术界的群策群力、艰苦探索，也需要管理部门的支持，国人的关注，通过"甘坐十年冷板凳"的坚守，脚踏实地的努力，才可望达到理想的彼岸。

深化中国边疆历史与现状研究，当然包括东北边疆历史与现状研究，我还有陋见如次：

面对当前中国边疆的新问题、新挑战，边疆治理研究面临深化与拓展的重任。当代中国边疆治理和治边政策研究应给以更多的关注。

每一个认真的治学者深知，资料是研究得以深入的基础，而研究内容的深化、研究视野的拓展则是研究能否创新的保证。

我以为如下五端应予重视：

一是，传统研究内容的深化。

20世纪80年代以来，中国学者对中国古代边疆政策进行了系统研究，取得了可喜成绩，但诸如朝贡体制、藩属制度、不同历史时期、不同边疆地区的政策举措及其影响，封建割据时期不同政权间的应对政策，中国传统边疆观、治边观仍有深化研究的空间；从宏观上总结从秦到中华民国边疆治理实践的经验、教训和当代启示尚待研究者上下求索；即以边疆治理的运作机制的宏观与微观、纵向与横向研究也尚未引起研究者更多关注。

二是，古今打通，中国治边政策研究不能仅止于1911年清朝崩溃，或1949年中华人民共和国成立。

长期以来由于资料收集困难，研究禁区林立，研究者往往却步于当代中国边疆研究，其中包括当代中国边疆治理、边疆政策，以及当代边疆观、治边观研究。随着中国边疆研究的深入，依托历史、面向当代、研究边疆已成大势，因此，将中国治边政策研究古今打通应成为研究者共识并努力实践。当代中国治边政策因以往研究基础相对薄弱，加之复杂的现实不断向研究者提出新问题，如下一些内容应成为研究中首选之题：如古代（王朝国家）边疆治理与近代（民族国家）边疆治理的异同；当代边疆治理中的发展与稳定，开发与生态环境保护，边疆多元文化的冲突与协调，民族认同与国家认同，边疆地区社会管理与社会控制，地缘政治与边疆地区的涉外关系，边防与边境管理，边疆治理与边吏素质，等等。

三是，中外边疆治理研究的比较研究。

综观世界各国其疆域范围内具备可以称为边疆地区的除中国外，唯有俄罗斯和美国，因此，将上述三国从历史到现实的边疆治理、治边政策进行比较研究很有必要，而比较研究的前提是将从俄罗斯帝国到苏联时期对西伯利亚和中亚地区的开拓与开发，美国对西部边疆的开拓与开发进行扎实的个案研究。概括了国外边疆治理的基本模式，总结了国外边疆治理的经验和教训，才有可能将中国治边政策、边疆治理放到国际比较的视野中进行更深入的研究。同时，还应着力进行新航路开辟至今西方边疆理论的研究，以期揭示西方边疆理论的发展脉络和演变进程，并对 500 余年间的主要观点进行重点探讨。

四是，研究方法的多元化，是研究创新的必要手段。

长期以来中国治边政策研究属于历史研究范畴，因此，研究者大都是史学工作者，随着研究的深入，面对复杂多变边疆现状，显然仅仅依靠史学研究的理论和方法是远远不够了。因此，引入政治学、社会学、民族学、人类学等诸多学科的理论和方法于研究已成大势，唯此才能开展对中国边疆政策古今打通，中外比较的全方位、多层面的研究，并将研究推向新的高度和深度。这种研究方法的发展趋势，也进而印证了从中国边疆研究展开到中国边疆学构筑进程的客观需要。

五是，鉴于中国边疆政策研究是一个研究难度大，且具有敏感性的研究课题，从推动研究的组织者视角言，有两点需予重视。

其一，要理顺研究与决策的关系。研究与决策有着密切关系，但不应将两者等同。研究的结论虽是进行正确决策的重要因素，但不是唯一因素。研究的最高原则是科学的求实，而决策的基本出发点是推动学术研究的发展和维护国家的根本利益。在研究与决策中，决策者是矛盾的主要方面，在正确处理两者关系时，决策者需要有更多的政治家气度与远识，应该为研究者进行实事求是研究提供更有利的条件和保证。当然，研究者也应发扬中国边疆研究的爱国主义和求实精神的优良传统，为政治家、军事家的正确决策提供扎实、可靠的研究成果。

其二，在研究中坚持学术与政治分开、历史与现实分开的原则。中国疆域历史和现实中存在诸多难点和热点问题，这些难点与热点问题的出现，原因是多方面的，归纳起来主要有：研究层面原因。由于历史情况复杂，史籍记载多有歧义，引起研究者们认识的差异、探求的兴趣，此类难点、热点问题，可以通过深化研究进而逐步解决。政治层面原因。这一层面原因又可分为正常的和不正常的两类。所谓正常的，是指不同国家出于国家利益的考虑，要建立本国的历史体系，强调自己国家历史的悠远、维护独立传统之辉煌。对此，即便有悖历史的真实，可以求同存异，以宽容之态度待之；所谓不正常的，是指个别国家或个别团体、个人出于狭隘民族国家利益考虑，不惜故意歪曲历史事实，并将历史问题现实化、学术问题政治化，通过被歪曲的历史事实，煽动民族主义狂热，制造事端。对此，我们则应讲明历史真相，有利、有理、有节，据理力争，绝不姑息迁就。上述原因是相互交织、又是互相影响的，情况十分复杂。对此，我们应本着国家利益高于一切的原则，保持政治警觉，潜心深化研究，对一些有争议的问题，在坚持学术问题与政治分开、历史问题与现实分开的前提下，倡导和而不同，增信释疑，求同存异，在学术的轨道上心平气和地展开讨论，但是不能回避。有一篇文章说得好：不能总是一味地低调和忍让，我们要学会在争辩中得到尊重，在对抗中寻求平衡，理直气壮地阐明我们的观点、诉求，来维护我们国家的权利。让学术回归学术，尊重学术见解的不同，但我们要争取、维护我们正当的学术话语权。学者从事学术研究的权利不容侵犯！

同时，更重要的是作为一个负有推动、组织学科发展的一线领导者，应心怀学科发展的全局，及时制定有可操作性的举措，并能取得实实在在的社会效益（指学术著述出版和成果的决策参考率）。非此，就不能称为一个合格的领导者，因为这样的领导者虽徒有其名而无其实，没有能尽到守土有责的历史责任。

是为序！

2014 年 5 月 20 日

于北京自乐斋

# 关于边疆民族文化特色发展的思考

## ——"东北文化丛书"[①] ·序

吉林省哲学社会科学重大委托项目《东北文化丛书》煌煌十二卷付梓在即，丛书总主编邵汉明院长嘱我书序，想到吉林省社会科学院多年来对我研究工作的支持，汉明院长也是与我相知多年的研友，为丛书出版盛誉

---

① 本丛书 2018 年由社会科学文献出版社出版。

写几句感悟也在情理之中。

思之再三，斗胆妄论陋见两端。

### 一　正确处理边疆民族文化特色化发展的几个辩证关系

文化是民族的血脉，是人民的精神家园。文化价值集中表现在民族素质的形成和国家形象的塑造上。文化具有超越时空的稳定性和极强的凝聚力，一个民族的文化模式一旦形成，必然会持久地影响社会成员的思想和行为。在人类历史发展进程中，同一民族通常都具有共同的精神信仰、价值取向、心理特征和行为模式。人们正是通过这种共同的文化获得了认同感和归属感。因此，文化始终是维系社会秩序的精神"黏合剂"，是培育社会成员国家统一意识的深层基础。国家统一固然取决于强大的政治、经济、军事实力，但文化却是物质力量无法替代的"软实力"，是一种更为基础性、稳定性、深层次的战略要素。

中华文化因环境多样性而呈现丰富多元状态。自春秋至战国，各具特色的区域文化已经大体形成。秦汉以后，华夏族群和文化继续与周边民族文化交往交流交融，经唐宋元明清历代发展，终于奠定中国辽阔领土，为中华民族及其文化的繁衍生息提供了广阔天地。历史上，在中原和周边多种经济文化之间，不断通过迁徙、聚合、战争、和亲、互市等，进行经济文化互补和民族融合。不同类型经济文化的交流交往交融，最终形成气象恢宏的中华文化。中华文化由于地理差异和区域经济文化发展不平衡，其内部也呈现南北、东西差异，在我国5000多年文明发展史上，中华各族共同创造了悠久的中国历史、灿烂的中华文化。秦汉雄风、盛唐气象、康乾盛世，是各民族共同铸就的辉煌。多民族文化是我国的一大特色，也是我国发展的一个重要动力。

在当前文化大发展大繁荣的形势下，边疆民族文化的特色化发展和发展的特色化同样面临极好的机遇，也面临形色各异的挑战。为抓住机遇，应对挑战，我认为正确处理好如下三个辩证关系，对边疆民族文化的特色发展，极为必要：

一是，正确处理整体与局部的关系。

我们这里讲的整体，首先是指由统一多民族的中国和多元一体的中华民族所创造的中华文化，也就是说中华文化是由 56 个民族共同创造的；其次是指由构筑在中国文化版图上的各个地域文化共同组成了中华文化这一个文化共同体的概念和实体。相对于上述中华文化整体和全局，边疆民族文化则是一个局部。今天中华人民共和国各民族文化和各地域文化，包括边疆民族文化，都是中华文化的有机组成部分。各民族文化和各地域文化、包括边疆民族文化，在长期历史发展过程中，互相学习、互相交流、互相促进、互相补充，才造成了中华文化源远流长，博大精深、多姿多彩的宏大气象，显示了中华文化多样性、包容性、互补性和创新性的特色。

作为中华文化重要组成部分的边疆民族文化除了上述多样性、包容性、互补性和创新性特色外，还具有鲜明的地域性和鲜活的民族性特点，由于有边疆民族文化的存在和补充，才使中华文化出现争奇斗艳、绵绵不绝的奇观，使每一位中华儿女增添无限的文化自信和文化豪情。

如果在现实生活中，忘却了整体，或将整体和局部倒置，必将造成将由于存在地域性和民族性而产生的差异性置于中华文化主体之上，若如此，在政治上是有害的，对文化发展本身也是无益的。

二是，正确处理传承与创新的关系。

生活在边疆地区的诸多民族，在长期的历史发展进程中形成了自身的文化传统、文化特色，对此，今人面临如何传承和如何创新的任务。所谓传承即是继承和发扬边疆民族文化的优良传统；所谓创新，一是对传统文化不能墨守成规，要与时俱进；二是对传统文化的糟粕要摈弃、要改造。须知尊重文化传统的最高境界，是使文化传统有活力、不断创新。

在创新时要注意如下两个误区的存在：

其一，对任何文化，包括边疆民族文化的价值只能说好，不能指出其不足，对任何民族文化价值的讨论，似乎任何民族文化都必须首先从正面给予肯定，否则在当今中国则将被扣上大汉族主义的帽子。其实美国著名学者塞缪尔·亨廷顿曾说："尽管种族主义和种族歧视的一些现象继续存在，但在半个世纪后，再利用种族主义和种族歧视来解释黑人的成就不足，已经说不过去了。"

其二，对边疆民族文化的改进与创新，必须依靠本民族群体的共同努力，自下而上的有序推进，切忌迷信行政权力的强制推行和非本民族力量的介入，若此，效果必然是适得其反，甚至出现强烈反弹。当然国家的指导，相关政策的导向和现代文化的引领是必不可少的，十分重要的。

三是，正确处理文化认同与国家认同的关系。

文化认同是国家认同的基础，文化认同对维护国家统一具有以下几个特殊功能：

功能之一在于标识民族特性，塑造认同心理。

文化是一个民族和国家区别于其他民族和国家的基本特质和身份象征。在一定民族地域内形成和发展起来的共同文化传统，塑造了该民族成员的共同个性、行为模式、心理倾向和精神结构，并表现为一定的民族心理或我们通常所说的国民性。中华文化是中华民族身份认同的基本依据，"崇尚统一"是这个文化价值体系中最显著的特征之一。数千年来，国家统一一直被视为国家的最高政治目标和民族的最高利益，一切政治活动通常都以国家统一作为核心价值和行为准则。这种民族心理沉积于中国社会和价值系统的最深部，主导着中国的政治法律制度、经济生活方式和主流价值观念。中国历史上虽然有分有合，但不论是割据时期还是统一时期，中华民族都有一个共同的思想意识，这就是国家统一的意识。中华文化这种强烈的国家认同意识，为遏制割据倾向、凝聚统一意志、消除政治歧见提供了最坚固的精神堤防。

功能之二在于规范社会行为，培育统一意识。

在社会通行的准则规范和行为模式中，通常总是潜隐着一整套价值观念体系，这一系统始终居于民族文化体系的核心部位，自觉或不自觉地支配着人们的思想和行为。每个民族成员都生活在特定的文化背景之中，世代相传地承受着同一文化传统，个人的价值观念就是在这种文化传统的耳濡目染中构建起来的。不仅如此，人们在文化的内化过程中，还会把民族共同的价值观转化为自己的内在信念，从而使个体在特定的民族文化传统中获得认同感和依赖感。"大一统"是中华文化的主流意识之一，是中华民族世代相承的基本社会理念和普遍的价值取向。正是这种追求统一的价值取向，使得中华民族的文化认同始终如一，从未导致过文明断层的历史悲剧。在中国历史进程中，统一的文化理念主导着统一的实践，"大一统"的政治实践反过来又强化着人们追求统一的信念，因此，历代统治者无不高度重视"大一统"政治秩序的巩固与维护，无不致力于探索天下分合聚散的规律与对策。在这种文化背景下，军事战略最重要的价值取向就是维护国家安全统一，文化认同不仅为维护国家安全统一提供了强有力的精神的支撑，而且为军事等物质力量发挥作用奠定了坚实平台。

功能之三在于凝聚民族精神，强化统一意志。

中华文化的价值意识具有强烈的感情色彩，内聚性、亲和性和排异性的特征十分明显。这一特性决定了每当国家存亡、民族兴衰的关键时刻，都能够激发民众强大的国家意识和民族精神。"天下兴亡，匹夫有责"，这正是中华民族大多数成员所认同的道德规范。民族精神是民族文化的精华，也是国家认同心理的深层源泉，爱国主义就是这一精神的集中反映。中国之所以历经治乱分合而始终以统一为主流，正是得益于以国家统一为核心价值追求的民族精神。数千年来，无论是高明的统治者，还是普通的老百姓，人们普遍认为唯有实现"大一统"，国家才能获得最大的安全，民族才能得到应有的尊严，天下才可能实现长治久安。正因为如此，中国历史上虽然多次出现过割据局面，但是在古代典籍中几乎找不到任何一个主张割据分治的学派，反而都把"天下一统"作为政治斗争的原则与旨归。尤其是每次统一战争爆发之前，社会上总会出现一股势不可当的统一潮流，每当国家遭受外敌入侵的时刻，社会内部总会产生一种捐弃前嫌、同仇敌忾的强大意志。中华文化所拥有的这种统一意志，为维护国家统一奠定了坚韧无比的精神国防，离开了这种精神的支撑，政治、军事上的统一是难以持久的。

文化认同的上述功能，在由多民族构成的国家内显得异常重要。中国是一个多民族的大国，文化认同始终是政治家维护国家统一的战略主题。《周易》早就有"观乎人文，以化成天下"的认知，南朝萧统提出过"文化内辑，武功外悠"的治国方略，龚自珍发出了"灭人之国者，必先去其史"的警告。所有这些都体现了中国政治注重"文化立国"的历史传统。正是这种以文化认同作为民族认同、国家认同和政治认同基础的价值取向，为中国数千年来的政治统一奠定了坚实的信念和基础。纵观历史，当统一形成共识然而阻力重重之时，文化认同的力量更能显示出"硬实力"不可替代的特殊作用。可以说，文化认同就是政治，文化认同就是国防，政治上、军事上的统一只有有了文化认同的基础，才能更加稳固与持久。归之为一就是：文化认同是国家认同的基础，没有牢固的文化认同，国家认同是脆弱的，只有将文化认同的基础工作做扎实了，国家认同就能经得住风浪的考验。

无须讳言，在边疆地区，特别在一些与中华文化存在有较大差异的边疆民族文化，实际上存在着如下四个值得警示的倾向：

一是，地缘政治方面带有孤悬外逸的特征；

二是，社会历史方面带有离合漂动的特征；

三是，现实发展方面带有积滞成疾的特征；

四是，文化心理方面带有多重取向的特征；

一旦认识不正确，随之处理不当，这些倾向将对国家的向心力、民族凝聚力产生消极影响。历史上是如此，现实生活中何尝不是如此！

国家、民族、文化是三个相互联系的领域，也是国家社会构成的三个基本层面。

国家的统一取决于国民的凝聚力、向心力，归根结底取决于国民对国家的"高度认同"；或者说，没有国民对国家的认同，就没有国家的统一，也就没有一个国家立足于世界的基础。国家的认同，从根本上体现在民族的认同，这里的"民族"，不是单一族裔的"族群"，而是整合于一体的国家民族，在中国就是中华民族。中华民族的认同，归根结底是 56 个民族对中华文化的认同。从中国稳定社会主义建设大局和高度出发，还应包括全民对社会主义道路的高度认同。新疆维吾尔自治区提出"四个高度认同"：统一多民族中国的高度认同、中华民族的高度认同、中国文化的高度认同、社会主义道路的高度认同，并开展"四个高度认同"思想工程是具有战略意义的。

回顾这些年我们走过的历程，如果说"三个离不开"① 活动致力于杂居一地的不同族群感情上的融合；如果说"五观"② 教育引导各族人民对民族大团结的理性认识；那么，这种感情和理性的升华经过"高度认同"思想工程，将最终导入更深层次即心理上的认同，而不是认异。使边疆各族人民正确认识民族和国家的关系，自觉维护国家最高利益，自觉维护祖

---

① "三个离不开"是指汉族离不开少数民族、少数民族离不开汉族、各族人民谁也离不开谁。

② "五观"是指马克思主义国家观、历史观、文化观、民族观、宗教观。

国统一、民族团结和社会稳定。不断增加国家意识、法律意识、公民意识和现代意识，尊重各民族的文化和风俗习惯，推动各民族和睦相处、和衷共济、和谐发展。

在任何国家，国家认同的建设是一个长期艰苦的事业。中国也不例外。我们还是需要两方面的努力。一方面是体制上的。国家认同、国家制度的建设、国家制度与人民的相关性，这其中存在着很大关联。国家制度必须能够向人民提供各种形式的公共福利，使得人民在感受到国家权力存在的同时，获取国家政权所带来的利益。同时，人民参与国家政权的机制也必须加紧建设。如果人民不能成为国家政权或者政治过程的有机部分，人民的国家认同感就会缺少机制的保障。另一方面就是"软件"建设，即国家认同建设。没有一种强有力的国家认同感，中国就很难崛起。

应当指出的是，国家认同建设与民族主义相关，但它并不等于狭隘的民族主义。狭隘的民族主义反而会阻碍中国真正的崛起。中国是个多民族国家，民族的融合是个大趋势，容不得任何一个民族走狭隘民族主义路线。再者，在全球化的今天，各国的依赖性越来越大。狭隘的民族主义最终会是一条孤立路线，它已经被证明为是失败的。

如何在推进全球化的同时来避免狭隘的民族主义？如何在加紧民族国家建设的同时迎合全球化的大趋势？如何在强调人民参与政治的同时维持中央政府的权威？这是中国在走向现代化过程中，必须要认真对待的问题。

## 二 丛书值得关注的特色

"东北文化丛书"以东北农耕、渔猎、游牧、宗教、服饰、饮食、建筑、民俗、文学、流人、关内移民、城外文化诸题立卷，对独具地域特色与民族特色的东北地域文化，运用历史学、人类学、民族学、文化学、地理学等多学科的理论与研究方法，从源流、内涵到形成演变的历史过程，以及历史地位、社会价值进行了全方位、多维度、深入系统的阐论，充分展现了东北地域文化在东北边疆，乃至东北亚历史发展进程中的作用，充分体现了东北地域文化之于中华文化的统一性和共同性，及其自身的多元性和独特性。

综观丛书各卷其特色有如下五端：

一是，体裁、体例上的正确选择。

丛书选择了中国传统志书的体裁体例，采用"横排竖写、以小系小"，"以时为经、以事为纬"展开。从不同文化横向和纵向视角观察中选择了横向的视角，即对每一选题分立若干子项目、子选题，每一个层面构成每一卷的章和目，坚持了传统志书的体裁体例，避免写成了不同类别的诸如东北宗教史、东北服饰史、东北移民史、东北流人史、专门文化等。体现了主编的意图，丛书的特色。

二是，宏观与微观的结合。宏观把握起到引领作用，以微观叙论以印证。

宏观是对各类别文化从整体的把握和宏观的概括，同时又将整体的把握、宏观的概括和评议，建立在微观的论述、微观的阐释基础上，二者之间的关系是以宏观为统领，以微观阐释为重心。

三是，共性与个性的结合。

东北地域文化是东北多民族共同创造的，从地域性和民族性既有交融，又有不同。研究东北地域文化，共性和个性问题不容回避，这里的所谓共性是指中华民族文化，所谓个性是东北地域文化，包括东北各民族的民族文化，在强化共性、同一性的阐论的基础上，正确阐释个性的特色，做到了突出共性、阐释个性。

四是，自然地理与人文历史的结合。

"一方水土养一方人"，东北的黑土地养育了东北人，人文历史的演进，东北地域文化的形成和演变离不开地理环境的因素，但东北地域文化的形成还是人的因素是第一位，精神文明的创造人的因素才是第一位的。这个主次关系必须把握好。

五是，学术性与知识性相结合，以学术性为主。

丛书立足学术，坚持学术性、知识性兼具的原则。并在大众化上颇下功力，丛书做到了叙事通畅，雅俗共赏，还根据各卷内容特色，将具有地域特色的服饰、饮食、建筑、民俗诸卷配发彩色图版，在图文并茂上做到精益求精。

拉杂写来，自感所言诸项仅仅是有感而发，错谬之处，还望专家和读者大众指正。

权充序，愧甚矣！

2018 年 2 月 25 日

草成于北京自乐斋

# 陈慧《穆克登碑问题研究——清代中朝图们江界务考证》<sup>①</sup>·序

作为交界国家，中国与朝鲜自古关系密切。

中朝界务问题是中朝关系研究领域的重要课题之一，在学术界占有重要位置，也是难点与热点。清代中朝图们江界务交涉是其中与现实关系最为密切的部分，加之该论题具有较大的歧异性，始终是中外学术界关注的焦点，甚至一度成为韩国某些势力热议并屡向中国发难的问题，影响到两国现实政治、外交。对这一课题进行深入研究，对于廓清中朝边界形成、发展的历史轨迹，对于探究我国东北疆域的演进历程具有极其重要的学术价值，对于深化中国疆域史的研究具有重要的理论意义。

本书的主要内容——穆克登碑问题，是引发近代中朝图们江界务交涉的开端和基础，是 19 世纪末朝鲜向中国提出界务纷争的导火索。这一问题的正确阐述，对于研究其后日本制造的"间岛"问题具有至关重要的作用。通过对穆克登碑问题的辨析，可以明确：中朝两国以今图们江为界早已是客观事实，无论中日两国签订的《间岛协约》是否有效，图们江为中朝界河的法律地位是不容否定的，图们江北岸领土归属于中国是不容置疑的。遗憾的是，一直以来，我国学术界对这一课题进行系统研究的作品尚鲜。因此本书的选题不仅重要，也十分必要。本书的问世，必将有力地推动中朝界务研究的系统化进程，将清代中朝图们江界务交涉研究推向一个新的高度。

本书是以作者的博士学位论文修改而成。

---

① 本书 2011 年由中央编译出版社出版。

作者在广泛收集中朝历史文献的基础上，发挥了通晓韩文的有利条件，准确地抓住了中朝界务研究的核心问题。在研究中较好地消化、吸纳了当代中、韩研究成果中有益的见解，通过对穆克登查边及相关问题的由来和演进历史进行正本清源，详细考证了清代中朝图们江界务交涉中的若干疑点问题，提出了自己独到的见解。全书论述清晰，考证缜密，立论有据。在史料选取、论证辨析等方面亦较好地体现了历史实证研究的精髓，学风冷静，学术立场鲜明。并且，文中的部分观点堪称独具，自成一家之言，显示了较为坚实的史学功力和综合分析实力，是一部具有较高学术水准的创新之作。其特点如下：

系统性。全书以穆克登碑系列问题为研究中心，准确地捕捉到清末中朝图们江界务交涉的核心。在论述 15 世纪中叶以来图们江边界线初步形成的基础上，全面、深入地考察了穆克登碑的初立位置及其所确定的图们江与鸭绿江之正源等问题，对中朝两次界谈进行了研究。三个环节既独立成章，又相互关联，在结构和内容上均呈现完整性与系统性。

客观性。全书围绕穆克登碑初立地、"土门"之所指、图们江与鸭绿江之正源等一系列重要问题为主线进行考论，既有对史料和图志的缜密考证，也有对山、江自然状况的详尽论证。作者运用了历史学、地理学、考据学等多学科的研究方法，不仅切中要害，解决了穆克登碑及图们江界务交涉中最基本、最关键的环节，也使本书自成一体，结论更加客观。

创新性。本书在许多方面提出了颇具创新意义的学术观点。例如，作者提出，穆克登查边之职责，在于寻找既定界河的源头之所在，是"界河既定，寻定江源"的行动，碑所起的"定"的作用，不是将界河的主体重新规定为"鸭绿"和"土门"，而在于规定鸭绿江和图们江的正源，其作为一个连接点，连接了两条东、西相背而流的界河，从而有力地反驳了国外学术界长期以来一直坚持的碑文之"土门"是松花江上源而非今图们江的观点，并且提出穆克登碑具有定界的作用。它所标示的边界线，是鸭、图二界江发源地之间的一小段地域。作者论证了小红丹水是穆克登所定的图们江正源，考证了碑初立地为小白山分水岭，论证了穆克登将红土山水定为图们江正源、将碑立于天池附近的可能性不大，从而对 1712 年时的中朝边界线进行了确定。作者还考证了后世石碑的几次位置变化，进而揭示了中朝图们江边界线的变迁，展现了朝鲜领土不断向北推移、中国领土相应缩减的过程。这些观点或首次提出，或是对以往研究结论的进一步深化，其视角独特，令人耳目一新，创新性是显而易见的，更为难得的是文章论据充分，令人信服。

当然，本书也有待进一步提高之处，例如，中朝图们江界务交涉发生的时代背景与国际环境，图们江界务问题对中朝关系的影响等，尚有待于进一步补充。但瑕不掩瑜，大醇小疵，总体而言，本书仍然是成功的。

从事史学研究，实事求是的科学精神和严谨踏实的治学态度是必不可缺的。在中朝边界史研究领域，作者可谓是积极进取的新人。本书的选题作为研究热点，前人的研究成果已经不少。为创作本书，作者付出了很大的努力。在刻苦学习韩国语之外，作者于国内外各大图书馆和相关研究机构收集了大量资料，其中部分国外资料堪称珍贵。为求文章的论述和结论更加客观，作者历时两年，克服艰苦的自然条件，从长白山顶到图们江尾，四次分段考察了图们江界河，成为历史上第一位全程踏查中朝图们江边界线的女性研究者。不仅如此，作者还广泛向社会各界相关人士请教，有本研究领域的国内外学者、专家，有历史研究的民间爱好者，有现役戍边军人，有50年代驻防中朝边境的退伍老兵。

一部学术价值甚高的著作之问世绝非偶然。是作者的学识使然，也是其不畏艰辛的必然结果。在现有成果面前，尤其是韩国著述累累的情况下，作者能够将这一课题作出新意，得出了创造性结论，难能可贵。希望作者进一步发挥自己的优势，在已取得成绩的基础上，把中朝图们江界务问题的研究更加提升一步，为中朝关系史研究的繁荣做出更大的贡献。

2009 年 11 月

于北京·中国边疆史地研究中心

# 郭秋萍《哈尔滨犹太人档案文献汇编》[①]·序

郭秋萍女士历尽十年艰辛，洋洋百万字《哈尔滨犹太人档案文献汇

---

① 本书2020年由社会科学文献出版社出版。

编》付梓在即，可喜可贺。想到本书从课题在清史纂修工程立项到结项，从修改到出版，作者与我多有联系，今又执意嘱我书序，为表达对作者执着研究精神的尊敬，实无谢辞之由，故尝试书读后之感三端，权充序。

## 一　选题之开创

犹太人与中国的关系源远流长。从古代、近代到现代，开封、哈尔滨、上海三地是犹太人与中国千年交往交流交融历史的重要平台。古代开封的犹太人在历史长河中已与中华民族融为一体，第二次世界大战期间，3万多犹太人为躲避纳粹大屠杀避难到上海，是中国人民收留了处于危难之中的犹太人，"二战"结束后，他们陆续离开上海，至今在上海尚有大量当年犹太人社区的遗迹、遗存。而在20世纪头20年间，由于俄国发生排犹浪潮，为躲避虐犹暴行，促使俄国犹太人进入中国东北地区，在哈尔滨形成了远东地区最大的犹太社区，从1903年始，一直延续至1963年，时间长达一个甲子。

在哈尔滨的犹太人社区里，他们自成一体、自我运转、繁衍生息，又与所在国保持着相互尊重、和睦相处的关系。把犹太人在哈尔滨生活60余年历史进行系统整理，不仅对研究哈尔滨犹太人历史至关重要，也是研究哈尔滨地方史一项不可或缺的内容。正如法国大文豪雨果所说："历史是什么：是过去传到将来的回声，是将来对过去的反映。"本书为历史与现实的沟通提供了可能。

## 二　资料之唯一

资料是研究之基础，资料中最有价值当是档案。哈尔滨犹太人社区的资料深藏于黑龙江省档案馆、哈尔滨市档案馆、哈尔滨市有关部门档案室。且保存完好。今天在相关部门的大力支持下，作者叩开了长期紧闭的大门，所辑档案近百万字，还有原文扫描4000多页。作者还对哈尔滨犹太人的遗址遗迹遗存，包括对犹太人墓地进行了田野调查，编入本书的2300余幅图片以及说明文字，即是田野调查工作的实录。全书15册，内容包括：在哈尔滨生活的犹太人个人信息、各种社会组织的章程和有关资料、犹太人的遗址遗迹、哈尔滨出生犹太婴孩登记等，可说是涵盖了犹太

人在哈尔滨生活的方方面面，是研究哈尔滨犹太人的第一手，也是唯一的
材料。

### 三 价值之无价

本书的社会价值愚以为有如下三点：一是，为哈尔滨犹太人社区的研
究提供了第一手档案史料；二是，大大丰富了哈尔滨地方史研究的内容，
为哈尔滨地方史志的编纂提供了一份不可多得的档案史料；三是，从一个
侧面，对全球犹太人历史研究也将是一个推动。

基于此，将本书的社会价值称之为无价，似也不为过！

在篇末，我还想对本书作者秋萍女士点赞几句：

作者受过严格的史学研究训练，师从著名史学大家李文海教授，长期
从事第一线教学工作，所有这一切使工作的严谨已成为作者出自本能的一
种学养，这一点从本书档案资料的发掘、整理，田野调查的布点选择与图
片收集，以及全书15册的谋篇布局，及之前言、后记的成文，莫不体现
着上述的学养。对此，每一位研究者都是具备的，作者只是其中一员。

我想说的是在具备上述学养前提下，作者对于工作的执着。当下一个
热词是：不忘初心、牢记使命。是的，对每一个中国共产党人、每一个中
华人民共和国公民，这八个字大言之是为国为民，小言之是在本职岗位上
做好自己的工作。严谨是做好工作的基础，而执着则是做好工作的动力之
所在。作者作为从事史学教学和研究哈尔滨人，视收集、整理哈尔滨犹太
人史料为自己使命，使命感使她将从事此项工作作为生活、生命的一部
分，以至到了忘我境地。试想为叩开深藏档案相关部门的大门，为课题立
项奔走于北京、哈尔滨两地，为筹措研究经费四处游说奔走……虽然过程
中得到贵人、友人的多方相助，积十年之力，修成正果，每每想到在更多
情况下孤身一人单打独斗，置碰壁而不退缩，作者的执着精神，比作者的
严谨更让人佩之、敬之！

是为序！

2018 年 1 月 14 日

于北京自乐斋

# 吴楚克、冬青《内蒙古民族区域自治与边防管理》<sup>①</sup> ·序言

　　《内蒙古民族区域自治与边防管理》一书终于要出版了，作者嘱我为序。考虑到我的研究工作与本书有着不解之缘，作者也是我所熟悉的青年学子，思之再三，唯一的选择只有恭敬不如从命。

　　内蒙古自治区是我国第一个建立的民族自治区，它的历史实践进程，对正确认识和全面理解中国共产党的民族政策和中华人民共和国的民族区域自治制度有着极其重要的作用。在新的历史形势下，以"三个代表"重要思想为指导，以与时俱进的精神为指针，进一步分析与研究内蒙古民族区域自治的历史与现状，总结其经验具有十分重要的意义。

　　为了开展此项研究，中国社会科学院中国边疆史地研究中心制订了分两步走的研究计划。第一步是在由我主持的"当代中国边疆系列调查研究"课题中，设立了"内蒙古边境管理与内蒙古稳定研究"子课题，由当时在中国边疆史地研究中心从事研究工作的吴楚克博士承担此项任务，并于 2001 年 3 月完成了调研报告；第二步是立项"内蒙古民族区域自治与边防管理"，仍由吴楚克博士承担，并于 2002 年 6 月完成。为了将这两项成果进一步理论化并且公开出版，作者又进行了认真修改，并邀请内蒙古边防局原边管处处长佟青同志协力修改了本书第 11、12 章，终得以现在的形式呈现给广大读者。

　　应该承认，有关民族区域自治的研究成果众多，但站在国家利益高于一切的高度，从边疆、边防的角度研究民族区域自治制度的学术著作尚不多见。特别是在分析中国蒙古族实践民族区域自治历史的客观必然性与历史主动性，研究乌兰夫同志在推动内蒙古走向中国共产党开创的民族区域自治道路的历史作用，以及内蒙古自治区边防建设和边境管理的历史与现状等方面，本书的探索颇具特色，从理论上实践了边疆历史、边疆政治和边疆现实的复合研究。这种尝试其学术的现实的价值和影响有多大尚待读者评议，但作者探索的勇气和努力是值得充分肯定的。

---

　　① 本书 2003 年由远方出版社出版。

作为"当代中国边疆系列调查研究"课题的主持人，我有幸与本书作者一起，参加了《内蒙古边境管理与内蒙古稳定研究》的调研工作，深感这种研究实践为中国边疆史地研究中心致力开展当代中国边疆研究开拓了思路，积累了经验。所以，我为本书能够公开出版感到由衷高兴。

值本书付梓之际，在向作者祝贺之余，还要特别对大力支持和帮助我们工作的公安部边防局、内蒙古自治区边防局表示衷心的感谢！

2003 年 8 月 1 日

于北京·中国边疆史地研究中心

# 李凌山（一樵）《风起额济纳》<sup>①</sup> ·序二

李凌山（一樵）同志的新诗集《风起额济纳》即将出版。作者邀我这样一位从事西北边疆历史研究四十年的史学工作者来写序，多少有些惶恐。确实，在学术研究之余，舞文弄墨，博览文史书籍，也曾带给我不少乐趣，但像凌山同志如此潜心写作的旧体诗词，我并未下功夫钻研过，所以，内心的窘迫自不待言。然而，读过这些诗后就会发现有一种情感贯穿始终，即除了发思古之幽情，还有对现实的深切观照。这种深厚的历史情结与强烈的现实责任感交织在一起，体现出诗人的胸怀和志趣，同时也会深深地引起史家之共鸣。

统一的多民族的中国是经过一个漫长而曲折的发展过程后才大致定型的。自先秦时期起，在现代中国领土内开始形成一个核心区域，这个区域大致在黄河中下游至长江中下游一带。在这个中心区域建立的政权既有华夏，也有狄夷；既有汉族，也有少数民族。在国家的发展进程中，边疆地区的发展是其有机组成部分，特别是西部边疆，在中华民族统一大家庭的形成过程中曾经产生过特殊的作用。

西部是中华民族的发祥地之一，是少数民族聚居的地区，曾经孕育过灿烂的古代文明。在盛唐以前西部一直是中国政治、经济、文化发展的中心地域；宋代以后随着经济重心的南移，曾经的辉煌渐不如昔；近代以后

---

① 本书 2009 年由宁夏人民出版社出版。

远离沿海的西部与屡经欧风美雨浸润的东部地区，呈现越来越大的差距。近年来西部大开发的步伐在加快，西部的社会面貌开始出现新的变化，西部正在走上一条可持续发展的道路。凌山同志的不少诗词正是在这种大背景下写的。他的足迹和笔触涉及内蒙古西部等七省区，从黄河古道，到大漠戈壁的居延海；从楼兰古国遗址，到东风航天城；从贺兰山的赭色岩画，到华清池风物；从灞陵春色，到青海尕泽山的雪水……在这里，可以感受到诗人对西部历史的缅怀和对西部河山的眷恋以及对西部发展的憧憬。通过他的笔端，可以获得的不仅是一些历史知识，更有作者观察历史变迁而产生的灵感和思想的火花，而这些正是时下不少皇皇文字所缺少的。精神、情感、思考，这些在信息时代的浮躁氛围中为很多人抛开的东西，在凌山同志的诗集中却深深浸润着、流淌着。

历史的车轮在向前转动，西部的发展势必将显现出新的奇迹。相信在以后的日子里，我们会不断看到凌山同志更多的诗作，反映时代的潮流，反映乐观向上、积极进取的精神，这种伴随着西部黄土地几千年的精神正是推动我们民族复兴的动力。我们需要更多的富含这种精神的文史作品。

## 李国强《没有硝烟的战场——云南禁毒工作的观察与思考》跋

《没有硝烟的战场——云南禁毒工作的观察与思考》读后，让我的思绪回到了 20 余年前与国强同志一起从事云南禁毒工作田野调查的日日夜夜。如同国强在前言中所述：1990 年以来，边疆中心开展"当代中国边疆系列调查研究"，前后持续了十个年头，我是该项目的总主持人，而国强参与项目始终，既是该项目科研组织的管理者，也是多项田野调查的参与者，特别是 1995 年至 2000 年所实施的涉云南禁毒工作的四次境内和境外的田野调查，我们都是组织者和实践者。田野调查完成了四篇调研报告，它们是：

《云南边疆地区稳定与发展现状及其对策》（1995 年 10 月）；

《云南禁毒工作追踪调研》（1997 年 10 月）；

《泰国"改植工程"与云南"替代种植"的比较研究》（1999 年 10 月）；

《越南毒品问题对我云南边疆地区的影响》（2000 年 12 月）；

国强是四篇调研报告的执笔人，调研报告当年在上报相关中央和地方决策部门后颇得好评，在云南和广西专业学术圈里产生了广泛影响。

21 世纪以来，由于研究重点的转移，云南禁毒工作的研究与我们渐行渐远，但毕竟有过这么一段科研实践的经历，对云南禁毒工作的关注并未完全淡出我们的视野。

2008 年"西南边疆项目"实施后，我和国强作为该项目专家委员会成员，在设计项目的研究课题时，对于云南、广西禁毒工作的研究，也曾给予了更多的关注和倾斜。

2012 年当我们在盘点"西南边疆项目"所完成各项课题覆盖面时，从学术研究史的视野，在全面回顾西南边疆研究的大背景下，我提出：对成稿于 1995—2000 年，关于云南禁毒工作的四篇调研报告，进行整理汇集实有必要。

理由之一，由于当年调研中坚持实事求是原则，直面现状，不回避矛盾、能秉笔直书，时隔将近四分之一世纪后今天，重读四篇调研报告，尽管一些数据发生了变化，但观察问题的视野、分析问题的视角、所提对策建议的针对性和可操作性，均未显陈旧、过时，对于今天的禁毒工作仍不失借鉴、启迪的价值；

理由之二，20 世纪 90 年代前期和中期，毒品和禁毒的调研尚属敏感题材，禁区多多。我们当年调研面临来自主客观各方的阻力重重。正是在军、警方的大力支持下得以有序推动调研，并逐渐获得当地政府对我们调研工作从宽容、理解到合作、支持的演变历程。四篇调研报告是中国社会科学院研究云南禁毒工作的第一批研究成果，在一定意义上也开启了国内禁毒工作调查研究的先河。

我始终认为，时间是检验研究成果优劣的最严标尺，对应用研究类成果尤其如此。一项应用研究类成果，在完成 10 年、20 年后还有新意，还可予人启迪，无疑是成功之作、传世之作。基于上述认识，四篇调研报告即属此类无疑，实有存世的价值。

很高兴，国强接受了我的提议，在百忙中将四篇调研报告，以境内、境外分设上、下篇，进行了整理，取题为《没有硝烟的战场——云南禁毒工作的观察与思考》，并将 1998 年我们合作撰写的《边疆稳定与禁毒斗争》（刊发于《中国边疆研究通报》，新疆人民出版社 1998 年版）一文作为代序言，置于篇首。唯一遗憾的是因作者实无时间进一步核实、补充新的数据，只能退其次，将本稿列入"西南边疆项目·调研报告系列"之中。

　　草成此跋文，表达我此时欣慰、愉悦之情！

2015 年 5 月 24 日

于北京自乐斋

# 评议篇

# 一　书评

## 厚积薄发、着意创新

### ——读《从"天下"到"中国"：多民族国家疆域理论解构》①

去岁末读到云南大学校长林文勋教授主编"云南大学·中国边疆研究丛书"新出版专著《从"天下"到"中国"：多民族国家疆域理论解构》②。作者李大龙是中国社会科学院中国边疆研究所研究员、《中国边疆史地研究》杂志主编。

据作者自述：2004年以来撰写了近20篇有关疆域理论研究的论文，这些论文"为今天将自己的认识系统化和完善奠定了基础"（该书，下同，第339页），于是才有了《从"天下"到"中国"：多民族国家疆域理论解构》这么一本学术专著面世。

这些年着力于倡导中国边疆学的构筑，我认为中国边疆学构筑的准备是对中国边疆研究千年积累、百年探索、三十年创新的继承和吸纳；中国边疆学构筑的基础是对中国疆域理论的探究；中国边疆学构筑的切入点是对中国古今边疆治理经验和教训的总结；而中国边疆学构筑的原动力则是鲜活现实生活的需求。

作者也正是在中国边疆学构筑学术大背景下，开启了自己的研究中国疆域理论的历程，厚积薄发、着意创新，取得了骄人的阶段成绩。

---

① 本文刊《中央民族大学学报》2016年第4期。
② 林文勋主编：《从"天下"到"中国"：多民族国家疆域理论解构》，人民出版社2015年版。

### （一）值得重视的创新之见

我初读本书后，深感无论是宏观上还是微观上创新之点多多，兹从二方面述己之认识。

1. 多民族国家疆域理论构建宏观框架上的创新

多民族国家疆域理论内容涉及方方面面，其重点内容，或重中之重的问题是什么，有哪些，几代学人苦苦求索，见仁见智。作者根据自己历年研究所思，将多民族国家疆域理论中带有引领全局的问题归纳有五：

一是，多民族国家疆域形成的分期，亦即是从"天下"到"中国"的演进历程；

二是，"大一观"观念作为传统政治理念的形成及其实践对于多民族国家疆域形成有着举足轻重的作用；

三是，从"藩属"体系和"殖民"体系碰撞的视角，解构多民族国家疆域形成的途径；

四是，历代王朝对边疆地区的治理政策及边疆官吏在多民族国家疆域发展中发挥着十分重要的作用；

五是，族群的凝聚和融合是多民族国家疆域形成的黏合剂。

全书谋篇布局正是依上述五大问题立章展开讨论。如作者言："多民族国家疆域的形成是多种因素共同作用的结果，因此笔者试图从不同的角度对其形成过程进行解构。题目反复思考……最终确定为《从'天下'到'中国'：多民族中国疆域理论解构》即是体现了这一点，同时也是对研究内容的一个高度概括。"（第341页）

依愚见，作者归纳的五大问题确是多民族国家疆域理论中具有引领全局的重中之重的问题，五大问题的归纳具有引领全局的意义，相信随着五大问题研究的深化，多民族国家疆域理论解构研究定将步上一个新的台阶。

2. 在五大问题的阐论和辨析中，也多有创新之处

一是，关于多民族国家疆域形成和发展的演进历程。

作者对前人在这一问题研究进行了认真的总结和反思后指出："目前为止，已经有多部中国疆域史著作问世，应该说这些专著多数都是对中国疆域形成过程非常具体的阐述，而且也多是客观的、全面的，但是严格地

讲这些论著还不是对中国疆域形成的理论探索，因为它只解决了中国疆域形成的'然'的问题，而'所以然'的问题很多论著没有涉及，长期以来习惯于用笼统的统一多民族国家的观点来解释中国疆域的形成，这在一定程度上制约了中国边疆学学科的发展和中国疆域研究的深入。"（第52页）并在进一步厘清"中国疆域"不同历史时期的内涵和外延后，将中国疆域演进历程分为四个时期，即从中华大地人类文明出现到康熙二十八年（1689）中俄《尼布楚条约》签订的"自然凝聚时期"；从中俄《尼布楚条约》签订到1840年鸦片战争爆发的"疆域明晰时期"；从鸦片战争爆发到中华人民共和国成立的"列强的蚕食鲸吞时期"；中华人民共和国成立后为维护疆域完整而斗争的"现代疆域巩固时期"。（第42—52页）上述分期中作者将中国疆域的"明晰"或可称为奠定的时间节点定位在《尼布楚条约》的签订，对此，作者在《有关中国疆域理论研究的几个问题》[①] 一文中有更翔实的阐述："在清代以前，中华大地上没有形成过一个现代意义上的主权国家，所谓'历史上的中国'的提法于中国疆域研究而言不是一个科学的命题，因为不同时期谁能够代表'中国'是一个永远没有正确答案的问题，也是历史上众多王朝或政权为之长期争夺的目标，但是可以说'中国'（天下）无论是人们的意识中还是在历史现实中，自秦汉以来的中国历史中，它都是一个由多民族构成的'政治体'……经过了历史长期的发展，这一区域和周围的其他地区（人们习惯所说的'边疆'）不断凝聚，最终在清代形成了具有现代意义上的——'中国'（清朝）的疆域。"而"不同的历史时期中华大地有着不同的民族或政权分布，或分裂，或统一，构成了不同时期'现实'版的'天下'，即现在人们所说的'历史上的中国'。与此同时，在不同时期人们的心目中还有一个理想的'大一统'的'天下'，而且是以中原地区为核心处于不断变化之中的'天下'（'大一统'王朝）。占据'中国'成为'天下'主宰的观念主导着众多民族或政权为之奋斗，是导致中华大地民族或政权分布格局即'现实'的'天下'不断发生变化的思想根源，也是贯穿中国疆域发展历程始终的一个主线。康熙二十八年（1689）中俄《尼布楚条约》的签订，使两

---

① 《西北民族论丛》第八辑，中国社会科学出版社2012年版。

个'天下'实现重合，'中国疆域'由此进入了最后形成段落"。作者进而指出："通过这些条约和划分边界的行动，清朝开始了向现代意义上主权国家的转变，边界逐渐清晰，疆域也由传统疆域（或称王朝疆域）向近现代疆域（或称条约疆域）转变，但遗憾的是道光二十年（1840）爆发的鸦片战争，以英国为首的列强通过坚船利炮中断了'中国疆域'的这种自然形成过程。'中国疆域'由传统疆域向近现代疆域的转变过程也没有完成，不仅中国和一些传统的藩属国之间的国界尚未明确划定，与其他有共同边界的邻国的边界更没有明确。也就是在这种情况下，'中国疆域'开始遭到列强的'蚕食'与'鲸吞'，传统的藩属区域沦为了列强的殖民地，脱离了'中国疆域'的形成轨道，藩属国和宗主国（中国）的关系也发展为近现代意义上的国际关系，甚至已经有条约保证的大片领土也因一系列不平等条约的签订而丧失，纷纷落入列强之手。……将 1840 年（道光二十年）鸦片战争的爆发作为'中国疆域'最终形成的标志是恰当的。"对此认识仍可见仁见智，但毕竟提出了可以深化认识的新的思路。

二是，关于中国传统政治理论"大一统"思想的形成及其作用的阐论。

作者指出："'大一统'思想虽然萌芽于先秦时期，但初步形成和付诸实施则是秦汉时期，尤其是西汉王朝从汉武帝时期开始用于指导构筑'大一统'王朝，为多民族中国疆域的形成和发展奠定了基础，对其后中华民族的形成和发展也发挥了重要的促进作用。"（第 68 页）在深入阐论汉唐"大一统"思想促进当时政治家在开疆拓土政治、军事实践中的正面作用后，对传统认识上认为董仲舒在"大一统"思想兴起中的作用提出了新见，指出："关于'大一统'思想，尤其是西汉时期的'大一统'思想，一般学者从哲学的角度去探讨，将其和儒家思想的兴起乃至与董仲舒联系在一起，但实际上汉武帝的'大一统'思想在兴兵匈奴之前已经形成，并开始指导其构建'大一统'王朝的行动，董仲舒对'大一统'思想的阐述只不过是对汉武帝'大一统'思想的进一步细化，是替汉武帝的理论进行论证和完善，进而为其构建'大一统'王朝的行动提供理论支持而已。"（第 68 页）愚以为如此评议似更接近历史的真实。值得重视的是作者通过对两晋时期匈奴人刘渊对"中国"的认同，进而辽、宋、元、清各代北疆游牧族群对"大一统"观念的继承和发展所起的"软实力"
作用的分析，不仅视角新，且言之成理，有利于这一论题研究的进一步
深化。

三是，关于中国封建时期的藩属体制问题。

本书用一章的篇幅，分设如下五节："东亚'天下'政治格局的特
征：'藩属'体系还是'朝贡'体系"；"藩卫的对象不同：'藩属'与
'宗藩'辨析"；"'藩属'观念的形成与发展"；"藩属与王朝疆域：不同
藩属体系的重组与王朝疆域的形成"；"'藩属'体系与'殖民'体系的碰
撞"，对藩属体系研究中的重大问题均做了辨析和阐论，作者的结论是：
"东亚地区政权存在的主要形式是以农耕族群为主建立的'城国'和以游
牧族群为主体建立的'行国'，而常态则是两大类政权之间的互动推动着
东亚政治格局在没有域外势力介入情况下的自然碰撞和族群凝聚，其背后
隐含的则是多民族国家中国的形成和发展、农耕王朝和游牧行国的疆域结
构在外层都有一个藩卫区域，虽然称呼不同，但在清代最终定型为'藩
属'（'藩部'和'属国'），故而笔者认为称其为'藩属体系'更为准
确。近代，以英国为首的殖民者将兴起于欧洲的殖民理论实践于东亚，试
图将清王朝的'藩属'纳入到'殖民'体系之下，由此导致了'藩属'
体系与'殖民'体系的碰撞。碰撞的结果则是清王朝'藩部'地区'内
地化'为多民族国家疆域的重要组成部分，'属国'则脱离了多民族国家
疆域形成的轨道，和清王朝的关系变为了国际关系"。（第340页）从
"藩属"体系和"殖民"体系碰撞的视角，来解构多民族国家疆域形成的
途径，既可以剖析历史上东亚地区存在着有别于其他地区的"天下秩序"
的差异，也为中国学者在论证多民族国家疆域形成、发展时提供理论依据
和学术讨论中的话语权！

四是，古代边疆治理政策及边政大吏的任用在多民族国家疆域发展中
起着十分重要的作用。

作者以两汉王朝为例，对边政大吏在边疆治理中的作用进行了深入剖
析。更值得重视的是对"羁縻"的研究，本书通过对"藩属"与"宗藩"
的辨析，"藩属"观念的形成与发展，不同藩属体系的重组与王朝疆域的
形成等不同层面的辨析与研究，指出：通过对见之于史书的"羁縻"一词

的分析，认为"羁縻"的要义是"控制"，历代王朝基于自己的国力不同，其对边疆地区实行的"羁縻"也有程度上的巨大差异，但"羁縻"作为历代王朝治理形成的补充，其最终归宿则是和内地管理方式的"一体化"。（第341页）总之，"羁縻"是基于中国传统的"夏""夷"二元族群结构统治理念而形成的补充治理方式的概述，"所指虽然宽泛和灵活，但其'控制'的要义并没有根本改变，不可否认这也是统治的一种方式。随着多民族国家构建过程中族群的整合、疆域的整合及'大一统'统治的需要，'一体化'是一种必然的趋势，而'一体化'不仅是统治方式的划一，经济和文化的趋同，更重要的是族群的整合，夏人、商人、周人、秦人、汉人，这些名词的先后出现，已经为我们揭示出了这种族群整合的轨迹，而多民族国家族群整合的结果即是国民（中华民族）的形成和发展，由此多民族国家也发展成为了单一中华民族国家"。（第271页）在这里作者通过对"羁縻"的辨析以及"羁縻"治策历史作用的评议，与以往研究相比，更深入，有启迪。

五是，有关中国不同族群的凝聚和融合在多民族国家疆域形成过程中的作用。

作者从中国历史发展长河的宏观视野观之，指出："诞生于中原地区农耕族群中的'夷夏'观虽然对汉唐'大一统'王朝的出现起到了重要作用，但也成为了中华大地上众多族群凝聚和疆域形成的障碍，边疆族群对传统'夷夏'观的冲击乃至否定不仅为族群的融合扫除了障碍，也为疆域的扩大提供了保障。清王朝出于弥合'夷夏'差异而进行的对境内不同族群的'臣民'塑造，为'中华民族'（国民）的形成奠定了基础，而'中华民族'称呼的出现既是对'臣民'塑造结果的一种承认，也可以视其为是在夏人、商人、周人、秦人、汉人基础上对'中国人'称呼的延续。"（第341页）近代以来，"在抵御外侮的过程中，中华大地上的众多族群已经成为一个完整的统一体——中华民族（国民），而这一称呼也得到了边疆民族的认可，并在一定程度上维护了多民族国家疆域的完整。因此，中华大地上众多族群的凝聚是多民族的凝集（和融合）是多民族国家疆域得以形成的黏合剂"。（第336、341页）

多民族疆域理论的构建，随研究的深化还可以列出更多的问题或方面，但本书所提出并阐论五大问题确是重中之重问题中不可或缺的，是在深化多民族国家疆域理论研究中应予以重点探索和完善的。从这个意义上言，可视本书是多民族国家疆域理论研究进程中的一块基石、一个坐标，值得一切关注此问题研究的学人和读者关注。

### （二）引人启迪的治学之道与治学之术

治学之道与治学之术是个大题目，可以写无数篇大文章，这里我想大题小做，只对治边疆史之道——原则和治边疆史之术——方法，结合大龙的治学实践试做评议。

我虚长大龙有年，自 1986 年以来又先后与大龙同事于中国社会科学院民族研究所和中国边疆史地研究中心，在《民族研究》和《中国边疆史地研究》两个学术期刊的编辑部共事多年。30 年近距离观察大龙的治学生涯，还有或合作撰书，或共同主编学术专著的经历，今以大龙出版的 9 部专著［独著 6 部、合著（主编）3 部］为例，谈点个人感悟。

1. 坚持求真求实、经世致用、以史为鉴、以史资治的治学之道

记得 20 世纪 80 年代末，在多次与大龙商议他选择研究方向和研究切入点时，考虑到他工作在《民族研究》编辑部的实际，我曾建议有三，其一，抓住边疆民族研究这个大范围；其二，以古代边疆治理和边疆政策为切入点；其三，将西汉王朝边疆政策作为重点突破口，随着研究的深入，历史时段可向唐代乃至清代延伸，进而贯通整个中国古代的边疆治理和边疆政策研究。对中国古代边疆政策研究正是 1987 年调整后的边疆中心所着力提倡的研究内容。很欣慰，我的建议为大龙采纳①并贯穿其所著的专著之中。

大龙长期致力于汉唐边疆史研究，先后出版专著有《两汉时期的边政与边吏》（黑龙江教育出版社 1996 年版，2014 年黑龙江教育出版社以《汉代中国边疆史》为书名出版了该书修订版），《唐朝和边疆民族使者往来研究》（黑龙江教育出版社 2001 年版），《都护制度研究》（黑龙江教育出版社 2003 年版），《汉唐藩属体制研究》（中国社会科学出版社 2006 年版），《〈三国史记·高句丽本纪〉研究》（黑龙江教育出版社 2013 年版），

---

① 参见李大龙《两汉时期的边政与边吏》，黑龙江教育出版社 1996 年版，第 179 页。

《从"天下"到"中国"：多民族国家疆域理论解构》；大龙还参加了由我主持的《古代中国高句丽历史丛论》（黑龙江教育出版社 2001 年版）和《古代中国高句丽历史续论》（中国社会科学出版社 2003 年版），两书的撰写以及与我共同主编《20 世纪中国西部开发史》（黑龙江教育出版社 2005 年版）。综观其上述著作大主题都与中国古代边疆治理和边疆政策有关，在阐论和辨析中，均是讲述了复杂历史之真与实，求解于历史于今之用与鉴，具有极高的以史为鉴的效益。

"究天人之际，通古今之变，成一家之言"，这是司马迁的千古名句，为治史者引为经典并遵为治史之道，治边疆史当也不例于外。只是边疆史研究对象的特殊性，在遵司马迁古训前提下，求真求实、经世致用、以史为鉴、以史资治，更需视之为实践古训时之重中之重。

所谓求真，即是要追求历史的真实，实事求是永远是研究遵循的准则；所谓求实，我理解是研究者要脚踏实地，面对现实。中国边疆这个研究对象现实感特别强，研究者应具有强烈的使命感、责任感。发挥以史为鉴、以史资治的社会功能，是史学工作者的社会责任。

大龙在治学中坚持了，且一以贯之，殊不易矣！

2. 持之以恒、厚积薄发

持之以恒、厚积薄发，既是治学之道，也是治学之术，用现代语言表述就是研究要遵循学术研究的客观规律，顺之有可能走向成功，逆之肯定是归之于失败。

所谓持之以恒，简言之是抓住一个命题、围绕这一命题展开宏观与微观的研究，一步一个脚印；新的命题也应是原先研究命题有或是深化、或是拓展的关联，而不能完全不相干的，研究不能仅据个人兴趣选题，打一枪换一个地方。以大龙的首部学术专著为例，据大龙写于 1996 年 7 月 4 日该书的后记中自述。"经过八年的学习，逐渐确立了以西汉王朝边疆民族政策、边疆民族管理机构、边疆官吏为重点的研究计划，并先后发表了十余篇论文。"本书即是"在此基础上完成的，因而可以说是近几年学习和研究的总结"。（第 179 页）

再以本书为例，在 21 世纪边疆中心着力推动中国疆域理论研究的大背景下，为推动《中国边疆史地研究》杂志开辟中国疆域理论研究学术专栏之需，大龙在以往古代边疆治理和边疆政策研究积累的基础上，着手将多民族中国疆域理论研究提上研究之议事日程。自 2004 年发表第一篇探讨多民族国家中国疆域形成的论文《先秦夷夏观与中国疆域的形成——中国疆域形成理论探讨之一》始，十余年间，陆续发表了近 20 篇相关论文。综观已刊论文，大体可分为二大类：一是，宏观阐论中国边疆理论、疆域形成、古代治边政策等重大问题；二是，以两汉时期为中心，具体论述涉边疆理论的诸多方面。对此，我在拙文《新世纪以来中国学者对中国边疆学构筑的探索》（《中国边疆学》第三辑，社会科学文献出版社 2015 年版）中试做了综述。正是在此基础上才有了《从"天下"到"中国"：多民族国家疆域理论解构》这本学术专著。

所谓厚积薄发，依我之认识其意主要方面仅以资料和前人研究成果的积累和吸纳而言。据我所知，大龙实现边疆研究基本资料"厚始积累"是在 20 世纪的 80—90 年代，当年我就很赞赏和羡慕他利用现代化的检索手段，完成了二十四史中有关边疆史事记述的分类收集。21 世纪后，由于研究历史上高句丽政权属性，他又对朝鲜古籍《三国史纪·高句丽本纪》进行了刻苦研读。对此大龙有一段自述值得体味："我对高句丽历史的关注始于 1996 年。当时，参加了一个中国社会科学院的重点项目'高句丽历史研究'（后来结项成果以《古代中国高句丽历史纵论》为题由黑龙江教育出版社在 2001 年出版），其后，又参与了国家重大项目'东北边疆历史与现状系列研究工程"子项目"古代中国高句丽历史续论'（结项成果由中国社会科学出版社于 2003 年出版）的研究。出于研究的需要，《三国史记》自然是必须认真研读的书目之一，不过由于发现此书中存在很多问题，所以我的研究成果中很少引用该书的记载。尽管如此，最初我并没有产生对《三国史记》进行评价的想法，后来随着和从事高句丽历史研究学者们接触的不断加深，发现很多学者对该书盲目崇拜，甚至有学者以《三国史记》去否定我国史书的记载，全然不顾该书成书的时间晚了很多，而且大量的记载是抄录于我国史书。在这种情况下，将《三国史记》和我国史书进行对比研究，进而做出客观的评价，以有助于学者正确地使用该书的想法不仅出现了，同时由于本人对新罗和百济没有给予过更多的关注，所以，最终选择了《三国史记·高句丽本纪》与中国史书进行对比研究"，① 并以此题作为博士论文的选题，最终写成了《三国史记·高句丽本纪研究》一书。

3. 坚持个案研究是著书立说基础的治学之术

任何一本成功的专著，都是或大或小的作者个案研究成果的汇聚与提升，前述所列 9 部专著，在成书之前均有相关的专题论文刊发，并成为相关专著的或是章、或是节、或是专题的基础。围绕一个大的研究题目，扎实发掘史料，充分掌握前人研究成果，潜心于或宏观或微观、或阐论或辨析的专题研究，分则成文、合则成书，这是一条符合学术规律的成功的研究之途，本书即是成功的一例，启迪的价值亦即在于斯。

读后之所思与所感拉杂写来，行文停笔之际，对相处已逾 30 年的大龙，还是提期望如次：

首先，已有 30 年研究实践之积累，有理由期望大龙在中国疆域理论研究上新著迭出，本书中所涉五大理论问题每一项都可拓展成一册专著，加上尚未涉及之方面，形成专项研究系列丛书，若如此，当是学坛幸事。

其次，中国边疆学的构建方兴未艾，中国疆域理论探究是中国边疆学构筑的基础，中国边疆学构建还包括学术的和非学术的诸多方面，我们也有理由期望大龙还能有专论、专著面世，为中国边疆学的构建添砖加瓦！

> 2016 年 3 月 12 日草成
>
> 3 月 21 日修改
>
> 于北京自乐斋

# 清代边疆研究的总汇创新之作
## ——读《清代边疆开发史》②

清代疆域的奠定，固然与清代前期统治者的努力经营有关，但同样不能忽视当时中原和边疆地区各族人民共同开发和创造的业绩，科学、全

---

① 该书"后记"，第 363 页。
② 本文刊《中华读书报》1999 年 5 月 26 日，第七版。

面、系统揭示清代边疆开发进程及其规律之所在，日益成为清史研究中一个热点问题。近 20 年来，相关论文可谓林林总总，上乘之作当不在少数。由马汝珩、马大正主编《清代边疆开发研究》（中国社会科学出版社 1990 年版）和王戎笙主编《清代的边疆开发》（西南师范大学出版社 1993 年版），作为这一题材尚不多见的专著论集已引起学界关注，大大深化了人们对此热点问题的认知。近日读到马汝珩和成崇德教授主编的《清代边疆开发史》（山西人民出版社 1998 年版），当是世纪之交清代边疆开发研究的一部总汇创新之力作。

《清代边疆开发史》分东北、蒙古、新疆、西藏、滇桂、海南和台湾七篇，前有长达 5 万余言的绪论。全书详尽阐述了有清一代边疆开发的历史进程及其成败得失，既有中央政府决策的总论，也有不同边疆地区开发的分论。值得注意的是，本书并不满足于"是什么"的叙述（这是基本的），而是力求在"为什么"上有所探求，有所建树。

随着研究的深化，清代边疆开发有三大类理论问题亟待深入探究：

一是，边疆开发在统一多民族国家发展全局中的重要地位，以及与此相关的在实现边疆稳定中，发展边疆经济的地位和作用。

二是，人和环境是边疆开发活动中两个重要因素，其中人是开发活动的主要因素。有清一代人口向边疆地区有序或无序的流动，也即是移民的方式、路线、组织，他们与边疆地区各族人民的相处与矛盾，以及清政府相关政策、措施，还有过度移民的负面效应；与此相关的则是边疆地区环境变迁，清代边疆地区经过长期开发，一方面是环境变得越来越适于人类生活，但另一方面却造成生态平衡失调、森林破坏、牧场退化、水土流失、沙化严重。因此，对边疆开发进程中已发生的正负两方面效应的历史结局必须进行客观分析、认真研究。

三是，边疆开发并非是中国特有的历史现象。在几乎与清代边疆开发的同一历史时期，美国有对其西部地区的开发，俄国有对西伯利亚地区的开发。美国西部开发尽管充满着血腥气，但从历史发展的全局看，仍可视为较成功的边疆开发活动实例。因此，有必要将清代边疆开发活动放到世界大背景下来比较、来审视。

应该说，《清代边疆开发史》在史述和史论两方面都进行细致的爬梳，认真的阐论，达到并超越今天研究水准，实是难能可贵。当然，学术研究要不断超越前人，超越自我，对清代边疆开发这样的大题目，研究是无止境的。上列三方面有关清代边疆开发理论问题的探求，《清代边疆开发史》也仅仅是跨出了第一步，人们有理由希望本书作者及更多的后来者上下求索，有所创新。

# 开拓与创新

## ——荐《18 世纪的中国与世界》①

《18 世纪的中国与世界》，从学术意义而言，填补了当今 18 世纪清代社会研究的空白；从现实意义而言，它深刻剖析了中国封建社会由最后一个太平辉煌——康雍乾盛世滑向衰世凄凉的历史轨迹，警示近代中国被动挨打局面出现的历史必然性。

我以为，《18 世纪的中国与世界》将以其全和深进入今日史坛力作之林。

言其全。《18 世纪的中国与世界》依据 18 世纪清代社会的演进历程分列政治、军事、经济、社会、农民、思想文化、边疆民族、对外关系，以及统领全局的导言，共 9 卷，形成了立体研究的视角，展示了 18 世纪清代社会的方方面面。在将康雍乾太平辉煌一展无遗的同时，充分揭示了太和蒸蒸华衣下危机四伏的征兆和迹象。作者还将研究的视野扩大至世界，即着力从世界发展的全局来观察 18 世纪的中国，由此深切指出，18 世纪中国正处于中西力量对比位移的质变前夜。如《导言卷》指出："中国是世界的一部分，只有把中国放在世界的坐标系中，才能认识中国的真实地位和状态，而世界中又必须包括中国这样一个有机组成部分，如果抛开了中国史，世界史就不是完全的真正的世界史。"18 世纪的世界在变，飞速地变，而 18 世纪的中国却仍沉溺于东方大国美梦的自我陶醉之中。因此，18 世纪确是考察中西方历史嬗变轨迹，解开许多历史之结的绝佳视界。

---

① 本文刊《清史研究》2000 年第 1 期。

言其深。《18 世纪的中国与世界》作者秉承司马迁"究天人之际，通古今之变，成一家之言"的史学传统，寻绎"使人们深刻认识通常所称具有'中国特色'，影响中国社会发展的中国的特殊国情"（《社会卷》第 3 页）。同时《18 世纪的中国与世界》各卷充分利用"比较研究"这一解剖刀。《边疆民族卷》将 18 世纪清政府的边疆经略与俄、美两国同时期的边疆扩张进行比较，从大量历史事实的分析中得出了它们之间实有本质区别。该卷还在继承前人研究的基础上，对有清一代边疆政策进行深入分析，在缜密梳理清政府边疆政策内容和肯定其历史功绩同时，尝试从社会控制论理论出发，指出清代边疆政策追求以安定为社会控制目标，但求稳有余，而忽视发展的一面，导致一旦中央政府控制力衰微，在帝国主义侵略下边疆地区自身抵御外力机制和实力的下降，由此推动了清代边疆政策研究的深化。《18 世纪的中国与世界》是一部集思广益、众志成城的学术力作，反映了中国人民大学清史研究所的学术水准和学术追求。国际 18 世纪研究会主席、德国学者施洛巴赫教授誉称该书出版"是一件具有里程碑意义的事情"，实不为过。

## 《个体生命与国家叙事——〈遥望西域〉一部有热度的历史》①

当下，随着中国政府"一带一路"倡议的不断推进，在掀起新一轮西部开发热潮的同时，也引发了学界对中国西部疆域发展史及周边关系史的高度关注与重新审视。陆开武先生撰写的《帝国刀锋》（《遥望西域·战争三部曲》第一部）一书，就是一部关于中国两汉时期"凿空"西域，打通"丝路"，开启东西方文化交流的有热度的历史。

所谓"有热度"，是针对"冰冷"而言。叙写历史可以有多种方法，不同视角，但归纳起来，总可以将其划分为两大类，即"有热度的历史"与"冰冷的历史"。唯恐陷于主观激情有失偏颇，以致通篇淡定太过理性谓之"冰冷"；毫端生冷，笔锋圆润，无纵情逾矩之冲动，视中

---

① 本书尚未正式出版。本文也未曾刊出。

庸史观为天则亦谓之"冰冷"。"有热度"的历史叙述则不然，它更注重主体精神主体激情与历史真实的互动效应，从而赋予作品在还原历史塑造精神方面更自由更广阔的空间，并强有力地传导给每一位读者。当然，有热度必须做到有底线，不能突破史信与信史的契合。《遥望西域》正是在保持"有热度"的历史叙述的前提下，很好地把握住了这个分寸感和史信度。

公元前 1 世纪，随着西汉王朝在西域地区的驻军屯田、设官立府、施政管理，西域和内地更紧密地联系在一起，先辈们对西域开拓和开发也进入一个新的阶段。这个时期，一大批胸怀理想、渴望建功立业的英雄志士来到西域，他们中，有出使西域，开辟丝绸之路的第一人的张骞，有第一任西域都护郑吉，有远嫁乌孙的细君公主、解忧公主，有投笔从戎的班超……他们的故事千百年来一直被人们广为传颂，彪炳史册，为国家对西域的治理，为维护西域与中原内地的联系做出了不可磨灭的贡献。

开武先生创作的《帝国刀锋》《遥望西域·战争三部曲》第一部，以中国传统的纪传体为宏观架构，通过个体生命的充分展示推送出波澜壮阔的国家叙事，对两汉长达三百多年岁月中的汉匈战争、"凿空"西域、辟疆拓土、经营丝路等重大事件和历史线索进行了清晰而有节奏的梳理。通过作者提供的文本阅读这段历史，很容易令读者置身其中，触摸到铁血男儿的沸腾激情，嗅闻到边塞杀场的冲天血腥，体察到金戈铁马的渗骨寒气，也能感悟到一幕幕运筹帷幄所鼓动的思想张力……那些个体生命释放出的能量与热度，前赴而后继，持续而坚强，让一个民族最为光荣的岁月永恒定格在历史的天空。从历尽艰难险阻虽九死不悔、最终揭开汉朝地理大发现的张骞、到天才少年浑身是胆、孤军铁骑纵横千里漠北的战神霍去病；从一生征战杀敌无数却命运多舛难以封侯的铁血飞将军李广、到独狼式特工、帝国第一刺客傅介子；从守望戈壁厌恶战争的屯田将军赵充国，再到决战金微山、逼迫北匈奴举族西迁的大将军窦宪……还有卫青、赵破奴，李陵、李广利，还有郑吉、常惠、陈汤、耿恭、班超、班勇……他们的个人命运都与汉帝国的兴衰荣辱紧紧捆绑在一起，用满腔热血万丈豪情书写了一段中华民族值得珍重的"有热度"的历史。

从文本着重使用的史料依据和叙述的人物事迹来看，基本出自《史记》《汉书》《资治通鉴》等经典史籍，事件描摹尊重历史而不泥古，人物评价多纬公允而不拘谨。尤其对一些历来存有争议的人物及重大事件进行评述时，作者以相当宽容的态度和广阔的历史视野将其置于世界史的宏观时空中进行比较研究、关联分析，通过相似性的深度比对，从而获得中肯而有分量的判断。这一特点在对李陵这位悲情人物进行评价时显得格外精彩；作者不惜篇幅，纵横捭阖，用了4000多字深度评价了李陵到底是"汉奸还是英雄"这一历史性命题，并得出令人心悦诚服的结论。既有形成如此"历史公案"的前因后果（司马迁的辩护），又有历代大家（白居易、王夫之等）鞭辟入里的精到论证，还有类似人物青史骂名的穿越对照，而作者本人根据事实所得出的判断更是有理有节，醍醐灌顶，充分展示出相当稳健的驾驭能力。

值得称道的是作者能站在历史的脊梁上观察历史、阐论历史，做到了二个"把握"，一是，把握住认识新疆历史的出发点与归宿点，即第一，新疆是统一多民族中国不可分割的一部分，第二，新疆的历史是中华民族共同创造的，新疆的历史是中华民族共同历史的一部分；二是，把握住研究新疆历史应面对现实和未来，因为只有关注现状、面对未来，我们的研究领域才能不断扩大，研究的成果才能直接服务于社会，其价值才能得到充分体现。

作者立足现实、叩问历史、满怀激情、颂扬历史请看下述文字：

其一，"汉朝一代，崇尚黑红两色。黑色，铁甲戈锋，寒光凌厉；红色，赤胆忠心，铁血沙场。军锋所指，所向披靡。

因为大汉，建立了一个国家前所未有的尊严；因为大汉，铸就了一个种群连绵千秋的魂魄；因为大汉，赋予了一个民族永恒的名字"。

"遥望西域，这里埋藏着我们的过去，同样催生着我们的未来。"（第339页）。

其二，"记住'犯强汉者，虽远必诛'，这一句就行了，大气磅礴，雄浑张扬！"

"请记住这句话，它见证了我们两千年前的祖先，把勇敢、血性、坚韧、豪迈的因子，融汇在血脉深处，即便山河破碎，风雨飘摇，它总会在最危险的关头喷薄而出，绝地重生。"（第 214 页）。

其三，"西域，高天流云，雄苍茫。"

"千年的穹顶上，缀满一个个英雄的名字。碧血长空，星辰灿烂。"

"时光永恒，英雄不死。"

作者对本书所述的 20 位历史人业绩的颂扬，既有"淡定大过理性"的"冰冷"，也有能"强有力地传异给每一位读者"的激情和"热度"。

难得！

作者作为一个资源媒体人，自然对当下网络科技日新月异所带来的新式语言表达方式尤为敏感，并恰到好处地加以实验性运用，效果显著，一定程度上提升了文本阅读的趣味性，构成这部作品一个鲜明的特色，为"有热度"的历史增添了有纬度的语言色彩。单看其目录标题就格外吸引眼球，令人心生阅读的冲动，如《霍去病：中国战神的 N 个片断》《郑吉：开启帝国尖峰时刻》《常惠：拯救大汉公主》《陈汤：寂寞的双面英雄》《段会宗：终老天山的消防员》《班超：一个 CEO 的创业史》《窦宪：扇动世界风暴的蝴蝶》等。在严格从信史实的前提下，作者摆脱了以往史家叙史字斟句酌、庄重矜持的传统，而是以现代人的思维模式、知识结构以及语言表达的包容性与开放性，把故事讲得亦庄亦谐，妙趣横生，让文本阅读变得轻松迅捷，亲切而无隔阂，拉近了读者与古人可能交流的情感空间，让隔世拥抱所产生的热源自然融为"有热度"的一部分。像"霍粉""殿堂级军神大咖""手腕如此厚黑血腥""斩首行动"甚至英文"NO！""大 BOSS"这样的当代表述字眼，在文本中俯拾即是，信手拈来。可称一绝。

在当前"一带一路"倡议实施逐渐深入，经济文化热流涌向西部的世界性背景下，《遥望西域》生逢其时，读者能够通过轻松有趣的阅读，更多更深地了解在中国西域疆土曾经发生和演绎的感人往事，重温那段"有热度"的历史。读者有理由期待早日读到《遥望西域·战争三部曲》之《帝国长虹》《帝国征途》。

2017 年 10 月 4 日

于北京自乐斋

# "人物才应该是历史的灵魂"①
## ——读《远略雄心：西域两千年》②

防疫宅家，获安福教授赠书《远略雄心：西域两千年》（以下简称《远略雄心》），以人为线索，展开悠悠两千年西域历史画卷的一页又一页，加以文字鲜活流畅，读后有感也有悟，写于次与作者共研，与读者共享。

### 所谓感

感之一，立足于经略与治理，起点高、视野宽。

历史是由人创造的，"个人历史是集体历史的重要组成，有着鲜明的特色和时代特征"（《远略雄心》自序第 2 页），通过叙论历史人物在西域的活动，谱写西域历史的作品，依我陋见，较重要者有谷苞主编：《新疆历史人物》（新疆人民出版社 2006 年版），刘长明、周轩《新疆历史名人》（新疆大学出版社 2005 年版），高崇炳《古代西域名将》（新疆人民出版社 2012 年版），周绍祖主编：《西域文化名人志》（新疆人民出版社 2006 年版）等，还有一部陆开武《遥望西域·战争三部曲》，包括《帝国刀锋（两汉）》《帝国长虹（大唐）》《帝国征途（大清）》将由新疆人民出版社出版。上述著作，各有千秋，都值得一读，但《远略雄心》除了以人叙史的共性，还有自己的特性，即如书名所示：远略雄心。如作者所言："历代中原王朝的远略雄心，不仅体现在对中央政权的维护与经营，更多的是对边陲之地的统一与治理。位于王朝边境的西域，是整个国家、民族关注的重点区域。志士仁人向往西域建功立业，他们前赴后继，世代传承，以卓越的个人才能和战略功绩为实现中原王朝的大国雄心做出贡献，谱写了西域治理历史上的辉煌篇章。"（《远略雄心》前言，第 3 页）同样是以人叙史，但视野与视点立足于经略与治理，起点高、视野宽，大有利于以史为鉴、启迪今人。

---

① 张安福：《远略雄心：西域两千年》，上海人民出版社 2020 年版，"后记"。
② 《中华读书报》2020 年 7 月 1 日第 10 版刊发为本文的压缩版。

感之二，依托学术，又走出学术象牙之塔，面向大众。

正是本书所述之84位历史人物，上自两汉、下迄清末，无论是镇边重臣、流戍罪臣，还是商人、僧侣，"他们所散发出的人格魅力都是独一无二，且跨越千年的，在不同的历史时空中交相辉映，见证了东西方文明交流的盛况，缔造出一部波澜壮阔的西域历史"。（《远略雄心》前言，第4页）从标题到内容，学术性、知识性和可读性为一体。诸如"汉代第一任西域都护郑吉""陈汤：明犯强汉者虽远必诛""隋炀帝与西域博览会""为盛唐西域吟壮歌的岑参""挽救新疆危局的长龄"等，观题即能引起读者必读以探究竟之兴趣。

感之三，精益求精、臻于完美。

《远略雄心》不是一部藏寓名山、阳春白雪之作，而是让广大读者从经略和治理的视野了解西域两千年历史的演进。我意再版时作者尚需下力有三：一是，选人立传应向各族群体中政、军界人物倾斜，如卫青、霍去病等是不应缺失的，而适当减少文化、艺术类人物；二是，选择历史人物的名言名句作为标题，如陈汤的"明犯强汉者虽远必诛"，可以为"雄心"添彩，也大大增加可读性；三是，入选人物应从严，文成公主从西域时空规范出发是不应入选的。

## 所谓悟

悟之一，边臣疆吏研究应成为一个重点研究方向。在中国历史演进中，统一多民族国家和多元一体中华民族是相互依存、相互促进、同步发展的，而无论哪一朝哪一代，边疆问题始终是安邦治国的一个重要方面，因此，开展对历史上边疆治理者群体，即边臣疆吏的研究应引起学人的高度重视。

悟之二，边臣疆吏研究的关注点可有：

一是，边臣疆吏在国家官员整体中的地位；

二是，边臣疆吏在历代中央政府实施边疆政策中的作用，以及中央与地方在治理边疆上的互动影响；

三是，边臣疆吏与边疆地区在历史发展进程中的互动关系；

四是，边臣疆吏在边疆地区民事、军事、外交、文化等方面的作用；

五是，历朝各代边臣疆吏的个案研究，以及历朝各代边臣疆吏的比较研究。

我认为："边吏是否善政关系边政是否得当。边疆地区远离统治权力中心，且情况复杂，边吏的素质要求更应优于内地。应变过激会致使事态人为扩大，而过缓消极，本想息事宁人，往往适得其反。用一句大家熟悉的话来说：路线确定后，干部是决定一切的。边疆大吏肩负的重任跟一般内地的不一样，跟京官也不完全一样，他如果是个庸才或者是个歪才，那就更糟糕了，要出大事，边疆的事情有的时候是牵一发动全身，而且瞬息万变。从中央来说，对边疆大吏应该授以便宜之权，让他有一定的机动权，该决断时要给他以决断权，清朝历史上这样的例子就很多，总而言之，治理边疆是靠人去治理，群众是真正的英雄，那没错，但是我还有一句话，关键在领导，在我们父母官，在我们边疆大吏，边疆大吏里边应该有一批经过考验的民族的高层领导干部，再加上中央的权威，中央正确的政策、方针，那么我们边疆的稳定局面，应该说是有保证的。"①

悟之三，西域两千年，经略西域是汉代以来中央政府治理边疆的出发点和归宿点，许多历史人物发挥了重要作用，可以这么说，西域人物的历史活动是中央王朝经略西域的历史缩影，西域人物的历史活动是西域经济发展的推动者，西域人物的历史活动推动了西域多元文化的形成和发展。

总之，西域人物两千年，也是两千年中央王朝治理西域的精彩体现，这段由人物共同构筑的历史，以人物为载体的历史书写方式，使得原来相对枯燥的西域历史的阅读变得鲜活起来，这种个体生命与国家叙事有机结合的体裁体例，可以成为了解西域历史的一种新的途径。

我吁请关心新疆历史的读者，读一读《远略雄心：西域两千年》，一定会开卷有益的。

2020 年 6 月 10 日
草于北京自乐斋

---

① 马大正：《中国边疆学构筑札记》，中央广播电视大学出版社 2016 年版，第 45—46 页。

# 一部具有填补研究空白的学术专著

## ——读马克章《西域汉语通行史》①

2018 年 3 月间，我收到由中国边疆所转来寄自乌鲁木齐马克章先生信函，信中告知著有《西域汉语通行史》，希望能听到愚见。克章先生素昧平生，是书也首次听说，只是直感这是一个十分值得研究的好论题。不久在北京的一次学术讨论会上，偶遇友人中华书局柴剑虹君。承相告马克章先生其人其书种种，深为克章先生著书不易所折服。我于是 3 月中旬复函表达敬意之余，斗胆索书。4 月 10 日收到赠书两册。

印装精致的《西域汉语通行史》（2016 年 12 月由甘肃教育出版社出版）置我案头，断续阅读，历时三月有余，虽是览阅，不深不透，但洋洋 50 余万字，传递的知识，让我获益匪浅，大有一吐为快的激动，于是有了如下五端所感所思，向作者汇报，与读者共享。

### （一）立题寓深意

中华民族形成与发展，是中原各族和文化同周边诸族和文化连续不断交往交融的历史过程。先秦时期的华夏族群，经过长期与周围族群的多元融合，特别是经过春秋战国 500 余年大动荡的交汇与融合，到了秦汉之际，进一步与周围族群融为一体，形成中原人口居多的汉族，并从此成为中国历史进程的主体民族。新疆由于特殊的地理位置，自古就是多民族聚居地区，整个新疆的历史，是新疆各族民众共同发展的历史。秦汉以降，汉人大量定居新疆地区，成为新疆多民族家园的重要成员，对汉人在新疆地区不同历史时期的繁衍生息，交往交流交融，不同社会生活侧面的研究，研究者多有涉猎。但尚有诸多研究空白有待关注，其中有关不同历史时期汉人进出、定居新疆的历史，汉语在古代西域通行情况，以及历史上各族语言上的交往交流交融，至今仍处于若明若暗的状况，亟待研究者穷其智慧，进行开创性研究。本书勇于承此重任，对古代西域汉语通行的历史进行了认真梳理，发前人之未发，论前人之未论。本书学术上具有创新

---

① 本文刊《光明日报》2019 年 2 月 13 日。

的价值，在面对当代新疆治理现代化上更有以史为鉴意义。

## （二）谋篇布局合理

研究古代西域汉语通行历史，基于整个中华民族历史大局，以中央王朝兴亡的传统分段方法，又必须顾及作为整个中华民族一部分西域在各个朝代的史实，全书将中华有记载的两千年漫长历史，以汉朝、魏晋南北朝、隋唐、辽宋、蒙元、明朝、清朝为序，每一史段自成一章，每章之内，大致包含如下内容：

一是，各朝各代中央王朝的社会政治形势，安排这一内容旨在将西域放到全国的大政治背景中，以便认识二者之间内在的各种有机联系，明确新疆自古以来就是中国不可分割一部分这一基本实际；

二是，各朝各代内地说汉语人口的西向流动，在了解各朝各代的特定政治背景之后，罗列、梳理中原地区说汉语人口（汉民和其他民族居民），以各种方式向西域流动的重要线索以及历程，借以掌握汉语在西域通行的社会基础。

三是，各朝各代西域说汉语人口的分布与数量。通过综合、分析、推断各朝各代西域说汉语人口的有关情况，推测、把握西域说汉语人口分布和数量，借以对西域汉语通行情况做出尽可能具体的描述与研判。

四是，将汉语在西域的通行和汉文化在西域的传播作为每章的核心，以期突出全书的主题与中心，通过评议各朝各代汉语在西域通行的态势，进而透析当时西域汉文化的传播深刻的文化意义和社会意义。

通过上述的谋篇布局，达到了如作者在绪论中所示：

"汉语确实自古以来就在西域通行，各朝各代连绵不断，而且今天新疆的汉语方言和内地其他各省的汉语方言一样，是从古汉语、近代汉语直至现代汉语一脉相承发展而来的。最终，希冀通过对西域汉语历史地通览，窥见历朝历代汉语在西域的通行概况，透过汉语在西域社会的通行，分析认识汉语通行给西域带来的汉文化影响，认识这些文化现象因为汉语在此通行所产生的深刻社会意义、文化意义。"（该书，第8页）

## （三）立论平实公允

试从以下四个方面略呈愚见。

一是，对各朝各代西域通行历史的定位，作者如是说：汉朝时期（前

206—220），汉语从此在西域成为官方通用语；魏晋南北朝时期（220—589），汉语在西域的官方通用语地位进一步巩固；隋唐时期（581—907），汉语在西域的通行出现首次巅峰；辽宋时期（907—1279），汉语在西域特殊社会环境中通行不衰；元朝时期（1206—1368），汉语的通行处于无可替代的地位；明朝时期（1368—1644），汉语在西域的通行落入低谷；清朝时期（1644—1911），汉语在新疆的通行迈上新的巅峰。上述论断是符合历史实际的，为本论题研究的进一步深化提供可资借鉴的重要参考。

二是，对涉西域汉语通行几个基本概念的学术分析清晰、明确，符合新疆历史发展的实际。作者在综合众多学者已有研究共识的基础上，结合本论题的实际对西域、汉族、汉语、汉文化几个基本概念进行阐论：

1. 西域，西域是中国历史上一个古老的地理概念，有广义和狭义之分。就狭义的西域而言，主要是指清朝划定版图之前，河西走廊以西，今天新疆天山南北及其以西的部分地区。本书要研究的西域同内地的关系，是从我国有文字记载的，内地封建王朝汉朝政权对西域主权领有开始的。（第4页）

2. 汉族。汉族，作为中国主体民族的名称，它的由来有一个漫长发展变化的历史过程。它的所指对象，同其他民族的名称一样，也是一个历史的变化着的概念，并不恒指某一个固定的人口群体，统一多民族中国和多元一体中华民族历史发展的进程中，汉族人口不断增多，族群便越来越大，这是基本历史事实。所以，在本书中，自汉朝开始，尽量用"汉人""汉民"这样的名词称说之，而不用"汉族"称呼，之后偶有"汉族"一词者，那大凡是在为了与其他民族的族别并称的特殊语境中偶尔用之，不至于造成概念的混乱。（第4—5页）

3. 汉语。作为一种语言，今天我们称其为汉民族共同语，简单说就是汉族话，但严格说，它作为一种客观存在，其服务对象也在随着社会发展而发生着变化。魏晋南北朝以降，匈奴、鲜卑等进入中原开始与汉人杂居，出于交际的需要，在本民族语言仍旧继续使用、本民族的自我意识还非常清晰之时，就逐渐开始学习、运用起汉语。所以，自魏晋南北朝以来，本书对操汉语的人，不再称说是"汉人""汉民"，而改称"说汉语人口"，以示说这种语言的人口中，不止汉民一种，还有其他民族中已经

改说汉语，或者民汉语言兼通的人。（第 5 页）

4. 汉文化。汉文化同汉族的发展一样，也不是一成不变的固定概念，而是随着社会发展，其外延和内涵都在不断变化着的一个复杂的概念。从中华文化发展的全局看，汉文化随着历史的不断发展，成为以汉人传统儒学思想、佛教道教信仰、汉语言文字为主体的中华民族多元一体之文化的集大成，基于此，自元朝开始，本书将"汉文化"改称"中华文化"，以符合中华民族多民族大家庭的历史真实。（第 6—7 页）

显然，上述概念的正确定位也成为全书立论的重要基础。

三是，余论中补论了通览汉语在西域通行两千多年历史的如下基本认识：两千年来汉族一直在西域参与开发建设，汉语是西域发展史上唯一不曾断绝的语种，汉语两千年来一直是西域社会的通用语，现代新疆汉语方言是汉语在两千年通行中逐渐形成的，汉语在西域通行的意义等，不仅有画龙点睛之义，也为深化本论题研究从宏观上提出了四大问题，极富启迪价值。

四是，一些具体的分析立论也多有亮点。

例之一，各族群间，语言的交往交流交融是增强中华民族凝聚力的推进器的论述，作者如是说："通过语言文字的联结、交流、互鉴，感情上的相互认同和政治、经济、文化上的相互依存，促进各族政治、经济和文化的共同发展，促使着大民族感情的凝聚，这正是中华民族统一整体必然形成的核心力量。"（第 202 页）

例之二，对元代畏吾儿人对中华文化做出贡献，以及畏吾儿人参与全社会活动意义的分析（第 244—246 页）极具史鉴的价值。

例之三，对有清一代汉语在新疆通行迈上新的巅峰论述中，诸如清代行政区划营造了新疆汉语三个次方言的形成空间和各其基础方言的分析（第 344—348 页），以及对清代新疆建省后教育发展变化在促进汉语通行所起的促进作用（第 374—379 页）等探讨，均具有启迪之价值。

### （四）研究方法的多样性

柴剑虹君在本书序言中言："本书使用的方法，除了借助文化语言学、社会语言学等新兴学科的认识论和方法论之外，多学科交叉综述，二重、多重证据，数字统计，等等方法，都得到了较好运用。"（第 3 页）作者在绪论中也自言：社会语言学、文化语言学的新观点、新方法，"使我们在研究西域汉语的通行，观察新疆现代汉语方言的形成时，毅然突破旧有学科研究方法的局限，同时也启发了我们从多学科多角度着眼的创新思维，并给我们尝试探索新方法鼓舞了勇气。"（第3页）

我还想补叙二点：

一是，正如书名《西域汉语通行史》昭示：历史学的理论与方法依然是本书依据和利用的基本理论和方法；

二是，中国边疆研究中有诸多研究课题的特殊性。单凭单一的学科理论和方法，难以完成研究深化之重任，而"必须要有一个多学科专家的通力协作，充分吸收诸学科的研究精华"（第3页），多学科、多角度进行探索分析既符合中国边疆研究发展的大势，也符合西域汉语言文化的发展历史研究的实际。

诚如我在论及"中国边疆学的学科依托与学科交叉"时所指出："中国边疆学是一门研究中国边疆历史与现状的专门学科。""历史学的理论和历史学的研究方法是中国边疆学赖以生存的基础。但由于中国边疆这一特定研究对象的多维性、复杂性，中国边疆研究体系中包括基础研究与应用研究的二元结构，仅仅历史学科的理论和方法已不能完全适应新形势下边疆研究的全部，因此，中国边疆学研究需要集纳多学科的理论和方法，诸学科间互通、交融和集约成为必要，中国边疆跨学科研究的大量实践，为中国边疆学的构筑提供了有益经验。"①

作者的著述实践，从一个特定的研究对象实际上证实了中国边疆学的学科内涵和研究方法特色的论述，于我也是一种鼓舞和支持。

## （五）厚积薄发与清醒自评

作者自述，本文研究源自三十年前有幸参加中国社会科学院李荣、傅懋勣两位前辈语言学家主持的国家六五计划重点社科项目"中国语言地图集"（国际合作项目）之子项目——新疆汉语方言的调查研究。自此之后，新疆汉语方言的形成，汉语在西域两千多年的通行这一命题成了作者萦绕不息、挥之不去的关注与渴望研究的心结。2010年夏天正式立项研

---

① 马大正：《中国边疆学构筑札记》，中央广播电视大学出版社2016年版，第253—254页。

究，于 2013 年 7 月完成定稿。厚积薄发是一部学术著作所以能成功的重要先决条件。

作者在结论中在"关于方法运用方面的几点说明"（第 9 页）题中对本书有几点清醒的说明，作者坦率承认多用第二手材料的实际与无奈，以及数学方法和逻辑推理诸方法运用的尝试和可能的不足。所有这一切都为此论题的研究深入指出新的切入点、着力点！

初读《西域汉语通行史》形成上述所感所悟五端，归之于一，我以为作为此论题迄今唯一一部学术专著，值得一读、值得做以史为鉴的深思，也希冀有更多的研究者关注此命题、研究此命题。

至于，作为一部 50 万字之巨的学术专著，全书仅有些许夹注，而无一则引文注释，此项明显不符合国际通行学术规范的不足，我不知责是在作者还是在出版方，真是莫大遗憾！面对此状，若我再言本书尚缺主旨索引，以及必要的插图和图例，就有苛求之嫌啦！

2018 年 7 月 22 日草

于北京自乐斋

# 寻找历史和未来结合部的新尝试
## ——读《西域文化的回声》①

古代西域是荟萃东、西文化的中心和纽带，它以自身独特的建树，成为多元一体的中华文化不可或缺的组成部分。它超越国家、民族和地域界限，博采众长，风迎八方，海纳百川，包容丰富，这种历史文化精神与现代艺术文化多元性、开放性的观念相吻合。王嵘近作《西域文化的回声》正是把大量历史艺术文化现象聚焦在与未来的结合点上，是着力寻求历史与未来结合部的新尝试、新成果。

过去的边疆史地研究中，对历史艺术文化的研究关注不多。而西域地大物博，历史文化遗存非常丰富，大量的出土文物、古城和佛寺遗址以及古代墓葬，储存着许多宝贵的历史文化信息和珍奇的艺术文化实物，成为

———

① 本文刊《中国边疆史地研究》2001 年第 2 期。

我们窥视西域往昔风采和今天研究西域历史文化的重要依据。

王嵘《西域文化的回声》，涉及的历史文化论题形形色色，对于西域佛寺建筑、绘画雕塑、乐舞艺术、考古发现、出土文物，笔触所至，均有深入剖析。作者摒弃纯学术研究的古板程式，采用生动流畅、深入浅出、触类旁通的表述方法，使古老的历史文化鲜活起来，很容易引发出人们对未来艺术文化的种种联想。边疆史地研究是一个包容丰富、领域宽广的学科，西域历史艺术文化的研究，是边疆史地研究不可缺少的组成部分，它涉及历史、地理、民族、语言、宗教、民俗、考古等多种学科，作者正是把研究的视野从历史艺术文化本身投向宏观世界，既突出了艺术研究的特殊性，又呈现边疆史地研究的共性，还把其他学科的研究方法和成果引进艺术文化研究中来，使他的研究背景趋于广阔，而主攻命题则更加深入和集中。当前边疆史地研究形成了多维互补、复杂多样、研究领域不断开拓之势，所以研究者也相应地采用多种方法和多角度、多途径、多流向、多分支的研究态势和格局。《西域文化的回声》正是这种发展趋势的产物。

边疆史地研究是一个大系统，边疆历史艺术文化研究是这个大系统中的子系统，各个子系统用自身独具的要素特征，促进着整体系统的发展。任何学科都不是孤立的，只有放开眼界，把各种学术研究力量调动起来，重视对邻近学科研究成果的互相借鉴和吸收，才能形成边疆史地研究生机勃勃、硕果累累的局面。

作者的西域历史艺术文化研究，借助了考古发掘的成果，因而找到了较扎实的历史实证的支撑。在此基础上，作者改变了对历史艺术文化一般性介绍和陈述的做法。"陈述性"是研究的基础，是经验性的，是对历史艺术文化发现的复述和说明。而在该书作者的研究中，把陈述性上升为思辨性，也就是对历史艺术文化进行哲学反思，从更宽广的视点出发，把各种文化艺术现象联系起来，把时代背景和社会背景与艺术文化现象联系起来，把各个民族的文化和汇集于西域的东、西方文化联系起来，进行多方位的观察、思考，从宏观和微观的结合上把握全局和整体，从而得出规律性的认识，找到历史与未来的结合部，为今天的艺术文化提供有科学价值、有哲理启示的历史借鉴。

《西域文化的回声》，其总论部分抽象出西域历史艺术文化具有开放性和交汇性特点的观念。在全书中不仅论述了中原文化对西域艺术的影响，也论述了西方文明对西域的渗透，更用大量笔墨论述了西域艺术文化的创造性和经过多种文化补养而形成的西域文明自身的独特性。例如作者指出，由于古代西域所处特殊地理位置和东、西方汇流的文化环境，所以西域艺术文化中既有本土多民族混交的游牧文化即草原文化的因素，也包括中原汉民族的农耕文化或绿洲文化的因素，还包括东西方贸易交往中的商业文化因素，从而确立了西域文化艺术的开放性和多元性特征。但是，问题并不到此为止，作者还进一步论证，西域艺术文化不仅是以上各路文化的混合，而且是外来文化因子在古代西域的沃土中经过裂变而培植出的艺术文化新品种，所以它才能成为一种文明创造——享誉古今中外的西域历史文明。

边疆史地的研究对象，既包括独特壮阔的自然景观，也包括神奇厚重的人文景观。因此，研究者就要开阔视野，打破学科门类的制约，超越历史民族的局限。这不仅是一种视野，也是一种心态，一种现代学术领域必须具备的开放性品质。正如作者所说，古代西域不仅创造过灿烂的艺术文化，也留下了那个时代开明、开放、开拓的精神，这种精神，较之历史艺术文化的具体遗存，更具继往开来的意义。西域艺术文化的开放性，突出表现为它在世界文化宏观背景上的巨大接纳功能和无私的输出功能。可以这样说，开放性是西域艺术文化发展的驱动力，而巨大的接纳功能和无私的输出功能，则是驱动西域艺术文化不断独创、遥遥领先的双桨。这就是《西域文化的回声》对我们的启示。

《西域文化的回声》这本书本身，就是为历史和未来架筑的一座桥梁。把着眼点引向从历史到未来的结合部上，已成为边疆史地研究的大趋势。

# 读《西域地理图说注》①

阮明道主编的《西域地理图说注》（汉文笺注阮明道，满文详注刘景宪）1992 年已由延边大学出版社出版。承中国社会科学院历史研究所孟

---

① 本文刊发于《中国史研究动态》1994 年第 5 期。

世凯同志推荐，并热诚赠予这本在北京书肆中尚难见到的出版物，使我得以一睹该书全貌。

《西域地理图说注》，原写本为线装八册，既无书名、序、跋，又未记作者姓名，现藏于四川师范学院图书馆。写本除"衣冠服饰"一册无印记，在每册末页的右下角，均盖有正方形"袁永慕堂图记"，长方形"九钟精舍藏书"的油泥朱红色印章。前者为何人图记，尚待考释，然从印色看，较后者陈旧，由此推知"袁永慕堂图记"当在前，"九钟精舍藏书"则在后。据查"九钟精舍"为吴士鉴（1868—1933）的室名，写本曾为吴氏藏书则无疑。从写本封面批语可知，此写本曾归近代著名学者缪荃孙（1844—1919）所有。从写本笔迹看，系由多人誊抄而成，并经多人改动。

值得注意是清代著名学者李文田（？—1895）在写本上所留下的批书。在卷1封面李文田册书批云："光绪十九年（1893）九月，假筱珊编修所收此本，以其于布哈尔一带颇详，有足补诸书之缺者，惜不得撰人姓名，盖嘉庆间八旗望族于役西疆者手笔手抄一分。据喀什噶尔条原目，有'地理图说'四字，故取而题之，庶免于有书无录。其书为西域而作，故每卷开端必有'西域'二字，则作者特名之曰'西域地理图说，似无疑也。题此以归编修，更望考正之，顺德李文田校记。"从这段文字可知，李文田曾校阅过此写本，并肯定了定名"西域地理图说"的主张。虽然写本所记为天山以南回疆与哈萨克、布鲁特、乾竺特，以及霍罕、那木干、安集延、玛尔噶朗、塔什罕、布哈尔、巴达克山、爱乌罕、温都斯坦等地，天山以北地区未予涉及。但从写本内容看，整理者认为："用《西域地域图说》作为写本书名，本古之初意，还是可以的。"故整理者定名《西域地理图说注》。写本现存城村户口、官职制度、征榷税赋、市廛钱币、土产时贡、外夷情形、衣冠服饰、垂古胜迹几个部分，整理者据此计为8卷。

考写本记述内容为乾隆二十四年（1759）平定大小和卓木之乱后，治理回疆与抚定诸部事宜，记述的最近年代为乾隆二十八年。在"外夷情形"中，把布哈尔列为"未投诚"者。据阮明道考释，《西域图志》卷46记布哈尔"固拔达克山素尔坦沙，以其属内附"，时在乾隆二十九年（1764），《平定准噶尔方略》续编卷25将此事辑入乾隆二十九年六月条下，而发生在乾隆三十年的乌什起义，写本并未记载。可知写本当写成不会迟于乾隆二十八年或二十九年。由此可以初步推知，写本大体是在乾隆二十四年至二十九年陆续写成。

写本未留下作者姓名，然写本记事用汉文，并有少量满文参写其间，还夹有 18 页满文抄件，可知作者系乾隆年间通晓满、汉文的文人。乾隆二十年（1755）后，随着清军在西域的推进，清政府在新疆境内先后组织了两次测绘工作，并开展了普查性的全疆调查①，大批满汉专业人员入疆参与其事。随之清政府在全疆普设军政机构，有为数众多的满吏入仕。故李文田在写本卷 7 封底墨书云："此书乃乾隆初定新疆之时旗人手笔……是时，声威远播，故卡伦以外，辎轩不隔，胜后来闻见多关"，这是可信的推论。

现存乾隆年间记述新疆史地的重要文献资料，较为著名的有：《西域图志》《西域同文志》《西域闻见录》《新疆回部志》《伊江汇览》《伊江集载》《平定准噶尔方略》等。而《西域地理图说》当是又一部成书于乾隆年间，且鲜为人知的珍贵史籍，如主编者阮明道在序言中指出："这部写本，实是乾隆年间用汉、满文字以记述西域史地较早而又不可多得的稿本"，"此写本非定本，而是一部尚待整理完善的初稿本"。总之，这是一册罕见而珍贵的清代新疆史籍。

通览全书，是书所记与同时期诸书相较，有为诸书所未载者，有补诸书之不足者。

第一，户口数的记载颇详。在卷 1 城村户口中共记载了叶尔羌、霍田、阿克素、乌什、库车、哈尔沙尔、辟展、喀什噶尔八城的人口，以及八城所属 82 个村镇的户数和人口数，远详于《西域图志》《平定准噶尔方略》的记载。如果我们将所记人户数与《新疆识略》《新疆图志》《新疆乡土志》所记户数、人口数相联系，进行比较研究，就可比较清楚认识上述城市，乃至整个新疆自乾隆至光绪近 200 年间人口发展变化的轨迹。这对研究新疆社会经济史、新疆移民史，特别是新疆少数民族人口的发展变化，均是难得的宝贵资料。

---

① 参阅马大正《有清一代新疆考察述论》，载《西域考察与研究》，新疆人民出版社 1994 年版。

第二，在官职制度方面，卷 2 记载回部原有的伯克职名、职务及军规，清政府统一新疆后核定之诸伯克职衔缺数，铸给阿奇木等所统图记，以及所用军械、军装等。其中如清政府统一新疆前伯克依其地位，排定三十一伯克座次及职掌，较同期诸书为详，于深入研究伯克制度大有裨益。

第三，关于回疆诸城传统刑律的记载也较《西域图志》《西域闻见录》详述。如卷 2 载："询其罚罪行刑之规，却又有刑先例，有罪无律焉。以鬃穿入小便者，拷问犯人之刑也。以锅底黑灰和尿水灌入口者，催人急供之刑也。以天秤吊人者，折磨仇人之刑也。活取人膀臂者，振示大盗之刑也。活剖人腹，取人心者，拿获敌人，发壮军威之刑也。吊挂死人，乃因谋奸利，杀伤人命，抵赏之罪也。令人穿木鞋者，晓示光棍、匪类，并枷号逃人、窃盗等刑也。下入地牢，乃监禁犯人之刑。夹夹棍，乃牢犯之刑。立斩之罪，非在阵获敌者不用。凌迟之刑，非弒其父兄及谋反、叛逆者不用。剁人手者，大盗、惯偷不能追悔者，方施之以示众。外此，则鞭责、棍打，罚以财帛而已。依其例，虽如此，然有犯其法者，并不依此议罪，全凭阿浑看经酌量行之。概犯人若与其阿浑有亲友之情，及行贿者，便不至重责。故曰有刑、罪而无律者也。"

第四，关于交通的记述也值得重视。卷 6 "外夷情形"有交通一节，专记由喀什噶尔、叶尔羌等城通往西域各地的驿道，包括通往各处的站哨、里程、山川、柴草、城村、户口、部落首领、行政区划、军兵实力、田土、物产等，可补诸书失详之处甚多。所记南疆通往各处之卡伦，亦较诸书记述为详，如记喀什噶尔所辖玉斯图阿尔图什卡伦时，还记述了该卡伦下属之齐克满、啬舒克塔什、阿克塔什等小哨周围形势及相间里程（第 166 页）。还记述了由玉斯图阿尔图什至色勒克图间九站（第124—125 页）、玉斯图阿尔图什至鄂特巴什间十五站（第 125—126 页），以及玉斯图阿尔图什至霍罕间二十五站（第 130—132 页）的满文站名与山河、柴草等情。

其他如在卷 3 征榷赋税中记载回部大小头目与阿浑享有"无赋役"之特权，为其他史册所鲜载，在卷 7 衣冠服饰中记载喀什噶尔各回城，哈萨克、布鲁特及霍罕、巴达克山、布哈山以西阿萨尔等处，温都斯坦等地之官民男妇服饰，并绘有衣裤、帽靴、缠头、缠带、褂罩、披肩等草图十八幅，较芝《皇清职贡图》所载各部诸国官民男妇素描远甚。

《西域地理图说注》即是《西域地理图说》写本的校注本。经过阮明道的汉文笺注、刘景宪的满文译注，使典藏于书库深处的珍贵文献得以问世，辛勤之劳、功不可没。特别是阮明道先生，为笺注本书引录书目 80 种之多，所作注释 405 条，全书铅排 15 万字，注释多达 1/2。为让读者使用更为方便，又撰写了一篇颇具见地的序言。微感不足的是，全书若能附上写本中有关李文田批书的影印件，研究者将会感到更加便利。

# 读《准噶尔的历史与文物》①

1984 年，青海人民出版社出版了王宏钧、刘如仲所著《准噶尔的历史与文物》（以下简称《历史与文物》）一书，这是一本以文献结合文物研究西北民族史的专著。作者在这本著作中利用了大量中外历史文献和国内收藏的历史文物，对清代准噶尔民族历史上的重大事件，作了系统的论述与研究。

准噶尔是我国西北厄鲁特蒙古族的一部。厄鲁特蒙古是我国历史上多民族国家的重要成员。在元代他们被称为"斡亦剌惕"，明代被称为"瓦剌"，到清代被称为"厄鲁特""额鲁特"，或"卫拉特"。在明末清初，厄鲁特蒙古分为准噶尔、杜尔伯特、和硕特和土尔扈特四大部，活动于新疆、青海、西藏、甘肃、喀尔喀蒙古等广大地区，其中如土尔扈特部甚至远徙至欧洲额济勒河（今伏尔加河）流域游牧，在清代前期的历史上有着重要影响和作用。特别是准噶尔部的崛起，由于它统一了厄鲁特各部以及一些操突厥语族部落后，其影响远及国外中亚地区，因此，人们往往把厄鲁特各部统称为准噶尔，而包括准噶尔在内的厄鲁特各部历史也因之而引起国内外学者的注意与研究。新中国成立后特别是 1978 年以来，随着我国学术研究的发展，准噶尔史研究的领域不断开拓、扩展，日益呈现活跃、繁荣的景象。《历史与文物》一书，就是作者在准噶尔史的学术领域中经过努力耕耘之后结出的硕果之一。

---

① 本文刊《清史研究通讯》1986 年第 2 期，合作者马汝珩。

该书近十五万字，碑刻、画卷、原始档案等文物插图共四十五幅。全书分十七题，每题以纪事本末体例，结合反映当时历史背景的文物，以重要历史事件为主线，叙述了自准噶尔先祖——元代斡亦剌惕的活动直到清代乾隆年间土尔扈特东返祖国为止的准噶尔民族的历史发展进程，使读者对准噶尔史，尤其对清代厄鲁特各部历史发展演变得到系统认识和完整知识。不仅如此，本书后面附有《准噶尔大事记》和《文物史料》，前者记录了上自 12 世纪下迄 18 世纪后半期准噶尔史的重大事件，后者选录了反映重大事件的文物史料的原始记录，从而增强读者对准噶尔史认识的系统化，并加深了对每一历史事件的全面了解。

自秦汉以来，我国就走向了统一多民族国家的历史进程，清代是我国统一多民族国家进一步发展、巩固时期，而厄鲁特蒙古一直是我国统一多民族国家的不可分割的成员。但长期以来，在国外某些研究者的著述中，由于他们立场与认识上的局限，往往把准噶尔说成独立于中国之外的汗国，严重地歪曲了历史的真相。作者在本书中通过确凿无疑的历史文献与文物，澄清了上述的错误观点。本书一开始，作者即以《为蒙哥汗祝福的石碑和元代的斡亦剌》为题，通过元宪宗时斡亦剌部驸马八立托及其妻子悉基所刻立的《释迦院碑记》（见插图 1），十分清楚地说明了准噶尔部祖先自蒙元时期已成为我国统一多民族国家的成员，明朝建立后，当时被称为瓦剌部三个首领马哈木、太平和把秃勃罗均被明朝封为王，并赐以印信。中间虽经也先的一时割据，但到明代晚期，一些瓦剌部属仍与明朝政府保持隶属关系（见本书《明代的瓦剌三王和也先太师》）。到了清代前期（顺治、康熙、雍正时期），清朝中央政府的势力虽然还没有直接控制到准噶尔部，但包括准噶尔部在内的厄鲁特各部首领，一直与清朝中央政府保持密切联系。作者在本书《"四卫拉特"和准噶尔的兴起》一题中，以翔实的资料阐述了厄鲁特各部与清朝政府关系的发展过程（见本书第8—10 页）。尽管噶尔丹时曾一度反清割据，但当时的准噶尔部仍与清朝中央政府保持臣属关系，本书通过《康熙二十一年七月初四康熙皇帝给噶尔丹的敕谕》完全证实了此点。该敕谕中明确指出："尔噶尔丹博硕克图汗，祖父及身，累世竭诚修好，虔供贡赋，实惟有年。"（见插图 4）这说明自噶尔丹的先辈即与清朝政府保持长期的朝贡关系。作者通过大量历史事实论证之后，认为"自公元十三世纪初斡亦剌部出现于历史舞台以后，元代的斡亦剌，明代的瓦剌直到清代的厄鲁特四部，始终是中华民族大家庭的成员，与我国历代中央政权保持着密切联系"（见本书第10页）。应该说，作者的这一论断是符合历史实际的。

我国统一多民族国家的形成，是经过长期历史发展过程的。清朝建立全国统治后，经过康熙、雍正、乾隆三朝的努力，使我国多民族国家得到进一步的巩固与发展，奠定了我国今天的疆域版图，应该说这是清代前期对我国历史做出的重大贡献。本书在《噶尔丹对喀尔喀蒙古的进攻》《乌兰布通之战》《噶尔丹叛乱的覆灭》《巴黎报导的"昭莫多之战"和当时绘成的"北征督运图"》《准噶尔割据势力的瓦解和"平定准噶尔图卷"》以及《阿睦尔撒纳叛乱的失败和清朝统一新疆地区》各题中，作者利用大量文献资料与当时的历史文物，对清政府平定准噶尔上层贵族割据势力与统一西北地区的过程作了详细的论述。尽管清政府对准噶尔部的用兵是出自封建国家根本利益的要求，但它在客观上是符合于当时历史发展趋势的，正如作者所说："在中国统一的多民族的国家里，搞分裂割据是不得人心的，维护国家统一，才是各族人民的共同愿望和历史发展的必然趋向。"（见本书第103页）因此，作者在阐述清政府用兵准部过程中，以一定篇幅描述了包括准噶尔在内新疆各族人民支持清政府的具体史实。如本书在《准噶尔割据势力的瓦解和"平定准噶尔图卷"》一题中，作者通过当时宫廷画师钱维城所作《平定准噶尔图卷》，生动而具体地描述了新疆各族人民牵羊捧酒、络绎于道欢迎清军的场面（见插图22、本书第103页）。作者在有关清政府用兵准部的论述上，观点明确，分析透彻，有一定的说服力，给清政府用兵准部及其统一西北地区的历史作用作了正确评价。

厄鲁特蒙古是我国勤劳、勇敢的民族，他们在缔造祖国伟大历史中做出了自己的贡献，本书对厄鲁特各部人民辛勤开发祖国疆土与英勇保卫边疆的史实，作了充分的论述和热情的颂扬。厄鲁特蒙古各部原本是"不耕五谷，以游牧为业"（椿园：《西域记》卷5）的。但厄鲁特各部人民在其首领们的倡导下，经过长期辛勤劳动，使社会生产得到了很大发展。作者在《策妄阿拉布坦、噶尔丹策零时期准噶尔经济的发展与内地联系的加强》一题中，详细地介绍了自巴图尔珲台吉以来的准部畜牧业、农业以及手工业发展的情况。（本书第86—88页）书中以具体资料说明了当时准部的农业已发展到"百谷园蔬之属，几于无所不有"（《西域图志》卷34）的地步，而在手工业生产方面如织布、制革和冶铸等业也有了新的发展。这清楚地说明了准部人民在开拓祖国边疆过程中付出了艰辛的劳动。不仅如此，作者还以极大热情歌颂了厄鲁特各部人民反抗外来侵略、保卫祖国边疆和维护国家统一的英勇斗争精神。16世纪末和17世纪初，我国厄鲁特蒙古各部游牧于天山以北，阿尔泰山以南，巴尔喀什湖以东、以南的广大地区，其西、北部与西伯利亚相毗连，而这时俄国势力已扩展到西伯利亚地区，并不断向我国厄鲁特蒙古各部进行侵略活动。本书在《巴图尔和僧格时期准噶尔人民的抗俄斗争》一题中，以无可辩驳的中外历史文献揭露沙皇俄国侵略我国厄鲁特各部种种罪行的同时，系统地阐述了准噶尔部军民英勇抗俄斗争的史实，歌颂了准噶尔部首领和人民在国外扩张势力面前不畏强暴、坚决维护祖国领土主权的斗争精神。本书还在《土尔扈特的西迁和重返祖国》一题中，论述了土尔扈特蒙古西迁及其反抗沙俄压迫、重返祖国的伟大斗争。土尔扈特本为厄鲁特蒙古四部之一，原游牧于当时新疆塔尔巴哈台的雅尔地区，因厄鲁特蒙古内部矛盾，于1630年前后迁徙到额济勒河（今伏尔加河）流域放牧，在那里居住近一个半世纪之久。但因不堪其北邻沙皇俄国的侵略压迫，于1771年（乾隆三十六年），在其首领渥巴锡率领下，发动了反抗沙俄的武装起义后，经过长途跋涉，冲破艰难险阻，付出巨大牺牲，终于回到了自己的祖国，投归了清朝政府。土尔扈特人民热爱祖国、不畏强暴的英雄业绩，是可歌可泣的，是值得我国各族人民崇敬和追念的。作者对土尔扈特重返祖国英雄壮举的描述，毫无疑问，对增强人们爱国主义和反抗斗争精神，将会产生积极作用。

最后，还应该提到的，就是作者以文献结合文物研究历史的方法是值得称道的。由于作者在论述每一历史事件的同时，密切结合对历史文物的介绍与研究，不仅使读者得到一定的历史文物知识，而且使宏伟而生动的历史场面，通过画卷、碑刻等实物展现给读者，在很大程度上给读者以直观感，使历史知识更加生动化、具体化。如本书通过选用的六幅《北征督运图》的介绍，使读者形象地看到了清军昭莫多战役中运输粮草的具体情景，生动地描绘出清政府在各族人民支持下取得战争胜利的历史进程。又如本书通过《平定伊犁回部战图》和铜版画《平定伊犁回部战图》的介绍，配合以大量文献资料的论述；使读者既了解到清政府先后平定准部、回部贵族上层割据势力、统一西北地区的全部过程，又生动、逼真地展现出当时各族人物形象、风貌、衣冠服饰及行军作战等具体情景。正因为作者的研究采取图文并茂、史论结合的方式，所以使读者对书中的长篇论述不感到空乏无物，对大段引文亦不觉其堆砌累赘。应该说，作者在文献结合文物研究历史方面，确是取得了较为成功的尝试。

《准噶尔的历史与文物》一书定稿于1981年，出版于1984年。此间，国内外在准噶尔史的研究中又有些新的进展，而有关的文物和历史文献（特别是托忒文的文献）也不断发现，本书尚未及时利用与吸取，这不能不说是本书美中不足之处。我们希望本书再版时，能得到增补与充实。

# 18世纪中国统一进程的历史画卷

## ——从《郎世宁的西域画》谈起①

近读周轩、漆峥新著《郎世宁的西域画》（中华书局2020年版），合卷静思。18世纪乾隆帝一统中国的壮丽画页不时闪现于眼前，先辈奠定疆域的伟业值得今人永远铭记。作者赠书时曾寄言索评，想到与周轩相识近半个世纪，1994年我曾为他和高力先生合著《清代新疆流放名人》（新疆人民出版社1994年版）试作小序。今应命试写小评，一序一评相隔几近40载，可称是学人间难得的缘分！

依愚陋识，《郎世宁的西域画》值得一赞有三：

赞之一，视角独特的评议。

郎世宁的西域画，反映的是18世纪中叶乾隆帝统一新疆进程中值得历史铭记的瞬间，作者正是将画幅反映的历史瞬间，置于18世纪清代中国大一统的大背景之下进行历史的和文化的考察和评议，才让读者一窥清政府治理边疆方略的全貌。

---

① 本文刊发于《中国史研究动态》2022年第2期。

　　学界共识，"恩威并施"和"因俗而治"是清朝在治理边疆过程中一条明确的基本方针。所谓"恩威并施"，是我国历代封建王朝惯用的统治方针，对边疆少数民族地区尤多施用。清朝作为统一多民族封建国家，继承了历代封建王朝对边疆地区的统治经验，从维护以满洲贵族为首的封建统治阶级根本利益出发，对边疆地区实行恩威并施和剿抚并用的方针，即一方面对边疆地区少数民族割据势力和反叛势力实行军事征服与镇压，另一方面对少数民族上层人士实行怀柔与笼络。所谓"因俗而治"，同样也是古代中国统治阶级治理边疆的传统方针，这一方针是由《礼记正义》中"修其教不易其俗，齐其政不易其宜"概括而成。雍正帝曾明确指出，对边疆统治要"从俗而宜""各安其习"（《清世宗实录》卷80），乾隆帝也强调"从俗从宜""不易其俗"（《清高宗实录》卷555）。郎世宁的西域画正是从一个侧面反映了这一治疆方略在新疆实施进程中的若干"威"与"恩"的重要节点。

　　"威"之场景，《乾隆帝戎装骑马大阅图》两幅，前一幅乾隆28岁，大阅兵勇与准噶尔战事有关，而后一幅乾隆48岁，时则是在平定大小和卓之役胜利后的大阅兵，相隔二十年的阅兵都与统一新疆有关，是乾隆帝统一大业中最辉煌的业绩；《乾隆西域战图》十六幅，所描绘的即是平定割据政权达瓦齐、平定叛乱势力阿睦尔撒纳，以及平定回部大小和卓叛乱的场景；《阿玉锡持矛荡寇图》描绘的是著名格登山之战二十五勇士之首阿玉锡策马持矛的雄姿；而《玛瑺斫阵图》中玛瑺是名列紫光阁前五十功臣之二十五，排在格登山大捷勇士之首阿玉锡（名列三十三）之前的清军勇将。"恩"之场景，《万树园赐宴图》记录的是在承德避暑山庄盛宴杜尔伯特三车凌回归的场景，《准噶尔贡马图》《哈萨克贡马像》和《丛薄行诗意图》则分别描述了准噶尔、哈萨克、布鲁特（柯尔克孜）诸部族朝贡归附的历史场景。

　　有关"因俗而治"的场景也颇引人注目，如《塞宴四事图》反映的是乾隆帝在承德避暑山庄接待蒙古和北方各部王公首领，开筵设宴时举行蒙古习俗四项活动——"诈马"（少年赛马）、"什榜"（蒙古器乐合奏）、"相扑"（摔跤比赛）和"教駣"（套马驯马）的场景。

　　诚如作者所评："郎世宁西域画的历史价值，在于用图画的形式，形象直观地记录和反映了乾隆帝先后平定天山以北准噶尔部达瓦齐割据政权及阿睦尔撒纳的叛乱，平定天山以南布拉尼敦与霍集占（史称大小和卓）的叛乱，完成了具有深远历史意义和重大现实意义的统一新疆的大业，奠定了近代中国的版图，达到了几千年历史上从未有过的辉煌。"（第 15 页）

赞之二，严谨细密的考析。

作者治学既长于宏观阐论，也精于严谨考析。本书严谨细密考析之处多多，试举两例：

例之一，《乾隆西域战图》十六幅排序的纠错正本。

《乾隆西域战图》又名《乾隆平定准部回部得胜图》十六幅，由郎世宁、王致诚、艾启蒙、安德义四位供奉清廷的外国传教士画家历时七年完成彩图，乾隆帝作序，并为每幅彩图亲笔题诗钤章，后又送往法国制成铜版画，使乾隆帝的统一大业更加声名远扬。《乾隆西域战图》一直受到中外学者关注与研究，其中代表人物外国学者有法国的伯希和、日本的高田时雄，中国学者有庄吉发、张晓光、胡忠良、聂崇正和马雅贞等。在他们的论述中，对《乾隆西域战图》十六幅的排序，竟无一完全准确，实是一件憾事。为此，作者以清朝官方史料为主，通过细密考订出每幅战图所反映的事件的准确日期，从而确定了十六幅战图以时间为序的正确排序（参见第 312—327 页），作者纠错正本之功当为难得。

例之二，卫拉特蒙古历史名人画像的考订。

18 世纪卫拉特蒙古历史名人的画像，凡研究者均十分关注且期盼得以一阅真颜。但由于历史的原因存世极鲜。可称为准噶尔政权末代汗王的达瓦齐，乾隆二十一年（1756）四月初一日由郎世宁画达瓦齐油画像（70 厘米×75 厘米），今为德国柏林国立东亚艺术博物馆收藏，本书中立有专节（第 90—98 页）《达瓦齐像》予以专论；与达瓦齐同时期另一位卫拉特蒙古历史名人辉特部的阿睦尔撒纳，他先降清在剿灭达瓦齐割据政权军事行动中立下战功，后又竖起叛旗反清，最后亡命走死俄罗斯。据《清档》记载，乾隆二十年二月六日，"西洋人郎世宁等油画阿穆尔撒纳等脸像十一幅"，可惜阿睦尔撒纳画像下落不明（第 98 页）。但作者通过对《马术图》考析指出：《马术图》画面描绘的是乾隆帝率文武官员接见刚归附的辉特首领阿睦尔撒纳等人，在避暑山庄观看马技表演的场景。

"不出意外，应是乾隆帝前方右侧观阅方队前排右手第一人（他的左手是两位清朝官员）"（第 73 页，局部图见第 69 页图 5—7）；而从《万树园赐宴图》我们得见著名的杜尔伯特三车凌——车凌亲王、车凌乌巴什郡王、车凌孟克贝勒的清晰图像（第 57 页）；在同时期的卫拉特蒙古名人中率部东归祖邦故土的渥巴锡和策伯克多济画像是研究者最为关注的热点之一，书中《艾启蒙关于土尔扈特东归的画作》（第 281—300 页）对此有详尽的叙论，并刊发了《渥巴锡油画像》（第 289 页）和《策伯克多尔济油画像》（第 290 页），画像中的渥巴锡时年 29 岁，有一张非常典型的东方蒙古人种脸型，身穿朝服：朝冠顶镶红宝石，戴三眼孔雀翎一根，朝服石青色，绣有五爪金龙四团，前后身各有正龙一团，两肩各有行龙一团，面部神情忧郁；而画像中的策伯克多尔济，人物显得魁梧健壮，圆脸宽额，十分符合时人称其"胖子首领"的传说。

赞之三，厚积薄发的治学之途。

治学要持之以恒，厚积薄发，凡能身体力行者必有可为，成为某一研究领域的知者、大家。作者周轩是一位优良治学传统践行者，也是一位成功者，漆峥想是一位前途无量的年轻才俊，是践行在治学之途的前行者。我识周轩时在 1977 年，虽时隔 44 个年头，追忆当时情景还清晰如在眼前。那时我常去中国人民大学清史研究所马汝珩教授处，切磋钻研有关清史和卫拉特蒙古史诸问题，看到周轩的习作《格登山碑》稿本，流畅的文笔，娟秀的字迹，将 18 世纪中叶清政府统一新疆的著名战役格登山大捷，以电影文学剧本的形式再现于人们眼前，留下极深印象。自此之后，我与周轩开始了文字之交。1981 年夏，为参加中国蒙古史学会第三次年会，我第一次踏上新疆大地，始面晤周轩。之后，我几乎连年奔赴新疆，与周轩交往日多。新疆文史研究是其所长，尤着力于清代新疆史研究。林则徐、清代新疆流放名人、清代新疆流放制度、左宗棠统一新疆、卫拉特蒙古史、新疆文献等命题研究形成他个人研究深化的轨迹和特色。至今我藏书中周轩的大著尚有《清代新疆流放名人》（新疆人民出版社 1994 年版），《清代新疆流放研究》（新疆大学出版社 2004 年版），《林则徐在新疆》（新疆大学出版社 2006 年版），《乾隆帝与土尔扈特东归》（新疆大学出版社 2011 年版）等。值得一提，周轩作为主要撰稿人为新疆维吾尔自治区博物馆编《故宫博物院清代新疆文物珍藏展》（新疆人民出版社 2012 年版）大型画册撰写了极具文采的长篇解说词，还专门撰写了具有大历史散文风格的《回首清代新疆的历史与文化》，文中指出："清代新疆史，是一部清代新疆在汉唐元等朝之后继续归于祖国统一的历史，是一部各族人民共同开发建设和保卫祖国边疆、抗击外来侵略的历史，也是一部清代中央王朝治理新疆的兴衰史，给后人留下一份极其珍贵的历史遗产。一个国家和民族，必须要从历史中认识自己，从中汲取经验和教训、智慧和力量，而绝不可以忘记过去。"真是有如此丰厚有关清代新疆历史和文化的研究积累，《郎世宁的西域画》即是一部厚积薄发新的成果，作者的治学之风值得大赞。我们更有理由期盼作者新著不断面世，为新疆研究成果百花园再添鲜艳色彩！

　　赞誉之后，停笔之际，面对装帧精美，又是中华书局出版的学术专著，对本书编辑中失误甚感遗憾，试举二例：

　　例之一，第 301 页，"国务院新闻办公室 2019 年 7 月 21 日发表《敦煌的若干历史问题》白皮书指出：……"此处将白皮书《新疆的若干历史问题》误成《敦煌的若干历史问题》，实在是不应出现的大误！

　　例之二，第 301—302 页，"……是乾隆六部战图③中最重要的一部……"此处之注③与页下注注③文内容对不上，而对乾隆六部战图的解释是 302 页注①的内容，虽是小误，实也不该！

　　全书编辑工作是否还有其他失误之处，似应查查为上，即仅是上述两例，也实应引以为鉴。

2022 年 7 月<br>于北京自乐斋

## 一部有创意的卫拉特蒙古历史研究之作
### ——荐《准噶尔蒙古与清朝关系史研究（1672—1697）》①

　　2014 年岁末，黑龙教授的《准噶尔蒙古与清朝关系史（1672—1697）》

---

① 本文刊发于《中国边疆史地研究》2016 年第 1 期。

由上海古籍出版社出版。这是一个我十分感兴趣的历史研究课题，在认真细读之后，所感、所思甚多，草成此文，寄望于作者，就教于读者。若能对卫拉特蒙古历史研究的深化有所裨益，高温下我思考与写作的辛劳就值得，诚哉！

### （一）阅读中我之所感

卫拉特蒙古历史是我步入研究工作岗位后涉猎的第一个研究课题，时在 1975 年。近半个世纪我个人的研究领域不断拓展，但对卫拉特蒙古历史的研究从未间断。而 17—18 世纪卫拉特蒙古政治史一直是我研究的重点，业界熟知的《准噶尔史略》和《卫拉特蒙古史纲》两书中涉准噶尔和土尔扈特的章节均是由我执笔；对这一时期准噶尔蒙古的噶尔丹和土尔扈特蒙古的渥巴锡则是我研究着力最多的历史人物，我曾撰写了《噶尔丹与沙俄》（《西北史地》1981 年第 2 期）、《论噶尔丹的政治和军事活动》（《民族研究》1991 年第 2 期）、《渥巴锡论——兼论清政府的民族统治政策》（载马大正《边疆与民族——历史断面研考》，黑龙江教育出版社1993 年版）等论文，让我欣慰的是上述拙著、拙文至今仍为研究者所关注、所引用。

由于有了上述个人的研究经历，因此在阅读本书时，不时随手对阅当年自己著作中的相关段落与论述，倍觉亲切，几十年来自己写作时的甘苦与今日阅读中的惊喜，相互交织，常产生时空穿越的感觉。同时，也不时为后人超越前人而兴奋。确有很多考释和阐论，黑龙在继承的基础上超越了我，代有新人，实在让我高兴！此为我阅读本书所感之一。

我与黑龙从相识到学术上交往，以及对作者治学生涯的近距离观察的经历，对作者今日的成功感悟多多。黑龙的导师齐木德道尔吉教授、成崇德教授都是我尊敬的蒙汉兼通的蒙古史、清史专家，也是我治学生涯中的老友，在他们的指导下，黑龙完成了博士论文《噶尔丹统治时期的准噶尔与清朝关系研究》，博士后出站报告《清代准噶尔与北部疆域形成研究》，我还有幸忝列他博士后出站报告的导师和他博士后出站报告评审组组长。2005 年，我和成崇德教授将《卫拉特蒙古简史》上、下册整编为《卫拉特蒙古史纲》时，邀请黑龙担任该书副主编之一，并承担对该书大事记、世系表做了统编修正，对译名对照进行补充修正。21 世纪启始，有几年时间我们同在国家清史编纂委员会工作，使我有近距离观察、感知、评议黑龙治学态度和能力。我的印象是基本功扎实、治学严谨、思辨清晰、汉蒙满文兼通，总之，是一位处事低调、踏踏实实埋首做学问，也善于做学问的年轻学子，留下颇佳的印象。我始终看好黑龙的博士论文和博士后出站报告，曾一再希望他能静下心进一步修改、整合成书，早日面世，让学界共享。记得在他赴大连民族大学就职离京前，我还寄言黑龙，尽管到了新的工作岗位，研究工作重点不可避免会有所调整，但一定不要放弃书稿的修改。上述记忆，在阅读本书时不时闪现，这可以说是我阅读本书时所感之二。

### （二）阅读中我之所思

在所感同时，对本书在探研 17 世纪最后 25 年准噶尔蒙古与清朝关系中学术上的建树，是我思考的重点，且每每为作者引用一些我未曾见过的稀见史料，以及对康熙帝、噶尔丹汗在政治、军事战线上频频交手、斗智斗勇的精到考释、分析中的神来之笔而叫绝！

我以为本书在学术创新上值得一提之处有四：

一是，史料利用的多样性为研究的创新提供了扎实基础。

卫拉特蒙古的史料繁杂、分散，涉及文种、语种众多。经过 20 世纪 80 年代以来诸多研究者的努力，诸如《清实录》《亲征平定朔漠方略》《平定准噶尔方略》等大量汉文文献，以及部分汉、满文档案、托忒文文献和俄、英文资料用之于研究。但随着研究的深入，研究者日益真切认识到欲使卫拉特蒙古历史研究有新的突破，发掘新史料乃是根本之途。黑龙抱定"甘坐十年冷板凳"精神，发挥自己蒙、汉、满文兼通的优势，在本书研究中着力发掘、利用新史料，特别是蒙文档案和托忒文文献，成为一大亮点。

据本书"主要参考文献·史料"类所列，诸如中国第一历史档案馆藏蒙文老档，中国第一历史档案馆藏蒙古堂档，《清内秘书院蒙古文档案汇编》，收藏于台北的《康熙起居注册》（三十五年部分，满汉两种），《卫拉特蒙古法典》等托忒文文献，以及藏文史籍《五世达赖喇嘛传》汉译稿等珍贵民族文字档案和史籍，都是作者研究中利用的主要史料来源。真因有了新的史料源支撑，噶尔丹早年在西藏的活动（第 41—43 页），噶尔丹与五世达赖喇嘛的关系（第44—45页），1677—1679年噶尔丹与康熙帝的往来书信（第68页），还有1682年清廷奇塔特使团出使准噶尔、访问噶尔丹（第73—81页）等重大历史事件的面貌得以更翔实地恢复，弥补了当年我主要依据《秦边纪略》等汉文史籍和《清实录》等汉文文献记载的缺失所造成的或语焉不详、或记述有误的讹差。如1682年以内大臣奇塔特为首的清帝国的使团首次访问了准噶尔政权，将清准关系推向高峰，在《准噶尔史略》（人民出版社1985年版）一书第94—95页中对此历史事件的叙述，主要是对《清实录》和《亲征平定朔漠方略》的记载，做了综合，文字不足400字。但本书对这一重要历史事件的叙述，因为利用了"蒙古堂档"的记载，又有作者所撰《奇塔特出使准噶尔部初探》的专题研究成果，竟用了近8000字的篇幅将清准关系史上一件大事的缘由、始末，以及噶尔丹与康熙两人的远谋与近略这样一些复杂的历史事件和历史人物做了鲜活描述和中肯评析，对阅读者言，实是一大享受。

二是，思辨严密，善于考释，面对历史陈说之不确，敢于纠正。

人们在研究清准关系史时已经发现所依据的史料几乎全是清准相斗中胜利一方——清朝的记载，第三方俄国的记载不多，作为清准关系的另一方准噶尔的记载几乎等于零，基于此，在研究中对于清方的记述要持特别慎重的态度，作者不仅注意到，而且用之于研究实践之中。试举两例。

例之一，对乌兰布通之战中清军大败噶尔丹之说进行了深入再探究。当年我在撰写《准噶尔史略》涉此段历史时，认真研读了《亲征平定朔漠方略》有关记载后，对乌兰布通之战清军大败噶尔丹之说存有疑惑，下笔时如是表述：乌兰布通大战清军前线最高指挥官抚远大将军和硕裕亲王福全，亲信噶尔丹之言，"在清军优于噶军四、五倍的有利形势下，下令各路领军诸王大臣禁止出击，贻误战机，以致噶尔丹漏网脱逃，使乌兰布通大捷的战果功亏一篑。乌兰布通战役虽然未收到预期的战果，但毕竟打掉了噶尔丹军的锐气，使内蒙汛界以内的安宁得到了保证"。（第110页）上述表述虽然留有了余地，但对乌兰布通之战的战果仍是定位于"大捷"。现在看来，显然不符合历史的真实。而本书用一个小题近万字的篇幅（第146—160页），在充分吸纳前人研究成果基础上缜密研考了汉、蒙文相关档案，对乌兰布通战役作了全景式的描述与评析，作者的结论是："总体衡量此战，清军的损失要比噶尔丹大得多。"（第 154 页）同时又对清军大败噶尔丹之说流行已久的原因做了令人信服的分析，归之为是"清代著述的影响""著名史家的影响"，特别是"魏源《圣武记》关于乌兰布通之战的记述，却未加怀疑地转录马思喀《塞北纪程》的文字"，从而使魏源在这个问题上背离了自己曾尖锐地指出清代史书对清军"言胜不言败，书功不书罪"弊病的正确主张（第 155 页）。

例之二，对围绕噶尔丹之死种种历史谜团的考释。一代枭雄噶尔丹最后时光，以及死因和死于何地构成噶尔丹之死历史谜团的诸节点。我在《噶尔丹的政治和军事实践》一文中以"噶尔丹的末日"为题做了比《准噶尔史略》中较为详尽的记述：认为噶尔丹死期是康熙三十六年（1697）三月十三①，死地是阿察阿木塔台地方（今蒙古国），死因是病死，这三个重要节点叙述无误，但是尚缺更丰富的史料支撑和更翔实的分析。黑龙在充分吸纳齐木德道尔吉研究成果的基础上，结合自己对相关汉、蒙史料的研析，对噶尔丹死期、死地、死因做了更为翔实的考释，特别是对康熙皇帝编造"仰药自尽"，众臣编造"闰三月十三死亡"的死因和死期进行了清晰的综述与分析，作者从政治上着眼指出，"经过篡改，康熙帝三征噶尔丹以辉煌的胜利而画上了句号，他们着实可以庆祝一番了"。（第 227 页）使历史的叙述，更接近了历史的真实。

三是，对清准关系上一些重大问题，在总结前人研究成果基础上，进行了更全面的阐论，显示了作者不仅精于微观的考释，同样也善于宏观的阐论。

这方面可圈可点之处颇多，试举如下二例：

例之一，对清准贸易关系性质的分析。

从留存的大量史料看，清准关系无论是 1672 年至 1697 年噶尔丹时期，还是迄止于 18 世纪中叶策妄阿拉布喇、噶尔丹策零、达瓦齐诸汗时期，几乎除了战还是战。其实不是，清准关系是战与和交织，而和平交往中贸易关系的持续不断，形成了互补互存的客观实际是历史的真实。作者

---

① 此处改正了《准噶尔史略》第 119 页记噶尔丹死于"1697 年（康熙三十六年）闰三月十三日"之误。

认识到正确阐论的重要性，指出，清准关系的性质，"这是一个很少有人甚至无人触及的重要学术命题。它关系到怎样揭示清准关系的建立演变过程"（第101—102页），认为："清准之间的贸易往来正是明末兴起的那种不以称臣纳贡为绝对前提的新型互市贸易。"（第103页）并进而分析了清代著述把清准互市贸易改写成为朝贡贸易的深刻的历史、社会、政治原因（第104—105页）。

例之二，作者对噶尔丹的评价更显人性化。

我在《噶尔丹的政治和军事实践》一文中曾对噶尔丹一生试做如下总评：噶尔丹在政治上不是庸才，军事上也颇有建树，他以10年戎马生涯，东征西伐，战绩显赫；他纵横捭阖，深谋老练，一时成为我国北方草原上叱咤风云的人物，他领导下的准噶尔政权也成了17世纪下半叶我国政治舞台上的强大力量。噶尔丹还忠于自己的政治思想和原则，直至身临绝境，不贪瓦全，宁可玉碎，也不接受清王朝的招降，体现了一个政治家的可贵气节。从这一意义上说，噶尔丹不愧是蒙古族一个有影响的历史人物。

"噶尔丹失败了，彻底地失败了。这固然与噶尔丹在政治上树敌过多，军事上孤军深入等一系列决策上失误，以及他与之争斗的对手康熙帝和清王朝过于强大有关。最可悲的是噶尔丹与俄国交往的政治、外交实践的失败。噶尔丹本想借俄国力量达到自己与清王朝抗争的目的，但却被俄国利用，反成了俄国与清朝政府讨价还价的筹码。最终被俄国抛弃时，噶尔丹已与清军正面相撞，势不可当，成为过河卒子，无路可退。当然，噶尔丹的失败，从根本上说，他的行动违背了我国多民族国家走向统一与巩固的历史潮流，到头来不免走上覆灭的命运。从这一意义上说，噶尔丹又是一个悲剧性的历史人物。"（第263—264页）噶尔丹不是叛乱头目，而是一位悲剧英雄的论断，得到了业界赞同，也为广大蒙古族民众的认可。而本书对噶尔丹的总评虽没有上述评议的理性和全面，但指出噶尔丹"出身高贵，宗教地位显赫。特殊的身份、地位和非凡的早期经历，对他的学识能力、政治抱负以及性格特征的形成均产生了重要影响"（第228页），噶尔丹"身上具有活佛的端庄慈悲的气质和沉默寡语的性格"（第229页），加之最后引述了"投附清朝的准噶尔大臣丹巴哈什哈向康熙帝说：'噶尔丹本有才能，且得人心。'"（第230页）作者对噶尔丹总体评价的倾向是清晰的，作为悲剧英雄的噶尔丹已多维地呈现在读者面前！

四是，深化个案的专题研究，是著书立说的基础。

任何一本成功的专著，都是或大或小的作者个案专题研究成果的汇聚与提升，黑龙也不例外。2013年8月由民族出版社出版的黑龙《满蒙关系史论考》，是作者的论文结集，所收16篇论文中，诸如《噶尔丹执政初期准噶尔与清朝关系的新发展》《奇塔特出使准噶尔部初探》《乌兰布通之战再考》《康熙帝首次亲征噶尔丹与昭莫多之战》《康熙帝第二次亲征噶尔丹述论》《康熙帝第三次亲征噶尔丹史实考》等13篇论文，是《准噶尔蒙古与清朝关系史研究》或是章，或是节，或是专题的基础。围绕一个大的研究方向，扎实发掘史料，潜心于个案专题研究，分则成文、合则成书，这是一条符合学术规律的成功的研究之途。黑龙是如此实践的。本书即是成功的一例，启迪的价值亦在于此矣。

### （三）所感所思后的寄望

我本人虚长黑龙若干岁，又曾添列黑龙博士后的指导老师，在坦言读后之所感所思后，再提寄望有三：

寄望之一，《准噶尔蒙古与清朝关系史研究（1672—1697）》一书若要再版，一定要补充主题索引和图例，前者是按国际惯例一部学术专著不可少的组成部分；后者可包括示意图和插图。示意图中应有清准战图、贸易路线图等，插图则可或多或少选用，以增添学术专著可读性色彩。

寄望之二，发挥汉蒙满文兼通的优势，进一步发掘利用新史料，同时深入研读已译成汉文的藏文史料和《俄蒙关系历史档案文献集》等俄文档案，延伸准噶尔蒙古与清朝关系史研究时段至1757年。人们有理由期待黑龙新著面世。

寄望之三，黑龙教授目前正肩负主持《卫拉特蒙古通史》纂修的重任，这是一部以新生代蒙古族学者为主要纂修力量的卫拉特蒙古历史集大成之作，也将是卫拉特蒙古历史研究一部承前启后之作，黑龙责之重矣，我们有理由也有信心，黑龙教授将不辜众之所望！

2015年7月26日

于北京自乐斋

# 大美新疆奋进步伐的真实记录！

## ——读《现代文化的春天》①

2010年5月17日，是一个不仅让2100余万天山儿女永远铭记的日子，也是一个备受13亿中国人关注的日子。这一天，期盼已久的中央新疆工作座谈会在北京召开。从这天起，新疆站到了推进跨越式发展和长治久安的新起点上。短短三年，新疆大建设、大开放、大发展的步伐铿锵有力，令世人瞩目。

《现代文化的春天》一书通过翔实的数据、鲜活的事例、纪实的风格，生动形象地向读者展示了新疆以现代文化为引领、科学跨越、后发赶超的奋进步伐，记录了近三年来新疆大变化的壮阔画卷，读后给人以振奋。千百万普普通通的新疆人在党的领导下，抱着"只有努力，才能改变；只要努力，就能改变"的信念，通过自己辛勤劳动谱写着大美新疆大变的历史篇章，创造着一项又一项人间奇迹！人民是历史的创造者这一朴素的真理在新疆大地上再次得到证实。

振奋之余，更多的则是作者思辨的火花给人的启迪，引发人们面对现实和未来深深的思考。

思考之一，从以现代文化为引领的战略选择到五个"始终"发展思路的提出，治疆战略臻于完善。

中央新疆工作座谈会以科学发展观为统领，提出在新疆实现跨越式发展和长治久安两大历史任务。为之张春贤同志在自治区党委七届九次全委（扩大）会议上提出，实现新疆跨越式发展和长治久安的具体战略选择是：以现代文化为引领，以科技、教育为支撑，加速新型工业化、农牧业现代化、新型城镇化进程；加快改革开放，打造中国西部区域经济的增长极和向西开放的桥头堡，建设繁荣富裕和谐稳定的美好新疆。这一战略选择，将文化提高到前所未有的高度，也为新疆的发展建设指明了方向。在实践的基础，治疆战略探索并未中止，而是在不断深化。在纪念中央新疆工作

---

① 本文刊《新疆日报》2013年6月21日。

座谈会召开三周年日子里，张春贤同志在《求是》杂志发表署名文章《加快推进新疆跨越式发展和长治久安进程》，文章中提出了坚持五个"始终"的发展思路："我们认真贯彻落实中央关于做好新疆工作的一系列决策部署，充分把握和应对新疆改革发展稳定面临的机遇与挑战，始终把推动科学发展作为解决一切问题的基础，始终把改革开放作为促进发展的强大动力，始终把保障和改善民生作为全部工作的出发点和落脚点，始终把加强民族团结作为长治久安的根本保障，始终把维护社会稳定作为发展进步的基本前提，把中央精神与新疆实际紧密结合起来，坚持变化变革、敢于担当、务求实效，全力推进新疆跨越式发展和长治久安。"治疆战略要重前瞻性、全局性；要不唯书、只唯实；要敢于突破传统、直面鲜活的现实，唯此才能使指导全局的战略抉择立于不败之地。

国人有理由相信，大美新疆的奋进步伐将走得更坚定、更坚实！

思考之二，关于发展四题。

题之一是发展的内涵应该是社会的整体发展，包括经济的发展、文化的发展，特别是国民素质的提高，这样的发展才有可能是跨越式的发展，才有可能使发展取得最理想的效果。那种把"发展"简单看成经济发展，是非常不全面的。

题之二是经济发展无疑是发展的重要组成部分，在经济发展中应坚持群众第一、民生优先。在此前提下，倾国家之力，推进基础设施和重点项目的建设，加速新型工业化、农牧现代化、新型城镇化的进程。

题之三是要处理好发展与稳定的辩证关系。发展和稳定是互相依存、互相制约的，没有发展，稳定得不到保证，没有稳定更何谈发展，发展和稳定是相辅相成，在实践中绝不是也绝不能把两者人为分割，这个时期抓发展，那个时期抓稳定。

题之四是做好做实对口援疆工作，援疆是服务，是拥抱。中央援疆部署和举国上下的援疆热潮是前无古人的浩歌，是立在新疆跨越式发展和长治久安史册上的丰碑。有一种力量叫援疆，有一种精神叫感动，"援疆干部"应成为新时期最可爱的人群体中的一员。

思考之三，忧患意识不可无。居安思危，古代哲人已明言。忧患意识要求人们常怀远虑、力戒自满，不断战胜困难、化解风险；是一种强力防腐剂，警示人们安中思危、静中知变，努力掌握工作的主动权。忧患意识呼唤前瞻性思维，忧患意识是一种清醒的预见意识和防范意识，是一种危机感、紧迫感、责任感、使命感。实践证明，有了忧患意识，就有开拓进取精神；有了开拓进取精神，就会有事业发展的新局面。当前新疆可持续发展步伐一日千里，长治久安大局总体稳定、可控，并继续向好的趋势更加明显。但新疆可持续发展仍面临诸多挑战，维稳形势的严峻、复杂也是谁也回避不了的客观实际。新疆反恐、反分裂斗争的长期、尖锐、复杂，所有爱国的中国人应有足够的心理准备，并为维护国家统一、边疆稳定、民族团结做好自己的本职工作，忧患意识不可无啊！

思考之四，发挥现代文化的引领作用，倡导新疆精神，培育新疆人的意识。本书作者多处使用了新疆人的理念，值得重视。在新疆实施"建设中华民族共有的精神家园"是一项宏大的系统文化工程，需要我们不断对各民族精神家园的内涵加以丰富、发展，其中培育新疆人意识，是建设新疆各民族精神家园的应有之义，有利于形成新疆各族人民共同意识——公民意识，增进民族团结。

新疆人是指生活在新疆这块地域上的各族人民。新疆各族人民培育新疆人意识，具有基础性的文化意义，树立新疆人意识，易于能够潜移默化，形成中华一家的思想观念。培育新疆人意识，将现实生活中过强的民族区隔向地域认同转化，以一定程度的地域认同替代过强的族群认同，有利于树立新疆各民族的国家共同意识，有利于国家公民意识的树立和巩固，有利于中华民族认同、中华文化认同，有利于消除民族隔阂，达到民族认同、地域认同、国家认同的良性互动，使国家认同成为所有认同中最重要的认同提供思想基础。

培育新疆人意识属于文化认同的范畴。文化认同是多元文化和谐共处的基础，存在多元差异较大文化背景的新疆注意中华文化教育既是当务之急，也是一项长期的工作，新疆人意识培育可作为推动此项工作的一个重要选项。

总之，《现代文化的春天》是大美新疆奋进步伐的真实记录，也将成为一切愿意认识新疆现实，思考新疆未来广大读者的益友而显示其存世的价值。

2013 年 5 月 22 日

于北京

# 民族团结、人心所向

## ——读《民族团结教育读本》①

读了由陈宏博同志主编、新疆人民出版社出版的《民族团结教育读本》一书，大有相读恨晚之感，真可谓开卷有益，所感所益甚多。如编者后记所示，本书的特点是观点鲜明，简明扼要，通俗易懂，图文并茂。确是一本寓史于教、贴近现实、切中时弊，融科学性、知识性、可读性于一体的好书。

正确阐述马克思主义国家观、民族观、宗教观是该书的最明显的特点和优点。该书以两章篇幅对新疆的主要民族和多种宗教，以及党的民族政策和宗教政策做了全面、系统、简洁、通俗的阐述，特别是专节论述了宗教的法制化管理问题，旗帜鲜明地指出：政府要依据国家的法律和政策对宗教事务进行管理。宗教事务和宗教活动要遵守国家的法律、法规和政策，要在法律和政策许可的范围内进行活动，并强调宗教的法制化管理，是维护社会稳定的需要，是顺利进行社会主义现代化建设的需要，是正确贯彻执行宗教信仰自由政策的需要。

如何运用马克思主义国家观来认识我们统一多民族的祖国，本书立专章：维护祖国统一，既是本书结集之章，也是全书点睛之处。"中华民族的利益高于一切"，"牢固树立'两个离不开'的思想"，"坚持反对民族分裂主义的斗争"，立场鲜明，切中时弊，恰是当前维护祖国统一，反对民族分裂政治斗争的要害所在，反映了全国各族人民心声，是当前新疆各族人民的战斗纲领。编著者颇具匠心，运用"新疆历史沿革"和"新疆经济建设"两章为进一步阐明维护祖国统一这一命题作铺垫，通过历史和现实的生动事例，从历史发展看新疆是统一多民族国家不可分割一部分，血脉相连、密不可分；从今天新疆飞速发展看，是全国各族人民大力支持、共同奋斗的结果。

对于一些重大问题的分析，本书还有待在深入浅出上下功夫。如民族

---

① 本文刊《新疆社会经济》1998 年第 2 期。

团结必须维护，但维护民族团结的基本原则应是什么？我们认为以下三个原则是不应被忽视的，即一是多民族祖国大家庭的统一原则；二是民族自治地方各民族权利平等原则；三是各民族在法律面前人人平等原则。新疆的历史和现实已一再证明，离开了上述三项原则，民族团结是不可能真正得到维护的，民族团结局面就会受到破坏。对于民族意识的认识和分析也亟待补充，民族意识的增强，是社会发展、民族文化素质提高后的必然，在统一多民族国家中，如何将民族意识的增强纳入国家意识的轨道，这是我们不可回避的又必须解决的课题，也是一个世界性的大课题。

# 树立正确的新疆历史记忆

## ——喜读新疆"三史"知识丛书有感①

由张新泰等总策划的新疆"三史"知识丛书②，包括了田卫疆《简明新疆历史》、陈超《简明新疆民族史》、马品彦《简明新疆宗教史》，该套丛书观点鲜明、简洁明快、通俗易懂、生动准确、图文并茂。喜读之余感言有三，一吐为快，愿与读者同享。

感言之一，正确的历史记忆是民族精神的核心内容，综合国力的重要基座。

周恩来同志把历史称作"民族的记忆"，他说：历史对一个国家、一个民族，就像记忆对于个人一样，一个人丧失了记忆就会成为白痴，一个民族如果忘记了历史，就会成为一个愚昧的民族。而一个愚昧的民族是不可能建设社会主义的。另一位大家都熟悉的美国智者基辛格也精辟地指出：历史就是国家的记忆。是的，对于我们每个人来说都要牢记：不应忘记历史，忘记历史意味着对祖国的背叛；不要漠视历史，否则将受到历史的惩罚；不要割断历史，否定昨天终将失去明天，总之不要拒绝历史，因为正确的历史记忆是民族精神的核心内容，将给我们以智慧、以力量、以自豪。民族精神是一个民族赖以生存和发展的精神支撑，也是综合国力的

---

① 本文刊《新疆日报》2014 年 7 月 29 日。

② 2014 年 3 月由新疆人民出版社出版。

重要基座。

把有中国特色社会主义文化和民族精神纳入综合国力的范畴，将使我们的认知视野和工作举措从单纯物质文明的追求扩展到精神文明领域。当今世界综合国力的竞争是全方位的竞争，包括政治、经济、科技、军事、文化等各个领域，但归根结底，起决定作用的还是人的竞争，即人的素质、民族素质的竞争。对于正在和平崛起的社会主义中国，树立正确的历史记忆，弘扬和培育民族精神，不仅是当务之急，也是一件惠及千秋万代的宏大伟业。

感言之二，正确认识新疆历史是倡导新疆精神、培育新疆人意识十分重要的基础性工程。

以现代文化为引领，在新疆实施"建设中华民族共有精神家园"是一项宏大的系统文化工程，需要我们不断对各民族精神家园的内涵以丰富、发展，对新疆历史的正确认知，是倡导新疆精神、培育新疆人意识得以顺利开展并能以收到实效的首要之举。

历史的认同是文化认同的前提，而文化认同则是政治认同的基础，可以这样认为，历史认同的建立，有利于树立新疆各民族的国家共同意识，有利于国家公民意识的树立和巩固，有利于中华民族认同、中华文化认同，有利于消除民族隔阂，达到民族认同、地域认同、国家认同的良性互动，为国家认同成为所有认同中最重要的认同提供思想基础。

感言之三，新疆"三史"——治理史、民族史和宗教史是新疆历史的核心内容，是正确认识新疆历史的关键。

要正确认识新疆历史，首先应该对新疆历史发展的基本问题有一个准确的把握。新疆历史源远流长，丰富多彩，但我以为如下五个问题可视为是新疆历史诸多问题中最重要者：

一，历朝各代的新疆治理史；

二，新疆各个民族演进史；

三，新疆多种宗教发展史；

四，多元文化在新疆的共存、交融与互补；

五，屯垦戍边的历史作用和定位。

上述五个问题中，屯垦戍边是历朝各代新疆治理的一项重要战略举措，而多元文化的共存、交融与互补又离不开新疆民族与宗教演进、发展的全局。因此，"三史"丛书包含的三本专史实际上是新疆历史发展中带有全局性问题的专题论述，"三史"丛书的两位策划人和三位作者承接历史的担当，以科学严谨的精神，在正确历史观的指导下完成"三史"的撰写，并得出了正确的结论，即：

一，新疆是祖国不可分割领土的一部分；

二，新疆是各个民族共同生活的家园；

三，多种宗教在新疆碰撞中并存。

这应该成为包括新疆各族人民在内的所有中国人的共识。

我们应该站在历史的脊梁上来观察新疆历史，研究新疆历史应面对现实和未来，首先是关注当代新疆的现实向我们提出的要求。

新疆是一个多民族聚居、多种宗教汇集的地区，维护各民族团结和宗教和谐本来就面临诸多挑战。分裂势力为达到其分裂新疆的目的，在意识形态领域制造了诸多歪理邪说，对新疆历史的歪曲和篡改更是不遗余力。因此，正确阐明新疆历史，包括民族演进和宗教发展的历史，有助于进一步深化在广大干部群众中开展马克思主义"五观"教育和爱国主义教育，有助于进一步增强各族群众对伟大祖国、中华民族、中华文化、中国特色社会主义道路的认同感。

新疆"三史"知识丛书的出版，为我们提供了一份重要的学习教材。

2014 年 5 月 14 日
于北京

# 她走在理想之途

## ——《西出阳关——我和新疆的七次约会》读后①

### （一）从闻其人到识其人

1997 年春，我主编由山东画报出版社出版的"中国边疆探察丛书"出版，一时受到学界和媒体的关注，使我深受鼓舞，由此也更为关注有关

---

① 本文刊 2006 年四川民族出版社出版尚昌平《走读新疆》。

边疆考察书籍的出版情况。大约在同年夏秋，偶然在书肆发现由长春出版社出版的"漂泊者之旅丛书"，一套 5 册一次购下拜读。5 位作者有 2 位女性，其中《荒原有爱》的作者即为尚昌平。一位"眉清目秀，长发飘飘，一口软软的南方风味普通话"的小女子①，能跻身在徒步走遍祖国山山水水，表现出不畏任何艰难险阻，勇于同严酷自然和生命极限挑战的壮士之列，这是昌平给我留下的最初印象。

此乃闻其人之始。

人世际，能闻其人不一定有识其人的机会，能实现两者的过渡，是一种缘分。

1999 年 4 月 14 日在北京，我参加席殊书屋组织的"中国西部探险丛书"出版座谈会，从出席者的名单上尚昌平大名列于其中。经主持人指点，我看到了坐在会场一角，穿着朴素、文文静静，像个平常大学生的尚昌平。这就是那个抱着"只要世界上有路，就有上路的，有天职在，就有听从召唤的，有死神在，就有赶去赴约"的豪情、信念，走上奇特的边疆考察之路的尚昌平！

会议结束时，我们认识了，坦率言，轰轰烈烈与文文静静，面对眼前的尚昌平，我实在难以找到一个合理的结合点和平衡点。只能用一个难得的奇才来自圆这一矛盾的印象。不过自此之后，当代徒步探险的勇士中有一位昌平小友我是记住了。

### （二）刮目相看后的惊喜

时流又过去 4 年有余，2003 年 7 月初我突然接到昌平的电话，要相赠她的新著。几天后，一册散发着油墨清香：署有昌平独特签名的《西出阳关》到了我的案头。

虽说近一段时间百事困身，我还是读了三遍：浏览、精读、重点的读。所感所思颇多。简言之：当刮目相看，还有刮目相看后的惊喜！

刮目相看的感受从何而生？昌平不满足于行程中的浮光掠影的记述，而是在行万里路的同时，坚持读万卷书，终于为读者奉献了自己行中思、思中行的结集。她的执着、她的勤奋、她的思考，确乎让我刮目相看。

---

① 程潇《"乱走"的昌平》，尚昌平《荒原有爱》，长春出版社 1997 年版，第 1 页。

刮目相看后又何以让我惊喜呢?

惊喜之一,从感性而言是她与我边疆考察足迹的重合。昌平的 7 次新疆之行,所到之处,除楼兰遗址我与之失之交臂而无缘踏勘外,塔克拉玛干沙漠周缘昌平所历诸地我都不止一次到过。当然,要自愧不如是,昌平是以步为主的踏勘,我则是以轮代步的"走马观花"。两者艰辛的差异不可同日而语,给个人的印象、体验,并由此引发内心的震撼,也是差之万千。但毕竟我们属于走在同一条路上合格的和不合格的"行者"!

惊喜之二,从理性而言是昌平对"漂泊探险""独行考察"文化内涵的感悟和思考给我留下了极深印象。

作为"行者",昌平对行走发自内心的感悟:

"'走路'自古至今都称不得一种时尚,只是认识大自然和磨砺自我的手段。对我而言,它还有另一种含义:我把它看作生命状态,换言之,是我生活方式之全部。"(第 8 页)

"天长;地久;周游的我已习惯于在青天下独守苍昊。"(第 8 页)

"脚步走在断断续续的古道上,漫长而遥远,只有我自己清楚,路,其实在我心里,坎坷艰险的路再长也终有尽头,而我心里的路很长,很长……"(第 145 页)

昌平并不满足于停留在感情的层面,她还时时进行深邃的思考:

"人群中,探险者崇尚的是无畏的牺牲精神,挑战极限者追求的是带有冒险性的刺激,而路上的我是一个平淡无奇的行者。大行者苦于心,小行者苦于身,大行者无为事,小行者事事为,二者我可能兼而有之。"(第 14 页)

"走在路上的行者不是行为艺术的表现,广义上的行者是包括对历史、考古、地理、建筑、民俗等学科的探究者。行者似可以归类为文化边缘人,行者的见闻和内心的感受便是一种行者文化。"(第 14 页)

思考所迸发出思想的火花,我称之为行者哲学的思考。在这里,行者的昌平,将自己定位于"文化的边缘人",其实,她的实践、她的思考早已跨越了"边缘",而成为实实在在的文化人!

我在"边地文化探踪丛书"的"写在前面"中曾将当代的边疆探险、考察分为漂泊探险和文化考察两类。前者重在肉体苦难和心灵自由的体验,后者则重在文化的积累和学术的探求。其实两者间并无不可逾越的鸿沟，只要做到互补与互融，当代中国边疆考察就将有一个大的发展。

昌平是一位将漂泊探险注入文化考察内涵的成功的实践者。

### （三）文化内涵的沉积

《西出阳关》不同于其他漂泊探险诸君已出版的作品，是书的内容充满了文化内涵的沉积。

昭怙厘寺、克孜尔千佛洞、艾尔尕提清真寺、楼兰遗址、罗布泊变迁的历史和考古，在昌平笔下如涓涓细水，在读者眼前缓缓流淌，充满着学术的内涵和文化的沉积，出自非专业研究者笔下，让人折服。

而对烽燧演变、楼兰历史，特别是在《古道怨咏》一题中对消失在西域和亲路上女性：细君、解忧，还有并非走在西域古道的王昭君足迹的追寻，人们似乎听到了当年史学大家翦伯赞《内蒙访古》的遗韵。

历史上的和亲，是具有中国特色的古代中国边疆政策的重要内容。对此，我在《公元 650 年至 820 年的唐蕃关系》（载《边疆与民族——历史断面研考》，黑龙江教育出版社 1993 年版）一文中有一段感而慨之的议论："唐蕃和亲，特别文成公主和亲吐蕃成为千世传诵的佳话，近几十年为史家所颂扬，文坛所讴歌，无疑是必要的，但超越真理即为谬误，应客观地评述唐蕃和亲在双方关系发展全局中的实际地位，文成公主在青藏高原传播文化、播种友谊，为汉藏人民崇敬，但文成公主却不能逆转松赞干布逝世后唐蕃关系恶化的潮流，同样，金城公主也充其量在一些具体问题上缓解唐蕃矛盾，作用是有限的。至于她们个人命运的悲剧色彩，以及封建社会中政治婚姻对人性的摧残，更是我们应予以同情和鞭挞的。"

10 年前我的这番议论，在历史上民族关系友好是主流的一片颂扬声中，显得有些另类。让人高兴的是我的议论在 10 年后昌平的书中得到了回响。

昌平说："汉武帝的'和亲'，汉元帝的'赐嫁'，都是君主的政治手段，这道理，千百年来平民的心里都很清楚。现代文学、戏剧创作大可不必用实用主义的眼光，去冷热历史上的悲剧女性，不要让她们含怨九泉之下再怨一回，简言之，尊重历史，不需要妙笔生花。"（第 121 页）

下面一段充满女性感情色彩的抒发，更值得让人深省："作为一个平平常常的人，古往今来的女性心情是一样的。因此，当我走在她们走过的古道上，便为她们的不幸而行吟一路。那个无涯的黑洞，曾吸去了那几位年轻女子鲜活的青春，她们游离两千年的魂灵，是否能与我相伴，同归故里？"（第121页）

《西出阳关》文化内涵的沉积还表现在，昌平笔下记录了维吾尔人淳朴的民风和独特的民情。她在喀什遭遇100个微笑的经历，她对生活在塔克拉玛干沙漠边缘阿米娜一家的记述，她在最后的村落中对底坎尔人心声的记录……所有这一切，都应该成为民族学家、社会学家、人类学家难得的、鲜活的资料，而受到重视。

## （四）散文之美的回味

《西出阳关》另一个给我留下深切印象的是其散文之美的回味。

我以为散文之美不在于辞藻的华丽，而在于作者心灵呼喊在读者中引发的震撼力。这种震撼力给人以沉思，以回味！

西出阳关，昌平笔下西行的路是："阳关外的路，像一条浣洗得发白的丝带，在风中瑟瑟发颤……"（第113页）"荒漠西行，感悟最多、最深的是生命自身的短暂与大自然的永恒。生命赋予人感受的本能，而人的感受并不意味只感受生命的自身，对自然界万千生命的感受，远远胜过人的自身生命的珍惜与垂怜。我喜欢自己钟情于野的天性，追逐着一种自我的感受，卷帙浩繁的史章是别人感知的东西，我追求的感触属于自己，亲历的体会是一种享受，从未有过的感受是最美的，哪怕是残酷的"（第137页）。景和情的交融，才能有如此精彩的独白！

对夕阳下的"行者"，昌平的描述充满诗意："我欣悦夕阳久久不落的那刻，将我的身影拉得很长，走动时像风中摇摆的树，停下时像直立的山石，我的影子在空中膨胀。我在独享太阳给我的特写，对着自己的影子，尽兴地手舞足蹈，尽情地摆布自己的造型，直到耗尽夕阳的光亮，将我所有的底片印在大地上。"（第33页）

在喀什经历了100个微笑的昌平，对西陲重镇喀什的感悟不同常人："在我的眼里，喀什是这样一个城市：空间里永远都容纳着精神和物质财富而不张扬；时光的座钟里永远都能听到历史的回音；人群中永不乏淳朴的民风。"（第62页）当置身于洒满如银月光下的艾尔尕提清真寺前大广场之中时，昌平从心底呼出："出于对宗教信仰的尊重，而无法矜持内心深处的感触，我欣赏这种浓郁风情中的宁静。"（第66页）这就是昌平心目中的西陲重镇喀什！

也许是生活经历的某种类同和行者路程的重合，昌平对一些精神和物质的独特感受，于我不仅是回味，而是共鸣。

我归之有二：

一是，孤独。身处沙漠戈壁中的孤独，孤独的极致是恐惧。

昌平如是说："我没法说清那样一种恐惧。人要真正站在那里才知道。在那里，没有一点点生命的迹象，没有飞鸟，小虫，植物，水。这些东西在沙漠里总还找得到。我在夜间行走，如果听到狼嗥，心里我会感到有一丝安慰，因为知道有活的生命与我同在。那里只有天空，雅丹台地，自己唯一听到的声音就是自己的心跳，非常响，像要从胸膛里跳出来。那里没有时间的感觉，完全丧失时间感。人要是走出十米以外，就会走丢的。这种恐惧让人发疯。那地方不能久留。"（第4页）这段文字喊醒了1999年我在新疆古尔班通古特沙漠五彩湾一段亲身经历的回忆：极目所至除了灼人的阳光照射下的戈壁大地，寂静笼罩一切，唯一听到的声音是自己的心脏跳动，即使纵声高喊，也得不到半点回响。这种孤独，这种由孤独而引发的恐惧，是莫名的，可却是极其强烈的。虽然明知在4千米周缘有同伴在，有车队在，他们正拎着水向我走来，也难以摆脱由孤独产生恐惧的强烈冲击。

我钦佩时时被这种恐惧笼罩着的戈壁中的独行者。他（她）们是真正的精神上的强者。

二是，幸福。什么是幸福，100个人有100种的理解，100种的追求。在社会多元化的今天更是如此。行者昌平理解并追求的幸福是什么？"我很幸福。我一直认为自己很幸福，想去的地方我就去，想做的事情我就去做。"（第3页）真是朴实无华的坦言。是的，能做自己想做的事，这是幸福。如果自己想做的事做成了，并证明于社会是有益，得到了社会的承认。那是幸福的升华！

我是这么想的，也是这么感受的。

昌平的文字让人回味之处，还可举出很多。诸如："在白色的羊群像被风贴地卷起的毛毯一直向南流动，走过的地方寸草不留"（第42页），如此形象地对"狼贪羊狠"成语的描述，只有细心的实践者才可能写出如此绝笔！

### （五）是苛求抑或是希望

昌平的行者之路还要走下去，昌平的行者哲学思考当然还将深化、完善、成熟。我更期望并相信，记录昌平行者足迹、心迹的作品还将有第三本、第四本……

作为比昌平虚长若干岁的我，想坦言几点建议，不知是苛求抑或是希望。

其一是，一本考察记，交代清楚空间和时间是两个必备的条件。《西出阳关》一书空间是清晰的，是作者与新疆的七次约会，也就是七次新疆之行的记述。西出阳关，路过敦煌，涉足地域有塔克拉玛干沙漠周缘的肖塘、昭怙厘寺、克孜尔千佛洞、喀什、罗布泊、楼兰遗址，还有天山北路的呼图壁。

遗憾的是，本书结构安排上时间的因素却是不清晰的，人们费了很大劲，大体可知，作者的七次新疆约会是在1996—2002年进行的。看来罗布泊、楼兰遗址还走了不止一次。但到底是几次？又是如何进入的？合上书后还是一头雾水。

成功的边疆考察纪行，诸如外国的斯文·赫定、斯坦因、马达汉等，国内如收入"中国边疆探察丛书"诸君的作品，空间和时间的清晰均是突出特点。

我想，《西出阳光》结构上能更多考虑的时间的顺序，读者思绪与作者的步伐将会有更和谐的统一。

其二是，史实上某些误差与不确也是存在的。

例之一，伊斯兰教传入新疆始自9世纪末、10世纪初，其标志是喀喇汗王朝出现了一座清真寺，喀喇汗王朝是新疆历史上第一个伊斯兰教政权。公元1347年，由蒙古人建立的察合台汗国分裂为东西两部后，统治天山南北的东察合台汗国秃忽鲁帖木儿汗皈依伊斯兰教，开始强制推行伊斯兰教，导致新疆地区大量蒙古人成了穆斯林，新疆的宗教也由以佛教和伊斯兰教为主，多种宗教并存的格局，逐渐过渡到以伊斯兰教为主的多种宗教并存时期。直至16世纪初，佛教势力退出哈密，伊斯兰教终于取代佛教成为新疆的主要宗教。但伊斯兰教虽然取得了主导宗教的地位，在天山北路的卫拉特蒙古人中仍是信奉藏传佛教，加之清朝统一新疆后实行政教分离政策，伊斯兰教并没有能够成为新疆的唯一宗教。这种以伊斯兰教为主，多种宗教并存的格局一直保持到今天。

这才是历史的本来面貌。

例之二，喀什的阿帕克和卓墓是当地一大景点，但绝不是香妃墓，与香妃也无涉。这一点，清宫的档案，学界的多年研究，已有明确的结论，其中研究最力者当属新疆社科院的纪大椿先生，他在《喀什"香妃墓"辨误》（载《新疆近世史论稿》，黑龙江教育出版社 2002 年版）一文进行了详尽严密的考证，得出结论有四：

第一，容妃是反分裂的另一支和卓家族的人，是随父辈们进京入宫为妃的；

第二，容妃死后葬于裕陵妃园寝，喀什没有"香妃墓"（按裕陵属东陵，在今河北省遵化市）；

第三，把喀什和卓坟叫作"香妃墓"完全是误会，应恢复"和卓坟"这个早期译名，或沿用维吾尔语名称（按当地人民称为"阿帕克和卓麻扎尔"或"海孜来特麻扎尔"，译意为"尊者之墓"）。

第四，把未经核实的画像叫作"香妃像"是不恰当的。把它翻拍放在喀什和卓坟，也是由于误会，两种误会都应加以纠正。

昌平在书中阿帕克霍加陵园一题用的就是"香妃墓"，至少是史实上是一个大谬！

虽如此，《西出阳关》还将以它文化内涵的沉积和散文之美的回味成为当代边疆考察著作中一部颇有特色的作品而存世！

我也更期望昌平小友新的边疆考察著作的问世！

2003 年 8 月 15 日

# 青春岁月汇成歌
## ——读《知青图录：在新疆乌拉斯台农场》①

地处祖国西北边陲的新疆，如今在广大读者心目中虽仍有遥远感，但

---

① 本文节本刊《光明日报》2013 年 5 月 5 日第 5 版，全文刊《新疆日报》2013 年 5 月 23 日第 9 版。

已并不陌生。但新疆乌拉斯台农场，知者肯定鲜甚！"乌拉斯台"是蒙古语的汉译，其意是"有白杨树的地方"。生命力极为旺盛的白杨树新疆到处都有，因此，"乌拉斯台"的地名和标记在新疆不止有一处。本书所记述的乌拉斯台农场，是位于天山中段南麓，巴音郭楞蒙古自治州的西北处，在开都河流域、焉耆盆地北缘、和静县县城南偏东的一个国营农场。

乌拉斯台农场建于1959年1月，辖区96平方公里，在这块土地上，生活着汉、蒙古、回、维吾尔、哈萨克等民族的万名农工。截至1971年，先后来到农场的青年有617名湖北籍农工；67名江苏籍支边青年；21名天津籍知识分子；118名江苏常州的学生；530名老三届中学生……

《知青图录：在新疆乌拉斯台农场》，记录着这批530名老三届中学生农场生涯的难忘岁月。如当年知青田苗所言："永远的乌拉斯台，正如刀斧一般镌刻在了我的心版上，成了挥之不去的永久的印记和念想。"

新疆历史与现状研究是我研究的关注点，20世纪80年代以来，我已50次赴新疆，虽说乌拉斯台农场尚未去过，但巴音郭楞蒙古自治州，和静县，以及著名的巴音布鲁克草原，迷人的天鹅湖……为了研究发生于18世纪中叶土尔扈特人东归壮举，实地考察已超过10次。加之本书的策划者、编者、也是作者之一李维青同志是我多年相识老友，因此，当得到厚厚两大册，篇幅近1300页的本书后，我放下案头其他工作静下心认真阅读，形成如下印象和感悟。权充读后感与读者共享。

读后印象有二：

一是，真实珍贵。撰文者都是当年乌拉斯台农场的知青，回忆有长有短，经编选者再加工，独具匠心将充满生活气息的实录分编成八大板块：老三届·红卫兵，插队·安家·生存，劳作·磨炼·成长，美景·趣味·青春，爱情·友情·亲情，出路·境遇·惆怅，场长·队长·知青，回访·体味·追忆。于是这一特殊知青群体所经历下乡的激情，生存的不适，劳作的磨炼，生活的情趣，三情（爱情、友情、亲情）的温馨，前途的困惑，追忆的无悔……真实地展现在我们面前，读后让人身不由己、情不自禁地随着这群年轻人同走重温青春路的精神之旅！难忘的青春岁月像小河，岁月的河呀汇成歌，青春的歌中最扣动人们心弦的音符，正如当年乌拉斯台农场知青李维青在这远离这段生活40余年后所总结："那时的幽默是智慧，那时的坚强是愚昧、乐观＋勤劳，就是我们当年心态和行为。"是的，唯有真实，才可珍贵。

二是，图文并茂。全书 50 万字，配置图幅 1600 余幅，其中以照片为主，并呈现了两个特色。其一是老，照片中 40 年前老照片占了一半以上，这些老照片的拍摄者和被拍摄者都是名不见经传的当年知青，老照片提供了大量鲜活的历史细节，自然给人以耳目一新，历史定格于瞬间的震撼！其二是老新照片的和谐对比，照片中有相当数量是老照片中旧人，或是同人，或是同地的新照，同一人物老与新的有机结合，其蕴藏的历史感同样给人们视觉和心灵带来强烈的冲击！还值得一提是本书的独特的图文并茂的形式。人们熟知通常的图文书，要么是以图为主体的画册，要么是仅仅将插图作为文字的点缀，也就是简单的图配文，或是文配图。而本书"独特"之所在是将文图有机结合，真正做到了文与图的互补、互动。质朴的文字，加上经过岁月积淀之后的老照片所提供的直观而感性的历史场景，它所传递的信息更能散发出诱人的魅力。

新疆知青上山下乡，是涉及人数达 2000 余万人，知识青年上山下乡运动的一个组成部分，这场运动不管后人评价如何，它是中国现代史上的重要事件之一，是研究当代中国问题时常会遇到的话题。

当年的知青孙淑云在其收入本书中《风雨不蚀的记忆》回忆文写道："20 世纪 60 年代至 70 年代的百万知识青年上山下乡是运动，是潮流，它已成为历史。历史不能被忘记，也不应被淹没。对这段历史的是非功过，已有太多的回忆，太多的评说。我以为，亲身经历这段历史的整整一代人，才真正成为这段历史的见证。对于我们每一个人来说，那段经历不论是痛苦还是欢乐，不论是希望还是失落，都将伴我们一生，成为风雨不蚀的回忆。"

要纪录这段历史，这是亲历者对历史负责的心声，理应得到人们的尊重。我十分认同本书出版前言所宣示：以"知青"自身回忆为主，以图片实证引入，以各类知青当年相关实物为联系，既反映了当年知青的足迹，又是广大知青的"三亲"（亲历、亲见、亲闻）史料。新疆政协文史资料和学习委员会为知识青年上山下乡设立《知青图录》专题文史资料系列丛书，为始于 20 世纪 50 年代，到 70 年代末结束，持续了 20

余年的知识青年上山下乡运动，从新疆这个侧面留下一份真实记录。《知青图录》的出版，具有极高的史料价值，同时这些珍贵的片段回忆，又是不可多得的社会调查的个案文献，其社会学文献的意义也是不容置疑的。

由此引出作为一个史学研究者的感悟，我们应从口述史料收集的角度做更多的工作。20 世纪一百年，特别是新中国成立以来半个多世纪，一部新疆史轰轰烈烈，当代新疆历史的亲历者大有人在，但年事已高者甚众。除鼓励撰写回忆录外，收集当事人、当时人的口述史料，不仅急迫，实际带有抢救的性质。我们应从《知青图录》的选题、编选、出版的成功实践中总结经验，制订更周全的抢救、收集口述史料的计划，有序推进实施。我期待《知青图录》新的作品出版，我更期待更多"图录"系列，或口述史系列图书的面世。

果能如此，是史学之幸，社会之福。

2013 年 3 月 31 日
于北京

# 一部家国情怀满满的警世之作
## ——读《库页岛往事》

拜读卜键著《库页岛往事》，不仅为装帧典雅，插图精致所吸引，更为全书的立意、布局、文采所叹服，20 余万字，一气读完，颇有所感，更有所悟，表述如次，以求教作者和读者。

### （一）这是一部填补研究空白之作

百余年来，研究中国近代边界变迁历史的论著成百上千，但论及历史上中国封建王朝对库页岛的管辖治理，直至清代库页岛与母国渐行渐远，最终沦为俄国领土的前生今世却专论甚鲜。20 世纪 80 年代以来，出版公认是权威研究著作诸如中国社会科学院近代史研究所《沙俄侵华史》第1—4 卷，吕一燃《中国近代边界史》，姜长斌《中俄国界东段的演变》等，也仅仅是简述了 19 世纪中叶以来，沙俄东扩元勋穆拉维也夫、涅伯尔斯科伊诸人涉库页岛的侵略活动，而对库页岛的历史和居民的叙述几近空白，更不要说是研究了。

库页岛，南北绵延近两千里、东西最宽处逾三百里，面积大约七万六千平方公里，超过台湾和海南岛的总和，曾是我国第一大岛。在绵延数千年的华夏历史上，不管是汉族王朝还是少数民族政权，虽时有记述，但时隐时现，或浓或淡，即使有只鳞片羽，也都极为简约，且又多与传说相缠结。仅见有民国时期石荣暲《库页岛志略》内设"沿革篇"引录相关文献，并加考释辨证。

作者通过对史料的严谨爬梳、考析对库页岛的前生今世在前辈学者叙事的基础上再作梳理，尽管一些地方由于缺少官私文献，尚待日后的史料发现，但毕竟为今天读者勾画出库页岛历史演进的基本线索，特别是丢失的来龙去脉，读后让人感慨万千！

真可谓是一部填补研究空白之作。

### （二）这是一部严谨学术探研之作

《库页岛往事》无论从标题的设置、行文的风格，看似一部历史题材的散文随笔，但随着深读细品，仅就其资料的收集言，称其为学术探研之作当之无愧。本书附录中主要参考文献著录，文献和档案汇编 49 种，今人专著 14 种，俄（苏）、日、英、美、法、朝等国学术著作 27 种，学术论文 8 篇，可谓难能可贵。资料是研究的基础，通过对中、俄、日、朝四国相关文献的细读、爬梳、考订，使得本书的立论有了扎实的依据，大至行迹隐显三千年，亦失哈的东巡与明代卫所，成为皇清舆图第一帧，沙俄的占领、日俄的争夺与母国"渐行渐远"的伤痛……将库页岛几千年的"往事"细细叙来，将一幅库页岛演进的历史长卷展现在读者面前；而细至永宁寺碑与奴尔干都司的考订，远来贡绍人史事的发掘，以及对《穆拉维约夫—阿穆尔斯基伯爵》《外贝加尔湖的哥萨克（史纲）》《俄国海军军官在俄国远东的功勋》《涅维尔斯科伊船长》《东鞑纪行》诸文献的细研，足见作者鉴别史实、综合分析之功力。

真可谓是一部严谨学术探研之作。

### （三）这是一部家国情怀满满的警世之作

作者撰写《库页岛往事》并非仅仅是为记往事而述往事，而是力图通过往事的追忆，寻找战略地位如此重要偌大一个库页岛是如何与中国渐行渐远，最后彻底分离——丢失了的前因后果。

库页岛离开中国有多少年？"从法理上说，可追溯到整整 160 年前的《中俄北京条约》"，在清咸丰十年十月初二，公元 1860 年 11 月 14 日，俄国儒略历的 11 月 2 日（第 1 页），但真正丢失，如《库页岛志略》一书作者石荣暲在自序中所言："库页岛既亡于俄，复亡于日本，正乾隆极盛之时，非国家微弱也。库页岛一失于勘界、再失于遗忘，均有保存管领之机，非同战争之不得已也。"

库页岛丢失的原因又是什么？

文史学者卜键有感于此，在书中直抒心怀的警世之言频出，阅后让人掩卷深思之后，拍案而起的伤痛更是久久不能忘却。试录几则与读者共享：

其一，"领土丧失，在我国近代史上最令人扼腕痛愤，库页岛却是一个特例，没有血腥的战争，没有交涉和抗议，没有强邻的胁迫与欺凌，甚至也没有写入那些不平等条约，无声无息、稀里糊涂就落入他国之手，而此岛真正的主人——清朝，却一直不闻不问"（第 241 页）。

其二，"库页岛，一个归属久远、主权明确的中国北方大岛，就这样悄无声息地属了他国，简单轻易到令人心碎，令人羞愧！"（第 170 页）。

其三，"库页岛的丢失，原因是复杂的，有沙俄、日本两个近邻的窥视与渗透、窃据与强占、分割与攘夺，而我更多反思的则是清廷的漠视，包括大多数国人的集体忽略"（第 4 页）。

其四，我"衍生出作为中国人的慨叹感伤：慨叹乾隆皇帝在号称盛世之际，对这样一个北方大岛的漠视；感伤清廷在衰败时的懦弱和无奈，任由两个强邻攘夺切割，居然选择了装聋作哑"（第 294 页）。

其五，"从 19 世纪中叶开始，曾经属于中国的库页岛，就变成了沙俄的萨哈林，变成了俄国监禁犯人的苦役岛；而直到今天，其在许多国人心中仍有一份特别的纽结牵连，一种挥之不去的复杂与沉重。写作这本小书的心情是沉重的，目的当然不在于对旧时领土的声索，而是基于一种邃深的伤逝，想借助那些个陈年往事，厘清库页岛渐离母体的去国之路"（第 294 页）。"本书副标题原作'对一块故土的历史和文化追寻'，为避免敏感而做的改动。故土，指家乡和祖国，也可指原有的、已失的国土。疆界已定，恢复中地已成梦幻，可我们仍有权利（或说有责任）进行深刻省

思，化为追寻与写作，尽可能真实地去梳理这段历史——库页岛沦亡史。"（第 268 页）

如作者在跋中所言："人们常说历史是一面镜子，却应摒弃那种顾盼自雄或自怨自艾、而深自省察，反求诸己，大约才是获得鉴戒，振作复兴的径路。"

诚是！

"红尘万丈，往事如烟，没有谁能割断我心底的这份沉迷与牵念"（第 268 页），这是本书最后一句话，当我们合上书本之时，泪眼模糊之余，不禁要高呼：忘记历史意味背叛！

"学史明理、学史增信、学史崇德、学史力行"其深意亦即斯矣！

真可谓是一部家国情怀满满的警世之作。

最后再述读后的希望两点：

一是，若有机会再版，几处人名失误的硬伤望定改正。

"人物小传篇"第 3 页，"东北史专家陈旸等根据残缺碑文……"此处陈旸应改为杨旸，可参见"附录·主要参考文献"第 271 页，杨旸等著《明代奴儿干都司及其卫所研究》条；

《契诃夫的萨哈林之行》1980 年黑龙江出版社和 2013 年湖南人民出版社版，译者都是刁绍华、姜长斌，书中第 40 页注①，第 260 页，将姜长斌误写成姜长赋，请改正，"附录·主要参考文献"中第 271、272 页，姜长斌无误。

二是，卜键先生退而不休，笔耕不息，望能将此类风格的文稿继续汇编成集，走向社会。当是书坛之幸、读者之幸矣！

2021 年 12 月
于北京自乐斋

# 近代东北亚国际关系史研究的新进展

## ——读姜龙范著《近代中朝日三国对间岛朝鲜人政策研究》①

近代中朝日三国围绕着"间岛朝鲜人"的政策纷争，乃发端于清朝时

---

① 本文刊《中国边疆史地研究》2000 年第 4 期。

期的朝鲜流民越垦事件。"间岛"一词本中国所无，实系出自越界朝鲜人垦荒者之口，但后来为少数朝鲜官员所利用，使其演变为中朝两国的领土争端；所谓"间岛朝鲜人"，实指19世纪中叶以来自朝鲜半岛移入我国延边地区的朝鲜流民，或可称为难民。朝鲜流民迁入间岛地区之后，中朝两国围绕其管辖权问题发生了争执，进而酿成了边界纠纷。这一争端本应在中朝两国之间妥善地加以解决，但由于帝国主义列强在东亚的角逐，却愈益趋向复杂化。

众所周知，中国封建王朝同朝鲜半岛的国家政权的交往是在宗藩体系的框架下进行的。明朝以来，中朝两国以鸭绿江图们江为界，没有异议，到光绪八、九年（1882、1883），中朝两国在遣返越界垦荒的朝鲜边民的过程中，出现了"土门江"（即图们江）与"豆满江"为两江之谬说。经光绪十一年（1885）、光绪十三年（1887）两次中朝两国共同的勘界和谈判，纠正了"两江说"的错误说法。此后中朝边界之争仅是关于何水为图们江正源问题。这时，两国政府最关注的还是对越垦朝鲜人的管辖权问题。清政府为了维护国家的领土主权，保障边疆地区的安定局面，于光绪十六年（1890）令对业已非法入境的朝鲜垦民实行"剃发易服""领照纳租"的入籍政策。清廷此举引起了朝鲜当局的关注，遂向清廷多次提出暂停"剃发编籍"的请求，遭到清廷的断然拒绝。当时，中朝之间无论是边界问题还是朝鲜流民问题虽有分歧，但其各种交涉亦仅是在两国政府之间进行，并无第三者插手。

光绪二十年（1894）爆发了中日甲午战争，中国失败，翌年签订《马关条约》，中朝宗藩关系宣告结束，朝鲜独立。光绪二十三年（1897）在俄国的支持下朝鲜国王高宗称帝，改国号为"大韩"，届时中朝边界争议又一次复出。光绪二十六年（1900）俄国出兵东北，同时与朝鲜密谋瓜分我国延边地区。朝鲜依持沙俄势力，多次挑起边界争端，非法设置官吏管辖越垦朝鲜人，并向中国境内的越垦朝鲜人征租收税。更有甚者，朝鲜视察使李范允多次率兵窜入我国延边地区，侵犯中国主权。光绪二十九年（1903），李范允自封为驻垦岛之"保护使"，私设炮队，妄图用武力夺取领土。翌年4月，李率私炮队五六千人越图们江进犯延边地区，在中国军队抗击下惨遭失败。

日俄战争后，日本成为朝鲜的"保护国"。从此，日本正式介入了中朝边务交涉，"间岛朝鲜人"问题遂由中、朝之间的"悬案"变为中、日之间的外交新课题。直到"九·一八"事变之前，这一问题仍然是制约中、日两国关系的重要因素。从这一意义上说中日外交纷争正是近代中朝两国在"间岛朝鲜人"问题上的矛盾对立的延伸。

关于"间岛朝鲜人"问题，中、朝、韩、日的学者已有很多著作、论文问世。但全面系统地从法理上、政策上进行深层次探讨的论著却迟迟没有诞生，这不能不说是史学界的一件憾事。最近黑龙江朝鲜民族教育出版社出版了姜龙范博士的新著《近代中朝日三国对间岛朝鲜人政策研究》一书，填补了这一空白。这部书的出版，是"间岛朝鲜人"问题研究的一个重要里程碑，具有承前启后的重要意义。和其他同类著作相比，我认为至少在如下四个方面超过了前人。

## （一）结构严谨、重点突出

《近代中朝日三国对间岛朝鲜人政策研究》一书，虽然长达25万字，但结构严谨，层次清晰。作者在第一章主要叙述了中朝两国的边界沿革及清代中朝双方所奉行的边疆政策。关于边界沿革，作者重点叙述了明清两代中国对"间岛"的管辖情况，这是判定"间岛问题"是非的重要前提。作者在叙述这一段历史时，还涉及了关于确定国家边界的有关理论问题。关于双方的边疆政策，作者首先分析了大批朝鲜边民越界垦荒之前清政府的"封禁"与朝鲜的"锁国"政策。而后分析了朝鲜边民的冒禁潜入与中朝两国政府对朝鲜流民的政策。第二章主要阐述了清季中朝边务交涉与中朝双方对朝鲜移民的政策。就在这一部分涉及了中朝领土之争。清朝为维护领土的主权，加强了对"间岛朝鲜人"的管理，朝鲜则依仗沙俄的势力频繁挑起边界事端，从而使中朝关系进入了"黑暗时代"。第三章主要叙述了日本介入"间岛问题"以及中、日关于"间岛案"的交涉，重点揭露了日本帝国主义的罪恶行径，展示了中国政府和边疆地区人民为维护领土主权所进行的正义斗争的情况。这部分是该书最重要的核心内容。第四章主要阐述了中日两国在"间岛朝鲜人"国籍问题上的政策纷争，着重阐明清朝政府对"间岛朝鲜人"所采取的积极的入籍政策，以及"间岛朝鲜人"为摆脱日本的统治羁绊所展开的入籍运动。第五章主要叙述"间岛朝鲜人"早期社会团体在对待入籍问题上的反应，重点探讨了垦民会和农务契被官府所取缔的深层背景和社会原因。第六章主要叙述《南满东蒙条约》与《间岛协约》的关系，重点探讨中日双方围绕着新条约的适用范围、旧条约的存废问题以及朝鲜人的裁判权问题所进行的争论及其实质。作者指出，通过本书的研究主要阐明以下三个问题。其一，从政策史的角度，系统地阐述中朝日三国对"间岛朝鲜人"的政策的演变过程。使人们清晰地了解和把握"间岛朝鲜人"问题的产生、发展脉络以及中国同朝鲜、日本之间矛盾冲突的内在联系。其二，阐明"间岛朝鲜人"问题如何在近代东亚政治风云之变幻中逐步陷入国际化的历史变迁。其三，揭示中朝日之间对"间岛朝鲜人"所施行的政策之实质揭露朝鲜政府侵犯中国领土主权的扩张阴谋和伎俩，揭穿日本在"保护"名义下如何利用"间岛朝鲜人"推行其"满蒙政策"的险恶用心和侵略本质，肯定中国政府和人民维护国家主权、捍卫国家领土的正义斗争。本书旗帜鲜明地指出，在围绕着"间岛"与"间岛朝鲜人"的问题中朝之间的矛盾，在帝国主义插手之后，其性质就不仅仅是什么边界划定的一般纠纷问题了，而是其中包含着朝鲜当局妄图借助帝国主义的势力而攫取中国领土的扩张祸心。就当时的中国与朝鲜而言，皆受日本帝国主义侵略之害，命运是相同的；就朝鲜同日本而言，是殖民地与帝国主义的关系，其矛盾应是不可调和的。但是，带有极大讽刺意味的是，彼时的朝鲜政府竟事事屈从于日本帝国主义，在共同对付中国的问题上却是相同的，因此，综观中朝日三国对"间岛朝鲜人"的政策，明显地带有水火不相容的对抗性。这样从理论思考到具体论证，从宏观到微观，环环相扣，把各个问题之间的来龙去脉阐述得清晰有序。

### （二）资料翔实、立论可靠

资料是历史研究赖以进行的基础。"间岛朝鲜人"问题涉及中、朝、日等多个国家，研究者必须具备良好的语言条件，才能整理和利用这方面的资料。本书的作者姜龙范是一位中国朝鲜族学者、又曾赴日本东京大学访学，精通中、朝、日三国语言，从事这项研究具有特殊的语言优势。加之作者治学严谨、勤于笔记，十几年的时间他积累了中、朝、日三国有关"间岛朝鲜人"问题丰富的原始资料，并搜集了各类著作、论文。作者在其著作中引用的原始资料有：（一）中国方面的《清实录》《东三省政略》《清季外交史料》《清季中日韩关系史料》《近代中韩关系史资料汇编》《奉天行省公署档》《和龙分防档》《吉林东南路兵备道公署档案》《和龙县衙门档案》等。（二）日文资料有《统监府临时间岛派出所纪要》《驻韩日本公使馆纪录，1908 年度间岛派出所概况报告书》《驻韩日本公使馆记录，1906—1907 年岛关系文件》《寺内正毅关系文书》《斋藤实大书》《日本外交文书》《日本外交年表并主要文书》《朝鲜统治史料》《现代史资料》《朝鲜独立运动》。（三）朝鲜资料有《李朝实录》《备边司誊录》《通文馆志》《同文汇考》《旧韩国外交文书》，等等。作者依据这些第一手资料，既补充了以往史叙的不足，又澄清了这一研究领域的很多错误观点。例如，作者通过对档案文献的开发和利用。第一次系统地探讨了在早期"间岛朝鲜人"社会团体中具有重要影响的垦民教育会、垦民会、农务契、孔教会、农民会的成立过程，究明了每个团体的性质，对以往的研究做了一次重要修正和补充。在讨论"间岛朝鲜人"早期社会团体垦民会的性质时：一些学者认为垦民会是自治团体，甚至是自治机关。作者根据民族学的原理，分析了垦民会的地位、职能、职权范围、活动状况以及与中国地方政府的关系。最后得出结论：垦民会是由中国地方政府公开承认的合法的社会团体，最终未能发展成为自治团体或自治机关。

## （三）博采众长、富于创见

尽管中、朝、日及其他一些国家学术界都曾论及过"间岛问题"，但作者能在充分吸收前人的成果基础上，不落窠臼，并提出许多独立的见解。

例如作者没有像以往研究者那样把"间岛朝鲜人"问题局限在"间岛朝鲜人"与清政府的阶级关系与民族关系上去考察，而是从国际关系的角度作了深入的剖析。作者指出"间岛问题"，究其实质，是由谁来控制该地区的朝鲜人问题，也就是由谁在该地区行使领土管辖权和人民管辖权问题。作者以充分的历史事实有力地论证了清朝政府与"间岛朝鲜人"的关系。作者指出，在最初，越界垦民无疑都是朝鲜侨民，这些侨民是由于在国内忍受不了自然灾害的煎迫和统治阶级的压榨才到中国寻找生路的，这些垦民给清朝政府造成了相当大的负担。清朝政府用了种种手段都无法把他们遣返回国。在这种情况下，照理朝鲜应通过外交途径善处其事，但是朝鲜政府中的一些人竟借此提出了领土要求。作者认为正是朝鲜当局的这种无理要求引发了"间岛问题"。

作者摆脱了评价历史事件的教条化、公式化的传统做法，而是强调分析任何一个社会问题必须放到一定的历史范围之内。在评价清政府对朝鲜移民政策时，作者始终遵循着这条原则。作者认为，清政府对朝鲜移民所采取的"恩威并施"政策，即怀柔与同化政策，归根结底取决于清朝封建国家的根本利益。无论是怀柔还是同化，都是为了巩固对边疆地区的统治。因此清朝政府对"间岛朝鲜人"所施行的诸项政策，都应看作为维护领土主权、反对外来侵略的正义举措，不应以任何借口加以否定。虽然带有对边疆地区少数民族的偏见与歧视的一面，但是这种政策较之前期的驱逐和遣返政策有进步的一面，它改变了朝鲜移民往日流离漂泊的局面，使之安心定居，并成为东北边疆开发的生力军，为中国朝鲜族共同体的形成提供了必不可少的空间条件。这种提法，实事求是、公正客观、符合历史实际。

### （四）联系现实、经世致用

"间岛问题"不同于其他学术问题，它有很强的现实性，和现实政治密切相关。这些年来，外国仍有一些人别有用心地散布有关"间岛问题"的种种谬论。如 1978 年元旦，《韩国日报》以《新年展示韩国旧貌》为题，连续发表了世界古地图及文章，宣扬"间岛"为韩国领土；1979 年 5 月，韩国统一院研究员梁泰镇声称："有朝一日统一的话，国境问题必然作为重大的外交问题出现。"特别引人注目的是，1984 年 9 月 16 日，韩国金永光等 54 名议员联名向国会提出了《关于确认白头山所有权的议案》，认为《间岛协约》是一项不平等条约，是非法的、无效的。1992 年 8 月 27 日，即中韩建交的第三天，《东亚日报》以《应清算斑驳的过去》为题，发表了李基洪的文章，该文在所谓"清算历史"的口号下，暗示"间岛领有权问题"将是中韩两国面临的新问题。最近卢启铉又著了《朝鲜的领土》一书，重弹老调。由此可见，"间岛问题"不单单是一个学术问题，同时也是一个严峻的政治问题。本书作者姜龙范博士正是有感于这样的现实，为了捍卫国家的主权和尊严，进行了本书的写作。作者在这部著作中，以无可辩驳的历史事实、严密的逻辑推理给予国外学者的一系列歪曲史实的谬论以科学的回答。针对国外史学界一些学者所谓的在《间岛协约》签订过程中，日本让了步，中国才取得了"间岛"的领土主权，作者一针见血地指出：在 1909 年 3 月 18 日，中国外务部以长篇节略答复日本，以详尽确凿的证据，证明了延边确属中国领土。中日交涉中让步的不是日本，而是中国。中国在法理上应拥有"间岛"的一切主权，但中国却让与了日本领事裁判权。中国对"间岛"的主权不是日本的恩赐，而是历史赋予的主权的再确认而已。作者这些掷地有声的雄辩语言，构成了全书最精彩的篇章。在成书之前，作者把这些内容都以专文的形式发表于各类学刊，在学术界引起了强烈的反响。在本书的结尾之处，作者对通过课题所探讨的历史问题应吸取历史教训的阐发，更是展示了作者研究历史的使命感和时代感，这种经世致用的治学精神，使他的研究走出了为学术而学术的狭隘天地，充分发挥了史学的社会功能和现实作用。

与其他学术著作一样，《近代中朝日三国对间岛朝鲜人的统治政策研究》一书，也有它尚待完善之处。

首先，资料的进一步发掘，还有必要。据笔者知，日本大阪经济法科大学收藏有一批"间岛史料"，称为"伊地知文书"，在本书中未见提及。"伊地知文书"系 1930 年至 1931 年出任日本驻间岛总领事馆主任的首席外务书记生伊地知吉次所收集的文件，伊地知吉次离任时为日本驻间岛副领事，这批文件包括有：

1. 公文电报和信函（相当多的部分为机密件）的副本和底本或草拟稿；
2. 调查报告、任务参考资料（亦有许多为机密件，少数盖有绝密戳记）；
3. 当时报纸杂志的剪辑资料。

文件起自 1909 年 9 月 4 日的间岛协议（副本），下迄 1931 年 2 月 20 日的机密公函（是日有机密信件六通）。公文电报、信函中，半数以上的收件人或发件人为驻间岛总领事，也有为提供间岛领事参阅而转（发）送的。还有外务大臣或次官与驻华公使、驻吉林、奉天总领事乃至与朝鲜总督府之间往来公文电报或信函的副本。当然还包括不少与中国官方交涉的来往文书。文件的中心内容之一是当地朝鲜族情况，涉及审判权、警察、归化、课税、土地所有权、公民权、教育、抗日运动等方面。"伊地知"文书所含文件和资料多集中于 1929 年至 1930 年。因此，对本书作者下一步的研究当是十分必需和重要。同时，俄文资料的发掘、整理和利用，也是不应被忽视的。

其次，对"间岛朝鲜人"的含义，本文起始已有说明，此词并未成为固定化的专有名词，此种提法在学术上并无价值，而在学术上却易造成歧义，愚意此词还是慎重用之。

最后，也许是由于博士论文写作的时间限制，20年代中期至"九·一八"以前中、朝、日三国，尤其是中日关于"间岛朝鲜人"的政策，作者还没来得及论述。作为近代中、朝、日三国对"间岛朝鲜人"的政策研究，仅写到20世纪20年代初显然是不完整的，这令我们不能不有所惋惜。但据我所知，姜龙范博士已启动了20年代以后"间岛朝鲜人"问题的研究工作，我们期望他的"更上一层楼"的著作早日完成，把"间岛朝鲜人"问题的研究推向一个新的起点。

# 中国学术界的声音
## ——读《英国、俄国与中国西藏》①

陕西师范大学教授周伟洲先生主编的《英国、俄国与中国西藏》终于由中国藏学出版社付梓面世了。这部皇皇63万言的集体著作，立足学术，着眼现实；史料翔实，立论公允，代表着我国学术界在这一领域的最新研究水平，弥补了以往国内在这方面的某些不足和缺憾。

关于英国、俄国与中国西藏的关系，一直是一些国家政府、学界和媒体关注的热点，已经出版和发表的论著可谓是汗牛充栋。它不仅是一个学术问题，同时也牵扯到国际关系，事关国家安全和领土主权等问题，政治性极强；人们所处的立场的不同，直接影响、决定着他们对各个问题及历史事件的态度、观点和评价。然而，任何立场、观点只有建立在客观事实的基础上才是坚实的和有说服力的。尽可能充分地占有各种材料，并用正确的立场和方法加以客观的分析，在近代以来英国、俄国和中国西藏关系

---

① 本文刊《中国边疆史地研究》2002年第2期。

的研究中显得尤为突出和重要。本书的重要特色之一就是资料的广泛性。有关英国、俄国和中国西藏关系研究方面的材料主要由以下几部分组成：其一是中国、英国。俄国和中国西藏地方政府的官方档案材料与文件汇编，这是相关研究的第一手基础资料。其二是有关当事人的见闻记述，对于了解一些历史事件的来龙去脉及相关细节颇有价值。其三是当时中外各种媒体对于事件发生的反响，表明了各国官方和民间的态度。后两者可以与前面的档案材料相互印证，互为补充。最后，便是中外学术界一个多世纪以来的各种的研究成果。这些浩如烟海的材料不仅内容庞杂而分散，而且还至少涉及汉文、藏文、英文和俄文等语言文字，加之有关各方立场不一，在许多历史事实的表述和看法上差异颇大，所以对这些材料整理和分析的难度之大是可想而知的，更遑论系统发掘和充分利用了。从这种意义上来讲，如果没有各方学有专长的专家、学者相互协作，共同努力，就不可能全面、系统地完成这一纷繁复杂的研究课题。就目前国内外学术界的研究状况来看，国外的研究主要是依靠有关外文的档案、记述等材料进行的，在汉文和藏文的资料发掘、利用方面明显欠缺，而且偏见和错误比比皆是；中国学者则长于汉文文献和藏文档案材料的运用，而在外文材料，尤其是外文档案材料的了解和利用方面仍多有不足之处。除了立场和出发点不同外，中外双方在学术研究上的长处和短处都同样突出；相互借鉴，取长补短，相得益彰，无疑应当成为今后国内外学术界共同努力的目标。可以说，《英国、俄国与中国西藏》在这一方面开了一个好头。课题组成员不仅扬己之长，从中国第一、第二历史档案馆中搜集了一批清代至民国时期的档案资料，并发掘整理了西藏档案馆的当时西藏地方政府档案；另一方面，课题组成员还远渡重洋，从英国印度事务部复制回一批此前国内还未有的英印政府的档案，从而掌握了中外第一手的重要资料。全面、扎实的资料基础保证了本书在学术上的高水平，也成为本书最大的特色和突破之一，完全可以在此基础上代表中国学术界与国际上不存偏见的同行展开对话。

《英国、俄国与中国西藏》一书同以往国内外的有关论著相比，在研究的时间段上也有重大的突破，这就形成了本书的又一个特色之所在。早在1984年，本书的主编周伟洲先生就曾经出版了《近代英俄侵略我国西藏史略》（陕西人民出版社），并被当时的学界评为"迄今为止部头最大水平最高的学术著作"，但该书的下限只到 1919 年的五四运动。《英国、俄国与中国西藏》一书则将研究的内容扩展到了 1952 年的西藏和平解放，从而使时间跨度从 17 世纪的传教士入藏，一直延伸到 20 世纪中叶帝国主义侵藏阴谋的破产，在国内外首次完整地勾勒出 3 个多世纪以来，以英国为主的西方殖民主义在中国西藏的渗透和侵略活动的来龙去脉，对于从整体上把握和了解当代所谓"西藏问题"的由来，驳斥国际上某些别有用心的谬论，意义殊大。

本书的第三个特色是对中印边界问题给以更多的关注。中印边界问题是近代帝国主义侵略西藏的产物，其余毒至今还是影响我国领土完整和国际地区安全的一个重大隐患。《英国、俄国与中国西藏》一书的作者怀着强烈的责任感和使命感，在这一方面着墨颇多。该书充分利用了所收集来的英国外交部的有关档案材料，以大量无可辩驳的事实证明，所谓的《西姆拉条约》和"麦克马洪线"完全是非法的、无效的。如果说过去双方在这个问题上的争论还有各执一词之嫌的话，那么本书则以侵略者自己在此过程中的自我表白，客观而有力地回击了帝国主义者加于这个问题上的大量不实之词，对于我国今天的有关外交工作不无重要的借鉴和参考价值。

《英国、俄国与中国西藏》是一部立场鲜明而又实事求是，客观公允而又爱憎分明的学术著作。作者本着严谨的科学态度，主要用事实和材料说话，而不仅仅是凭借单纯的政治义愤，发一些显得苍白无力的议论。可以说，在英国、俄国和中国西藏关系问题的研究上，国际上任何不存偏见的人士，都应该倾听并重视《英国、俄国与中国西藏》一书所代表的中国学术界的声音。

# 我国历史上的治边方略与施治经验

## ——蒋方铁《方略与施治：历朝对西南边疆的经营》①

古代中国及其疆域的形成经历漫长的过程，是中原王朝、边疆政权共

---

① 本文刊《光明日报》2017 年 7 月 19 日第 11 版。

同努力的结果，内地、边疆的各民族为之做出了重要贡献。包括中原王朝、边疆政权的历朝经营、开发边疆数千年，积累了丰富的经验教训。要准确反映其历史，勾勒嬗变的轨迹并揭示发展的规律，除充分占有资料、进行深入思考外，还应选择恰当的视角，应用合理的研究方法。《方略与施治：历朝对西南边疆的经营》（社会科学文献出版社 2015 年版）就此进行了积极的探索。

该书涉及的地域，包括今云、桂、黔三省和川西南，以及曾隶属中原王朝的中南半岛北部。研究的问题既多且复杂，包括历代中原王朝和南诏、大理国等边疆政权对西南边疆的统治与开发，中原王朝治边的理论与实践，中原王朝经营西南边疆的方略与措施，边疆政权的治理方略与施治措施，边疆地缘政治与相关势力的应对等内容。作者综合从内地看边疆、从边疆看内地的两种视角，应用历史时段、整体史、比较研究等较新的方法，力图揭示西南边疆整体的动态发展过程，西南边疆不同时期展现的面貌与阶段性特点，中原王朝、边疆政权对西南边疆形成巩固做出的贡献，西南边疆发展过程中诸多要素之间的联系，以及西南边疆在中国整体构建中的地位与作用。

历朝治边的思想与方略，是该书探讨的又一重点。思想与方略反映统治者的天下观、边疆观、夷夏观和治理思想，以及历朝经营周边地区基本的原则与谋略。这些内容既是历史经验教训的深刻总结，也蕴含了丰富的政治智慧，对今天治国理政具有重要的借鉴价值。中国从低水平、低层次的统一，逐渐发展到较高水平持续的统一，形成巩固的统一多民族国家，关键是中原王朝经营周边地区，形成较为优越而且有效的内在机制，将对边疆地区相对微弱的影响，发展到全面深入的有效控制。中原王朝形成推动边疆与内地结为一体的机制，通过施用治边的文化软实力得以体现。为实现"守在四夷"的目标，中原王朝通过以厚往薄来为特色的朝贡制度，向周边及边远地区传播自己的制度与文化，并借助朝贡、册封等形式，与周边势力建立盟约及主从的关系，形成拱卫自身的华夏文化圈。唐宋时期中原王朝的周边势力先后崛起，经过复杂的博弈与碰撞交融，中原王朝的边疆地区趋于稳定，周边邻邦也逐渐形成。元朝顺应形势的变化，对边疆地区与邻邦采取不同的治策。西南边疆的发展过程较为完整而且典型。通过对西南边疆治理史的研究，可以较清楚窥知历朝治边的思想、方略的内容及其演变的过程。

制度是历朝治边的思想与方略付诸实践的载体。历朝处理与边疆有关的政治关系，通过相关的制度及其运作表现出来。马克思主义经典作家认为，制度与经济、上层建筑并列，同是人类文明的三大组成部分。研究历朝治边的制度及其变迁，对了解边疆地区的演变以及中国统一多民族国家形成的过程，具有十分重要的意义。边疆治理制度包括政治制度、行政区划制度、行政管理制度、法律制度、经济制度等内容，政治制度位居首位，纲举则目张。元以前的中原王朝，在腹地以外的蛮夷地区实行较宽松的羁縻之治。蒙元建立云南行省，开初实行草原地区通行的万户制度，但效果不佳。以后借鉴宋朝在广西任命土官的做法，在西南边疆实行符合当地特点的土官制度并获成功，乃开创因地制宜统治边疆各地的先河。清朝将边疆政治制度发展至成熟完善的阶段，通过"改土归流"变革及完善土司地区的制度，同时在北部草原实行由万户制度发展而来的盟旗制度，在新疆地区施行伯克制度，在青藏高原推行金瓶掣签制度。对与边疆迥然有别的邻邦，元明清诸朝以施行改革的藩属国体制应对，中原王朝与邻邦的关系，由前代的藩篱关系向近代的国家关系演变，而与西方的殖民地或保护国关系有异。元明清诸朝统治边疆与应对邻邦制度的改变，使中原王朝对边疆地区的统治得以深入，对处理好与邻邦的关系亦较有利。元明清时期中国实现持续统一，完成统一民族国家后期构建，与边疆政治制度较为合理与完善有关。

《方略与施治：历朝对西南边疆的经营》以较多的篇幅，阐述南诏、大理国等边疆政权对西南边疆的经营与贡献。唐宋时期南诏、大理国崛起，统治云南及周边地区 500 余年。南诏、大理国与中原王朝对峙，南诏还与吐蕃联手进攻唐朝，造成严重的破坏，也凸现边疆地位之重要。南诏、大理国完成云南及周边地区的统一，经济文化得到较快发展，并实现较大范围内的民族融合，为蒙元建立云南行省、西南边疆获得巩固与发展创造了有利条件，也说明边疆政权同样是中国历史疆域的缔造者。南诏、大理国等边疆政权与中原王朝，统治边疆的制度与方略存在相互影响的情形。元明清是中国后期形成的关键时期。元、清两个王朝为边疆民族建立，其治边的制度与方略，具有中原王朝、边疆王朝的传统与文化相互交融的特点，尤其以清朝的融合最为成功，影响也十分深刻而广泛。

我国古代的民族融合，总体趋势是汉族与其他民族相互影响、彼此吸收，逐渐形成你中有我、我中有你彼此离不开的格局。另外，不同地区汉族与其他民族融合的过程又存在差异，反映出古代民族关系的演变具有复杂多样的特点。受自然环境、历史发展等因素的影响，西南边疆地区的民族融合，经历了边疆民族长期受内地文化浸润，民族融合呈现渐进式发展、相嵌式融合的过程。秦汉在西南边疆始设郡县，内地汉人陆续迁入。南北朝时期西南边疆与内地的联系相对松弛，外来移民逐渐被本地民族融合。唐代出现汉人迁入西南边疆的又一高潮，移民与本地民族融合形成新的民族群体白蛮。明清时期通过驻军、流徙等途径，内地汉人大量迁入西南边疆，融合白蛮等群体形成本地汉族。本地汉族逐渐发展壮大，在边疆各民族中起到黏合剂与稳定核心的作用。元明清等王朝在西南边疆推行的统治制度与治理措施，客观上有利于形成和谐共生的民族关系。

《方略与施治：历朝对西南边疆的经营》提出上述重要的观点，进行具有创新意义的探索，既与作者进行持续稳定的研究、勤于思考重视积累有关，还应感谢国家社科基金西南边疆历史与现状综合治理研究项目的支持。由于该项目积极资助，一大批课题得以启动，从不同的视角探讨西南边疆历史与现状方面的重要问题，有力地推动了该领域的研究，并产出一批具有较高学术质量的研究成果。《方略与施治：历朝对西南边疆的经营》堪称是其中的杰出代表。

# 李国强《南中国海研究：历史与现状》评议[①]

本书成书于 2002 年 1 月，出版于 2003 年 12 月，作者的研究则始于 1989 年，称得上"十年磨一剑"了，而作者的南中国海研究得以开始和持续，又得益于身为中国边疆史地研究中心研究人员，先后参与和主持了

---

① 摘自马大正《当代中国边疆研究（1949—2019）》，中国社会科学出版社 2019 年版，第112 页。

三个南海研究项目，即其一 1988 年外交部委托项目"南沙群岛史地研究"（该项目同年被列为中国社会科学院 1988 年度重点研究项目）；其二 1994 年出版的《海南及南海诸岛史地论著资料索引》（李国强是主要编者）；其三 1997 年边疆中心重点课题"近百年南海问题研究"。上述 80 年代末至 90 年代的三项工作的学术实践，实际上让作者完成了自己学术生涯的"原始积累"，本书则是"厚积"后的一次"薄发"。我作为虚长作者若干岁的同事，对作者这十余年学术工作近距离的观察和关注，我看到了一位年轻学子成长的历程，于我也可谓是学人生涯中的一乐。关于本书的学术内涵的丰富与超前，只要看看其第二章至第七章的目录："中国南海历史主权概述"，"南海主权争端的过去与现状"，"南海主权的法理概述"，"南海主权涉及的国际关系"，"中国海权的演进与中国海军保卫南海"，"中国处理南海主权争议的努力"，即可窥其一斑。如作者在本书结尾中坦言："20 世纪已经过去，我们未能解决南海问题，这不能说不是一个遗憾。21 世纪已经来临，南海主权争议还能走多远呢？我们将继续予以关注。"（第 522 页）是的，南中国海研究一直是作者学术研究中最重要的关注点，只是随着作者肩负责任的加重、加大，南中国海研究于作者言已不是一二十年前最重要研究关注点的唯一！

# 二　研究评述

## 前进中的回顾

——写在学术专栏"中国边疆史地研究"终刊之时①

中国边疆史地研究具有十分丰富的内涵，一部中国史，上下五千年，东西南北中，均有边疆史地研究的对象。为了推动我国边疆史地研究的发展，中国边疆史地研究中心在《西北史地》编辑部的鼎力相助下，从1987年9月始在《西北史地》上创办了"中国边疆史地研究"学术专栏。以中国边疆史地作为研究主体而独辟学术专栏，在40年的大陆史坛上尚属首次，因而颇得历史学界，特别是地方史、中外关系史、民族史研究同人的关心与支持，使专栏成为发表边疆史地研究论文、沟通彼此信息的小小园地。

专栏10期，共发表文章44篇，40余万字。若以研究课题分类：

总论　3篇

古代疆域史　22篇

近代边界史　11篇

边疆研究史　1篇

动态　7篇

若以文章所研究之边疆地域分类：

总论　12篇

---

①　本文系与吕一燃共同署名，刊发于《西北史地》1989年第6期。

东北地区　1 篇

北方地区　9 篇

西北地区　17 篇

西藏地区　2 篇

西南地区　1 篇

海疆　2 篇

上述这些文章在研究的广度与深度上都达到了一定水平，现从以下五个方面，作一简略回顾。

第一，从宏观上对中国边疆史地研究进行回顾与展望。吕一燃、马大正《中国边疆史地研究的几个问题》（1987 年第 3 期总第 1 期）论述了中国边疆史地研究的对象、与其他相关学科的关系、研究发展的历程、中国疆域史的分期，以及当前研究存在的问题和应进行的工作。吕一燃《发扬优良传统、开创边疆史地研究的新局面》（1989 年第 1 期总第 7 期）指出，中国边疆史地研究的优良传统是爱国主义和求实精神。而中国历代疆域史和中国近代边界史是边疆史地研究的薄弱环节。因此，要开创边疆史研究的新局面，首先要进一步放宽研究人员查阅边界问题档案资料的限制；其次要放宽对疆域和边界问题研究成果发表的限制；最后，对于国外一些歪曲中国疆域史和边界变迁史的观点，要允许中国学者做出反应。并进一步重申，学术研究的成果反映的只是学者个人的意见，不代表政府的观点和政策。尽管宏观反思的文章尚不多，上述论文还是给人们提供了思考的新视点和新层面。

第二，中国古代边疆政策和边疆开发是中国古代疆域史的传统研究项目。专栏所刊的属于古代疆域史的 22 篇论文中，论及历代边疆政策和边疆开发的即有 10 篇，占了几近一半。何本方《长城的兴废与历代边政》（1989 年第 2 期总第 8 期）从"长城的兴筑及其在战略进攻与防御中的地位""长城与边疆开发""统一多民族国家的发展与长城传统军事作用的消失"三方面论述了长城的历史地位和作用，指出：长城"首先是古代重要的军事设施"，"但长城的整个历史作用往往不囿于军事，它既是跨越千山万水的巨大屏障，使人们的活动，乃至政治、经济和文化的交流受到限制，又在一定程度上保证了边地经济和文化的发展，保护了商路，促进了中西交通，捍卫着中原经济和文化的安定发展"。对于历代封建王朝的治边政策研究则有刘洪波《论汉宣帝对匈奴政策的转变》（1988 年第 3 期总第 5 期）、马力《宋哲宗亲政时西北边费增加对财政经济的影响》（1988 年第 4 期总第 6 期）、潘向明《略论清政府在南疆地区的宗教政策》（1988 年第 2 期总第 4 期）、蔡志纯《试述清末蒙古地区的移民实边政策》（1988 年第 4 期总第 6 期）等文章，分别从民族、经济、宗教等方面论述了汉、宋、清等封建王朝治理边疆地区的政策。而李大龙《西汉西域屯田与使者校尉考辨》（1989 年第 3 期总第 9 期）、张世明《1644—1840 年西藏地区与祖国内地和国外之间的区域贸易初探》（1989 年第 4 期总第 10 期）、华立《乾隆年间移民出关与清前期天山北路农业的发展》（1987 年第 4 期总第 2 期）、王希隆《清前期新疆的安插户》（1988 年第 1 期总第 3 期）等论文，则论述了汉代和清代前期在新疆、西藏地区的开发活动。《乾隆年间移民出关与清前期天山北路农业的发展》是作者已完成的博士论文的一部分。文章从"移民出关方针的制定""迁往经过及其规模""清政府的鼓励、扶持政策""移民出关与天山北路农业的发展"四个方面展开论述，指出："自乾隆二十六年至四十五年，数以万计的甘肃农民在清政府组织下，举家西出嘉峪关，源源进入天山以北各地。这种有组织、持续的大规模移民活动，在清代边疆开发史上是不多见的。移居农民在进入地安家立业，力事耕垦，为清代天山北路农业区的形成及农业的发展，做出了突出贡献。"

第三，边疆民族史是边疆史研究的重要内容，专栏在这方面也刊出了有分量的论文。如白翠琴《曹魏的周边问题及民族政策》（1989 年第 3 期总第 9 期）、罗贤佑《论元末麓川思氏的兴起》（1987 年第 4 期总第 2 期）、蔡家艺《蒙古进藏熬茶浅议》（1988 年第 1 期总第 3 期）、沈传经《评白彦虎在新疆》（1989 年第 1 期总第 7 期）等。卫拉特蒙古是我国蒙古族的一支，清代前期卫拉特蒙古活跃于天山南北、青藏高原，其中的土尔扈特部还远迁伏尔加河流域，是当时一支异常活跃的政治力量。在论述卫拉特蒙古的历史活动方面，专栏也给予了充分重视。乌云毕力格《略论和硕特汗廷对西藏的统治》（1988 年第 3 期总第 5 期）和《拉藏汗与和硕特汗的命运》（1988 年第 2 期总第 8 期）、宋嗣喜《准噶尔部首领策妄阿喇布坦与彼得一世往来书信研究》（1988 年第 2 期总第 4 期）、马汝珩、马大正《伏尔加河畔土尔扈特汗国的建立及其与俄国的关系》（1987 年第3 期总第 3 期），均是发前人所未发之议，特别是蒙古族青年史学工作者乌云毕力格的两篇关于和硕特贵族经营西藏的论文，对 1642—1717 年和硕特统治西藏由确立到覆灭的历程，进行了深入分析，连同作者今年发表的《论和硕特汗廷在青海的统治体制》（《民族研究》1989 年第 1 期）显示了作者研究的实力和潜力。

　　第四，边疆地区的中外交涉，特别是近代以来的中外边界交涉，是中国疆域史研究中不可缺少的组成部分。清政府与中亚浩罕国的关系是 19世纪清朝涉外关系研究中的一项空白，专栏接连发表了三篇这一论题的论文。苏治光《清朝与浩罕的宗主外藩关系》（1989 年第 2 期总第 8 期）对双方宗主外藩关系建立、发展，及其终结的过程作了全面概述。潘志平、蒋莉莉《1832 年清与浩罕议和考》（1989 年第 1 期总第 7 期）利用了罕见的清代档案文献，对 1832 年发生的这一历史事件作了深入考释。潘志平《张格尔的"英国背景"说质疑》（1988 年第 1 期总第 3 期）对 19 世纪20 年代受中亚浩罕国支持的张格尔骚乱喀什噶尔地区是否与英国的唆使有关进行考释，认为："张格尔骚乱的'英国背景'说在苏联出现时，多少就带有主观随意成分。"因此，在没有找到客观的直接证据之前，"宜持谨慎态度，最好不要过早下结论"。近代以来的中外交涉，以往在帝国主义侵华史和中外关系史研究中已取得了丰硕成果。专栏在这一领域发表了8 篇论文。吕一燃《沙俄与 1911 年外蒙古"独立"》（1987 年第 3 期总第1 期）和《辛亥革命时期俄国对新疆的侵略》（1988 年第 4 期总第 6 期），以及石楠《辛亥革命前沙俄对蒙古地区的经济扩张》（1988 年第 3 期总第5 期）都是作者多年潜心研究中俄关系史的结晶。这方面的论文还有：朱成国《试论"恰克图条约"对中俄贸易的影响》（1989 年第 4 期总第 10期）、樊明方《中俄乌里雅苏台设领交涉始末》（1987 年第 3 期总第 1 期）、刘毅政《清代呼伦贝尔边防与俄人越界交涉》（1989 年第 3 期总第 9 期）。值得重视的是刘存宽《英国租借九龙新界始末》（1988 年第 3 期总第 5 期）、刘蜀永《九龙半岛、九龙巡检司、九龙城史事考略》（1988 年第 2 期总第4 期），这是作者长期从事 19 世纪香港史研究的初步成果，是填补当前国

内香港史研究空白之作。应该指出,两年多来中国近代边界史研究的成果
远不止于斯,仅就中国边疆史地研究中心主编的《中国边疆史地研究报
告》总 1 期至 4 期,共刊出了近代边界问题的论文 27 篇、资料 4 篇、译
文 3 篇。显然,这一以往被人们视为研究禁区的领域,正日益为学者们所
重视,并倾注了心力。

第五,中国历史上有成就的边疆史地学者辈出,他们的学术生涯和研
究成果是边疆史地研究的一份宝贵遗产。吕一燃《谢彬及其边疆史地著
作》(1988 年第 1 期总第 3 期)是这方面的力作。谢彬(1887—1948)是
一位有成就的边疆史地学家。早年投身辛亥革命,民国以降致力于边疆史
地的调查和研究。文章在评价了他在研究边界领土问题、近代西藏问题、
近代蒙古问题的成就后,指出:"谢彬是一个爱国者,在他的边疆史地著
作中,贯穿着一条爱国主义的思想红线。"因此,"人们将永远怀着景仰的
心情,记住这位爱国学者和他在边疆史地研究中所做出的贡献"。可惜是
这类研究似还未为更多研究者所重视。

其他如陈可畏《乌孙·大月氏原居地及其迁徙考》(1989 年第 4 期总
第 10 期)、周伟洲《唐代的安乐州和长乐州——兼论西夏时的威州和韦
州》(1987 年第 3 期总第 6 期)、钱伯泉《岑参诗〈轮台歌奉送封大夫出
师西征〉史地考释》(1988 年第 1 期总第 3 期)、段连勤《公元五世纪上
半叶高昌历史发微》(1988 年第 4 期总第 6 期)、房建昌《西藏邮政史述
要》(1989 年第 3 期总第 9 期)等都是边疆史地研究中值得一读的论文。

当然,10 期"中国边疆史地研究"专栏不尽如人意之处尚有很多,
如研究论文呈现四多四少的倾向:具体问题论述多,宏观的理论分析少;
古代课题多,近代课题少(当代问题还是空白),北方疆域研究多,南方
疆域研究少;陆疆问题多,海疆问题少,无须讳言出现这种"四多四少"
情况,实际上正反映了当前我国边疆史地研究中的倾向,这正是我们着力
试图扭转的。

对此,我们充满着希冀和信心。

"中国边疆史地研究"专栏的工作结束了,但专栏已经开始的事业正
在发展,今后我们当在《中国边疆史地研究年报》《中国边疆史地研究导
报》和《中国边疆史地研究报告》的工作实践中,争取做得更好!

# 中国边疆学构筑的有益科研实践

## ——"中国边疆学研究"学术专栏评议

《云南师范大学学报》（哲学社会科学版）编辑部经过多年酝酿、策划，于2008年第5期始，推出"中国边疆学研究"学术专栏，这是国内学界创办的首个以"中国边疆学"为命题的学术平台，至2015年年底延续了近七个年头，在学界，特别在边疆研究学界频获好评。我有幸担当"中国边疆学研究"学术专栏开设首位"学科主持"，并撰写《边疆研究者的历史责任：构筑中国边疆学》刊发，自此之后，对此学术专栏多有关注，对刊发的宏文大多览阅，从中汲取营养，获益匪浅。

"中国边疆学研究"学术专栏可做如下四项小统计：

1. 2008年第5期至2015年第6期，《云南师范大学学报》（哲学社会科学版）共出刊44期，"中国边疆学研究"出刊了40期，仅2013年第6期、2014年第6期和2015年第3、4期未出刊。在2008年第5期"中国边疆学研究·开栏寄语"中说："作为边疆民族地区高校主办的一份学术刊物，长期以来，本刊对中国边疆研究和中国边疆学学科建设均十分关注，曾登载过许多相关的研究论文。今开设'中国边疆学研究'专栏，旨在进一步促进中国边疆学的学科建设和中国边疆研究的开展，并为国家社科基金特别项目'西南边疆历史与现状研究综合研究项目'提供一个学术交流平台。""欢迎致力于中国边疆研究和中国边疆学学科建设的广大专家学者给本栏目赐稿。"

2. 学科主持人42人次，其中2010年第2期、2010年第4期，每一期专栏分设二个专题。担任4次专栏主持人的是云南大学西南边疆少数民族中心研究员何明、兰州大学教授徐黎丽、吉林省社会科学院历史研究所研究员李治亭；担任3次专栏主持人的有：中国社会科学院中国边疆研究所研究员李大龙、云南民族大学教授鲁刚、云南大学教授周平；担任2次专栏主持人的有：中国社会科学院中国边疆研究所研究员李国强、许建英，中国社会科学院历史研究所研究员李世愉。

3. 论文作者逾163人次。作者队伍中包括老一辈资深学者、中年学科带头人、初显头角的年轻才俊。全部都是科研单位研究人员、高等院校教师，包括在读博士生。见下表：

| 单位名称 | 著文作者（人次） |
| --- | --- |
| 中国社会科学院 | 32 |
| 中国藏学研究中心 | 1 |
| 海军军事学术研究所 | 1 |
| 北京市社会科学院 | 1 |
| 北京大学 | 2 |
| 中国人民大学 | 2 |
| 中央民族大学 | 2 |
| 云南大学 | 29 |
| 云南师范大学 | 19 |
| 云南民族大学 | 8 |
| 云南社会主义学院 | 1 |
| 曲靖师范学院 | 1 |
| 广西民族大学 | 1 |
| 贵州大学 | 2 |
| 遵义师范学院 | 2 |
| 凯里学院 | 1 |
| 西南民族大学 | 3 |
| 西南大学 | 1 |
| 吉首大学 | 3 |
| 吉林省社会科学院 | 4 |
| 东北师范大学 | 2 |
| 辽宁师范大学 | 2 |
| 辽宁省社会科学院 | 2 |
| 齐齐哈尔大学 | 2 |
| 黑龙江大学 | 1 |
| 兰州大学 | 14 |
| 西北大学 | 2 |
| 北方民族大学 | 1 |
| 新疆维吾尔自治区社会科学院 | 1 |

续表

| 单位名称 | 著文作者（人次） |
|---|---|
| 新疆师范大学 | 1 |
| 塔里木大学 | 1 |
| 南开大学 | 2 |
| 河北大学 | 1 |
| 南京大学 | 1 |
| 复旦大学 | 1 |
| 浙江大学 | 3 |
| 厦门大学 | 6 |
| 暨南大学 | 3 |
| （台北）辅仁大学 | 1 |
| （挪威）奥斯陆大学 | 1 |

　　从表中可看到，著文作者 15 人次以上的是中国社会科学院、云南大学和云南师范大学，这三个单位都设有边疆研究的专门机构。

　　再以发文在二篇以上的作者试做下表：

| 姓名 | 单位 | 著文篇数 | 备注 |
|---|---|---|---|
| 徐黎丽 | 兰州大学 | 7 | 独著 1 篇<br>合著 6 篇 |
| 周平 | 云南大学 | 4 | |
| 孙宏年 | 中国社会科学院中国边疆研究所 | 3 | |
| 方铁 | 云南大学 | 3 | |
| 李大龙 | 中国社会科学院中国边疆研究所 | 3 | |
| 李治亭 | 吉林省社会科学院 | 4 | |
| 何明 | 云南大学 | 3 | 独著 2 篇<br>合著 1 篇 |
| 何跃 | 云南师范大学 | 3 | 独著 2 篇<br>合著 1 篇 |
| 鲁刚 | 云南民族大学 | 3 | 独著 1 篇<br>合著 2 篇 |
| 许建英 | 中国社会科学院中国边疆研究所 | 3 | |
| 李世愉 | 中国社会科学院中国边疆研究所 | 2 | |

| 姓名 | 单位 | 著文篇数 | 备注 |
|------|------|----------|------|
| 马大正 | 中国社会科学院中国边疆研究所 | 2 | |
| 李国强 | 中国社会科学院中国边疆研究所 | 2 | |
| 徐凯 | 北京大学 | 2 | |
| 陆韧 | 云南大学 | 2 | |
| 陈跃 | 西北大学 | 2 | |
| 王文光 | 云南大学 | 2 | 均为合著 |
| 余潇枫 | 浙江大学 | 2 | 均为合著 |
| 杨国桢 | 厦门大学 | 2 | 均为合著 |

从表中可看到，上述作者大多是中国社会科学院、云南大学、云南师范大学的研究人员和教师。"中国边疆学研究"学术专栏经过近 7 年的努力，实际上已形成了一支相对稳定的边疆研究的作者队伍，这支队伍已成为当今中国边疆学构筑的重要力量。

4. 刊发论文 124 篇，总字数超过 130 万字。从论文内容看。大体可分为如下五大类：

一是，中国边疆学构筑的探研。直奔主题论文有三篇：马大正《边疆研究者的历史责任：构筑中国边疆学》，李国强《中国边疆学学科构筑透视》，方铁《试论中国边疆学的研究方法》，是"中国边疆学研究"学术专栏开栏之作，均刊发于 2008 年第 5 期。

二是，历代边疆理论和治理研究，论文总计达 67 篇，其中综论宏观之作有 14 篇，较重要者有李大龙《多民族国家疆域研究的历程及其特点》（2010 年第 6 期），方铁《论封建王朝治边的历史经验》（2010 年第 2 期），朱碧波《论我国边疆理论的言说困境与创制逻辑》（2015 年第 1 期），陈跃《"因俗而治"与边疆内地一体化——中国古代王朝治边政策的双重变奏》（2012 年第 2 期），李大龙《边吏与古代中国疆域的形成——以西汉为中心》（2008 年第 6 期），李治亭《论清代边疆问题与国家大一统》（2011 年第 1 期）和《清帝"大一统"论》（2015 年第 6 期），袁剑《边疆概念的抽象化与具体化——民族志书写与近代的相关尝试》（2014 年第 4 期）。段金生、董继梅《试论南京国民政府边政研究的内容与方法》（2010 年第 1 期）等；分论历代中央政府对云南、新疆、东北、北方、西藏治理之作有 35 篇，较重要的有：张轲风《历史时期"西南"区域观及其范围演变》（2010 年第 5 期），李伟《论中原王朝对云南经营模式的转换》（2010 年第 4 期），吕文利《论中国古代边疆治理中的"云南模式"》（2014 年第 4 期），王文光、张媚玲《民国时期对云南民族的治理与认识》（2008 年第 6 期），周卫平《清末民初新疆官制的变迁》（2012 年第 5 期），周泓《晚清民国新疆汉人主体文化》（2014 年第 3 期），许建英《坛庙与神祇：清代新疆汉族移民的社会文化构建》（2014 年第 3 期），成崇德《论清朝的藩属国——以清廷与中亚"藩属"关系为例》（2014 年第 4 期），许建英、陈柱《19 世纪后期英俄在中亚的角逐与英国侵占洪扎述论》（2015 年第 6 期），谢海涛《南京国民政府时期西北边疆的社会政治生态与社会舆论》（2010 年第 6 期），冯建勇《1928—1929 年白崇禧入新风波——兼论南京国民政府对新疆之统合》（2010 年第 6 期），徐黎丽、屈鹏飞《民国时期新疆喀什地区民族问题研究》（2009 年第 6 期），许建英《20 世纪 40 年代美国对中国新疆政策研究》（2011 年第 4 期），齐清顺《前苏联专家及其在新疆的活动》（2011 年第 4 期），孟繁勇《清代"大一统"思想与东北边疆地区行政管理体制创新》（2015 年第 6 期），陈跃《论清代东北边防战略思想演变》（2014 年第 5 期），徐凯《满洲"汉文化"与接续中华文明之统绪》（2012 年第 4 期），冯健勇《1919 年外蒙撤治事：功过孰论？——〈独立评论〉关于"外蒙撤治"的一场论争》（2012 年第 5 期），孙宏年《从平等到失衡：达赖、班禅关系与国民政府治藏政策研究（1927—1933）》（2012 年第 5 期）等，还有专论土司制度的研究之作 18 篇，主要有：李世愉《关于构建"土司学"的几个问题》（2011 年第 2 期）和《土司制度基本概念辨析》（2014 年第 1 期），马大正《深化土司制度研究的几个问题》（2011 年第 2 期），方铁《深化对土司制度的研究》（2014 年第 1 期），李大龙《多民族国家构建视野下的土司制度》（2012 年第 6 期），罗中、罗维庆《共识缺失：土司研究泛化的成因》（2015 年第 2 期），戴晋新《〈明史〉与〈清史稿〉中土司概念》（2015 年第 2 期），商传《从土官与夷官之别看明代土司的界定》（2014 年第 1 期），吴丽华、魏薇《雍正"改土归流"辨》（2011 年第 1 期），杨庭硕《试论土司制度终结的标志》（2012 年第 3 期），罗康智《时空域转换对文本史料的解读价值——以思州土司分治始末为例》（2012 年第 3 期），韦顺莉《论土司地区族群边界的交错与维持——以广西壮族土司为例》（2008 年第 6 期），黄梅《清代西南边疆地区"汉奸"问题述论》（2015 年第 2 期）等。

三是，当代中国边疆治理理论与实践研究，共刊发论文 36 篇，既有宏观阐论，也有边疆地区治理实践的研判。前者刊发了周平的论文 4 篇：《中国边疆观的挑战与创新》（2014 年第 2 期），《中国的崛起与边疆架构创新》（2013 年第 2 期），《论我国边疆治理的转型与重构》（2012 年第 2 期），《边疆治理视野中的认同问题》（2009 年第 1 期），其他重要者还有：张健《国家视域中边疆观念的演变：内涵、形态与界限》（2012 年第 1 期），吴楚克《中国国防与边疆防御问题研究新论》（2010 年第 1 期），何明、王越华《全球化背景下边疆社会稳定研究的几个问题》（2009 年第 3 期），夏维勇《中国周边关系与边疆治理的互动：历史、模式及影响》（2010 年第 2 期），谷家荣、蒲跃《"道义"发展：有序边疆社会构造的根本出路》（2013 年第 5 期），何明《边疆观念的转变与多元边疆的构建》（2013 年第 5 期），徐黎丽《国家利益的延伸与软边疆概念的发展》（2011 年第 5 期），徐黎丽、易鹏飞《陆疆安全问题的识别与界定》（2013 年第 4 期），徐黎丽、巴责达《论边疆安全问题对丝绸之路经济带战略实施的影响》（2015 年第 4 期），张锦鹏《公民文化，构筑边疆民族地区和谐发展的基石》（2013 年第 5 期），徐黎丽、杨朝晖《国家体制中的民族管理制度类型及其成因》（2012 年第 2 期），马翀炜《世界遗产与民族国家认同》（2010 年第 4 期），何明《国家认同的建构——从边疆民族跨国流动视角的讨论》（2010 年第 4 期），马曼丽《论当代跨国族体问题中凸显的非传统安全威胁》（2009 年第 6 期），袁明旭《边疆多民族地区群体性突发事件中领导角色的冲突与调适》（2009 年第 6 期），冯江平等《社会预警研究中的判别分析技术的应用》（2014 年第 4 期），鲁刚《我国族际通婚的历史轨迹》（2014 年第 2 期）等；后者刊发论文主要涉新疆和云南两个方向的边疆治理实践中的题，主要有：余潇枫、周章贵《水资源利用与中国边疆地区粮食安全——以新疆为例》（2009 年第 6 期），安晓平、高汝东《公民意识视角下新疆跨界民族的文化认同培育》（2011 年第 5 期），徐黎丽等《影响西北边疆少数民族地区民族关系的变量分析》（2009 年第

3 期），周本贞《1949—1957 年西南少数民族地区 社会治理问题研究》（2012 年第 1 期），鲁刚、陈为智《论"边疆社会问题"的基本含义和特征——基于云南边疆地区突出社会问题的探索与思考》（2012 年第 1 期），刘雅、刘思远《论云南参与区域安全合作与桥头堡建设的相互关系》（2011 年第 6 期），何跃、高红《文化安全视角下的云南跨境民族教育问题》（2010 年第 4 期），武友德、王源昌《边疆少数民族地区特色城镇化发展道路研究——以云南为例的分析》（2010 年第 2 期）。何跃《云南境内的外国流动人口态势与边疆社会问题探析》（2009 年第 1 期），鲁刚《中越边界云南段沿线地区的边境贸易与经济合作》（2009 年第 1 期），卢光盛、邰可《大湄公河次区域金融合作与中国（云南）的参与》（2011 年第 6 期）等。

四是，海疆历史与现状研究，计有 11 篇，主要有：李国强《海岛与中国海疆史的研究》（2010 年第 3 期），杨国桢、周志明《中国古代的海界与海洋历史教训》（2010 年第 3 期），张炜《"夷夏交争"——中华民族早期的陆海融通》（2010 年第 3 期），刘俊珂《继承与发展：元明清时期的南海经略》（2013 年第 1 期），王潞、刘正刚《传统海洋开发的历程：以渤海湾和北部湾为例》（2011 年第 3 期），王胜《民国知识阶层的海疆危机诉说与应对之策——基于 30 年代初报刊关于九小岛事件报道的考察》（2015 年第 4 期），郭渊《南越对西沙、南沙群岛的侵占及行为评析》（2013 年第 1 期），侯毅《论菲律宾在南海诸岛主权问题上的"历史依据"》（2013 年第 4 期）等。

五是，西方边疆理论研究，论文有 5 篇：于沛《经济全球化和现代西方边疆理论》（2009 年第 5 期），孙宏年《纷争与互动：帝国主义时代西方"疆界"理论关系简论》（2009 年第 5 期），董欣洁《从欧盟一体化看经济全球化时代的国家边界》（2009 年第 5 期），宋培军《拉铁摩尔"双边疆"范式内涵及其理论和现实意义》（2013 年第 2 期），李朝晖《中美两国边疆观形成与演进对比研究》（2015 年第 1 期）。

值得一提，2015 年第 1 期刊发了朱尖、苗威《中国边疆研究的文献计量分析》，作者利用中文社会科学引文索引（CSSCI）数据库，对我国边疆研究的论文，从年产文量、来源期刊、基金资助、作者队伍、高产作者、研究机构、研究热点、经典文献等方面进行统计分析，以期把握我国边疆研究的现状，为学术研究与学科发展提供参考。这是一篇有关中国边疆研究史研究极好的资料性、基础性论文，希望今后包括研究综述在内的此类性质的研究之文能多多刊发。

"中国边疆学研究"专栏已具有较高的学术影响力。截至 2015 年年底，据不完全统计，其所刊发的 124 篇论文，《新华文摘》《中国社会科学文摘》《高等学校文科学术文摘》以及《人大复印报刊资料》四大文摘转载 56 篇次，其中《新华文摘》转载 15 篇，并有 7 篇文章上了封面要目。在所刊发的文章中，有的被多家二次文献刊物转载，反映出其具有较高的学术影响力。如 2010 年第三期刊发的杨国桢、周志明的《中国古代的海界与海洋历史权利》一文，被《新华文摘》《高等学校文科学术文摘》《人大复印报刊资料·地理》三种文摘刊物转载；方铁的《试论边疆学的研究方法》、何明等的《全球化背景下边疆稳定研究的几个问题》、于沛的《经济全球化和现代西方边疆理论》、陆韧的《明朝的国家疆域观及其明初在西南边疆的实践》、许建英的《20 世纪 40 年代美国对中国新疆政策研究》、徐凯的《满洲"汉文化"化与接续中华文明之统绪》等文，均被两种以上的文摘刊物转载。另外，"中国边疆学研究"专栏还荣获第三届（2009）、第四届（2012）云南省期刊"优秀栏目奖"（政府奖），2014 年 2 月 24 日，教育部公布全国高校哲学社会科学学报第三批"名栏建设"名单，《云南师范大学学报》的"中国边疆学研究专栏"名列其中。

"中国边疆学研究"作为定位于学术的专栏，从推动中国边疆学学科构筑、深化中国边疆治理理论与实践研究、聚焦研究人才等方面均起到了良好的作用，对所刊发的 124 篇论文的理论学术上探研的广度从上述五大类论文题名的罗列上，望题生议也可窥知一二，这里只拟从推动中国边疆学学科构筑和聚焦研究人才的视角分析"中国边疆学研究"学术专栏科研实践于中国边疆学构筑可能产生启迪之处，或亦可称为特色之所在，略述个人陋见。

一是，中国边疆学研究的主要内容是从古代至当代中国边疆治理的理论和实践，这从学术专栏刊发 124 篇论文中，上述题材的论文有 115 篇之多得到印证。

二是，中国边疆学是一门研究中国边疆历史与现状的专门学科，因此，历史学的理论和方法是中国边疆学赖以生存的基础。从论文研究的时段看，古代、近代、现代当然是历史，其实当代何尝不是历史，从这一意义上看，中国边疆学研究如果游离于赖之生存的基础——历史学，将成为无源之水，无根之木。

三是，同样也是由中国边疆这一特定的研究对象的时空特性所决定，研究中国边疆要利用多种学科的理论和方法来进行综合研究，因此，中国边疆学是一门综合性的交叉学科，从已刊发论文研究的内容看，政治学、民族学、人类学、社会学诸学科与历史学的有机结合，才使这些论文的学术水准从研究的广度和深度上得以升华。

四是，"以史为鉴"是我国史学研究的优良传统之一，中国边疆研究要依托历史、直面现实，历史与现实的结合，决定了基础研究与应用研究的有机结合，决定了学科建设与决策咨询的双向兼顾，从刊发的论文中也得到体现。

五是，"中国边疆学研究"学术专栏得以成功，并呈现可持续发展的良好态势，除了上述四方面符合了学科发展的客观规律外，学术专栏还有一项成功的经验值得重视，即是人才的聚合。163 人次的作者队伍，42 人次的学科主持人是人才队伍的基础。其实在人的因素中还有一个不应被忽视的是，44 期学术专栏，一以贯之的"栏目首席编辑"邹建达教授，一定意义上说，邹建达教授才是这一人才群体的核心。他自己也是从事中国边疆问题研究的一名学者，在组织实施"中国边疆学研究"学术专栏的实践中，充分展现了自己的学术组织能力和对中国边疆学学术前沿问题的了解，能与高层次的学者进行学术对话，成为参与此项工作的所有人的知心朋友！

据悉，为了进一步办好"中国边疆学研究"学术专栏，编辑部在栏目策划、选题、主持人选择、文章的审校以及编辑团队的建设等方面都会有一些新的举措，云南师范大学则将从学校的层面在人力、物力、财力上给以更大支持，其中一项重要的举措是筹建"中国边疆学研究所"，为专栏提供更强有力的学术支撑。

从将"中国边疆学研究"学术专栏办下去、办得更好的高度，除当代中国边疆治理的理论与实践有待拓展与深化外，还有二点不足有待克服。其一是在中国边疆学学科尚在创试阶段，有关直面中国边疆学学科构筑的探研还待大大加强，在124篇论文，这一命题的论文仅有三篇是远远不够的；其二西方边疆理论研究也是一个需关注的研究方向，可以有宏观的阐论之作，也可或点、或人的评议与研究，更需要将西方边疆理论与古今中国边疆治理理论与实践进行比较的研究之作。

学界同人和广大读者对"中国边疆学研究"学术专栏寄予厚望，相信云南师范大学、《云南师范大学学报》编辑部定将再创学术的辉煌！

2015年3月初稿

2016年11月修改

# "边疆史地丛书"评议①

1991年7月18日，由边疆中心和黑龙江教育出版社在北京人民大会堂联合召开了"'边疆史地丛书'暨《中国边疆史地研究》季刊首发式"。时任中国社会科学院副院长汝信同志到会祝贺，出席首发式的有来自国家民委、国家海洋局、总政联络部、总参作战部、军事科学院、海军学术研究所、中国藏学研究中心、中国国际友好联络会等国家机关、军事部门、科研单位、社会团体的领导和专家，以及中国社会科学院直属局和有关研究所的负责人和专家参加了首发式。

"边疆史地丛书"由边疆中心主编，黑龙江教育出版社出版，该丛书是新中国成立后第一部以边疆史地为主题，并由边疆地区出版社出版的边疆史地学术丛书，而《中国边疆史地研究》则是新中国成立以来我国第一本边疆史地研究的学术期刊。

"边疆史地丛书"工作自1989年启动至2009年出版工作告一段落，历时整整20年。我作为这项工作亲历者，借此篇幅叙其始末，实亦是学人的职责。

边疆中心自确定通过开展以中国疆域史、中国近代边界沿革史、中国

---

① 本文刊发于邢广程主编《中国边疆学》第二辑，社会科学文献出版社2014年版。

边疆研究史为内容的三大研究系列，推动中国边疆史地研究的战略构想后，一直把主编一套丛书、创办一份期刊作为实施上述战略构想的重要举措而四处奔走呼吁，以期获取支持，功夫不负有心人，主编一套丛书的设想得到了黑龙江教育出版社的响应和支持，并于 1989 年 9 月正式签署了《黑龙江教育出版社、中国社会科学院中国边疆史地研究中心出版"边疆史地丛书"协议书》，规定 1990 年出版"边疆史地丛书"第一批图书 7种，对"丛书"出版的相关责、权、利也做了合情合理的规定。为了做好"丛书"的出版工作，边疆中心方面决定由主要领导主抓此项工作，包括选题的组织、确定和审阅，保证"丛书"政治上不出差，学术上过得硬；而黑龙江教育出版社方面为这套丛书的出版更是功不可没，如果没有黑龙江教育出版社的支持，是很难出版的，真如当年报评："原因很简单，这类学术著作印数少，出版社每每赔钱。中国出版界中有像黑龙江教育出版社这样的出版者，他们不以营利为唯一目的，还要为文化积累、学术进步作出贡献。因此，他们有计划地每年从盈利中拿出一部分来支持有价值的学术著作出版。"① 其实，出版社还要为可能发生的非学术因素干扰承担风险，我作为当事的亲历者，深知此事可言和不可言之不易。

第一批选题 7 种，如期出版了六种：

吕一燃：《中国北部边疆史地研究》；

吕一燃主编：《中国边疆史地论集》；

吕光天、古清尧：《贝加尔湖地区和黑龙江流域各族与中原的关系史》；

［苏］克利亚什托尔内著，李佩娟译：《古代突厥鲁尼文碑铭》；

陈春华译编：《俄国外交文书选译——关于蒙古问题》；

［苏］戈列里克著，高鸿志译：《1898—1903 年美国对满洲的政策与"门户开放"主义》。

只有一个预定选题郝建恒主编：《中俄关系史译名辞典》因作者未能如期交稿，一直到 2000 年才得以出版。

自此之后，《边疆史地丛书》的编选、出版工作得以顺利、愉快的持续，协议双方一直实践着协议书所规定："双方领导易人不妨碍本协议的履

---

① 《〈边疆史地丛书〉出版》，《瞭望》（海外版）1991 年第 32 期。

行"的共识，直到 2009 年 11 月，吕文利《历史书写与藩部政治——〈皇朝藩部要略〉研究》出版，"边疆史地丛书"走完了它 20 年难忘的岁月。

"边疆史地丛书"的 20 年岁月可做如下几项小统计：

一是：1991 年至 2009 年共出版学术专著、专题性学术论集、资料、译作 59 种 63 册，总计 1790.7 万字；59 种著作依内容分类列目如次：

综论类

吕一燃编：《马克思、恩格斯论国家、领土与边界》（1992 年 12 月出版）；

吕一燃主编：《中国边疆史地论集》（1991 年 3 月出版）；

马大正主编：《中国边疆史地论集续编》（2003 年 5 月出版）；

厉声、李国强主编：《中国边疆史地研究综述》（2002 年 12 月出版）；

林荣贵主编：《中国古代疆域史》上、中、下卷四册（2007 年 12 月出版）；

马大正、刘逖：《20 世纪的中国边疆研究——一门发展中的边缘学科的演进历程》（1997 年 11 月出版）；

马大正、李大龙主编：《20 世纪中国西部开发史》（2005 年 10 月出版）；

于逢春：《中国国民国家构筑与国民统合之历程》（2006 年 12 月出版）；

安京：《中国古代海疆史纲》（1999 年 8 月出版）；

吕一燃：《中国海疆历史与现状研究》（1995 年 1 月出版）。

专论类

王静：《中国古代中央客馆制度研究》（2002 年 12 月出版）；

李大龙：《西汉时期的边政与边吏》（1996 年 10 月出版）；

李大龙：《唐朝和边疆民族使者往来研究》（2001 年 9 月出版）；

李大龙：《都护制度研究》（2003 年 11 月出版）；

张永江：《清代藩部研究——以政治变迁为中心》（2001 年 9 月）；

吕文利：《历史书写与藩部政治——皇朝藩部要略研究》（2009 年 11 月出版）；

赵云田：《清史新政研究——20 世纪初的中国边疆》（2004 年 10 月出版）；

高鸿志：《英国与中国边疆危机 1637—1912》（1998 年 12 月出版）；

黄定天：《东北亚国际关系史》（1999 年 4 月出版）；

吕光天、古清尧:《贝加尔湖地区和黑龙江流域各族与中原的关系史》（1991 年 5 月出版）；

马大正、杨保隆、李大龙、权赫秀、华立:《古代中国高句丽历史丛论》（2001 年 2 月出版）；

杨茂盛:《中国北疆古代民族政权形成研究》（2004 年 3 月出版）；

卢明辉主编:《清代北部边疆民族经济发展史》（1994 年 9 月出版）；

马曼丽主编:《中国西北边疆发展史研究》（2001 年 8 月出版）；

薛宗正:《安西与北庭——唐代西陲边政研究》（1995 年 10 月出版）；

李方:《唐西州行政体制考论》（2002 年 7 月出版）；

李方主编:《唐西州官僚政治制度研究》（2008 年 10 月出版）；

魏良弢:《叶尔羌汗国史纲》（1994 年 5 月出版）；

阿拉腾奥其尔、闫芳编:《清代新疆军府制度职官传略》（2000 年 11 月出版）；

王东平:《清代回疆法律制度研究》（2003 年 9 月出版）；

华立:《清代新疆农业开发史》（1995 年 4 月出版）；

许建英:《近代英国和中国新疆（1840—1911）》（2004 年 12 月出版）；

厉声:《哈萨克斯坦及其与中国新疆的关系》（2004 年 1 月出版）；

杨铭:《唐代吐蕃与西域诸族关系研究》（2005 年 12 月出版）；

张云:《元朝中央政府治藏制度研究》（2003 年 10 月出版）；

吴从众:《西藏察隅僜人的社会与文化》（2001 年 9 月出版）；

李国强:《南中国海研究：历史与现状》（2003 年 12 月出版）；

吕一燃编:《南海诸岛：地理、历史、主权》（1992 年 10 月出版）；

刘为:《清代中朝使者往来研究》（2002 年 8 月出版）；

孙宏年:《清代中越宗藩关系研究》（2006 年 1 月出版）；

朱昭华:《中缅边界问题研究》（2007 年 2 月出版）。

专题性论集类

吕一燃:《中国北部边疆史研究》（1991 年 3 月出版）；

马大正:《边疆与民族——历史断面研考》（1993 年 12 月出版）；

马大正:《中国边疆研究论稿》（2002 年 8 月出版）；

［日］若松宽著，马大正等编译:《清代蒙古的历史与宗教》（1994 年

5 月出版）；

周伟洲：《边疆民族历史与文物考论》（2000 年 3 月出版）；

孟广耀：《北部边疆民族史研究》（上、下册）（2002 年 5 月出版）；

张羽新：《清代前期西部边政史论》（1995 年 5 月出版）；

纪大椿：《新疆近世史论稿》（2002 年 7 月出版）；

马大正、厉声、许建英：《芬兰探险家马达汉新疆考察研究》（2007 年 12 月出版）。

资料、译作类

包文汉整理：《清朝藩部要略稿本》（1997 年 2 月出版）；

刘民声、孟宪章、步平：《17 世纪沙俄侵略黑龙江流域史资料》（1992 年 10 月出版）；

吕一燃编：《北洋政府时期的蒙古地区历史资料》（1999 年 9 月出版）；

［苏］克列亚什托尔内著，李佩娟译：《古代突厥鲁尼文碑铭》（1991 年 8 月出版）；

［俄］温科夫斯基著，［俄］尼·维谢洛夫斯基编，宋嗣喜译：《18 世纪俄国炮兵大尉新疆见闻录》（1999 年 8 月出版）；

［日］日野强著，华立译：《伊犁纪行》（2006 年 9 月出版）；

陈春华译：《俄国外交文书选译——关于蒙古问题》（1991 年 3 月出版）；

［苏］戈列里克著，高鸿志译：《1898—1903 年美国对满洲的政策与"门户开放"主义》（1991 年 3 月出版）；

郝建恒主编：《中俄关系史译名辞典》（2000 年 5 月出版）。

二是，丛书各著作大体均可归入三大研究系列研究之范畴，依边疆地域而言，东北 5 种，北方 8 种，西北 3 种，新疆 13 种，西藏 3 种，海疆 3 种；涉及清代中朝、中越、中缅关系各 1 种；工具书 1 种。宏观上论及中国边疆治理和研究的综论之作有 20 种。

三是，著作第一作者若依单位言，边疆中心 15 人，31 种著作，相关研究部门 16 人，16 种著作，高等院校 13 人，15 种著作；若依地区言，北京 25 位，哈尔滨 5 位，呼和浩特 3 位，乌鲁木齐 2 位，兰州 1 位，西安 2 位，合肥 1 位，南京 1 位，重庆 1 位。

四是，作者的年龄，在著作出版时均在 30 岁至 60 岁，收有诸多年轻学子的博士论文，可以说 20 年间有三代学人参与本丛书的学术工作，并为边疆史地研究留下了一笔宝贵学术遗产。

"边疆史地丛书"作为定位于学术的一套持续出版了 20 年的丛书，从推动边疆史地研究的深化、聚集研究人才均起到了良好的作用，其学术上值得重视之处有如下三端：

一是，丛书选题创新，提前人之未提，发前人之未发，具有填补学术研究空白的价值。

综论性专著的选题中，林荣贵主编《中国古代疆域史》和马大正、刘逖：《20 世纪的中国边疆研究——一门发展中的边缘学科的演进历程》而言，前者洋洋 161 万字，对始自先秦迄至清朝消亡整个历史时期中国疆域的形成、发展、奠定、变迁的全过程做了科学的描述和阐论，其丰富的内涵如本书导论中所言："作为一部相对系统、完整的《中国古代疆域史》，所涵盖的基本内容，应该包括历代疆域格局的沿革、历代王朝（或政权）对其辖区的治理（包括政区建置在内的行政设治和军事戍边政策、措施的推行）和边疆经略（包括陆疆和海疆）的继承和发展情况"，"本书在已有研究的基础上，作一次力不从心的尝试"。而后者，诚如戴逸教授所言："这是国内外第一部比较系统地研究中国边疆研究发展历程的著作"，"是适应中国边疆研究发展趋势的拓荒之作"，"作者较好地将'20 世纪的中国边疆研究'和'一门边缘学科的演进历程'这两个主题有机组合起来，也就是较好地将中国边疆研究史研究和中国边疆研究理论研究结合起来，从而也就体现出此书的广度和深度"。① 赵云田《清末新政研究——20 世纪初的中国边疆》出版时是同类主题学术专著的第一部，填补了清末边疆新政这一课题研究中的薄弱环节。

此类创新在专题性论著中更显普遍，如有关中央政府边疆治理方面：王静《中国古代中央客馆制度研究》，李大龙《西汉时期的边政与边吏》、《唐朝和边疆民族使者往来研究》、《都护制度研究》，张永江《清代藩部研究——以政治变迁为中心》，王东平《清代回疆法律制度研究》；有关

---

① 马大正、刘逖：《二十世纪的中国边疆研究——一门发展中的边缘学科的演进历程》，黑龙江教育出版社 1997 年版，第 288—289 页。

有清一代涉外关系方面：刘为《清代中朝使者往来研究》，孙宏年《清代中越宗藩关系研究》，朱昭华《中缅边界问题研究》，许建英《近代英国和中国新疆（1840—1911）》；有关历史上边疆地方政权研究方面：马大正等《古代中国高句丽历史丛论》，杨铭《唐代吐蕃与西域诸族关系研究》，魏良弢《叶尔羌汗国史纲》，以及专论南中国海历史与现状的李国强《南中国海研究：历史与现状》等，对上述已列专著进行逐本评议，哪怕是简单的评议，也是本文篇幅所难以容纳的。

二是，丛书选题中资料和译著具有重要学术价值。其表现可从两个方面予以认识，其一是提供资料具有指导性和唯一性，前者如吕一燃编《马克思、恩格斯论国家、领土与边界》；后者如包文汉整理《清朝藩部要略稿本》，李佩娟译《古代突厥鲁尼文碑铭》，宋嗣喜译《18 世纪俄国炮兵大尉新疆见闻录》，华立译《伊犁纪行》等。其二是重要学术会议的论文结集，应将这项工作视为一项十分重要的学术积累，而不是可有可无的应景之举，这方面选题如吕一燃主编《中国边疆史地论集》，马大正主编《中国边疆史地论集续编》，马大正等主编《芬兰探险家马达汉新疆考察研究》等。前两种是在中国边疆史地研究推进历程中起过重要作用，召开于 1988 年和 1999 年两次中国边疆史地学术讨论会的学术论文结集，后一种是由边疆中心主持与芬兰有关学术部门合作进行芬兰探险家马达汉国际学术讨论会上中外学者提交论文的结集。另外还有一本《中国边疆史地研究综述（1989—1998 年）》，本书连同《中国边疆史地研究》杂志曾开辟并持续多年的专栏年度中国边疆研究论著目录索引，是学人从事中国边疆研究史时不可或失的资料。

三是，丛书为学有所成的学者出版的论文专集，我们称之为专题性学术论集，尽管这类选题在已出版的 59 种选题中占的比例并不高，但其学术含量一直为业内同行所看重，可视为本丛书的又一特色。这方面选题诸如有吕一燃：《中国北部边疆史研究》，马大正《边疆与民族——历史断面研考》《中国边疆研究论稿》，周伟洲《边疆民族历史与文物考论》，纪大椿《新疆近世史论稿》，孟广耀《北部边疆民族史研究》等。同类选题中还包括了为日本学者若松宽编选的论文专集《清代蒙古的历史与宗教》。本书编译者马大正 1991 年年末为本书所撰 "代编者序" 中指出："若松宽教授是当今活跃于日本史坛的蒙古史学家。近三十年笔耕不息，在清代蒙古历史与宗教研究领域内，以其选题新颖，资料丰富，研考严谨，在当代日本蒙古史研究中独树一帜，颇享盛名，同时赢得中国蒙古学界的称道，在国际蒙古学界也有广泛的影响。"本集所收论文如作者在"中译本自序"中所言："本书虽然以《清代蒙古的历史与宗教》命题，但内容的重点是卫拉特蒙古史，尤集中于准噶尔王国史的研究。宗教篇所收论文也有半数以上是与 17 至 18 世纪卫拉特蒙古史有直接关联的各位高僧的事迹考订。"真因如此，本书出版后受到卫拉特蒙古历史研究者的关注。时过 20 余年的今天，仍不时有年轻研究卫拉特蒙古史汉蒙学子，将本书作为研究的必读参考书而四处寻觅早已脱销的这本印数仅为 1000 册的作品。

当然，丛书选题学术上的不足和遗憾可留待研究者和读者研判评议，但从选题组织者的角度，我以为至少有如下一端可以引以为明显的缺失，即选题中仅有清代中越宗藩关系和中缅边界问题多少涉及西南边疆外，将西南边疆历史作为研究客体的选题竟无一种，实在是不可原谅的缺失。

1998 年，为庆祝中华人民共和国成立四十周年大庆，黑龙江教育出版社提出，从已出版的"边疆史地丛书"著作中选编出版""《边疆史地丛书》精选辑"的设想，此议得到边疆中心的大力支持，很快确定了选目，开始了紧张的出版进程，并于 1998 年 12 月一次推出精选本七种：《20 世纪的中国边疆研究——一门发展中的边缘学科的演进历程》，《中国北部边疆史研究》，《西汉时期的边政与边吏》，《安西与北庭——唐代西陲边政研究》，《叶尔羌汗国史纲》，《清代新疆农业开发史》，《贝加尔湖地区和黑龙江流域各族与中原的关系史》，《17 世纪沙俄侵略黑龙江流域史资料》。1999 年 3 月 13 日，边疆中心与《光明日报》书评周刊在北京联合召开"边疆史地丛书"精选本出版座谈会。会后《光明日报》以"再现边疆史地风貌，推动边缘学科建设"为题，用一个整版的篇幅，刊发了与会戴逸等七位专家的发言。戴逸教授在题为《研究历史，建设边疆》发言中指出："'边疆史地丛书'是一套好书，既有学术价值，集中了专家学者的研究成果，又具有现实意义，对于建设和发展边疆地区有重要的借鉴作用。"①《人

---

① 《光明日报》1999 年 3 月 19 日第 11 版。

民日报》刊发的记者报道也指出："边疆史地丛书"的出版，"力图把以往分散的、封闭的研究引入集中的、开放性的轨道。""随着以此为代表的一系列研究成果的问世，一门新兴边缘、交叉学科——中国边疆学正在形成。"①

2000 年"边疆史地丛书精选辑"荣获第十二届中国图书奖。这是"边疆史地丛书"各册专著频获各级、各类奖项的最高奖项。

20 年间"边疆史地丛书"的多项选题还获得过多项省部级优秀成果奖，"边疆史地丛书"以其学术的前沿性获得了学界同行的认可与重视，而黑龙江教育出版社则以边疆研究成果的出版而成为国内外知名的品牌出版社。

## 清代边疆民族史研究的卓绝拓荒
### ——马汝珩教授学术成就述评②

清史研究若从孟森、萧一山诸先生相关著作问世作为起始，至今尚不及百年历史，但清史研究已成为在中国断代史研究中成果最多的研究领域之一，且随着社会大环境的变迁，日益成为中国历史研究中的一门显学。

在清史研究诸多方面中，清代边疆民族史研究占有一个突出的地位，为中外史学家关注，已是不争的事实。尤其进入 20 世纪 80 年代以后，戴逸教授主编的《简明清史》一、二册③首开先河，将清代边疆民族史作为全书的重要组成部分，对所论命题做了全面系统的论述，把清代边疆民族史研究推向一个新的起点。近二十年来有关清代边疆民族史新的研究成果不断面世，其中较重要的著作有：王戎笙主编《清代全史》10 卷本④，杨学琛《清代民族史》⑤，马汝珩、马大正主编《清代的边疆政策》和《清

---

① 卢新宁：《圈点千古江山——写在〈边疆史地丛书〉再版之际》，《人民日报》1999 年 4 月 6 日第 11 版。
② 本文刊发于《清史研究》2000 年第 4 期。
③ 戴逸主编：《简明清史》第一、二册，人民出版社 1980 年、1984 年版。
④ 王戎笙主编：《清代全史》10 卷本，辽宁人民出版社 1990 年版。
⑤ 杨学琛：《清代民族史》，四川民族出版社 1996 年版。

代边疆开发研究》①，王戎笙主编《清代的边疆开发》②，马汝珩、成崇德主编《清代边疆开发》③，成崇德《18世纪的中国与世界·边疆民族卷》④，张羽新《清代前期西部边政史论》⑤，袁森坡《康雍乾经营与开发北疆》⑥，卢明辉主编《清代北部边疆民族经济发展史》⑦，华立《清代新疆农业开发史》⑧，阿拉腾奥其尔《清代伊犁将军论稿》⑨，成崇德、张世明《清代西藏开发研究》⑩，等等。在清代边疆民族史研究的众多研究者中，马汝珩教授是一位十分活跃的研究者，他的研究成果在同类研究中占有一个重要而突出的地位。

## （一）

马汝珩教授50年代师从著名历史学家尚钺教授和戴逸教授，研究生毕业后即在中国人民大学任教。他的首篇学术论文《试论阿古柏政权的建立及其反动本质》于1957年发表，自此开始了他对清代边疆民族史的个案研究。至90年代中期，在四十余年的教学研究生涯中，汝珩教授的清代边疆民族史研究大体可分为三个阶段。

第一阶段，个案研究阶段。自1957年至1966年"文化大革命"前夕的10年间。这一阶段共刊发不同体裁的文章20篇，其中涉及清代边疆民族史个案研究较为重要的有：

《试论阿古柏政权的建立及其反动本质》，《历史教学》1957年第8期；

《试论清代云南回民起义的性质》，《教学与研究》1958年第3期；

《关于回汉通婚问题》，《中国穆斯林》⑪ 1958年第10期；

《清末云南回民起义中各兄弟民族参加起义情况》，《历史教学》1959

①　马汝珩、马大正主编：《清代的边疆政策》和《清代边疆开发研究》，中国社会科学出版社1994年版、1990年版。
②　王戎笙主编：《清代的边疆开发》，西南师范大学出版社1994年版。
③　马汝珩、成崇德主编：《清代边疆开发》，山西人民出版社1998年版。
④　成崇德：《18世纪的中国与世界·边疆民族卷》，辽海出版社1999年版。
⑤　张羽新：《清代前期西部边政史论》，黑龙江教育出版社1995年版。
⑥　袁森坡：《康雍乾经营与开发北疆》，中国社会科学出版社1991年版。
⑦　卢明辉主编：《清代北部边疆民族经济发展史》，黑龙江教育出版社1994年版。
⑧　华立：《清代新疆农业开发史》，黑龙江教育出版社1995年版。
⑨　阿拉腾奥其尔：《清代伊犁将军论稿》，民族出版社1995年版。
⑩　成崇德、张世明：《清代西藏开发研究》，北京燕山出版社1996年版。
⑪　署名求是。

年第 2 期；

《关于杜文秀评价问题》，《民族团结》1962 年第 3 期。

此时个案研究集中在两个方向，一是阿古柏问题；二是云南回民起义与杜文秀评价。

第二阶段，综合研究阶段。这一阶段大体上贯穿整个 70 年代，而最终成果集中在戴逸主编的《简明清史》一、二册之中。[①] 相关的重要论文还有：

《论康熙》[②]，《北京师范大学学报》1975 年第 1 期；

《清朝政府平定准噶尔部叛乱与抵御沙俄侵略的斗争》[③]，《历史研究》1976 年第 2 期；

《土尔扈特蒙古西迁及其反对沙俄压迫重返祖国的斗争》[④]，《社会科学战线》1978 年第 3 期；

《论阿睦尔撒纳的反动一生》，《新疆大学学报》1979 年第 1—2 期合刊。

此时卫拉特蒙古史开始成为汝玠教授研究的新的兴奋点。

第三阶段，综合研究与个案研究相结合阶段。这一阶段始于 80 年代初期，止于 90 年代中期。此时是汝玠教授研究的全面收获期。收入《清代西部历史论衡》（该书 2001 年由山西人民出版社出版）中的文章大部分即完成于这一阶段，并形成了自己的研究特色：以清代回族史和卫拉特蒙古史研究的深化为基础，扩大到对清代边疆政策和边疆开发的综合研究，其研究成果在同时期的同类研究中自成一家，并占有领先地位。

（二）

汝玠教授的清代边疆民族史研究，在清代边疆政策和边疆开发、卫拉特蒙古史尤其是土尔扈特蒙古政治史、回民起义和回族历史人物研究三个方面均有突出的建树，下面拟分别加以简要评价。

1. 清代边疆政策和边疆开发研究

汝玠教授的清代边疆政策和边疆开发研究始于由他执笔的《简明清史》第一、二册的相关章节，而其总体思路则成形并体现在由他主编的

---

① 第一册之第五章第一节"清朝中央集权统治的加强"；第二册之第十章"边疆少数民族地区的统一与多民族国家的巩固与发展"，第十一章"以白莲教为主的各族人民大起义"。

② 署名庆思，系与戴逸合著。

③ 署名庆思，系与杜文凯合著。

④ 与王思治合著。

《清代的边疆政策》和《清代边疆开发研究》两本学术论集之中。这两本学术专著迄今还在同类题材著作中占有重要地位而为同人和关注此问题的读者所重视。汝珩教授认为，清朝统治者在边疆政策中，执行了一系列比较明确的基本方针，概言之，就是"恩威并施"和"因俗而治"①。清政府是由少数民族——满族的上层贵族所建立，它和另一个重要的少数民族——蒙古族结成了密切而持久的联盟，同时又总结和吸取了历代王朝治理边疆民族的经验和教训，制定了比较完整而行之有效的边疆民族统治政策，逐步加强了对边疆民族地区的有效管辖。对于清代边疆民族政策的历史评价，如在《简明清史》所言："清代的民族统治政策是比较成功的，在一定程度上增强了民族之间的团结，促进了边疆地区的经济、文化发展，维护了国家的统一，为今天中华人民共和国的辽阔版图奠定了基础。"② 之后在《清代的边疆政策》中对清代边疆民族政策的失误与历史局限性又直陈其弊，指出清代边疆民族政策的鲜明的民族压迫、阶级压迫性质和封闭保守性质。③

值得注意的是，汝珩教授在对清代边疆民族政策进行宏观的、全面的研究的同时，还着力于清代边疆的重要事件和人物的个案研究，其中 80 年代前半期发表的《略论新疆和卓家族势力的兴衰》④ 是国内此类题材的首篇力作。该文将和卓家族的兴起、发展到最终衰亡放到明末清初直至有清一代的历史大背景下进行考察，对伊斯兰教传入新疆与和卓家族势力的形成、白山派与黑山派之争及阿帕克和卓在南疆的统治、大小和卓之乱及其后裔的复辟活动进行详尽深入的阐论。

2. 卫拉特蒙古史，尤其是土尔扈特蒙古政治史的研究

70 年代汝珩教授在进行清代边疆民族史的综合研究时，即开始注意当时尚鲜为史学家注意的卫拉特蒙古史的研究。明清之际，特别在清代前期，雄踞西北的卫拉特蒙古诸部，其中和硕特部进军青藏高原，准噶尔部建立的政权统领天山南北，土尔扈特部率部远迁伏尔加河流域。卫拉特蒙

---

① 马汝珩、马大正主编：《清代的边疆政策》，中国社会科学出版社 1994 年版，第 82—84 页。
② 戴逸主编：《简明清史》第 2 册，人民出版社 1984 年版，第 20 页。
③ 马汝珩、马大正主编：《清代的边疆政策》，中国社会科学出版社 1994 年版，第 82—84 页。
④ 《宁夏社会科学》1984 年第 1 期。

古诸部对内与新建立的清王朝或是合作，或是对抗；对外则抗击俄国的蚕食渗透，是一支显赫一时的政治势力。由汝珩教授执笔撰写的《清朝政府平定准噶尔部叛乱与抵御沙俄侵略的斗争》① 是当时一篇有分量的研究论文。由此开始在其后的近二十年间，汝珩教授为当今史坛奉献了一系列资料翔实、立论精当的研究精品，其中主要有：

《顾实汗生平略述》，《民族研究》1983 年第 2 期；

《准噶尔民族政权的奠基人——巴图尔珲台吉》，《西北史地》1983 年第 4 期；

《厄鲁特蒙古喇嘛僧咱雅班第达评述》，《新疆大学学报》1982 年第 3 期；

《一部托忒文重要史料——咱雅班第达传》，《新疆社会科学》1985 年第 1 期；

《论杜尔伯特三车凌维护国家统一的斗争》，《清史研究集》第 1 集，中国人民大学出版社，1981 年版；

《罗卜藏丹津叛乱与清政府善后措施》，《新疆大学学报》1980 年第 3 期。②

在卫拉特蒙古史研究中，汝珩教授对土尔扈特政治史的研究倾注更多的心力，取得了可喜的成果。除了前已提到的《土尔扈特蒙古西迁及其反对沙俄压迫重返祖国的斗争》一文可称为当代中国土尔扈特史研究开山之作外，80 年代以降又连续完成了一系列重要论文，如：

《土尔扈特蒙古系谱述略》，《民族研究》1982 年第 1 期：

《伏尔加河畔土尔扈特汗国的建立及其与俄国的关系》，《西北史地》1987 年第 4 期；

《阿玉奇汗简论》，《中国民族史研究》，中国社会科学出版社 1987 年版；

《略论 18 世纪 20—50 年代土尔扈特汗国》，《新疆社会科学》1986 年第 6 期；

《试论雍正谕土尔扈特汗敕书》，《民族研究》1988 年第 1 期；

---

① 《历史研究》1976 年第 2 期。

② 汝珩教授关于卫拉特蒙古史的主要成果已结集在与马大正合著的《厄鲁特蒙古史论集》之中，该书 1984 年由青海人民出版社出版。

《略论雍正年间清政府两次派往俄国的使团》，《外交学院学报》1989年第 4 期；

《试论渥巴锡》，《民族研究》1981 年第 1 期。

正是在深入的个案研究的基础上，汝珩教授与我合作完成了《漂落异域的民族——17 至 18 世纪的土尔扈特蒙古》一书，于 1991 年由中国社会科学出版社出版。

3. 回民起义和回族历史人物研究

早在 50 年代，汝珩教授即已撰写了《试论清代云南回民起义的性质》①。进入 80 年代又先后撰写了《太平天国时期云南回族人民反清运动》② 和《试谈清咸同年间回民反清运动性质与领袖人物评价问题》③，指出咸同年间回民反清运动的性质"应属于中国近代史上各族人民反封建斗争范畴，具有一定反封建剥削的意义"。对于回民起义中历史人物评价，汝珩教授提出有三种不同类型人物，应作具体分析："有些人为反抗清政府的封建统治，领导人民群众同清政府进行了毫不妥协的斗争，直至最后献出自己的生命，在回族革命斗争史上谱写下英雄的篇章；有些人在运动起初时，在人民群众推举下领导抗清斗争，但当起义发展到一定阶段时或走向失败，或取得一定胜利，在敌人剿抚策略的攻势下，他们动摇起来，投降了清朝，出卖了起义群众，给起义事业带来严重损害；还有些人在领导起义中虽然坚持了抗清斗争，有的甚至最后牺牲自己的身家性命，但在起义过程中，或因对清廷抱有幻想而向统治者乞抚求和，或为抗清而向国外请求援助，因而给起义带来不利影响，或使起义进程复杂化。"应该说，对咸同年间回民起义中领袖人物的最后归宿作如此分类是符合历史本来面目的。而《略论白彦虎历史评价问题》④ 和《关于杜文秀评价研究的自我回顾》⑤ 则是对白彦虎和杜文秀历史功过的总结性评议。在后文中，作者通过对杜文秀与英国关系的深入分析后指出，将有关杜文秀与英国交往的文件，"作为否定杜文秀评价史料依据是不可信的，而我已把杜文秀列为第

① 《教学与研究》1958 年第 3 期。
② 《太平天国史学术讨论会论文选集》第 3 册，中华书局 1981 年版。
③ 《民族研究》1984 年第 1 期。
④ 《清史研究通讯》1987 年第 4 期。
⑤ 《中国回族研究》第 2 辑，宁夏人民出版社 1992 年版。

一种起义领袖的类型而转向于完全肯定的评价"；前文在对白彦虎一生活动的主要方面做了全面而概括的评述后，重点分析了白彦虎与阿古柏合流的历史现象，并指出，"我们对白彦虎评价，既要看到他坚决抗清的功绩，也不能忽视他与阿古柏合流的错误，然而功过相较，还是功大于过的，所以直到百年之后，新疆回族人民中间还广泛传颂白彦虎的抗清业绩，以表示对这位反清回族英雄的崇敬与怀念"。汝珩教授的分析和结论当然是一家之言，但确实为今后的研究提供一种思考的借鉴。

也许汝珩教授是一位回族学者的特殊身份。他在进行几十年回族人物的个案的基础上，于90年代写了《从海富润案件看乾隆对回族的统治政策》①，通过对回族知识分子海富润文字狱始末分析，以小见大，分析了乾隆帝的"因俗而治"的原则和"剿抚并用"政策的灵活运用及其实际效果。可惜两年后汝珩教授因病而"封笔"，不然我们有理由相信能读到他关于清政府治理回族政策的鸿篇大论之作。

（三）

当我们简述了汝珩教授研究生涯的三个阶段和他的三个研究重点方向之后，对他的研究特点试作评议，当是必要。据我读了汝珩教授超过百万字的成果和我们二十余年合作的亲身体会，其研究特点大体有以下四点：

第一，史料的多样性。

理论是研究工作的灵魂，而史料则是研究赖以进行并深化的基础。汝珩教授在确定研究选题时，首先对于所研究命题以往成果中的史料利用情况有一个客观的分析，在此基础上对有无发掘新史料的可能进行实事求是的判断，而且他又通晓英、日、俄多种文字，为其收集资料的广泛性创造了良好条件。在选择史料时又特别重视档案史料、当事人的回忆和同时代人的记述的利用，由于边疆民族史研究对象的特殊性，少数民族文字的档案和史籍的利用具有特殊的意义，基于此认识，汝珩教授在研究中始终把史料的广泛与多样性放在研究的一个重要地位并贯彻于研究的全过程。史料的多样性在他的卫拉特蒙古史研究中表现得尤为突出。如在顾实汗研究中，一方面充分吸纳了日本学者若松宽的最新成果，同时大量利用了当时

① 《回族研究》1992年第1期。

国内尚无人利用过的松巴湛布用藏文撰写、经美籍华裔学者杨和瑨英译并注释的《青海史》；在研究咱雅班第达时，在国内首次利用了成崇德先生据蒙文汉译的《咱雅班第达传》；在土尔扈特蒙古史的研究中，更是大量利用了汉、满、蒙、俄文的原始档案和英、俄、日、法、德诸多文种的史籍与研究成果。正是史料的多样性，才在研究中有可能弥补以往研究中的空缺与遗漏，发前人所未发之议。

第二，研究的开创性。

重复前人研究之所述、所见，是研究之大忌。研究本身就应是创新，这是汝珩教授经常说的一句话，他不仅这样说，也身体力行这样做。我们十分欣赏我们的朋友、日本学者若松宽教授研究中的创新，他的选题都是前人所未曾注意或未曾研究过的问题。他据此发掘新史料，完成自己的研究命题。① 汝珩教授在自己研究的三个重点方向上所发表的论文，多半作品刊发时是国内首篇，如土尔扈特前期史研究，顾实汗、咱雅班第达、杜尔伯特部三车凌、渥巴锡、伊拉古克三、阿拉善建旗年代考、新疆和卓家族、海富润案件等；有些研究诸如清代边疆经略、清代边疆治理和开发等虽同类题材的研究成果众多，但汝珩教授的成果或是发前人所未发，或是在宏观性、综合性上有所见长而为人们重视。

第三，方法的科学性。

研究方法是否符合研究的客观规律是研究能否取得成功的关键之一。个案研究是研究深化的基础，而综合研究将有助于个案研究结论的升华，两者相辅相成，互补互促，缺一不可。从汝珩教授的研究实践的轨迹可看出，他做到了将个案研究与综合研究两者和谐的结合。如他的《漂落异域的民族——17 至 18 世纪的土尔扈特蒙古》一书的写作正是在众多个案研究的基础上完成的，把握了分则成文、合则成书的心有全局的研究布局；而他的清代边疆政策与边疆开发研究，则是在清代边疆经略的综合研究基础上提炼出的重大而带有全局性课题，并进行深入研究，而清代边疆政策与边疆开发研究的深入，又推动了清代边疆经略研究的进一步展开。

① 对若松宽研究的这一特点分析，可参阅拙作《略论若松宽的清代蒙古历史与宗教研究》，载马大正等编译《清代蒙古的历史与宗教》，黑龙江教育出版社 1994 年版，第 1—15 页。

第四，合作的广泛性。

如果说上述三个研究特点主要是反映了汝珩教授史识的精湛与史学的渊博，那么合作的广泛性则是体现了汝珩教授史德的诱人魅力。志同道合的研究者之间合作大有利于研究的开展与深化，但现实生活中人们遗憾地发现，研究者之间合作善始者众，而善终者鲜，能形成持续几十年合作伙伴者更鲜，高度个人化的研究工作，合作中除了学术观点的相同、学术志趣的一致外，需要更多的理解和宽容。这一点汝珩教授均具备，他在共同研究中提携后学，关心后辈，心境坦荡，宽以待人，严于律己，给合作者以莫大吸引力。作为与汝珩教授合作几十年的我体会尤深。我想与他同样有长期合作关系的他的同辈和学生也会与我有同感。长期以来汝珩教授周围形成了一个研究清代边疆民族史的学者群体，而他的崇高的史德成为团结这一学者群体的既无形又有形的强大凝聚力。现在汝珩教授虽已因病而"封笔"，但他的人格魅力已成为我们的共同精神财富、处事准则，贯彻于各自的研究实践之中。

综上所述，在当代中国史坛的清代边疆民族史研究中，汝珩教授的研究成果当是研究发展进程中的一个不容忽视的坐标，他的研究见解、他的研究特点将长久为人们所关注，甚至成为研究的对象。后来者在涉猎清代边疆民族史时都将会刻意了解汝珩教授的见解，并从中吸取经验。

当然，研究未有尽期，既是研究进程中的一个坐标，随着研究的进一步开拓与深化，在清代边疆民族研究代有新人、成果迭出的研究发展进程中，汝珩教授的研究也存在其不足与局限，以下两方面似应提出。

第一，在清代边疆政策与边疆开发研究中，汝珩教授下力最勤是梳理其内容、总结其经验、阐发其在统一多民族国家发展中的作用，这是80年代以来研究大环境所使然，尽管也指出实施过程中的弊病与失误，以及其阶级实质与保守性，但毕竟后者未成为深入研究的对象。因此，当人们站在21世纪门槛上审视时，不禁得出其研究整体倾向是对清代边疆政策誉之过甚的印象。这大概可称之为研究进程中的历史局限吧。所幸汝珩教授的助手和学生，现已成为清史研究中坚，正循先生研究轨迹深入研究，又有所创新。

成崇德、张世明在《清代西藏开发研究》① 一书中指出，平心而论，清政府边疆政策在鸦片战争以前的失误在于片面追求社会稳定，而边疆地区的开发和发展则是次要的。因此清代边疆政策追求稳定为社会控制目标，忽视了边疆地区的发展，一旦中央政府衰微，面对外来侵略和内部动乱，边疆地区就陷入难以应对的困境。从根本上不利于统一多民族国家的巩固和发展大局。中国封建时期的边疆政策完善于清代，康雍乾盛世的边疆经略取得了令人瞩目的成就，最终奠定了统一多民族中国的版图，但人们在讴歌之余，认真总结教训当也刻不容缓，看来对康雍乾盛世辉煌光环下的阴影进行深入研究已提上研究工作的日程。

第二，研究者个人的力量终是有限的，汝玠教授在清代边疆民族史领域的研究为人们留下了丰硕的成果，但同时留下了大量空缺尚待后来者去努力探索。试举几例如次：

近代以来清政府边疆政策的调整举措与最终的失败，其历程、其缘由值得认真研究总结；

近代以来卫拉特蒙古诸部的发展与变迁，目前尚未被研究者更多关注，即是17—18世纪卫拉特蒙古史研究中也亟须发掘满文档案和藏文史籍，予以开拓与深化；

有清一代治理回族的政策尚缺宏观与微观的深入研究之作，与此有密切关联的清政府对伊斯兰教政策的认真总结也待更多学人关注。

## 我们正在谱写卫拉特研究的历史

——第一至第六届卫拉特蒙古历史文化学术研讨会评述②

卫拉特蒙古是我国蒙古族的一支，在各个历史时期有不同的称谓。元代称斡亦剌惕，明代称瓦剌，清代称卫拉特，亦称厄鲁特、额鲁特或漠西蒙古、西蒙古。国外则称为卡尔梅克。

明末清初之际，卫拉特蒙古分为和硕特、准噶尔、杜尔伯特和土尔扈特四大部落。在清代历史上起过重要作用。在清代前代一个多世纪中，准

---

① 成崇德、张世明：《清代西藏开发研究》，北京燕山出版社1996年版。
② 本文刊发于《西部蒙古论坛》2012年第3期。

噶尔雄踞天山南北，和硕特进据青藏高原，而土尔扈特大部分则远徙伏尔加河流域，长期以来，卫拉特蒙古人民以自己的辛勤劳动和艰苦斗争，发展了本民族的经济、文化，开发了祖国的西北边疆，为推动统一多民族中国历史的发展做出了有益贡献，其势力所及也直接影响其邻近各部族历史的进程。

综观元代以来，卫拉特蒙古历史发展的进程，大体上可作如次划分：元明时期的斡亦剌惕和瓦剌是卫拉特蒙古历史发展的先世时期；明清之际至清代前期，亦即公元17—18世纪，是卫拉特蒙古历史发展由兴盛到危机的过渡时期，这一时期卫拉特蒙古各部，特别是统治天山南北的准噶尔、统治青藏高原的和硕特、远徙伏尔加河流域的土尔扈特，是活跃于西部和西北的三支重要政治力量，它们之间相互联系又各自沿着自己的发展轨迹，写下了历史上值得一书的华彩篇章；清中叶以降及至民国时期，是卫拉特蒙古历史发展的稳定时期；中华人民共和国成立以后，卫拉特蒙古和各族人民一起进入了社会主义发展的崭新阶段，正在谱写着历史的新篇章。

但与卫拉特蒙古历史曾有过的辉煌相比，对卫拉特蒙古历史的研究在很长一段时间里显得有些落寞。依我愚见，20世纪以来国内学者对卫拉特蒙古历史研究，大体上经历了三个发展阶段：1949年以前为研究的沉寂期，1949—1976年为研究发展的准备期，1977年迄今为研究的发展期。

1977年以来，卫拉特蒙古历史研究，其内容几乎涉及卫拉特蒙古的各个方面，包括：卫拉特蒙古先世史研究；卫拉特蒙古族源、分布、系谱研究；卫拉特蒙古经济、社会、宗教研究；卫拉特蒙古与清政府以及其他邻近诸族关系研究；卫拉特蒙古与俄国关系研究；卫拉特蒙古历史人物研究；地方史中的卫拉特蒙古研究；等等。[①]

本文拟进行评述的第一至第六届卫拉特蒙古历史文化学术研讨会则是可视之为1977年以来卫拉特蒙古研究发展期内一道亮丽的风景线！

## （一）概况

1986年至2009年的23年间，分别召开了六届卫拉特蒙古历史文化学

---

① 参见马大正、蔡家艺《卫拉特蒙古史入门》，青海人民出版社1989年版，第1—2、155—199页。

术研讨会，它们是：

第一届卫拉特蒙古历史文化学术研讨会（当时会议名称为"全国首届卫拉特史学术讨论会"），1986 年 8 月 10 日至 8 月 16 日在新疆维吾尔自治区博尔塔拉蒙古自治州博乐市召开，由博尔塔拉蒙古自治州政府、内蒙古师范大学和新疆师范大学共同主持。来自北京、内蒙古、甘肃、青海、黑龙江和新疆的 92 位学者与会。会议的中心议题是：回顾和总结国内外卫拉特史的研究，讨论卫拉特各部的起源与变迁，以社会制度和文献史料的研究为主，一律不涉及历史人物评价。代表提交论文 32 篇，著作两部。会后会议论文结集《卫拉特史论文集》以新疆师范大学学报专号（1987）形式出版，由新疆师范大学和内蒙古师范大学合编，共收录会议论文 23 篇。

第二届卫拉特蒙古历史文化学术研讨会（当时会议名称为"1989 年全国第二届卫拉特史学术讨论会"），1989 年 8 月 10 日至 8 月 14 日在内蒙古自治区阿拉善盟首府巴彦浩特召开，由阿拉善盟行政公署、内蒙古师范大学、新疆师范大学共同主持。来自北京、新疆、甘肃、青海、黑龙江、河北、宁夏和内蒙古的近 100 位学者与会，会议的中心议题是：阿拉善和额济纳的历史，卫拉特各部的起源及变迁，《江格尔》产生的历史背景、时间和地点，我国卫拉特史研究的回顾和展望。代表提交论文 60 篇。会后会议论文结集《卫拉特史论文集》以《内蒙古师范大学报》（哲学社会科学版）1990 年第 3 期专号形式出版，由内蒙古阿拉善盟公署和内蒙古师范大学合编，共收集会议论文 38 篇。

第三届卫拉特蒙古历史文化学术研讨会（当时会议名称为"全国第三届卫拉特史学术讨论会"），1992 年 7 月 10 日至 16 日在新疆维吾尔自治区巴音郭楞蒙古自治州首府库尔勒市召开，由巴音郭楞蒙古自治州政府、内蒙古师范大学、新疆师范大学共同主持。来自北京、内蒙古、甘肃、青海、宁夏、黑龙江、河北和新疆，以及日本、英国、法国的 112 位学者与会。会议的中心议题是：近年我国学界在卫拉特史研究方面提出的新观点，土尔扈特部的历史及文化，英雄史诗《江格尔》产生的时间和地域研究等，代表提交论文 72 篇和专著 10 余部。本次研讨会未见会议论文集面世。

第四届卫拉特蒙古历史文化学术研讨会（当时会议名称为"全国第四届卫拉特史学术讨论会"）。2003 年 8 月 5 日至 8 日在青海省西宁市和海西州德令哈市召开，由中国《江格尔》研究会、青海省民族事务委员会、内蒙古师范大学、新疆师范大学、新疆卫拉特蒙古研究会和内蒙古阿拉善盟行署共同主持。来自北京、新疆、内蒙古、甘肃、香港和青海的80余位学者与会。会议中心议题是：和硕特部历史、卫拉特重大历史事件和历史人物，英雄史诗《江格尔》和卫拉特《格斯尔》的产生及对卫拉特文化发展的影响，卫拉特蒙古传统文化等。代表提交论文48篇和专著一部。本次研讨会未见会议论文集面世。①

第五届卫拉特蒙古历史文化学术研讨会（会议名称全称为"第五届全国卫拉特蒙古历史文化学术研讨会"），2006年9月23日至26日在内蒙古自治区阿拉善盟额济纳旗达来呼布召开，由内蒙古自治区阿拉善盟政协、西北民族大学主办，额济纳旗人民政府、额济纳旗政协、阿拉善盟政协文史资料研究委员会、西北民族大学蒙古语言文化学院承办，中国《江格尔》研究会和新疆卫拉特蒙古研究会协办。来自北京、新疆、甘肃、青海和内蒙古的100余位学者与会。会议的中心议题是：卫拉特历史人物和重要历史事件研究，卫拉特蒙古英雄史诗《江格尔》研究，卫拉特传统文化研究，卫拉特蒙古历史文化变迁研究等。代表提交论文74篇和专著一部。会后由西北民族大学蒙古语言文化学院卫拉特文化研究室编《卫拉特蒙古历史文化研究》2007年由民族出版社正式出版，共收录会议论文和讲话108篇。

第六届卫拉特蒙古历史文化学术研讨会（会议名称全称为"全国第六届卫拉特蒙古历史文化学术研讨会"）2009年7月16日至19日在内蒙古自治区呼伦贝尔市鄂温克族自治旗召开，由内蒙古呼伦贝尔市政协和呼伦贝尔市鄂温克族自治旗人民政府承办，内蒙古呼伦贝尔市鄂温克族自治旗额鲁特蒙古文史研究协会、内蒙古农业大学人文学院主办。来自北京、新疆、青海、甘肃、宁夏、黑龙江和内蒙古以及来自蒙古国的120余位学者与会。会议的中心议题是卫拉特蒙古历史人物和历史事件，卫拉特蒙古宗教信仰、民俗文化、民间文学，游牧文化与环保传统等。代表提交论文75篇。

---

① 参阅 G. 朝格图《一至五次全国卫拉特蒙古历史文化学术研讨会概况》，载西北民族大学蒙古语言文化学院卫拉特文化研究室编《卫拉特蒙古历史文化研究》，民族出版社2007年版，第741—742页。

在近四分之一世纪，就一个研究领域持续召开学术研讨会，在国内学术研究领域中并不多见。

## （二）特色

1. 研究深化、成果众多

综观六届研讨会，据不完全统计共提交论文、著作近430篇（部），其中蒙文和蒙汉两种文字撰写的论文和著作有近220篇（部），占提交论文总数近半数。

上述论文和著作研讨了卫拉特蒙古历史和文化诸多方面的问题，涉及卫拉特各部起源与变迁，卫拉特社会制度与卫拉特法典，卫拉特重大历史事件和历史人物的评价，卫拉特传统文化、宗教信仰、民族民俗和旅游开发，卫拉特与周边诸族关系，英雄史诗《江格尔》，卫拉特蒙古汉文、满文和托忒文文献史料整理，卫拉特研究回顾与前瞻，以及生活在新疆、内蒙古、青海、黑龙江等省、自治区等地区卫拉特部的历史与文化等诸多方面问题，研究步步深入，成果丰硕，从单一历史研究扩展到整个文化领域。提交第一届和第二届会议的相当一批论文已成为卫拉特历史文化研究中的传世之作，如浩·巴岱、金峰、额尔德尼《论四卫拉特联盟》（第一届会议提交）；道润梯步《〈卫拉特法典〉在蒙古法制史上的地位》（第一届会议提交）和《论〈卫拉特法典〉的指导思想》（第二届会议提交）；马汝珩、马大正《伏尔加河畔土尔扈特汗国的建立及其与俄国的关系》（第一届会议提交）；冯锡时《图理琛事迹钩沉》（第一届会议提交）和《准噶尔各鄂托克、昂吉、集赛牧地考》（第二届会议提交）；宋嗣喜《策妄阿喇布坦与彼得一世往来书信研究》（第一届会议提交）等，提交第一次会议的《卫拉特历史文献》收录了浩·巴岱、金峰、额尔德尼、诺尔布等学者汉译的《四卫拉特史》《和鄂尔勒克史》《卡尔梅克诸汗简史》《卫拉特法典》等，成为国内首批汉译整理的托忒文文献，对推动卫拉特历史研究起了重要作用。

对于卫拉特史研究的回顾与前瞻是第一届至第六届与会者关注的热点，诸如马大正《一九八六年清代漠西蒙古历史研究综述》（第一届会议提交），马汝珩、马大正《1977—1989年的卫拉特蒙古史研究》（第二届会议提交），浩·巴岱《新疆的卫拉特学研究概况》（第二届会议提交），金峰《对我国托忒蒙文文献研究的展望》（第一届会议提交），郝苏民《中国卫拉特学的发展与开拓卫拉特研究的思考》（第五届会议提交），丹碧《关于卫拉特学的构建与发展》（蒙文、第五届会议提交），还有马大正在第六届研讨会的讲话《我们正在谱写卫拉特研究的历史》（即本文构思的第一个版本）等。①

2. 老中青研究者大聚集，新一代蒙古族青年学者脱颖而出

据不完全统计，第一届至第六届研讨会与会学者近 600 人次，其中参加第一届研讨会的就有时任中国人民大学清史研究所所长，当代著名清史学者戴逸教授，他在 1986 年 8 月 10 日的开幕式上做了重要讲话，这篇讲话曾以《发掘文献资料，促进卫拉特史研究》为题刊发在 1986 年 8 月 16 日《博尔塔拉报》第二版，此次找出重读这篇 26 年前的讲话，深感对当前卫拉特历史研究仍有指导意义，加之此文本未曾在戴逸教授已出版的多种文集中刊载，故全文录入本文，与读者重温。戴逸教授讲话全文如次：

> 我很高兴能参加在新疆博尔塔拉举行的卫拉特史学讨论会。卫拉特是蒙古族的一部分。它是我国民族大家庭中的一个成员，它创造了自己的文明，在历史上有着重要地位，对于形成、发展和保卫我国的西部边疆做出了重要贡献。
>
> 卫拉特曾经建立了强大的政权，这就是准噶尔政权，它所统治控制的地域十分广大。卫拉特发展了自己的经济，发展了自己的政治、法律制度，创制了自己的文字（托忒文），产生了许多杰出的文学作品，形成了自己的艺术风格。明清两代，卫拉特是我国西部边疆上最强大的力量。在它周围团聚、联系了许多分散、弱小的民族、部落，而且当俄国殖民主义向东扩张的时候，起来英勇抵抗俄国的侵略，阻止和延缓了俄国的向东扩张，它在祖国历史上做出了重大贡献。
>
> 我国有悠久的历史文明，它有两个源泉，一个源泉是以汉族为主的中原和南方的农业民族创造的文明；另一个源泉是北方草原民族创造的文明。两种文明的接触、交流、汇合，形成了浩浩荡荡的中华民

---

① 需要说明，第三、四届研讨会因缺会议论文目录资料，只能暂缺。

族历史文明的长河，两个源泉缺一不可。当然，两种文明也有斗争和排斥，但总的趋势是交流和融合。卫拉特是我国古代北方草原民族中最后一个强大的势力，它是中华民族的一部分，它所创造的文明，也是中华民族光辉灿烂的文明的一部分，而且它离今天的时间较近，影响较大，我国历史学家、蒙古学家应该重视这一研究课题。

卫拉特的研究已成为国际性学科，苏联、日本、西德等国的专家写了许多著作、文章。我们一方面欢迎国际友人研究卫拉特历史，和他们交流，向他们学习；另一方面，更加鞭策自己开展研究，努力使我们对卫拉特史的研究处在国际的前列和领先地位。

这次卫拉特史学术讨论会有几个特点：

第一，这次着重讨论卫拉特的族源、社会制度、经济文化，这是很好的。以前对战争史和人物评价的比较多，为了深入研究，应对卫拉特的起源、社会内部结构和发展水平作进一步探究，进一步阐明卫拉特文明的特色。

第二，这次将学术讨论和实地考察结合起来，在博尔塔拉和伊宁两地进行。这两个地方是卫拉特的故乡和统治中心，了解到这里山川地形、水草甘美和交通情况，也看到一些遗址，大大增加了感性知识，对于文献资料上的记载有了更加深入的体会。

第三，这次会议上发表了许多托忒文的新资料，这是卫拉特研究史上重大的前进。以往大多用汉文或俄文，而托忒文是卫拉特自己的文字，是第一手的资料，更为重要。也因此想到今后对满文、蒙文、藏文、维吾尔文史料应进一步发掘，各种民族语文的档案中可能有关于卫拉特情况的重要信息。

卫拉特史的研究，也有非常现实意义。它对于了解新疆的近、现代史，了解历史上形成的新疆的特点，了解新疆各民族的由来、分布和相互关系，都有重要的价值。这对于制定新疆的发展战略，促进民族团结，开发和建设新疆是有参考、借鉴意义的。

根据当年的会议代表名单可知参与第一届研讨会的老一辈学者有：戴逸、马汝珩、黄静涛、特布信、戈瓦等。老中青三代蒙古族学者是第一届至第六届会议的主力军，在第六届研讨会上与会学者既有 90 多岁高龄的德高望重的著名学者，也有 20 余岁的硕士、博士，形成四世同堂的盛况！

今天我们在回顾第一届至第六届研讨会历程时，必须提到浩·巴岱同志的倡导、组织、参与之功。第一届研讨会即是在浩·巴岱同志倡导、组织、参与下于 1986 年 8 月在新疆博乐市召开，自此之后，浩·巴岱同志由政界、学界两线作战，到致力于卫拉特历史文化和史诗江格尔研究，不顾年迈，始终是六届研讨会的指导者和组织者。我在 2009 年第六届研讨会闭幕会上曾说："对于卫拉特学研究的开创和发展，浩·巴岱同志作出了重要贡献，我在 30 年前刚刚开始接触卫拉特历史研究时，当时曾得到作为新疆重要领导的浩·巴岱同志的大力支持，并指导、组织我们研究团队完成多项研究任务，其中包括 1992 年和 1996 年由新疆人民出版社出版的《卫拉特蒙古简史》上、下册，浩·巴岱同志为本书撰写了长篇序言，由于出版后深受学界和蒙古族读者的欢迎，该书还出版了蒙文版，并在 2006 年易名《卫拉特蒙古史纲》再版发行。""这次，80 岁高龄的浩·巴岱同志，从祖国西北边疆不远万里来到这里参加会议，与我们共同研讨卫拉特蒙古的历史与文化，这种敬业精神值得我们每一位与会者学习。我们今天在美丽富饶的呼伦贝尔草原共聚一堂，共享卫拉特学丰硕成果盛宴之时，对浩·巴岱同志表示由衷的感谢，祝福他健康长寿！"

3. 形成让学术走向大众，让大众了解学术的良性互动

卫拉特蒙古和察哈尔蒙古是新疆蒙古族的主要组成部分。卫拉特蒙古在 17—18 世纪反抗沙俄侵略、保卫国家领土的业绩功不可没，尤其是 1771 年土尔扈特蒙古举族东归祖邦故土的壮举，更是中华民族历史上一曲爱国主义凯歌。而 18 世纪 60 年代以降察哈尔蒙古和锡伯、满族、索伦、绿营大批兵丁西进新疆屯垦戍边，构成一幅西进的宏伟图画，成为 18 世纪中国历史上一道独特亮丽风景线，同时也是一项具有特殊"以史为鉴"功能的绝好研究领域。卫拉特人先辈谱写的光辉历史成为今天民族团结、社会稳定的生动教材。

第一届至第六届研讨会均选择在卫拉特人聚居的地区召开，既有利于推动地方史、乡土志材料的收集和研究的深化，同时也让学术有机会走近当地的普通大众。

除了第一届至第六届研讨会外，还有三次值得一提的让学术走向大众，让大众了解学术良性互动的成功之会，即 2004 年 6 月 14—17 日在库尔勒市举行的东归历史文化研讨会和东归浮雕揭碑仪式；2004 年 6 月 19 日至 20 日在博乐市举行的"西迁、东归学术研讨会"；2010 年 7 月 7 日至 11 日在巴音郭楞蒙古自治州和静县举行的"东归历史与文化研讨会"。我有幸亲身参与其间，深切感受到自己的研究之见成了普通群众的共识的喜悦，这种良性互动局面的出现又为卫拉特历史文化研究的进一步深化提供了有利可靠的外部条件。

### （三）感悟

当对第一届至第六届研讨会做了一番简要的回顾与评议后，于众与于己萌生了些许感语，也想写出来与读到本文的诸君同享。

感悟之一，指于众而言，以卫拉特历史与文化为主题的研讨会在近三十年时间里能持续六届，反映出这项研究具备了坚强的生命力，而生命力产生的原动力则是：其一是学科发展的需要，卫拉特蒙古研究从某种意义上说是一门边缘性研究项目，从学科分类看，它涉及历史学、社会学、民族学、人类学、政治学、法学，甚至与一些自然科学学科相关，即使从历史学角度看，它涉及边疆史、元明史、清史、中外关系史、蒙古史等；其二是研究内容的群众性，尤其是当代卫拉特人对先辈光荣历史知识渴求，一旦学术走向了大众，大众了解学术的追求所产生的力量是无穷的，这从六届研讨会召开地点成功选择可得印证。

感悟之二，指于己而言，我作为一个不合格的卫拉特历史研究者（不具备蒙汉兼通的能力），有幸经历了近 40 年卫拉特历史发展的全过程，六届研讨会我也有幸与会四次（第四、五届因事请假），实乃个人之大幸！

卫拉特历史研究是我研究生涯中除去研究生学习期间从事太平天国史研究外的第一个研究课题。1975 年秋冬，我有幸得到了参加工作 10 年后第一个研究课题——参加《准噶尔史略》一书的撰写，我的卫拉特蒙古史研究即始于此时，此项研究真正有序展开已是科学春天降临人间的 1978 年了。卫拉特蒙古史研究工作起步是顺利的，因为从大环境言，我赶上了社会科学研究蓬勃发展的大好时光；从小环境言，我有幸置身于一个团结、进取的研究集体之中。而且在我研究工作始步之始，即得到享誉海内外的著名前辈学者翁独健教授的指导与启迪，至今我仍清晰记得《准噶尔史略》编写工作之初，独健老师的谆谆告诫："一定要详尽地掌握原始资料和国内外研究动态，首先把前人的研究成果收齐，编好目录，仔细阅读，在前人的基础上，把这本书写成有较高科学性的民族史专著，不要成为应时之作。"这种治学精神，成了指导我走学术探索之路的准则而永存心际。1982 年在完成《准噶尔史略》一书后，又开始了 17 世纪至 18 世纪土尔扈特蒙史政治史的研究。自此之后，尽管工作岗位有变动，研究重点有调整和拓展，但卫拉特蒙古历史研究始终是我研究工作的重点之一。20 世纪 80 年代以来，有关卫拉特蒙古历史的著作，或独著，或合著，或主编先后出版了 10 种，兹以出版先后为序列书目如次：

1. 《厄鲁特蒙古史论集》（与马汝珩合著），青海人民出版社 1984 年版；

2. 《准噶尔史略》（合著），人民出版社 1985 年版，2007 年广西师大出版社新一版；

3. 《满文土尔扈特档译编》（合编），民族出版社 1988 年版；

4. 《卫拉特蒙古史入门》（与蔡家艺合著），青海人民出版社 1989 年版；

5. 《漂落异域的民族——17—18 世纪的土尔扈特蒙古》（与马汝珩合著），中国社会科学出版社 1991 年版，2003 年修订再版；

6. 《卫拉特蒙古简史》（上册）（合著），新疆人民出版社 1992 年版；

7. 《卫拉特蒙古简史》（下册）（合著），新疆人民出版社 1996 年版；

8. 《天山问穹庐》，山东画报出版社 1997 年版，2010 年修订再版；

9. 《卫拉特蒙古历史译文汇集》（第一至第四册）（主编），国家清史编纂委员会·清史译文新编第三辑，2005 年；

10. 《卫拉特蒙古史纲》（与成崇德共同主编），新疆人民出版社 2006 年版，本书是《卫拉特蒙古简史》上、下册的修订版。

卫拉特蒙古历史研究成为我个人研究生涯一项重要内容，而正是在卫拉特蒙古历史田野调查、研究写作与参加各种研讨会的过程中，与学界同行在相互切磋中结下了深厚的友情，特别是与蒙古族学者的交往，更是感悟到许多书本上学不到的知识，大有利于我在认识、分析历史上复杂多变民族关系时能有更冷静的判断，以求更接近历史的真实。

我的卫拉特蒙古历史研究的实践，真是我治学人生中一件幸事！

## （四）期盼

我对深化卫拉特蒙古研究的期盼有二：

1. 学术研究层面

一是，一定要关注卫拉特档案文献和田野调查资料的收集整理和研究。

有关卫拉特档案收藏分散，涉及文种既有汉、满、蒙、藏诸民族文字，也有俄、英、法等文种，仅以收藏于中国第一历史档案馆的满文、蒙文档案中涉卫拉特档案，已整理并汉译的仅是总藏量的很小一部分。收藏于西藏自治区档案馆有关卫拉特的藏文档案和收藏于内蒙古自治区档案馆以及内蒙古各地方档案馆的汉、蒙、满文卫拉特档案，整理工作尚未系统展开。收藏于俄国、英国、哈萨克斯坦、吉尔吉斯斯坦、乌孜别克斯坦和蒙古国的相关档案国内学者根本还无力顾及。但学人深知随着相关档案的整理，一部卫拉特历史也可能要重新撰写。但这是一项深入卫拉特研究的基础性工作，又是一项需要投入（人力、财力和时间）的工作；

关于文献整理，重点应是蒙、藏文的相关文献中涉卫拉特历史的记载，特别是托忒文文献的收集、整理、汉译、考释和出版。同时也应注意18—19世纪外国探险家或其他身份人士撰写的考察报告、游记中有关卫拉特人社会诸方面的第一手记述和相关的照片资料。前些年，我们在从事芬兰探险家马达汉研究时，从他的日记和考察报告中就发现许多有关20世纪初卫拉特人的珍贵资料和照片。

关于田野调查资料的收集和整理。从历史学、人类学、民族学、社会学的视野和方法，对生活在新疆的卫拉特人开展系统、科学的田野调查，可以是综合性的也可以是专题性的。2009年新疆人民出版社出版由才仁拉吉甫主编，潘美玲著的总题为"东归宝藏"图集，图文并茂，印制精美。全书四册，分别为《流动的风景——土尔扈特服饰》《散落的珍珠——土尔扈特民间故事》《风情万种——土尔扈特风俗》《深度狂欢——土尔扈特歌舞》。这是一套让人赏心悦目的书，也是一套具有学术价值、文化含量的书。为此，我在这里要感谢主编才仁拉吉甫、著者潘美玲、图书策划和责任编辑陈漠，他们都是我尊敬的朋友，历史不会忘记她（他）们的辛劳与执着！

在这里我还要吁请有更多的仁人志士投身于这项工作中去。

二是，不能止步于传统研究领域，要有新视野，要开拓研究的新领域。17—18世纪土尔扈特蒙古历史变迁，尤其是辉煌的东归壮举，仍应是研究重点，还应将研究视野扩大至19—20世纪的卫拉特蒙古历史研究。同时从清史研究的视野对17—18世纪卫拉特蒙古历史地位进行深度评议，也是可以深化研究的又一个重点。除了政治史外，还应从军事史、外交史、法制史、经济史、社会史、文化史等多角度对卫拉特蒙古的历史与现状进行全方位、多视角研究。

三是，要下大力气培养一批蒙汉兼通有研究实力的年轻学者，要采取有力举措鼓励他们将自己研究成果走向全国、走向世界。他们的成长，才是21世纪卫拉特研究大发展的希望。

四是，要创造条件，办好卫拉特蒙古历史文化研究各种类型、各种性质的专门机构，要办好目前国内唯一研究西部蒙古的专业性期刊——《西部蒙古论坛》，从学科建设的战略高度办好专门机构和专业期刊，将为卫拉特蒙古研究的深化提供有效的学术平台。

2. 从普及教育层面

一是，做好卫拉特蒙古物质文化遗产和非物质文化遗产的保护，尤其是对卫拉特蒙古现存不多的遗址古迹的保护，和布克赛尔的卫拉特遗址具有特别重要的价值；

二是，巴音郭楞蒙古自治州创办的东归节，要持之以恒，办实、办好、办出特色，并力争列入非物质文化遗产名录，使之真正成为群众的节日；

三是，组织力量编写卫拉特蒙古历史、文化的知识性读物、图册、电子读物等，向大众普及东归精神是我们的神圣职责。

当然，学术研究与普及教育两种功能兼具的卫拉特历史文化学术研讨会更应并健全良性互动的运作机制，一届一届办下去，一届比一届办得更扎实，更有声有色，使之成为中国卫拉特蒙古研究历程中重要坐标而载入史册！

2012年1月26—28日

于北京自乐斋

# 略论开展民国时期新疆边吏研究的几个问题①

## （一）边臣疆吏研究是边疆政策研究的重要内容之一

在中国历史上，无论哪一朝哪一代，边疆问题始终是安邦治国头等大事之一，统治者都为巩固统治而制定边疆政策，展开边疆经略，实施边疆治理。边疆经略和治理是历朝历代对边疆地区进行开拓和经营的历史过程，边疆政策是实施边疆经略和治理的指导方针与具体举措，而治边思想是制定边疆政策的重要前提之一。边疆政策的基本任务是守住一条线（边界线），管好一片地（边疆地区），实际上包含了物与人两个方面。可以说，边疆政策是一项针对边疆地区人和物综合治理的系统工程。边疆政策的正确与否，边疆经略的成败得失，治边思想是否符合时代潮流，不仅直接关系一个政权的兴衰存亡，而且对于统一多民族中国的形成、发展也产生重大影响。边疆政策的提出，边疆治理的实施，除各个历史时期最高决策层的运筹帷幄外，主政边疆地区的边臣疆吏则发挥着不可替代的重要作用，他们是国家边疆政策的主要执行者，其个人的素质和处理复杂问题的综合能力，直接影响着历朝历代边疆政策的实施和边疆治理的成败，"边吏是否善政关系到边政是否得当。边疆地区离统治权力中心，且情况复杂，边吏的素质要求更应优于内地。应变过激会使事态人为扩大，而过缓消极，本想息事宁人，往往适得其反。用一句大家熟悉的话：路线确定后，干部是决定一切的。边疆大吏肩负的重任跟一般内地的不一样，跟京官也不完全一样。他如果是个庸才或者是个歪才，那就更糟糕了，要出大事，边疆的事情有的时候是牵一发而动全身，而且瞬息万变。从中央来说，对边疆大吏应授以便宜之权，让他有一定的机动权，该决断时要给他以决断权。清朝历史上这样的例子就很多。总而言之，边疆是靠人去治理。群众是真正的英雄，那没错，但是我还有一句话，关键在领导，在我们的父母官，在我们的边疆大吏。边疆大吏里边应该有一批经过考验的民族的高层领导干部，再加上中央的权威，中央的正确政策、方针，那么我

---

① 本文刊《光到天山影独圆——邓缵先精神研讨会学术论文集》，社会科学文献出版社2014 年版。

们边疆稳定局面，应该说是有保证的"。①

中国边疆研究具有丰富的内涵，众多的研究领域，它贯穿中国历史发展的各个时期，涉及国家政治、经济、军事、外交等各个方面，其中历朝各代陆疆与海疆政策的综合研究，以及各个历史时期不同政权的边疆政策研究是最重要研究内容之一，其间当然包括对中国历代边臣疆吏的研究。

依我愚见，如下六个方面应引起边臣疆吏研究者的更多的关注：

1. 历朝各代边臣疆吏人物与事件的个案研究，以及历朝各代边臣的比较研究；

2. 边臣疆吏在国家官员整体中的地位；

3. 边臣疆吏在历代中央政府实施边疆政策中的作用，以及中央与地方在治疆上的互动影响；

4. 历代边臣疆吏在中国疆域形成进程中的作用；

5. 边臣疆吏与边疆地区在历史发展进程中的互动关系；

6. 边臣疆吏在边疆地区的民事、军事、外交方面的作用。

由此可见，从古代到当代的边臣疆吏研究，值得研究者上下求索。

### （二）邓缵先是民国时期新疆边吏群体的杰出代表

邓缵先是民国时期知名度不高的边吏，尽管其在诗词、史学方面表现出众，但因为他官微言轻，其事迹与地位长期被史学界所忽略。可以说，正是崔保新所著的《沉默的胡杨——邓缵先戍边纪事（1915—1933）》②的问世，才让我们较完整地一览邓缵先的生卒年谱，体察到了他的思想境界和精神风貌。

即使如此，何启治先生在为《沉默的胡杨》作序前还是提出几个问题：一，邓缵先是什么人，为什么要为他立传？二，该书有没有开拓性？三，该书是不是一部严谨的学术著作？（见序三）我们说邓缵先是民国时期新疆边吏群体的杰出代表，也应该是解决了这三个问题后的结论。

《沉默的胡杨》是一部多序多跋的学术著作。不同地域、不同专业、

---

① 马大正：《中国历代边疆政策研究》，载《中国高端讲座》第一辑，《文化的要义》，海南出版社2006年版，第149页。

② 崔保新：《沉默的胡杨——邓缵先戍边纪事（1915—1933）》，社会科学文献出版社2010年版。

不同年龄的序者，对邓缵先有不同的解读并给予了不同的评价。县委书记何利民说："在中国行政官员体系中，县官总被称作七品芝麻官。以我的体会，县委书记官虽小，但政治经济社会的责任重大，尤其在边境县兼贫困县工作，既要保境，又要安民，平安工程和繁荣工程两个轮子要一起驱动。作者选择研究邓缵先，说明他能跳出世俗窠臼的影响，以前瞻的眼光在历史人物中淘金拾珠。"（见序一）

北京的杨镰教授说："邓缵先其人，是新疆现代史的标志性人物。不论由谁执笔来撰写新疆现代史，都绝不能略过不提。但是，由于种种原因，目前他几乎不被人知，似乎淹没在历史潮流之中。然而，杨增新与邓缵先，都是现代时期新疆稳定、发展的基石与新疆进入民主社会的推动力。没有邓缵先，新疆从辛亥革命到中华人民共和国的成立近半个世纪的历史发展过程，就缺失了必不可少的细节，历史画廊就变得晦涩难解，它就不像是老一代人亲身经历过的那个充满希望，历尽坎坷，重归一统的历史时期了。"（见序二）

广东学者谭元亨感叹：这本书的传主邓缵先，"一位把整个生命献给了新疆边塞的客家人，一位为维护国家尊严与领土完整的戍边义士，一位终身以正直、廉洁持身、外圆内方的政府官员，一位笔耕不辍、苦心编修的方志学者，一位把一生的激情、壮志与诗心融汇于上千诗文中的诗人——他，当是'以诗证史'的身体力行者。他以他的功业，他的一生，他整个的生命，证实了这样一部历史。一位客家人，始终以'祖宗言'安身立命，在千里关塞外，亦以'治国安邦平天下'为己任，最终用自身的鲜血染红了万里边陲"。（见序四）。

新疆的胥惠民教授写道："邓缵先的诗作不仅数量多，而且内容丰富，质量很高。大凡当时的政治、经济、文化、民生疾苦、民族团结，以及物产、山川风貌，在他的诗中都有反映。他的诗是民国前期新疆社会生活的真实反映。读了他的作品，无形中纠正了我的一些偏颇认识。"（见跋一）

再观作者之言："在职官序列中，邓缵先是一个芝麻官，也因为此，他一度被人们遗忘和忽略。而恰恰微不足道的小人物才有条件摆脱浮夸，根植民间，活得单纯。""挖掘历史不要忽视'小人物'，切忌将官本位不知不觉带入历史人物的评价中。小人物往往在历史上做出了大事，特别如

根植于百姓之中的县官们，因为根系发达，所以枝叶繁茂。"（见自序）

必须指出的是，民国时期新疆边吏是一个群体，他们共同承担着保卫边疆、稳定边疆、建设边疆的历史责任，邓缵先不过是其中的杰出代表。只有通过严谨深入的学术研究，这一结论才站得住，立得稳。

### （三）民国时期新疆边吏研究应引起人们关注

民国时期新疆边吏研究一直是边疆研究的薄弱环节。做好民国时期新疆边吏研究，应注意一下几个方面：

1. 民国时期新疆边吏研究的群体关系问题

民国时期新疆边吏是由大人物、中人物、小人物、民族人物构成的共同边疆治理的群体。长期以来，学术界仅关注一线历史人物的研究，由于缺乏二线、三线人物的支撑，犹如空中楼阁，使历史缺少丰富性、层次性，显得单薄。扎堆研究大人物有一定风险，既难避免资料上重复应用与抄袭，亦难跳出"阴谋论""坏人论""虚伪论"的怪圈。对大人物研究不能脱离小人物的基础，同样，对小人物研究也离不开大人物的场域及关系。开展边吏群体研究，才能使边疆史丰富起来，才能接到地气，与民生、民权结合起来。

值得注意的是，边吏二线、三线人物的研究，往往不是来自官方机构和专业研究机构，而是来自体制外的民间。民间由于受经费、资料、方法的局限，边吏研究做得不深不透。因此，做好边吏研究，需要专业人员与民间人士互动。

在《新疆1912》① 一书中，崔保新已开始尝试对边吏群体的研究。在他笔下，出现了几十个政治倾向不同、族别不同、角色各异的边吏人物，体现出时代和社会的丰富性。辛亥革命是一次改变中国命运的大事件，这一大事件不可能由几个人完成，只有动员足够庞大的群体才能完成这场大革命。历史学研究要反映这一时代特征。

2. 要重视民国时期新疆少数民族边吏研究

新疆是多民族聚居区，不同区域既分布着不同的民族，又有多民族杂居，不同的语言、文字、生活方式、习俗、宗教信仰交织在一起。历代统

---

① 崔保新：《新疆1912》，社会科学文献出版社2012年版，第357—360页。

治者,均特别注意发挥民族边吏在边疆治理中的特殊作用。民国以降,无论杨增新、金树仁时期,还是盛世才、国民党时期,新疆治理的一个显著特征就是一批民族边吏登上了政治舞台,有些甚至成为一线人物,如麦斯伍德、艾沙、尧乐博斯、包尔汉、赛福鼎等。我们目前的研究对象和成果尚没有涵盖民族边吏群体,民国时期的民族边吏大多没有传记问世,单就学术而言,这不能不说是一个缺陷。

3. 民国时期新疆边吏研究的若干方法

第一,资料搜集是开展民国时期新疆边吏研究的基础工作。由于时过境迁,资料搜集有一定难度,但也不是无迹可寻。要注意搜集他们生前留下的著作、自述、诗文、日记、遗稿、奏章、回忆录,以及相关档案、地方志、各级文史资料、学者研究文章、与他人唱和的诗词以及外国人写的著作中的记录等。

第二,中央政府选拔、派遣、管理边吏,体现着国家统一和行使主权。在民国边吏研究中,不可忽视边吏选拔制度、任用标准、奖惩方法、选派程序的比较研究。譬如,北洋政府、南京政府对边吏的选拔、任用、选派有何异同?国体、政体的变动对边疆人才选拔的标准、程序以及命运有何影响?

第三,在边吏的成长过程中,离不开地域文化对边吏们的熏陶,边吏们的性格形成、心理活动、为人处世、言行举止、治理风格,或多或少受到地域文化和人生经历的影响。以"性格论""地域文化论""情感论""隐忍论""亲民论"分析,取代"阶级论""好坏论""道德论"的批判,会更接近边吏们的历史本色,更让后人信服。所以要善于利用其家乡的研究成果,有条件的应该到其家乡做一番田野调查。

第四,语境是民国时期新疆边吏的生存时态,研究者要以人为本,对研究个体要有同情心,将心比心,对他们经历的历史要有敬畏心,要回到他们所处的语境中,设身处地为他们设想,切忌用今天的观念和是非标准乱扣帽子,乱打棍子。也就是说,对边吏群体研究,不要忘记他们所处的时代,也就是要坚持实事求是的态度,该批判的批判,该肯定的肯定。

第五,边吏研究要选好题目,作前人未做的课题。研究新疆民国时期有两本皇皇大作,一是曾问吾的《中国经营西域史》,二是张大军的《新疆风暴七十年》。对于这两个人，大多数人也只是只知其名、其书，而不知其来龙去脉，更不知他们为什么能写出这样的大作。至于两书中作序、题词者，更无人追踪研究。如果我们开展边吏研究，相信这些空白都能填补上。

总之，目前民国时期边吏研究还很薄弱，需要学术机构和民间学者彼此互动、共同努力，相信定能开创一个新局面，成为中国边疆学百花园中一朵奇葩！

2013 年 2 月 10 日<br>于北京自乐斋

# 《新疆通史》纂修感言①

《新疆通史》作为全国哲学社会科学基金重大研究项目启动已有四年有余，作为边疆史研究工作者，我有幸从一开始就参与其间，深感责之重大。

责之重大，谓之有三。

### （一）应面对现实和未来

新疆历史源远流长，作为中华文化重要组成部分的西域文化绚丽多彩。研究新疆历史一要把握住正确的出发点和归宿点：新疆是我国统一多民族国家不可分割的一部分；新疆的历史是中华各族共同创造的，是中华民族共同历史的一部分。二要面对现实和未来。这是当代新疆的现实向我们提出的要求，新疆是一个多民族聚居、多宗教汇集的地区，维护各民族团结和社会稳定本来就面临着许多困难，而且还要在此基础上促进新疆经济社会的发展，其所面临的困难自然更多。加之新疆分裂势力在历史领域炮制种种歪理邪说，篡改并歪曲新疆历史，也亟待我们去清理和批判，以还历史的本来面貌。新疆历史研究中存在诸多历史上的疑点问题、理论上的难点问题、现实生活中与历史有关的热点问题，有待研究者上下求索。所有这些，均是《新疆通史》纂修面临的任务和挑战，《新疆通史》纂修者应勇敢面对挑战，不辱使命。

---

① 本文刊于《光明日报》2009 年 12 月 18 日第 6 版。

## （二）要承前启后

新疆及其周围地区在我国古代称为西域，回顾先辈们经营和开发区西域的历史，可以清楚地看到这样一个史实：包括今新疆在内的广大西域地区，在很早以前就和内地形成了密切的政治、经济、文化联系，公元前1世纪西域和内地融为一体之后，我国中央王朝对西域的经营和开发尽管有过挫折，乃至断裂，但经过了挫折时期之后，中央王朝对西域的经营和开发往往会在前代的基础上有一个更高、持续时间更长的开发高潮，这些持续不断的开发高潮使西域地区和内地的联系更加紧密，这也是近代以降，尽管列强处心积虑企图将新疆分裂出中国却始终无法实现的重要原因之一。

在我们先辈开拓和开发西域的过程中，对西域的探索和研究也同时展开了。流传至今的《尚书》《山海经》《穆天子传》《竹书纪年》等关于包括今新疆在内的古代西域人文、地理等方面的记载，应是先辈们探索和研究西域的最早成果。之后，以《史记》《资治通鉴》《高僧传》《元和郡县图志》等不同类别诸多史籍均有大量西域的记载，至清代，专门探索和研究西域的官方典籍、私家著述更是不胜枚举，新中国成立后，尤其是改革开放以来，众多研究机构、团体、学者纷纷投身探索和研究新疆历史的行列，从不同的角度，运用科学的方法开展研究，使新疆历史成为中国边疆史地研究中一个硕果累累的领域。《新疆通史》作为一项重大学术文化工程项目，从学术研究史的角度它承载着承前启后的重要作用，亦即《新疆通史》的纂修，既是对此前新疆历史研究的总结，亦应是21世纪新疆历史研究新起步之开始。

## （三）争五项创新

作为全国社科基金重大研究项目，《新疆通史》应该成为一部具有学术权威性和密切面对新疆实际的传世精品。学术权威性源自《新疆通史》纂修能否实现五创新的目标，即资料创新、体裁体例创新、理论创新、人才创新、运作机制创新。

一是，资料创新。《新疆通史》纂修必须要发掘大量新的资料，并用于研究之中。新资料的发掘和利用应包括：考古资料；汉文、民族文字和外文的档案，尤其是收藏于中国第一历史档案馆满文和蒙文档案，收藏于西藏自治区档案馆的清代藏文档案,以及俄国的已刊和未刊的俄文档案;汉文、民族文字和外文的文献,尤其是当事人和当时人的未刊和已刊的相关记述。让人庆幸的是《新疆通史》编委会已充分认识到此项工作的重要性和不可或缺性。

二是,体裁体例创新。一部通史,其体裁体例可供选择的不外乎传统史学的纪传体,新史学的章节体。《新疆通史》本着如下两个原则,即一是面对新疆历史发展的实际,二是研究新疆历史应面对现实与未来,经过反复研究确定了《新疆通史》采用通史体与专史体相结合的体裁体例。在按时间(王朝)顺序分设通史体各卷之外,还根据新疆历史实际、特点,增加四卷专史,并设导论作为开卷。具体情况是,通史体部分有史前、两汉、魏晋南北朝、隋唐、五代宋辽金、蒙元明、清代(上、下册)、民国、当代(上、下册),共9卷11册;专史体部分有民族、宗教、屯垦,以及当代新疆反分裂斗争实录,共4卷,加导论卷,合计14卷16册。叙事时限,上自史前,下至20世纪90年代。

三是,理论创新。在唯物史观指导下,坚持实事求是思想路线,从立足现实、研究历史、面向未来的原则出发,站在意识形态领域反分裂斗争的战略高度,阐明新疆历史上一些重大问题,以我陋见,如下五个问题特别应予重视:历朝各代对新疆的治理,新疆是各民族共同生活的大家园,多种宗教在碰撞中并存,多元文化的共存、交融与互补,屯垦戍边的必要性与合理性。同时在体系框架、个案研究,以及吸纳国内外研究成果等方面也应有经得起历史检验的创新点。

四是,人才创新。鉴于30年前编撰《新疆简史》及其后的持续研究的开展,培养了一代新疆历史研究工作者的成功经验,此次《新疆通史》的纂修应将培养新一代新疆历史研究工作者作为一项21世纪新疆历史研究发展、深化的战略任务来安排。各卷主持人应是年富力强、当前新疆历史研究相关领域的前沿专家,并吸收一批年轻研究者进入课题组,通过出精品来培养人才。老一辈学者尽可能退居写作二线,发挥顾问、指导的作用。同时在研究实践中应下大力气有重点的培养少数民族史学工作者。

五是,运作机制的创新。《新疆通史》纂修实施了以项目为纽带,项目主持人为龙头的课题运作模式,充分发挥专家的学术主动性,同时也必须强化编委会学术指导、宏观调控的作用和力度。

《新疆通史》纂修工作启动以来，工作有序，成绩卓著。今以责之重大感言三端寄语参加《新疆通史》纂修工作的诸同人，既自勉，也共勉！

2009 年 11 月 14 日
于北京

# 修一部反映时代精神的信史

## ——访《新疆通史》顾问、著名边疆史地研究专家马大正①

（2016 年）8 月 4 日，在结束了由《新疆通史》编委会主办的"《新疆通史》各卷主编会议"后，与会的部分专家学者踏上了前往南疆考察的路途。

穿沙漠，过绿洲，专家、学者包括各卷主编们切实感受着南疆大地今天发生的巨大变化。

6 日，在由皮山县至叶城县疾驰的车上，记者见缝插针地采访了前来参加"《新疆通史》各卷主编会议"及考察活动的《新疆通史》顾问、著名边疆史地研究专家马大正先生。

虽然考察旅途不免劳顿，但年逾七旬的马大正却毫无倦容，说起《新疆通史》，马先生侃侃而谈。

他从学术研究和社会需求两个方面畅谈了自己对《新疆通史》的见地、认识。

他首先从梳理了中国边疆研究发展脉络的《当代中国边疆研究》（1949—2014）一书谈起，条分缕析，思路清晰。

"千年积累，百年探索，三十年实践"，马大正用 13 个字概括了中国边疆学术研究的历程。具体来说，中国的边疆研究经历了从"边疆史地研究"到"中国边疆研究"（包括当代中国边疆研究）再到今天被中国学术界所普遍认可的"构筑中国边疆学"。

从这一背景下来看《新疆通史》，其学术价值了然于目。

---

① 《新疆日报》记者曹新玲采访，本文刊发《新疆日报》2016 年 8 月 11 日第 9 版。

马大正说，从20世纪末到21世纪初，他们出版了"中国边疆通史丛书"，全面总结了之前的边疆研究成果并形成一个完整的体系。这套由马大正主持编撰的丛书包括《东北通史》、《北疆通史》、《西域通史》、《西藏通史》、《西南边疆通史》（包括云南、广西两省区的内容）、《中国海疆通史》；同时又编撰了获得国家图书奖的统筹国家治理边疆全局的《中国边疆经略史》，该书还获得了国家"五个一"工程奖、郭沫若中国历史学奖。该套书是一本承前启后的学术丛书。"中国边疆通史丛书"则获得了国家图书奖的提名奖。

同时，地区性的综合性丛书也都在编撰中。如20世纪80年代启动的《东北通史》已出了好几个版本，《内蒙古通史》、《西藏通史》（十四卷）、《云南通史》、《广西通史》，还有《新疆简史》都先后出版，熟悉学术发展史的人都知道，只有研究到了一定的程度，这些文化工程才会纷纷面世。

《新疆通史》启动之初，马大正就提出了三个创新希望：

首先要发掘新的资料，做到资料创新。马大正说，当时四个边疆研究的综合性项目启动——"东北边疆历史与现状系列研究工程""新疆历史与现状系列研究项目""西南边疆历史与现状系列研究项目""西藏历史与现状系列研究项目"（因需要，西藏从西南中分出来单另立项），这些研究工程都有系统的资料整理项目，所以我们提议《新疆通史》编撰一定要下决心把新疆以前没有系统整理的资料理清楚，同时要注意收集新的史料，新的研究成果。

其次就是体系的创新，学术观念上的创新。要明白采用什么样的叙述体系，即用什么样的表述方式将两千多年的新疆历史叙述出来能达到最好的效果。

最后是人才的创新。第一线的各卷主编应该找那些年富力强的中青年史学专家们担纲，除了中青年主编们思想较为活跃，相对接受新的资料、信息更快之外，他们更有精力上的优势承担像通史这样时间跨度比较长的文化工程；还有就是要借这一平台带一批年轻的史学研究人才，特别是中青年民族史学工作者。

十多年过去了，现在回过头来看，这几点创新希望几乎都被证实是十分必要的。

《新疆通史》工程 2005 年年初启动时，从体裁体例到运作模式都借鉴和参考了 2002 年启动的"国家清史纂修工程"的一些做法。

从学术研究史和学术发展史的角度来看，《新疆通史》占有重要地位。它既是承前的，同时又是启后的，无疑是以后新疆史研究的坐标，从学术研究这个角度看，其意义、价值怎么评价都不为过。

马大正说，从社会需求的角度看，新疆社会确实面临着种种现实考验，要让老百姓有正确的历史观，确实需要一部既符合历史发展规律、又符合当前反分裂要求的专著。从这个意义上来讲，《新疆通史》要承担起这一历史性的任务。

正因为如此，国家和自治区领导更加重视该工程。这部书编撰出版后，它要能够回答新疆的难点、热点、疑点问题。

早在 2005 年撰写《新疆史鉴》一书时，马大正就提出，新疆历史在其发展过程中问题很多，但归结起来无外乎五大问题：

一是新疆是祖国不可分割的一部分。从公元前 60 年，西域都护府的设置时起，新疆（西域）就被纳入了中国版图。我们要弄清楚历代中央政府是如何治理新疆的，要了解其治边观、治边政策、治边效果等。

二是新疆是多民族共同生活的家园。要弄清楚历史上新疆的各民族是怎么发展，如何交融的。

三是新疆宗教的发展演变过程。

四是新疆是多种文化交融的地区。要把新疆的文化发展形态真实地呈现出来，即各种文化互通有无的形态，而不是某种单一的文化形态。

五是屯垦戍边是治边的千古之策。历代有所作为的政治家几乎都在新疆实行屯垦戍边政策，历史事实证明，这一举措是治边治疆不可缺少的良策。

从现在《新疆通史》十四卷的格局安排上，可以看出是借鉴采纳了这五点看法和建议的。

再有，我们编撰《新疆通史》时，不仅仅要考虑单纯的学术问题，关键是面临新疆反分裂现实的挑战时，要能用充分的历史事实作出我们的回答。这也是我们"当代新疆反分裂斗争实录"专卷设置的初衷。

20 世纪的新疆历史发展中存在着一股逆流，那就是企图把新疆从中国的版图中分裂出去的逆流，所以称其为"流"，就是说它其实有"源"；所谓"流"，就是说它还是动态的，是长期的、尖锐的、复杂的，对此，我们要有清醒的思想认识。

"当代新疆反分裂斗争实录"专卷的设置说明，我们是充分考虑到国家、现实及当代新疆反分裂斗争的实际需要的。

马大正先生对《新疆通史》的编撰寄予厚望，相信通过专家们的努力，《新疆通史》一定能够修成一部反映时代精神、经得起时间检验的信史、良史。

# 成果的积累人才的聚集

## ——评《卫拉特研究》杂志①

在当代中国林林总总的学术期刊中，有一份知名度并不高、专业性却极强的学术期刊，这就是本文拟进行评述的《卫拉特研究》。

由新疆维吾尔自治区社会科学界联合会主办的《卫拉特研究》自1989 年创刊，至 2002 年共出 145 期，尽管标明是"托忒文季刊"，但也刊发汉文撰写的作品。据统计 15 年间共刊发各类文章 454 篇，其中蒙文368 篇，汉文 84 篇，英文 2 篇。

2003 年《卫拉特研究》改版后，不再标明"托忒文季刊"，但仍为季刊。4 期共刊发文章 44 篇，其中汉文 16 篇，蒙文 28 篇。

《卫拉特研究》是国内唯一以卫拉特蒙古为研究对象且采用蒙文和汉文刊发学术成果的学术刊物，极具专业特色。本文拟以《卫拉特研究》所刊发的汉文文章为主，试做评议。以期引起学界同人对此专业期刊的关注，并企盼学界能对卫拉特蒙古研究倾注更大的力量，同时引起各民族读者，特别是通晓蒙文的读者对卫拉特蒙古方方面面的兴趣。

（一）

卫拉特蒙古是我国蒙古族的一支，现主要居住在新疆维吾尔自治区、

---

① 本文刊发于《卫拉特研究》2004 年第 1 期。

青海省、甘肃省、内蒙古自治区、黑龙江省等省区。卫拉特蒙古历史悠久，长期以来，卫拉特蒙古人民以自己的辛勤劳动和艰苦奋斗，发展了本民族的经济、文化，开发了祖国的西北边疆，为推动统一多民族中国历史的发展做出了重大贡献，其势力所及，也直接影响其邻近各部族历史的进程。

元代以来，卫拉特蒙古历史发展的进程，大体上可作如次划分：

元明时期的斡亦剌惕和瓦剌是卫拉特蒙古历史发展的先世时期。

明清之际至清前期，即公元 17—18 世纪是卫拉特蒙古历史发展由兴盛到危机的过渡时期。这一时期卫拉特蒙古分为和硕特、准噶尔、杜尔伯特和土尔扈特四大部分，在清代历史上起过重要作用，在一个多世纪中，准噶尔雄居天山南北，和硕特进入青藏高原，土尔扈特远徙伏尔加河流域。卫拉特蒙古是活跃于西北和北方的一支重要政治力量。

清中叶以降至民国时期，是卫拉特蒙古历史发展相对稳定时期，此时与清政府相抗衡政治势力的卫拉特蒙古已不复存在，但在清朝盟旗制度统治下，卫拉特蒙古仍在发展，他们生息繁衍，发展经济，并与各族人民一起在开发新疆、保卫边疆的实践中，继续做出贡献。

中华人民共和国成立以后，卫拉特蒙古与各族人民一起进入了社会主义发展的新阶段，掀开了历史新的一页。

当今卫拉特蒙古是一个国际性民族。在俄罗斯、蒙古国、美国都有卫拉特蒙古人居住，此外，在保加利亚、法国等地也居住有少量卫拉特蒙古人。

卫拉特蒙古的历史是统一多民族中国历史的重要组成部分，卫拉特蒙古的文化是多元一体中华民族文化的重要组成部分。同时，由于从历史到今天，新疆是卫拉特蒙古主要居住地，因此，卫拉特蒙古研究，在当今新疆的历史和现状研究中更具有其特殊的地位。

众所周知，生活在新疆的蒙古族与新疆各少数民族广大群众都是当前新疆稳定和发展的中坚力量。历史和现状研究是当前意识形态领域反分裂斗争的重要战场，研究历史，要坚持立足现实，研究现状，要注重现实问题产生的历史背景，并从中探讨解决现实问题的对策与措施。在新疆研究中，要对卫拉特蒙古研究的重要性、特殊性有足够认识。唯此，才能更自觉地深化研究、办好刊物。

（二）

《卫拉特研究》杂志是以刊载"卫拉特蒙古的社会经济、法律典章、历史地理、宗教文化、文学艺术、语言文字以及多民族关系史等诸多方面的学术论文"的"蒙汉文学术季刊"。[①] 出刊 15 年来其成绩与作用，简言之可概括为成果的积累、人才的聚集。

1. 研究成果的积累

学术刊物的重要任务就是要刊发有水平、有影响的学术论文，持之以恒，即实现了本领域研究成果的学术积累，成为读者或是深入研究，或是了解研究动态必备参阅刊物。这是作为以卫拉特蒙古为研究对象的学术刊物《卫拉特研究》应追求的最高社会效益之所在。《卫拉特研究》杂志 15 年的办刊实践表明，这一目标是达到了。

综览《卫拉特研究》杂志，所设的学术栏目据不完全统计有近 30 个，其中成规模的学术栏目有诸如历史研究、文学研究、语言研究、民俗研究、史诗研究等，尤以历史研究和史诗研究的学术栏目刊发了一批有影响的学术论文。

兹从以下五方面分别评述。

（1）对卫拉特蒙古研究的学科建设和发展的评议

对卫拉特蒙古研究从学科建设的高度来抒发议论是研究深化的一个表现，让人高兴的是我们读到了加·奥其尔巴特《卫拉特蒙古史研究与明天的课题》（《卫拉特研究》2003 年第 4 期），本文是《卫拉特研究》15 年来用汉文发表的论文中此类题材的第一篇，该文首先追叙了国内外卫拉特蒙古史研究的三个发展阶段，进而提出要在卫拉特蒙古与周围各兄弟民族的关系、语言文字、宗教信仰和生活习俗等方面进行横向的比较研究，并将西域地名当作有历史继承关系的对象来把握、透视和探讨，以期扩大卫拉特蒙古史的研究领域。该文对西域某些地名以往定论性的解释所做的全盘否定是尤其值得我们关注的。文章经过考据和论证，提出一种截然不同且令人信服的解释，其意义非同小可。文章认为："只要专家学者们将目

---

① 《本刊启事》，《卫拉特研究》2003 年第 4 期。

光和才智更多地投注到对卫拉特蒙古整个历史时期的横向比较研究上，必将大大丰富卫拉特蒙古史研究的内容，在此基础上，全面提高卫拉特蒙古史研究的水平。"

这一题材的另一篇是丹碧用蒙文撰写的《卫拉特学学科建设断想》（《卫拉特研究》2003 年第 2 期）。

在对卫拉特蒙古历史研究的回顾与评议上，浩·巴岱《论卫拉特蒙古史研究——兼评〈卫拉特蒙古简史〉》上册（《卫拉特研究》1990 年第 1—2 期），以及同一作者用蒙文撰写的《新疆卫拉特研究概述》（《卫拉特研究》1990 年第 3—4 期），和《阿拉善会议以来新疆地区卫拉特研究概况》（《卫拉特研究》1993 年第 1 期）都做了很好的综述。浩·巴岱是大家都尊敬并熟悉的卫拉特蒙古研究的组织者和实践者，在他主持下，20世纪 80 年代末到 90 年代初完成并出版了《卫拉特蒙古简史》上、下册，这是一部在卫拉特蒙古通史性研究作品中具有标志性的学术专著。浩·巴岱撰写的《论卫拉特蒙古史研究》实际上是这部学术著作撰写的指导思想和原则，文章提出的："必须把卫拉特蒙古的历史作为研究、描述的主体，充分阐明其自身发展的历史进程和规律，同时充分阐明卫拉特蒙古在缔造我们统一的多民族国家和丰富中华灿烂文化中的贡献和不同时期的历史作用"，以及"坚持实事求是的思想路线是研究与编写好卫拉特史的关键"，至今仍不失其理论上的指导意义。

在总结卫拉特蒙古历史的研究进程方面《卫拉特研究》还刊发了两篇值得重视的论文，即金峰、额尔德尼、浩·巴岱的《近十年来我们在卫拉特史研究方面提出的一些新看法》（《卫拉特研究》1993 年第 1 期）和《近二十年来我们在卫拉特史研究方面提出的一些新看法》（《卫拉特研究》2003 年第 1 期）。三位作者都是蒙汉兼通的卫拉特蒙古研究方面老一辈学者，他们对自己研究历程的总结，对今天的研究是极具启迪意义的。当然对他们的"新看法"学者们完全可以见仁见智，不同见解的存在，规范的学术争鸣，永远是学术研究深化的动力。

（2）对卫拉特蒙古历史地位研究

米·乌兰《略论西蒙古在西域历史发展中的作用》（《卫拉特研究》1991 年第 2 期）评议了准噶尔政权成立以前，准噶尔政权时期和准噶尔汗国覆灭以后三个阶段中卫拉特蒙古在西域及中亚史上的地位，以及在祖国西北边疆的统一、发展中所起的作用，文章的结论是："卫拉特人从13世纪起就与西域发生了关系，到15—16世纪起逐渐向西域发展，终于于17—18世纪在这块土地上建立起了强大的政权，结束了西域一些政权分散的互相攻伐的纷争局面，并遏止了沙俄向西域的渗透。这客观上对我国统一西域、建立新疆省和中亚文化的稳定发展奠定了重要的基础。西蒙古被清朝统一后，卫拉特人民在维护祖国统一，开发建设新疆，发展并丰富祖国文化宝库和推翻国民党反动统治等方面都做出了巨大的贡献。"

侯灿《正确评价准噶尔部的历史人物》（《卫拉特研究》1994年第3—4期）则是通过对被指定为文科教材的由十院校编写组编写的《中国古代史》下册中对准噶尔部历史部分的商榷，涉及对卫拉特蒙古历史地位和历史作用的再认识。文章通过对"关于'通贡'与'臣属'问题"，"关于噶尔丹及其评价"，"策妄阿拉布坦是否叛乱问题"，"关于准噶尔部晚期的历史问题"的分析，结论是："《中国古代史》中关于'粉碎准噶尔部上层反动分子的叛乱'的论述，不是以历史的辩证的观点来论述卫拉特蒙古的史事，对准噶尔部的几位历史人物作了过多的贬斥和指责，这是不符合卫拉特蒙古的历史实际的。"

（3）重大历史事件与人物研究

重大历史事件与人物研究是研究中永恒的热点，卫拉特蒙古历史研究也不例外。《卫拉特研究》刊发的这类学术论文也相对丰富。汉文撰写的论文有20余篇，蒙文撰写的论文也有20余篇。

历史事件研究方面值得注意的有金峰《四万卫拉特》（《卫拉特研究》2003年第1期），邢洁晨《大瓦剌国考述》（《卫拉特研究》2003年第1期），尤努斯江·艾力、赵建国《论准噶尔与叶尔羌汗国的早期关系》（《卫拉特研究》2003年第1期），吐娜《在维护祖国统一斗争中南路土尔扈特、和硕特部的贡献》（《卫拉特研究》2003年第3期），周西萍《旧土尔扈特南路乌纳恩素珠克图盟的设置及其演变》（《卫拉特研究》1992年第3期）和《旧土尔扈特乌纳恩素珠克图盟的设置与和静县城的形成》（《卫拉特研究》1995年第4期），吐娜《清代伊犁厄鲁特营的设置及其作用》（《卫拉特研究》1992年第4期），《伊犁察哈尔营卡伦的变迁》（《卫拉特研究》2002 年第 2 期)、《近现代阿勒泰乌梁海社会历史略述》(《卫拉特研究》1993 年第 3 期)、梁丽霞、王希隆《阿拉善蒙古游牧地变迁考述》(《卫拉特研究》2003 年第 4 期等)。历史人物研究方面有米·乌兰《散扎布事件小议》(《卫拉特研究》1993 年第 1 期)、蔡家艺《拉藏汗刍议》(《卫拉特研究》2003 年第 4 期)、张岩《清朝土尔扈特蒙古抗俄英雄策伯克多尔济和巴尔达尼克》(《卫拉特研究》1997 年第 3 期)、陈庆英《五世达赖喇嘛进京与蒙古各部》(《卫拉特研究》1992 年第 2、3 期)等。

值得一提的是尹立东的两篇考证性论文《土尔扈特蒙古东返始于1771 年 1 月 17 日》(《卫拉特研究》1994 年第 2 期)和《旧土尔扈特部北路旗制及亲王、扎萨克世系考订》(《卫拉特研究》1994 年第 3—4 期)。前者指出拙文《土尔扈特蒙古东返始于何时》(《新疆社会科学》1985 年第 1 期)的结论土尔扈特东返始自 1771 年 1 月 5 日考订中忽略了俄历与公历之间的误差,土尔扈特东返应始自 1771 年 1 月 17 日。这是国内学者首次对拙文考订上的误差提出的修正意见。之后郭成康在撰写《清史编年》时又做了进一步的补充。我在将《土尔扈特蒙古东返始于何时》一文收入《跬步集——新疆史探微》(兰州大学出版社 2003 年版,第 324—325 页)时曾写补记表示对他们见解的赞同和感谢。同时在拙著《漂落异城的民族——17 至 18 世纪的土尔扈特蒙古》一书 2003 年再版时,吸纳了这一见解进行了修改。后者则是作者根据历史资料和实地调研撰写而成的一篇很有参考价值的考订论文。

(4) 对托忒文文献的史料价值研究

由于复杂的历史原因,卫拉特文献绝大部分已散失,但在卫拉特蒙古研究中,托忒文文献的重要性是不言而喻,且成为学者的共识。20 世纪80 年代以来,金峰、额尔德尼和浩·巴岱倾力于斯,并用回纥、托忒两种蒙古文编辑出版《卫拉特历史文献》和《卫拉特史迹》。托忒文期刊《汗腾格里》也刊发了诺尔布整理的托忒文文献,但毕竟能直接利用托忒文文献进行研究的学者尚不普遍,在撰写《卫拉特蒙古简史》上册时大量利用托忒文文献,已成该书的一大特色。《卫拉特研究》刊发的金峰《从〈和鄂尔勒克史〉看三个不同时期的四卫拉特》(《卫拉特研究》2003 年第 1 期),加·奥其尔巴特《从〈卫拉特法典〉追溯古代蒙古人的刑法思想》(《卫拉特研究》1993 年第 2 期),阿拉坦《从〈土尔扈特诸汗史〉看准噶尔汗国内外关系》(《卫拉特研究》2003 年第 1 期)三篇文章,是作者直接利用卫拉特文献的研究之作。

(5) 史诗研究在我国少数民族文化宝库中,《江格尔》与《格萨尔》《玛纳斯》一起并列为三大英雄史诗

《江格尔》的故乡在新疆,早已驰名中外,已成为世界性的研究课题。《卫拉特研究》刊发有关史诗江格尔的研究,用汉文撰写的文章,据统计有 10 余篇。其中张越的论文,发表时间跨度长达 15 年,可视是作者长年研究的系列成果,5 篇文章是《分而不离整体,连而各自独立》(《卫拉特研究》1989 年第 1 期)、《幻想的具象描绘、现实的变异反映》(《卫拉特研究》1990 年第 1—2 期)、《人性之中添神性、共性之中显个性》(《卫拉特研究》1991 年第 1 期)、《壮丽夸诞的造型、原始单纯的美感》(《卫拉特研究》1997 年第 1 期)、《〈江格尔〉求婚故事纵横谈》(《卫拉特研究》2003 年 4 期),前 4 篇均冠江格尔艺术论之结构论、方法论、形象论、审美论的总标题。其他诸如宝音和希格《关于〈江格尔〉研究中存在的几个理论问题》(《卫拉特研究》1998 年第 2 期),伊布拉音·穆提义《英雄史诗〈江格尔〉中的马的形象》(《卫拉特研究》1989 年第 1 期),郎樱《〈江格尔〉与〈玛纳斯〉之比较》(《卫拉特研究》1990 年第 3—4 期,贾木查《史诗〈玛纳斯〉与〈江格尔〉英雄崇拜思想浅析》(《卫拉特研究》1996 年第 1 期),贾芝《〈江格尔〉研究的里程碑》(《卫拉特研究》1991 年第 4 期)等,也都是这一时期史诗江格尔研究中值得重视的学术论文。

2. 研究人才的聚集

《卫拉特研究》出刊 15 年,从其刊发文章的作者看,可以说已形成一支有较高水平、相对稳定的卫拉特蒙古的研究者群体。

在蒙汉文兼通的作者中浩·巴岱、金峰、额尔德尼是卫拉特蒙古研究中著名学者,《卫拉特研究》共刊发了他们或个人,或联名的论文 8 篇,还刊发了由卫拉特研究室署名的《金峰教授与我国的卫拉特史研究》(《卫拉特研究》2003 年第 1 期)一文,评介他的研究历程和成果。这一类作者还有加·奥其尔巴特、吐娜均各刊发 5 篇。

在用汉文撰写的作者中有,张越(刊发 5 篇),米·乌兰(刊发 3

篇），周西萍、尹立东（均各刊发2篇），在这一作者群体中还有20世纪80年代始即活跃于卫拉特蒙古研究诸领域的学者如蔡家艺、陈庆英、侯灿、王希隆、郎樱、宝音和希格、贾木查诸君。

在用蒙文写作的作者中有格·李杰（刊发7篇），那木斯来（刊发5篇），额·巴德玛（刊发2篇），还有在研究和教学领域十分活跃的如丹碧、诺尔布、纳·巴生诸君。对这一作者群体的分析中，我感到自己知之太少，我无法举出有年轻作者是通过在《卫拉特研究》上刊发文章而步入卫拉特蒙古研究者行列，并取得成绩的实例，这一缺憾还望《卫拉特研究》编辑部的同人来弥补。

3. 试与《西域研究》做一比较

新疆社会科学院主办的《西域研究》创刊于1991年，其前身是《新疆社会科学》。《西域研究》刊发文章的内涵当然要比《卫拉特研究》丰富得多，在1991年至2003年共刊发有关卫拉特蒙古的研究论文9篇，相关书评3篇。9篇论文的作者与论题依刊发年为序列如次刘正寅《准噶尔统治天山南路的进程》（1993年第4期），李渊、张新革《准噶尔普尔钱浅探》（1994年第1期），尹立东《杜尔本厄鲁特森木古城考》（1994年第3期），赵天《策妄阿拉布坦侵扰西戴的原因》（1996年第2期），吐娜《从清政府对土尔扈特部的优恤与安置看其民族政策》（1997年第4期），齐清顺《清朝"平准"战争战略方针的转变及其影响》（1998年第1期），周学军《旧土尔扈特蒙古郡王帕勒塔家系订补》（2000年第3期），吐娜《伊犁厄鲁特营的戍边》（2002年第3期），安俭《论土尔扈特回归故土事件中的文化因素》（2003年第2期）。文章的数量基本上是一年一篇，文章的作者除吐娜和尹立东外，都不在《卫拉特研究》的作者群体之中。从论题的内容看，《西域研究》刊发的文章，论题上的宏观性和开拓性还是有其优势的。但即使如此，《卫拉特研究》作为一本专门性的学术期刊，经过15年的努力，已成为中国卫拉特蒙古研究者的共同的园地，已是不争的事实。

（三）

《卫拉特研究》15年办刊历程，其成绩是明显的，已如前所述，但应该看到也存在明显的不足，知其不足才有望找到改进的途径，在此，也恕我直陈己见。

《卫拉特研究》的宗旨是刊发用蒙文和汉文撰写的有关卫拉特蒙古研究的各类文章，这一点既是刊物的特色，也成了其局限性存在的根由，具体来说，其局限主要表现在三个方面：

第一，读者群体的局限。由于能直接阅读蒙文的读者毕竟人数有限，加之文章大多是研究性的，缺乏可读性，不能吸引更多的读者，这确是一个无奈的局面。

第二，作者群体的局限。某种意义说，刊物的作者应是刊物读者的核心，一个看不懂刊物文章的读者，绝不可能成为这一刊物的作者。在相当长时间内，中国的卫拉特蒙古研究者他们主要使用的文字还是汉文，因此《卫拉特研究》的作者同样存在明显的局限，用汉文写作的卫拉特蒙古研究者难以更多地参与其间，这样出现了谁也不愿看到却成为现实的《卫拉特研究》作者群体的边缘化倾向。

第三，学术信息的滞后。学术刊物的生命力在于一是着力推动研究领域的开拓和深化，二是学术信息的丰富与快捷。《卫拉特研究》在这两方面都存在明显不足。前者因受 20 世纪 90 年代以来卫拉特蒙古研究，特别在历史研究方面整体上存在后劲乏力的现状的制约，《卫拉特研究》编辑部同人也难以发挥出力挽狂澜的作用。但后者——学术信息的丰富与快捷上，却是能做而未能做到的，当然在英雄史诗江格尔的研究信息传递方面还是有所建树的，信息量大且反应也快捷。但除此之外，80 年代末国内出版的有关卫拉特蒙古历史一批研究著作，诸如白翠琴《瓦剌史》，马汝珩、马大正《漂落异域的民族——17 至 18 世纪的土尔扈特蒙古》（1991），马大正、蔡家艺《卫拉特蒙古史入门》（1989），加·奥其尔巴特、吐娜《新疆察哈尔蒙古历史与文化》（2002）等，还有一些有史料价值的译文和蒙文文献，以及有关江格尔研究著作，均无任何信息传递，更未见刊发一篇学术性书评。同时 1989 年、1992 年、2003 年三次全国性卫拉特史学术讨论，也未见有学术报道刊发。

## （四）

2003 年《卫拉特研究》改版后，从形式到内容都以崭新的面貌呈现于读者面前，也深得了中外读者的好评，这是十分可喜的，对《卫拉特研究》编辑部同人的气魄和努力，表示由衷的钦佩。

为了将《卫拉特研究》办得更好，兹提建言如次：

第一，落实让刊物面向全国、走向世界的宗旨，克服自我边缘化的倾向。《卫拉特研究》改版后的"本刊启事"明确提出：在保持"蒙汉文学术季刊"的特色下，要"以提升卫拉特学学术研究水准为起点，并使之走向世界"，"其运作必将有国内外各族专家、学者的参与"，"竭诚欢迎国内外专家、学者及广大读者鼎力相助，踊跃惠赐佳作、新作"。① 要从国内卫拉特蒙古研究者在短期内尚不可能达到用蒙文写作文章的实际出发，为此，一是适当增大刊发汉文写作文章的篇幅，二是选择用蒙文写作的重点文章进行汉译后刊发，三是扩大与国内边疆史地专家的联系渠道，真正做到让《卫拉特研究》面向全国、走向世界。

第二，落实扩大刊物刊发文章的内涵，实施将刊物办成以学术性为主、以知识性为辅的方针，以扩大刊物的读者面。为此，一是继续刊发研究前沿的学术论文；二是刊发具有重要史料价值的民族文字和外文文献；三是要下力气加大学术信息——书评、研究动态的传递；四是立足历史，关注当代，扩大研究领域如"本刊启事"所宣言："对关注新疆蒙古族经济发展和社会进步，研究牧区社会现实重大理论和实践问题的学术论文和调查报告"；② 五是，有组织编写有关新疆蒙古族历史与现状的用蒙文写作的知识性文章，以期引起更多蒙古族读者对本刊的兴趣。

相信《卫拉特研究》在主办方的指导下，在编辑部同人的努力下，在广大研究者与读者的支持下，一定会越办越好，成为当代我国学术期刊之林中的一支有特色的奇葩！

## 继承中创新、开拓中发展

### ——2004 年至 2009 年《西部蒙古论坛》感思录③

2009 年《西部蒙古论坛》及其前身《卫拉特研究》刚走完 20 年办刊

---

① 《卫拉特研究》2003 年第 4 期。
② 《卫拉特研究》2003 年第 4 期。
③ 本文刊发于《西部蒙古论坛》2010 年第 1 期。

历程，祝贺之余，国内学者和办刊同人都在思考同一个问题，如何将《西部蒙古论坛》办得更有特色，能在推动西部蒙古历史与现状研究中发挥更大、更好的作用。加·奥其尔巴特主编深知一切关心本刊发展前景人们的所思与所愿，考虑到 2004 年年初我曾奉他之约写过一篇《成果的积累，人才的聚集—评〈卫拉特研究〉杂志》（刊《卫拉特研究》2004 年第 1 期），邀我对 2004 年后六年间《卫拉特研究》（2004—2007 年）和更名为《西部蒙古研究》（2008—2009 年）再做评议。推辞再三而未获允准，只能遵古训：恭敬不如从命，再忙也得完成主编之嘱托。于是利用 2010 年春节期间，重新翻阅了本刊 6 年 24 册，① 坦率说，对我实是一次学术的享受。现将我的所感、所思，草成此文，以应主编之命，也愿与一切关心本刊的读者共思。

## （一）继承中创新

综览《西部蒙古论坛》所设学术栏目其中时间长、成规模，且具学术影响力的当推历史研究和史诗研究。六年间这两个栏目，尤其是卫拉特历史研究方面所刊发的论文，充分体现了继承中创新的特色。

兹从以下六个方面分别评述：

1. 对卫拉特蒙古研究学科建设和发展的评议

从学科建设高度对卫拉特研究的内涵、外延进行探讨，郝苏民《试谈蒙古学中"卫拉特研究"的几个认识问题——从文化的宏观视野和人类学的视角》（2008 年第 1 期）一文，从文化的宏观视野、人类学的视角，针对蒙古学及其分支的"卫拉特研究"其中几个文化属性：整体与部分，主流与支流，国家与地区，传统与现代，"他者"与"自我"等发表了自己的见解，有利于人们对"卫拉特研究"学科建设宏观思考的推进。此类论文还有：文化《跨国卫拉特蒙古支系的文化变迁及其文化认同》（2008 年第 1 期），马曼丽、文化《从历史民族学视角论蒙古族历史发展的特点及其启示》（2004 年第 3 期）和宝音达用蒙文撰写的《文化概念与卫拉特蒙古文化的范围》（2008 年第 1 期）。

对卫拉特蒙古历史研究的回顾与评议，马大正、阿拉腾奥其尔《20

---

① 据统计，六年间共刊发各类文章 397 篇，其中汉文 227 篇，蒙文 170 篇。

世纪中国卫拉特历史研究述评》（2004 年第 4 期），将 20 世纪卫拉特历史研究，分为起步时期（1949 年以前），缓慢发展时期（1949—1976）和快速发展时期（1977—1989），以及 20 世纪最后十年中国卫拉特历史研究的进程，并对每一时期的研究成果进行了中肯的点评，论文最后提出推动卫拉特历史研究四点建言，即"继续下大力气发掘新资料"，"开拓研究新视野、强化知识普及读物的出版"，"采取有力举措、让学术研究成果走向群众"，"加大投入、办好现有研究阵地"。成崇德、希都日古《试析近年来蒙古史研究概况（1998—2005）》（2006 年第 2 期）对 1998—2005 年有关托忒文献和蒙古—卫拉特法典研究，以及相关专著、如苏德毕力格《晚清政府对新疆蒙古和西藏政策研究》（内蒙古人民出版社 2005 年版），加·奥其尔巴特、吐娜《新疆察哈尔蒙古历史与文化》（新疆人民出版社 2001年版）等进行了学术评议。

值得一提的是浩·巴岱《以史为鉴将卫拉特蒙古历史研究推向新的高度》（2009 年第 3 期），明确提出应为撰写《卫拉特蒙史通史》继续扩大档案文献收集、研究成果的积累和研究人才的培养。

2. 对《蒙古—卫拉特法典》和噶尔丹补充敕令的研究

《蒙古—卫拉特法典》的研究，是卫拉特历史研究不容忽视的重要论题，历来为研究者所关注，随着《蒙古—卫拉特法典》不同文字文本的刊布与勘注，使更多研究者对此进行研究成为可能，成崇德、那仁朝克图《清代卫拉特蒙古及其〈蒙古—卫拉特法典〉研究》（2005 年第 3、4 期）和黄华均、刘玉屏《〈卫拉特法典〉的法源探微——以法律人类学为研究的视角》（2005 年第 3 期），黄华均《对明代蒙古草原法的重新诠释——以〈蒙古—卫拉特法典〉为实证分析的著例》（2007 年第 1 期）值得一读。前一篇以《蒙古—卫拉特法典》为研究对象，较为全面地考察了蒙古民族法治发展历程及其运作的形态，进而对《蒙古—卫拉特法典》及其相关的补充法规的运作、方式和内容进行了详尽考论，认为《蒙古—卫拉特法典》在长期有效的适用过程中，无论在卫拉特人的权利和义务，还是在民法、刑法、行政法，以及诉讼程序等方面自成体系，即卫拉特法典体系。在喀尔喀地区也曾实施过一段时间，所以此法典的适用范围相当广泛，影响深远。后两篇论文则分别对《蒙古—卫拉特法典》两大法源，即

卫拉特先民的文化传统和明代蒙古族草原法，进行了有关诠释，开拓了
《蒙古—卫拉特法典》的研究视野。

这方面的论文还有：白翠琴《卫拉特法典与噶尔丹洪台吉敕令之比较
研究》（2004 年第 1 期），阿荣、那仁朝格图《试论噶尔丹博硕克图汗的
法律思想》（2008 年第 3 期），以及用蒙文撰写的萨仁格日勒《浅析〈蒙
古—卫拉特法典〉中的风俗内容》，策·巴图《〈卫拉特法典〉之偷盗条
目中个别词语的浅析》和《从托忒文〈蒙古卫拉特法典〉探讨 17 世纪托
忒文省略和移行规则》（2009 年第 2 期）。

3. 对 17—18 世纪准噶尔尔汗国及其与清朝关系研究

上述论题一直是卫拉特历史研究的热点问题，从下面对要提及的诸篇
论文的点评中可以充分体味到继承中创新的研究特色。

（1）准噶尔政权研究

能将准噶尔政权作为研究客体展开研究，其本身就是 20 世纪 80 年
代以来研究中的一大突破。成崇德《论准噶尔政权》（2004 年第 1 期），
从准噶尔政权的诞生和发展，准噶尔政权与俄国联系及其反抗，准噶尔
政权与清朝奠定国家疆域的关系，准噶尔政权的性质及对"统一"与
"分裂"的认识四个方面的分析，指出："清朝前期，在相当长时间内出
现的多种政权并存的局面是历史发展的必然进程，这一历史过程为各民
族和各民族政权的经济文化发展创造了有利时机，也为统一多民族国家
的形成和版图奠定提供了时间的保证。"那仁朝克图《简论 17—18 世纪
卫拉特司法机构和扎尔勿赤》（2006 年第 1 期），对 17—18 世纪卫拉特
蒙古历史发展进程中各个政权机构中的主要司法机构，以及法律执行者
扎尔勿赤官的称谓、职能进行了论述，有填补研究空白的一新之感。这
方面论文还有用蒙文撰写叶尔达《关于准噶尔汗国及其斡耳尔〈帐殿〉》
（2005 年第 3 期）和那顺乌力吉《关于卫拉特政治权力的合法性》（2006
年第 1 期）。

正面论述准噶尔政权经济和文化生活的论文有蔡家艺《准噶尔汗国时
期新疆的手工业生产管窥》（2006 年第 2 期）和刘正寅《准噶尔汗国的建
筑、绘画、书法及书籍艺术》（2005 年第 1 期）。上述两文对于人们进一
步认识存在于 18 世纪上半叶强盛的准噶尔政权社会生活的侧面，颇有裨

益。还可一提的是聂·查汗《策妄阿喇布坦的联姻探析》（2009 年第 2 期），文章通过对史料考核，对策妄阿喇布坦与诸方蒙古联姻史事进行了有益的钩稽，并对联姻的影响与作用进行了分析，指出：策妄与土尔扈特、和硕特部的联姻，保证了他们远在异乡却与故土在文化上的一致，杜尔伯特民众属从策妄，带动了四卫拉特之间经济、政治、文化的交融，而且产生了深远的影响。同时"通过联姻手段达到其政治目的，建立了王权，使准噶尔汗国的版图扩张，人口增多，政权也得到了巩固"。此题虽小，但确也补充了前人研究中未发之议。

（2）清准关系研究

研究 17—18 世纪中国历史，准噶尔与清朝的关系是一个重要议题，从 1644 年清朝入主北京，到 1759 年清军进兵伊犁准噶尔政权灭亡为止的百余年间，清朝和准噶尔政权的统治者为了各自的利益，进行了各种交往：其中既有和平的使者来往，也有双方军队大规模武装冲突，既有双方政治上的谈判和争斗，也有经济上的互惠和贸易。百余年间双方不同形式的交往活动，对 17—18 世纪中国历史发展产生了重大影响。齐清顺《清朝与准噶尔汗国百年关系史略》（1644—1744）（2008 年第 2 期）对所论时期的双方关系进行了客观翔实的叙述。

关于清准贸易的概况与作用，黑龙《噶尔丹统治时期准噶尔与清朝的贸易往来》（2006 年第 2 期），通过对汉蒙文史料的进一步发掘，勾勒出了准清贸易发展的脉络，指出噶尔丹时期准清互市贸易呈现长期、持续、递增的发展态势，这是自瓦剌也先汗以降 200 余年来蒙古与中原互市贸易的又一次高峰。陈志强《清、准贸易对清朝统一西北的历史作用述评》（2008 年第 2 期），通过对清准贸易进程的分析指出：要实现国家统一，恢复和发展与分离部分之间的经济联系是不可或缺的步骤，贸易则是恢复经济联系的最基本纽带。清准之间贸易的展开，加强了准噶尔政权同中原的政治、经济、文化交流，在贸易过程中，也逐渐增强了准噶尔政权对中原王朝的认同，客观上为清朝统一西北提供了政治和文化基础。文章认为："强调贸易关系在国家统一中所起的作用并不是忽视或否定政治策略、军事力量、文化因素等的作用，只是说贸易关系是一个重要途径，一个基本前提，一个对话平台。而且贸易关系的作用与其他几种因素的作用是辩证统一的，相互促进的。只有充分、全面地发挥这几个因素的综合作用，一个国家的统一大业才能最终完成。"

复杂的政治较量和剧烈的武装冲突是清准关系中重要内容，对此研究已有丰硕的成果积累，黑龙《康熙帝第一次亲征噶尔丹述论》（2006 年第 4 期）以史料的翔实和考证的严密引人注目。康熙帝第二次亲征噶尔丹是指 1696 年 10 月至 1697 年 1 月，康熙帝从京城出发到呼和浩特、鄂尔多斯等地办理剿灭噶尔丹事宜的活动。康熙三十五年（1696）至三十六年（1697）两年间，康熙帝连续三次亲征准噶尔部噶尔丹，在三次亲征中第二次亲征起了承上启下的作用，但已往研究多关注第一次亲征，本文依据蒙、汉文档案文献和官修史籍，对本命题作了梳理，详其始末，考其意义，指出康熙帝在第二次亲征活动中虽然没有达到消灭噶尔丹的目的，但通过封锁噶尔丹逃离路线，使其生计艰难，并频繁遣人招降，有效瓦解噶尔丹属众斗志，为第三次亲征准备了条件。而李秀梅《康熙帝与策妄阿喇布坦争夺黄教控制的高层较量》（2007 年第 3 期）、《雍正帝与准噶尔部噶尔丹策零决战性的较量》（2007 年第 4 期）和《乾隆以"武功"终结对准噶尔的政治统一》（2008 年第 1 期）则从清准双方高层战略决策的层面，对这段历史做了一次再诠释，上述三篇论文也是她的学术专著《清朝统一准噶尔史实研究——以高层决策为中心》（民族出版社 2007 年版）一书相关论述的延伸、补充与发挥。这类论文还有项勇《略论准噶之战与喀尔喀》（2008 年第 1 期），王禹、柳岳武《雍正朝清廷与蒙古各部关系研究》（2006 年第 2 期），梁吉祥《浅谈 1755 年伊犁准噶尔反叛之原因》（2006 年第 3 期），蒋秀丹《论乾隆年间卫拉特蒙古的归附》（2007 年第 3 期）等。

4. 重要历史人物与重大历史事件研究

（1）对卫拉特重要历史人物研究

在重要历史人物的评议上，无疑李秀梅以"噶尔丹研究"为题在 2008 年第 3 期至 2009 年第 2 期连刊四篇系列研究论文应予重视，其题名分别为《噶尔丹研究的逻辑起点》《噶尔丹研究的历史背景》《噶尔丹研究的人物定性》《噶尔丹研究的理性反思》，作者保持并发挥了自身研究中对传统史料的再挖掘和新运用，研究方法的多样性和广泛性和史料取拾得当、论述简洁清晰的特点，对噶尔丹这个复杂的人物进行再研究、再评议，尽管结论仍可以见仁见智，但李秀梅对噶尔丹的研究对于噶尔丹这个复杂的历史人物研究的深化，其推动之功不可轻视。

咱雅班第达是卫拉特蒙古著名高僧，敖举·嘉祥成来《蒙古地区三个"咱雅班第达"活佛系统说之辩证》（2004 年第 1 期）和明阿德·叶尔达用蒙文撰写的《拉布紧巴咱雅班第达转世灵童生平考（1662—1689）》（2007 年第 1 期）论述了咱雅班第达研究中鲜有涉及的内容。

有关蒙古高僧哲布尊丹巴和乃济陀音的研究有：敖举·嘉祥成来、扎扎《哲布尊丹巴历世活佛生平事迹考述》（2005 年第 4 期），古娜、孟楠《一世哲布尊丹巴与清朝前期治蒙政策浅谈》（2006 年第 4 期）和唐吉思《论乃吉陀音一世在东部蒙古地区的传教活动及其历史意义》（2007 年第 4 期），哈斯朝鲁《从卫拉特到科尔沁——内齐托因一世的传奇人生》（2007 年第 4 期），泰亦赤兀惕·满昌用蒙文撰写的《论〈乃陀音一世〉》（2009 年第 4 期）等。

（2）重大历史事件研究

1771 年土尔扈特人东归祖邦是当时重大历史事件，影响深远，并延及当代，是研究中常盛的热点问题。马大正《东归精神永存——土尔扈特蒙古万里东归的启示》（2009 年第 4 期），白翠琴《土尔扈特东归精神形成历程新论》（2009 年第 1 期）和阿拉腾其木格《浅述土尔扈特、和硕特东归壮举对祖国统一及民族团结所起的作用》（2008 年第 3 期）从不同角度对东归事件的意义与影响进行了深入探讨。马大正在文中指出："东归精神实际上是中华民族精神的可贵的组成部分。民族精神是一个民族赖以生存和发展的精神支撑。一个民族的精神力量，可以在长期的历史进程中不断显露，但在紧要关头，重大事件中，更容易瞬间爆发。一个民族的精神世界，可以在平时的生产、生活中逐步成长，但更能在生与死、血与火的熔炉中显现本色。一个民族的精神取向，可以从英雄人物、典型代表那里找到答案，但更应在广大群众的普遍行为和社会实践中得到弘扬。因此，强化东归历史的研究与普及是弘扬东归精神的必要之举，在当前新疆历史的阐论已成为意识形态领域反分裂斗争中重要战场之一，更具有重要的现实意义。"

土尔扈特蒙古回归日期的考证，论题虽小，但确是研究中不容忽视的问题，崔岩《土尔扈特蒙古回归日期再探讨》（2007 年第 3 期），对经马大正、郭成康两位的考证，东归的日期是公历 1771 年 1 月 16 日，俄历 1771 年 1 月 5 日，也即清乾隆三十五年十二月初一。但此日期与清档所记十二月初二仍有一天之差，本文经考订认为时差才是造成俄国档案与中国清代档案记载在时间上出现一天之差的原因。因此，对于俄国来说，土尔扈特暴动与启程东归是在一天，而不是两天；对于中国来说，暴动和启程才是分别在两天完成的。所以，俄国档案记载无误，清代档案记载也无误。

　　5. 对分布于青海、内蒙古、新疆诸地卫拉特蒙古研究

　　（1）青海和硕特蒙古的历史与习俗研究

　　涉及和硕特历史方面的论文主要有：梁丽霞、李伟峰《论四卫拉特联盟中的和硕特部》（2004 年第 1 期），敖举·嘉祥成末的《法王固始汗世系传略》（2005 年第 2 期），隋春兆《17 世纪初和硕特进据青海之原因浅探》（2004 年第 4 期），李果《浅论和硕特蒙古对西藏统治的历史地位及意义》（2007 年第 3 期），牛海桢《青海和硕蒙古与清政府关系述论》（2006 年第 1 期），扎扎《青海和硕特部河南亲王旗及历世亲王考述》（2006 年第 1 期），王希隆、李欣瑜《河南亲王察罕丹津述论》（2008 年第 4 期），孙金菊《黄教青海和硕特蒙古人中的民间化》（2007 年第 4 期），扎扎《青海和硕特部高僧喜绕嘉措生平事迹评述》（2007 年第 2 期），以及吉乎林《浅谈青海蒙古语地名之文化内涵》（2009 年第 1 期），苏利德《青海蒙古人的敖包祭祀习俗》（2007 年第 2 期）和《生态变化与青海蒙古人"乌塞节"习俗变迁》（2008 年第 4 期）。

　　（2）内蒙古阿拉善蒙古的历史与习俗研究

　　阿拉善盟的卫拉特蒙古，包括和硕特和土尔扈特。生活在 17 世纪下半叶的和罗理是西北地区历史舞台上和硕特蒙古重要台吉，梁丽霞《和罗理述评》（2005 年第 2 期）通过对和罗理历史活动进行梳理和分析，指出其一生政治活动的可圈可点之处是，阿拉善盟和硕特旗的最终建立与和罗理多年不懈努力和争取分不开。这方面论文还有：梁丽霞《乾隆年间西北回民起义过程中的阿拉善蒙古》（2007 年第 2 期），梁丽霞、布仁《阿拉善左旗档案馆藏清前期阿拉善蒙古盐务档案述略》（2004 年第 2 期）和达末、梁丽霞《清后期阿拉善蒙古盐务述论》（2005 年第 1 期）。

生活在额济纳旗的土尔扈特末代君郡王以往研究中鲜有论及，李金轲、王希隆《额济纳旗末代郡王塔旺嘉布述评》（2006 年第 3 期）对这位历史人物做了较为翔实的述评。

（3）18 世纪下半叶以后，生活在新疆卫拉特人历史研究

近年以来吐娜仍笔耕不息，先后发表了《准噶尔汗国灭亡后新疆蒙古族的分布》（2007 年第 2 期），《南路土尔扈特、和硕特部社会制度探析》（2009 年第 3 期），《满汉王及其福晋乌静彬》（2004 年第 3 期），《新疆蒙古族在三区革命中的作用》（2008 年第 4 期）。另外下面提及的论文也很可一读：周学军刊发于 2009 年第 1 期和第 2 期上的《晚清时期新土尔扈特部落二旗若干史实考》和《清末和民国新疆旧土尔扈特扎萨克卓哩克图汗若干史实续考》，后一篇论文是作者刊发于《昌吉学院学报》（2008 年第 3 期）上《新疆旧土尔巴扈特蒙古扎萨克卓哩克图汗若干史实考》的续篇。还有玛德丽娃《民国时期土尔扈特蒙古汗王府"汗权"之争内幕》（2004 年第 2 期），周西萍《南路旧土尔扈特蒙古游牧经济初探》（2006 年第 4 期）等。用蒙文撰写的诸如：巴·巴图巴雅尔《旧土尔扈部汗、盟长与扎萨克印考》（2009 年第 4 期），哈斯吾其《乌苏土尔扈特经济变迁初探》（2009 年第 2 期），格·李杰《喀喇沙尔和硕特的"旗"、"苏木"建置沿革》（2006 年第 4 期），加·道山《关于历史上的特克斯沙比纳尔四苏木总管》（2009 年第 2 期）和娜仁《关于新疆吉木萨尔县蒙古族历史概述》（2008 年第 1 期），上述诸文对于充实新疆地方史、新疆蒙古史的研究肯定是大有益的。

6. 史诗研究

史诗研究是本刊刊发研究论文的一项重点内容，六年间用汉蒙文刊发的有关史诗研究的论文有 20 余篇，超过了前 15 年总数。其中对史诗《江格尔》的研究仍占有重要地位。张越仍是这一研究领域的高产作者，从 2006 年到 2009 年，以一年一篇的记录，为读者提供了解、认识《江格尔》的精神食粮，它们是：《重唱现成故事，新编传统史诗——〈江格尔〉艺术论之六：程式论》（2005 年第 1 期），《史诗〈江格尔〉中的萨满教遗存》（2006 年第 3 期），《〈江格尔〉中的神话传说因子》（2007 年第 2 期），《〈江格尔〉中的马与蒙古马文化》（2008 年第 2 期），《〈江格尔〉

中的结拜加盟与宝本巴图》（2009 年第 3 期）。

丹碧《"千年情结"感思录——关于〈玛纳斯〉、〈江格尔〉两部史诗的历史映象问题》（2005 年第 3 期）值得重视，该文在简要回顾柯尔克孜和卫拉特蒙古历史的基础上，着意比较探讨史诗的历史映象问题，由此认为，《玛纳斯》所反映的历史年代、事件及一些重要人名和地名，多有史实依据可寻，其历史因素明显大于《江格尔》，而在《江格尔》中这些因素则几乎都被隐喻化和象征化了。当然《玛纳斯》中的历史映象也不是一个历史时期的"真实"，而是不同历史时期的"叠影"。两部史诗在历史映象上的不同特征，究其根本原因，是由于两个民族各自不同的历史境遇与史诗心理所导致，因而在思想倾向、精神风貌上都表现出了各自的特色。其他诸如：阿地里·居玛吐尔地《论玛纳斯奇与江格尔的共同特征》（2004 年第 2 期），加俊《论蒙古史诗〈江格尔〉的狂欢特征》（2005 年第 2 期），顾一鸣《蒙古英雄史诗蟒古思多头一体特征初探》（2005 年第 3 期），王淑英《史诗〈江格尔〉的口头特征分析》（2006 年第 2 期），乌日古木勒《蒙古史诗英雄死而复生母题与女性主义》（2005 年第 3 期），道尔基、吴艳春《从〈江格尔〉看蒙古族的服饰文化及审美价值观》（2007 年第 4 期）等，也都是近年史诗研究中值得一读的学术论文。

### （二）开拓中发展

20 年办刊历程，有两次值得书上一笔的转折：一是 2003 年《卫拉特研究》改版，二是 2008 年始更改刊名为《西部蒙古论坛》，特别是后者，"确立了以刊载新疆蒙古族历史与现状研究成果为核心，同时广收遍含蒙古学和相关学科研究成果的办刊宗旨，从而使杂志的包容量大大增加"[①]。办刊人指导思想明确，从而使选题在开拓中得以发展。

兹从以下三个方面分别评述：

1. 对新疆蒙古族现状的调研

加·奥其尔巴特先后刊发了《和静县巴音布鲁克牧区社会经济发展调研报告》（2008 年第 3 期）和《乌鲁木齐市蒙古族现状调研报告》（2009 年第 2 期）。前文通过对生活在新疆巴音布鲁克草原蒙古族牧民生活现状

---

① 主编的话，《西部蒙古论坛》2008 年第 1 期。

及其生活质量调查，运用定性定量相结合的方法，从经济水平、物质生活、健康与医疗条件、精神生活、生活环境等方面的考察，全面分析了蒙古族牧民生活现状的总体状况和存在问题，指出，这里的牧民状况不容乐观，几乎被排除在自治区社会繁荣之外，特别是牧民生存质量的问题常被人们所轻视。进而提出了有可操作性的对策建议。后文则是以乌鲁木齐蒙古族文化教育界为调研对象，通过对被访者进行问卷调查基础上，就"满意度""社会交往""民族生活圈事""民族意识的增强"等方面进行综合分析，并提出了相关对策建议。同类性质的调研报告还有：娜拉《新疆游牧民族的贫困与反贫困》（2009 年第 3 期），吐娜《新疆蒙古教育现状、问题及对策建议》（2005 年第 4 期）。

有关宗教和民俗的调研有李媛《新疆蒙古族萨满教的历史与现状》（2009 年第 1 期），本文是作者从事田野调查并形成相关调研报告基础上撰写而成，作者的两篇调研报告在本刊刊发：《新疆卫拉特蒙古萨满教调查》（2004 年第 3 期）和《新疆博尔塔拉蒙古萨满文化田野调查》（2005 年第 1 期）。米·那登木才仁用蒙文撰写的《和布克赛尔土尔扈特蒙古春节习俗田野调查》（2009 年第 4 期）对于人们进一步了解土尔扈特的民俗、民风，当也有参考价值。

对新疆以外蒙古族的田野调查则有：李金轲、王希隆《18 世纪以来额济纳旗的生态环境变迁及对策思考》（2008 年第 4 期），王志清、苑杰《地名透视的村落历史——一个农区蒙古族村落相关地名及其叙事解读》（2008 年第 1 期），《农区蒙古族聚居村落中蒙语的变迁与传承困境——烟台营子村蒙语使用状况调查》（2009 年第 4 期），后两篇调研都是作者对位于辽宁省阜新蒙古族自治县王府镇境内一个蒙古族聚居村落烟台营子村（蒙名元灯席勒）实地考察后所撰写。

2. 对草原文化—游牧文化的思考

在这里我用思考而非研究，因为对草原文化—游牧文化目前尚是一项需要开拓的领域。本着实现理论创新，是学术界重大责任的目的，刊物开辟了"草原文化"学术专栏，先后刊发了一批引人启迪的论文，它们是孟驰北《原始社会与农耕文化和草原文化》（上、下）（2004 年第 4 期、2005 年第 1 期），高建群《向草原致敬》（2004 年第 4 期），葛根高娃《论草原文化》（2005 年第 3 期），邢莉《游牧文明的标志》（2007 年第 2 期），以及与此论题相关的苏鲁格《关于"狼图腾"及"胡羯之血"》（2005 年第 1 期），齐爽、匡阗《我国古代北方游牧民族的祭天习俗》（2006 年第 1 期），刘迪南《蒙古包的形状及其象征意义》（2005 年第 4 期），包海青《蒙古族敖包祭礼仪式源探》（2008 年第 2 期）等。

　　草原文化研究，诚如"草原文化"专栏的编者按所言："不论什么学科，都不能免去学术争鸣，不同学派之间，经过驳难和论辩，便有可能相互促进，相互补充，更何况还处在深化发展阶段的草原文化学了。争论不一定发生在谁是谁非之间，而是在不同的视角，不同的思路之间。它们的关系不一定非此即彼，而是可以相互启发的。所以，不用以一家之言为唯一方法和标准，更无须以贴标签方式来作研究方法……我们希望引起争鸣。"① 办刊人的主观愿望很好，但是应该承认相关草原文化思考与研究尚未引起更多学者的关注，所以，论文的刊发显得有点冷落！

　　3. 历史研究中选题的开拓值得重视

　　（1）清代边疆政策研究

　　清代边疆政策集中国历代边疆政策之大成，已成为当前清史研究议题中的热点之一。成崇德《论康乾盛世的边疆民族政策》（2004 年第 3 期），从"修其教不易其俗，齐其政不易其宜"和"分而治之""众建而分其势"两个方面，对有清一代的边疆政策进行了梳理。而王江、成崇德《清代前期中国边疆的特点及其与美俄边疆的比较研究》（2005 年第 2 期）则从世界范围的视野对清代的边疆的特点进行了考察，并与同时期俄国的领土扩张与美国的边疆开发做了对比。

　　有关清代北部治理，宝音朝格图刊发了三篇论文《清代漠北地区卡伦巡边职能概述》（2007 年第 1 期）、《清朝的北疆巡边措施》（2008 年第 1 期）、《清代蒙古地区卡伦官兵的奖惩机制》（2009 年第 2 期）。

　　（2）新疆地方史和中亚史视野下的蒙古人研究

　　这方面题材的论文尽管不多，但因其研究视角的独特应予注意。田卫疆《文明时期西域蒙古人的伊斯兰化问题》（2007 年第 3 期）指出，在西

---

　　① 《卫拉特研究》2004 年第 4 期。

域民族史上，始于 13 世纪初的蒙古对西域各地长达数世纪的统辖和治理产生了双向互动的巨大影响。蒙古汗国用武力从政治上统一了西域各地，多民族的交往融合，多种文化的交流互补，蒙古统治者对宗教信仰的宽松政策，使伊斯兰教得到广泛传播，蒙古人进入西域后政治、经济需要使其逐渐放弃延续已久的生产生活方式，大批迁居西域的蒙古人改信伊斯兰教，蒙古人本土化的趋势，不仅极大地改变了西域的社会和文化面貌，且对该地区后来诸多民族共同体的形成和发展产生了不容低估的影响。贾丛江《元朝喀什噶尔屯田辨误》（2007 年第 2 期）则从对《元史》两条史料的考证，得出"元朝没有在喀什噶尔开设过屯田"的结论，认为这是因误解史料而产生的误会。

刘仰胜《13—14 世纪内陆亚洲史的研究——以中亚蒙古人为中心》（2006 年第 4 期）认为，元代历史研究与我国其他时期历史相比，既有相同点，也有明显的不同之处。相同点是，元史研究如同我国其他时代的研究——即两汉史、唐史、宋史、明史和清史一样，是断代史研究。不同之处是蒙元帝国扩张到遥远的西方和海外，与当时世界上许多民族与国家发生联系。因此，元史不仅是 13—14 世纪的中国史，同时也是这一时代的亚洲史，甚至世界史。而中亚蒙古史的研究也兼跨中国历史中的断代史——元史，以及中国西北民族史、蒙古史、西域和内陆亚洲史。作者在论文中就中亚蒙古史研究的意义、历史与现状，以及新研究框架的形成，进行了一次提纲挈领式的比较和评析，并提出一些探讨性的见解。

（3）外国探险家在卫拉特蒙古地区考察研究

众所周知，19 世纪以来至 20 世纪上半叶，曾有一些外国探险家造访卫拉特蒙古游牧区，事后他们撰写了考察记、回忆录，今日均成了学者们研究的宝贵史料。马大正《芬兰探险家马达汉访察卫拉特蒙古述略》（2008 年第 1 期），通过对马达汉日记等第一手史料的爬梳、整理，对芬兰探险家马达汉 1907 年 4 月至 7 月在新疆昭苏、伊宁和巴音布鲁克草原访察厄鲁特和土尔扈特人的活动进行了述评，既让读者了解这一段鲜为人知的历史，同时也为读者提供了一幅 20 世纪初卫拉特人的风俗画。杨镰《蒙古音乐的搜集与诠释者》（2007 年第 2 期）和吐娜《从丹麦探险家与蒙古活佛的交往中看蒙古民族的开放心态》（2007 年第 4 期）则对 20 世纪 20 年代访察过土尔扈特游牧地的丹麦探险家亨宁·哈士纶在考察中对蒙古音乐的搜集，以及他与当时土尔扈特政治舞台上活跃人物多活佛的交往进行了有益探索。

4. 试与《西域研究》做一比较

在 2004 年至 2009 年《西域研究》共出刊 24 期，六年间共刊发有关西部蒙古历史的研究论文 11 篇。11 篇论文作者与论题依内容列如次：乌云毕力格《清太宗与喀尔喀右翼扎萨克图汗素班第的文书往来——兼谈喀尔喀—卫拉特联盟的形成》（2008 年第 2 期），黑龙《奇塔特出使准噶尔部初探》（2007 年第 1 期），齐清顺《18 世纪前半期清朝与准噶尔对吐鲁番地区的争夺》（2005 年第 1 期），王力《伏尔加河流域土尔扈特蒙古进藏朝拜活动考述》（2009 年第 2 期），吐娜《试论北路土尔扈特盟旗制度》（2009 年第 3 期），周学军《卓哩克图汗布彦蒙库与五世生钦活佛生命考辨》（2009 年第 1 期），留草、刘杰、王显群《多活佛之死》（2006 年第 2 期），才吾加甫《元明时期的藏传佛教》（2007 年第 3 期），党宝海《蒙古察合台汗国的驿站交通》（2004 年第 4 期），吴元丰《清代伊犁察哈尔营述论》（2006 年第 3 期）。论文的数量基本上是一年两篇，文章的作者如黑龙、齐清顺、吐娜、周学军、党宝海都在《西部蒙古论坛》的作者群体之中。至于论文的学术含量，应该说是各有千秋，都是深化西部蒙古历史研究中不可或缺的成果积累。

### （三）与时俱进，再创辉煌

当我们对《西部蒙古论坛》六年间刊发论文做了一次回顾与评议，深感用继承中创新、开拓中发展来概括是恰当的。

那么在展望未来时，又该如何概括呢？我愿以与时俱进、再创辉煌与办刊人共勉。

要与时俱进。

从进一步办好刊物的角度言，即是已有创新和发展的方面也大有进一步改进余地，兹提如下三个方面：

1. 应着力创设学术专栏的品牌栏目

刊物本身是品牌，同时品牌中还应有品牌，这就是学术专栏。要让学术专栏成为读者关注和喜爱的品牌，需要从两个方面努力。

一是学术专栏设置要规范，不能过于随意性。综观本刊六年间所设置的学术专栏，其名称据不完全统计达 40 余种之多，试举两例观之。如历史研究是刊物的一个品牌栏目，但在历史研究这一总题下，已衍生出诸如：边疆研究、历史地理、蒙藏关系、民族关系、历史人物、人物研究、人物专论、文物研究、法典研究、历史文化等栏目；再如文学艺术语言一栏，出现了文学研究、民族研究、文学批评、语言研究、语言·文学，以及与此栏目有密切关系的文化研究、史诗研究等；即便是图书评介这一内涵明确的栏目还出现多个书评的栏目名称，真可谓五花八门，让人们眼花缭乱，实际是冲淡了学术栏目品牌整体效应的发挥。

二是要保证每个学术栏目要有高质量的文章，要有相对稳定的作者群体，且还应保持可持续发展的势头，要让读者每每拿起刊物浏览目录时首先想到是要看到有没有自己喜爱的学术栏目刊发了自己熟悉或信任的作者的学术论文。其实这种效应是多方面的，对刊物言，是建立了相关的品牌，增强了刊物的学术含金量；对读者言，得到了一次学术享受，从中增进了知识；而对作者言，则是增进了自己的学术知名度，使自己的成果走向了社会。

2. 一些学术栏目还待加强

已形成品牌效应的传统栏目，如历史研究、史诗研究等栏目应保证每次均有高质量论文的刊发；对学者专论，今日话题，草原文化等新创栏目要下大力气组织稿源，力争后来居上；对诸如文献研究、研究综述、动态、书评等栏目，要加大信息的多样性和及时性。文献研究方面已刊发有托忒文献和汉文文献诸如《皇朝藩部要略》《西陲要略》的研究，研究综述方面已刊发诸如蒙古源流研究综述，对国外蒙古学的简介等，由于其学术性和信息性而得到读者的重视。

同时，对书评和学问人生栏目也实有大大加强之必要。

在这里还要提及，办刊一定要杜绝编辑工作中低级误差的出现。

当我认真地排比所刊发论文后，发现由敖举·嘉祥成来著、扎扎译注《蒙古族译师蒙文翻译藏文典籍历史述略》一文，竟在本刊 2007 年第 1 期和 2008 年第 4 期上两次刊发，对比全文 2008 年第 4 期上所刊文本除在全文最后五个自然段行文中删去了人名、地名和专有名词的音标外，所刊发的两文从著者、译者、到内容提要、正文、本文资料主要依据书目，及至责任编辑是完全一致的；同一篇文章在同一个刊物，在两年时间，经同一位责编两次刊发，事后一年多时间也未见刊物上有过任何说明，我还真没有发现在其他刊物有此先例发生！

3. 让刊物面向全国、走向世界的宗旨仍应坚持发扬

应在面向全国、走向世界上下功夫，要做到此，刊物的内容固然是根本，但刊物使用文字的局限也应予以重视。

刊物自 2005 年第 4 期起增加了英文内容提要，加之国外蒙古学研究者不少通晓蒙文和汉文，从这一意义上说，有了英文内容提要本刊基本上满足了世界上专业研究者阅读本刊的基本要求。

如何做到面向全国，似还有很多工作要做。尽管随着新生代蒙汉研究者的成长，蒙汉兼通的学者日益增多，但也必须承认，要根本改变尚需时日，因此，在保持"蒙汉文学术季刊的特色"的前提下，有两件工作似应提上今后的办刊议事日程，即一是每期对用蒙文刊发的论文增设汉文内容提要；二是对用蒙文撰写的重点文章，有选择进行汉译后刊发，六年间用蒙文撰写的论文诸如：青格力《关于固始汗和贡吉夫人》（2005 年第 2 期），加·道山《东归土尔扈特人中的大喇嘛及其相关问题浅议》（2005 年第 4 期），贾木查《论〈江格尔〉研究中悬而未决的几个大问题》（2006 年第 4 期），胡日查《关于在蒙古国出版的杜尔伯特文献史料》（2006 年第 1 期）等历史方面的论文，望题名却不解其文意而遗憾的研究者，肯定大有人在。

愿《西部蒙古论坛》在未来岁月里再创辉煌，这是作为一名边疆史研究者，一个《西部蒙古论坛》的忠实读者的寄望，也是每一位关心《西部蒙古论坛》的读者的共同心愿。相信《西部蒙古论坛》在主编加·奥其尔巴特和全体同人的共同努力下，在未来的岁月里一定会越办越好，成为当代我国学术期刊百花园中一朵有特色的奇葩！

2010 年 2 月 27 日

于北京寓所自乐斋

# 学术杂志自觉介入学术研究积累的成功尝试

## ——读《东北历史与文化论丛》①

对中国现代学术研究而言，如果说 20 世纪是现代学术体系在西方科学背景下构建和发展的一个时期，那么进入 21 世纪之后，对于一个世纪以来的学术研究历程的总结和回顾，就显得非常必要了，这是学术发展成熟的一个显著标志。

在人文社会科学研究的各个领域，对于基本研究资料的整理、研究成果的汇集、研究方法的突破和学术史的回顾，构成了 21 世纪学术的几大特色板块。在这些方面，《社会科学战线》杂志社近年来致力于将其在创刊近 30 年来所刊发的学术成果汇编成集的工作引人注目，《东北历史与文化论丛》即是代表作之一。

当 8 卷本的《东北历史与文化论丛》在 2007 年仲夏由吉林文史出版社出版后，其 400 多万字的内容，立体地展现了《社会科学战线》杂志在 30 年的发展历程中对于学术研究所做出的巨大贡献。这是学术杂志自觉地介入学术研究积累工作的一个典型事例，它昭示着历史的《社会科学战线》和当下的《社会科学战线》为繁荣学术所做出的不懈努力。

### （一）

众所周知，市场经济体系下学术杂志的生存条件并不令人乐观，当然，这并不是指学术杂志的学术状况，更多地是指经济条件。很多学术杂志，尤其是地方学术杂志都是在非常有限的政府拨款中艰难地前进。我想《社会科学战线》也不例外。但是，《社会科学战线》这些年的业绩确是令人惊讶。在创刊之初，《社会科学战线》就曾不定期地编辑、出版一些学界需要的学术文集和专著，如《风俗通义》《东北通史》《渤海国志长编》等。进入 21 世纪以来，在社长邴正教授和主编邵汉明研究员的主持下，编辑部又连续在人民出版社等出版机构出版了几部很有分量的学术著作，包括《社会科学战线创刊 25 周年精华集》《为学与为道》《20 世纪中

---

① 本文刊《社会科学战线》2007 年第 6 期。

国学术回顾》等，现在又正在着手编《社会科学战线创刊 30 周年精华集》。在这些学术著作中，《东北历史与文化论丛》是部头最大的一部，为学术界利用已有研究成果提供了方便，实是功德之举。

作为一个地方社科院主办的学术杂志，用捉襟见肘的经费来做这样没有任何经济收益的学术研究成果编辑出版工作，确实是令人惊讶的。这不能不归功于《社会科学战线》杂志所秉承的优良学术传统和以主事者为中心的编辑群体在学术视野上的高瞻远瞩和奉献精神。

《社会科学战线》是一个值得中国学术界致以敬意的杂志。在 20 世纪 80 年代初，当中国学术处于百花凋零的时期，一批有识之士在东北擎起《社会科学战线》这面大旗，坚持以学术为先的精神，倡言"放开手脚，大胆探索"。这样的精神和胆识，不仅为中国学术界带来一股清新的探索学术真理的春风，而且为人文社会科学各个学科的学者们提供了一个发表学术见解的科学园地。很多优秀的学者将自己研究多年的学术结晶发表在这块园地上。很多年轻的学者，也正是随着《社会科学战线》的创刊和发展成长起来，可以说，在几代学人的学术生涯中，《社会科学战线》都发挥了举足轻重的作用。据了解创刊之初情况的同志讲，当时在北京王府井大街的《社会科学战线》杂志销售点，每期新的杂志一到，就很快被学者们抢购一空，10 万册的发行量，在今天都可以说是一个关于学术杂志发行的神话。在思想大解放时代之初始，敢于打着学术求真的旗帜奋勇前进者，需要的不仅仅是勇气，还有对于学术真理的不懈追求。

创刊之初就已经抹就的学术底色，为《社会科学战线》形成自己的价值追求和编辑群体奠定了基础。正是因为这个原因，《社会科学战线》虽然在随着时代的步伐而不断前进着，但其对于学术目标追求的价值观却始终如一地保持着本原特色。

自创刊以来，《社会科学战线》一直以两大任务为自己办刊的目标：

第一，致力于推动中国人文社会科学诸学科的发展。

《社会科学战线》无论在版式设计还是在栏目设置上，都始终不渝地坚持自己创刊之初的学术风格和气质，但是他们又能随着人文社会科学研究领域的拓展和新学科的产生适时地调整自己的栏目设置，譬如创刊之初

"经济学"栏目的设置就相对小一点，随着中国经济的发展和经济学学科体系的成熟，现在的"经济学"栏目已经成为一个非常成熟的、有自己特色的大的栏目；而现有的"区域历史与文化"也是在过去历史学栏目的基础上，随着区域问题学术研究的进展而独立分化出来的，并逐步调整为"东北历史与文化"，这两年又由地方上升到全国，变成了涵盖全国范围的"区域历史与文化"。而像"博士论坛""学术热点""20世纪学术回眸"等栏目的设置，无一不体现出《社会科学战线》关注学术进程，推动学术发展的理念和价值观。

第二，重视学科研究史方面的积累。

学术杂志如果仅仅是为学术界提供了一个发表成果的园地，在一定程度上也可以说是完成了自己应有的使命。但是，发表仅仅是问题的一个方面，大量的学术成果分散在累计如山的单本杂志中，在使用和阅读方面都在一定程度上给研究者造成了困难。虽然现在电子版本文献库查阅已经相当成熟，但是同类成果的分散情况还是没有得到很大改进。《社会科学战线》不仅为学界提供学术成果展示的园地，而且自觉而认真地将已经刊发的有特色、成体系的学术论文汇编成皇皇巨著，为学术研究积累了系统的资料。

我想，以上两点就是为什么《社会科学战线》在经费捉襟见肘的情况下，能下决心、吃苦头编出这样一部有益于学术研究的文集的真正原因。

（二）

对于学术资料的汇集和学术成果的积累，尽量求其全是一个最基本的要求。《东北历史与文化论丛》对于文章收集的"全"上是下了功夫，花费心血的。

第一，从量上来看，8卷本的丛书阵容，400多篇文章、400多万字的学术容量，规模浩大。尤其难得的是，这400多篇文章包含了许多的不同，它是在不同时期、不同的学术背景下由全国各地不同的学者从不同的视野出发而研究积累起来的成果汇编，无论在文章的撰写体例、研究方法甚至所使用的句式上，都能看到鲜明的时代特点。

在学术研究上，研究成果的数量规模并不一定就代表一门学术研究所取得的高度，但是如果没有量的积累，学科的成熟和发展显然也是不可能的，谁也不能指望靠几篇重要的文章就能构建一个学科体系，也许自然科学可以做到，但是人文社会科学的研究确实需要多种观点的碰撞、多种学科视角的进入，只有这样，才能在探讨中去伪存真，获得新的知识或正确的认识。

就区域历史与文化这个研究主题而言，这些年全国各地也出了很多学术文集，但这些文集所收的文章，都是以特定的某次会议、某个研究方向以及某个问题为中心所撰写的文章，而《东北历史与文化论丛》所收的文章，由于时间跨度上和整体规模上的宏大，不仅在学术研究内容上为学界提供了资料，而且也为学术界了解东北边疆研究的历史发展状况和把握整体研究进程，提供了一个全景式的概览。对于研究东北区域历史与文化的学者而言，《东北历史与文化论丛》是很好的成果汇编，但同时也是很好的"学术研究史资料长编"，在学术史上具有重要的价值。如果再进一步讲，这个文集其实也可以看作《社会科学战线》作为学术杂志自身历史的一个独特的发展轨迹材料来看待，对于研究近 30 年的《社会科学战线》发展变迁也有一定的参考价值。

第二，从内容来看，8 卷本的布局涵盖了东北历史与文化研究的各个方面。从文集分卷书名和所收文章的研究范围来看，基本反映了东北历史与文化这个大学科发展的轨迹。就学术本身的质量而言，很多文章都出于名家之手，其实是年轻作者的文章，也是当时最具实证价值和思想意义的好文章。就当时所刊发的时代而言，这些文章都是从大量的学术前沿成果中精挑细选出来的最能代表那个时代学术前沿水平的文章，从这个意义上来讲，我们可以把这个文集看成东北历史与文化这个学科发展轨迹的最明晰的坐标。

事实上，学术总结与回顾的工作所遵循的中心和主线，往往是围绕研究方向、学派、专题或时代断限来进行的。这种总结或回顾对于专门的学术门类的研究进展提供了很好的基础和视点，但是，由于各类学科研究方向的细化和研究进程的不同，就使得这类学术总结或回顾往往在纵深方向达到了非常详尽的程度，但是在本学科不同研究方向的关联度和广度审视上就显得比较薄弱。以研究区域历史与文化为例，可能研究本地域历史的学者所作的资料汇集或回顾，就以地域历史问题为主，而不会顾及同时期、同地域的文学发展情况甚至也很难全面了解本地域的考古情况、民族情况等，在这样比较专门而相对狭窄的视野之内审视一个地域的历史与文化，显然是不全面的，不能从整体上把握本地域的文化与文明，甚至很难对本地域做出富有建设意义的认识或判断。因而，这不能不说是一个遗憾。

正是因为对于此类工作有着这样的一些想法，所以当知道《社会科学战线》杂志社准备要编一部关于"东北历史与文化"研究的文集之初，就期望这部学术文集能避免同类文集在这方面的不足。令人欣慰的是，《社会科学战线》编辑部编这部学术文集，其学科跨度相当大，包括东北地域的政治、经济、文化、历史、考古、文学、民族等，甚至包括了学术评论、地方戏曲、书评、应用分析、旅游等各个方向的文章，将之按学术关联度编成了8个专题。这样的工作，前人不是没有做过，但是以杂志的特色栏目刊发的文章为中心而编成一部学术研究成果的汇编，无论在学术研究的纵深上，还是大的学科背景下不同研究方向的广度联系上都是具有相当独特的价值的。

总之，《东北历史与文化论丛》所收集的文章反映了近三十年来学科发展的进程和水准，体现了《社会科学战线》的办刊宗旨，不是为了办刊而办刊，而是以推动学科发展为己任，具有学术上的战略性眼光。可以说，这个文集为东北历史与文化这个学科的研究进一步发展提供了一个里程碑式的坐标。

当然，这样一个大部头的文集，是不可能没有遗憾和不足的。在我来看，有以下两个遗憾和一点不足。遗憾之一是2—4卷以东北三大族系的发展历程为主线，突出了民族研究，但忽略了"东北边疆治理"这个主题；遗憾之二是卷2"肃慎"历史这一卷，在书名中没有体现出"满族"这个名词。一点不足则是第一卷中文章的编排顺序没有遵循一致的排序标准，尤其是后半部分显得有些混乱。

2007 年 11 月 5 日

于北京自乐斋